Das EDV-CheckBuch für Architekten

von
Prof. Dr. Rainer B. Pelka

herausgegeben vom
Bund Deutscher Architekten BDA

R. Oldenbourg Verlag München Wien

ISBN 3-486-20076-3

Das EDV-CheckBuch für Architekten

Inhaltsübersicht

Das CheckBuch ist in 6 kompakte Kapitel aufgeteilt, deutlich getrennt durch Registerkartons. Ein Vorteil dieser „Modularisierung" ist die Möglichkeit zur Aktualisierung. Egal, wann das CheckBuch gekauft wird, es ist immer auf dem neuesten Stand.

Die kurzen Leseeinheiten führen schnell an das Problem heran, Sie erhalten übersichtliche Entscheidungshilfen und ein wertvolles Nachschlagewerk.

Die Übersicht „So nützen Sie das EDV-CheckBuch" schlägt Ihnen einen Leseplan vor und sagt Ihnen, wieviel Zeit Sie benötigen werden.

Kapitel 1: „Die Erfahrung der Kollegen."

Die Erfahrungen Ihrer Kollegen helfen Ihnen vielleicht, Schritte in die falsche Richtung zu vermeiden.

Ein erster Selbsttest zeigt Ihnen auf, bei welchen Aufgaben ein Computersystem in Ihrem Architekturbüro helfen kann.

So nützen Sie das EDV-CheckBuch.

Aktivität	Zweck	Zeitaufwand
Kap. 1 — "Die Erfahrung der Kollegen", Kapitel 1 lesen.	Zur Themeneinstimmung nützlich.	1 Stunde
Kap. 1 — Die Selbstanalyse durchführen, Kapitel 1.	Vermittelt Ihnen das Wissen um Ihren Standort.	0,5 bis 2 Std.
▽ Kap. 2 — "Was leistet ein Computer wirklich?", Kapitel 2 lesen.	Verschafft Ihnen den unbedingt notwendigen Überblick.	2 bis 3 Std.
▽ Kap. 3 — "So finden Sie das richtige Computersystem.", Kapitel 3 lesen.	Brauchen Sie für die angemessene Nutzung der Checklisten.	2 bis 3 Std.
Kap. 4 — "Das steckt hinter den neuen Techniken.", Kapitel 4 lesen.	Dient zur Einordnung eines Computersystems in die Techniklandschaft.	2 bis 3 Std.
▽ Kap. 5 — Mit den Anbietern Kontakt aufnehmen, dazu nutzen Sie "Die Marktdaten", Kapitel 5.	Jetzt treten Sie mit Ihrem EDV-Projekt in die "heiße" Phase!	5 bis 20 Std.
Sie können noch weitere Informationen von außerhalb einholen, zum Beispiel bei Ihrem Verband und Ihrer Kammer.	Zusätzliche Informationen geben Ihnen mehr Übersicht über die Möglichkeiten und Risiken.	
Bei großen Lösungen sollten Sie einen EDV-Berater hinzuziehen. Vergleichen Sie dazu die Ratschläge in Kapitel 3.	Beschleunigt die Auswahlentscheidung und verringert Ihr Risiko von Fehlentscheidungen.	5 bis 20 Std.
▽ ● Kap. 6 — Einsatz und Auswertung der Checklisten aus Kapitel 6.	Grundvoraussetzung für eine angemessene Entscheidung.	30 bis 60 Std. (bei Beratereinsatz ca. 1/4)

● Für Anwender in Zeitnot: Diese ▽ Schritte sind unbedingt erforderlich

EDV in Architektenbüros: Möglichkeiten nutzen, Grenzen beachten.

Vor mehr als zwei Jahren hat sich der Bund Deutscher Architekten BDA im Rahmen eines zweitägigen Symposiums in Hamburg mit den Möglichkeiten und Grenzen des computergestützten Zeichnens auseinandergesetzt und namhafte Referenten nach den Auswirkungen des Computer Aided Design auf Architektur und Architekten befragt. Schließlich geistert CAD als "Planer-Droge" seit Jahren durch die Köpfe vieler, die meinen, etwas zu versäumen oder nicht mehr konkurrenzfähig zu sein, wenn sie sich nicht der neuen Technik bedienen, die von den Anbietern in ihrer "Aufpluster"-Sprache so schmackhaft gemacht wird, gleichwohl den Investitionsrahmen selbst eines mittleren Architekturbüros noch sprengt.

In Hamburg wurde deutlich, daß Handeln wie Unterlassen Konsequenzen und Risiken zeitigen, die vor allem unter Berücksichtigung der künftigen Aufgaben freier Architekten und Stadtplaner abzuwägen sind.

Einige der neuen Apostel der computergläubigen Gegenwart zeichnen zwar rosige Zukunftsbilder: Zeit für Kreativität – alles Beschwerliche erledigt sich mühelos; Zeit für aktive Selbstverwirklichung: vom homo laborans zum homo studiosus und gar zum homo universalis; Freiheit für den Flug der Gedanken – keine Erdenschwere.

Vielfach wird aber verkannt, daß der Computer die Architekten zunächst von täglichen Bürokratismen, wiederkehrenden Vorgängen und formalisierbaren Tätigkeiten entlasten sollte. Diesen Bereich – Buchhaltung, Textverarbeitung, Massen- und Kostenermittlung, Ausschreibung z.B. – zu rationalisieren, muß jedem Architekten, der wirtschaftlich denkt, bewußt werden. Bei der Architektenleistung ist nicht allein das Ergebnis, die Qualität der Planung, der entscheidende Maßstab. Auch der Planungsprozeß, die Kommunikation mit allen an der Entstehung eines Bauwerks Beteiligten und die Information über Markt und Entwicklungen spielen eine immer größere Rolle.

Gleichwohl ist nicht zu leugnen, daß der Beruf bisher nur sehr zögerlich und skeptisch an die vielfältigen Nutzungsformen der Elektronischen Daten- und Informationsverarbeitung herangegangen ist und -geht, weil er so gut wie nichts zu ihrer Entwicklung beigetragen hat und daher auf den Rat externer Experten angewiesen ist, die wiederum häufig zu wenig oder gar nichts von den Arbeitsabläufen und den verschiedenartigen, oft individuell geprägten Strukturen und Aufgaben eines Architekturbüros wissen. Zwar sind mittlerweile zahlreiche "Lehrbücher" und "Ratgeber" auf dem Markt. Auch "firmenneutrale" Informationen sind jedermann zugänglich – verwiesen sei auf die EDV-Labors in Hannover, München und Nidda. Allzu erfolgreich scheint das bisherige Wirken von Institutionen, Firmen und Verlagen nicht gewesen zu sein, wenn man Schätzungen glaubt, die besagen, daß EDV-Anlagen in 10 bis 15 % der fast 30.000 Architektur- und Planungsbüros vorhanden sind.

Die große Mehrheit der Architektenschaft scheint zu schweigen und der Dinge zu harren, die da kommen, wenn sie kommen – in Form von neuen Aufträgen. Also Reaktion anstelle frühzeitiger Anpassung an Arbeitsabläufe und -techniken, die z.B. im

Bereich der öffentlichen Bauverwaltung und größerer privater Unternehmen mit steigender Tendenz eingeführt werden, wenn sie nicht ohnehin längst vorhanden sind. Wenn freie Architekten nicht mehr und mehr unter Anpassungsdruck geraten wollen, der ihre Handlungsmöglichkeiten einschränkt und ihre Flexibilität reduziert, müssen sie über Rationalisierungen nachdenken, sich mit der EDV auseinandersetzen.

Um diese Probleme zu verdeutlichen und um Fakten und Informationen über Vorzüge und Schwächen der neuen Technik zu liefern, aus denen praktische Entscheidungen abzuleiten sind, hat sich der BDA zur Herausgabe dieses Buches entschlossen – ohne den Anspruch zu verfolgen oder gar bewirken zu wollen, daß sich die Einstellung der noch abwartenden oder der uninteressierten freien Architekten und Planer von heute auf morgen ändert.

Wir ignorieren keineswegs die Probleme, die mit dem Einzug von Hard- und Software in die Büros verbunden sind. Im Gegenteil. Durch die Erfahrungsberichte in der Planungspraxis tätiger Architekten wollen wir gerade auf bisher vernachlässigte Fragen, wie z.B. Akzeptanz und Einführung der EDV, eingehen. Diese Berichte werden durch Beiträge eines Unternehmensberaters sowie eines Soziologen und Chefredakteurs einer Fachzeitschrift, die beide mit der Arbeitsweise von Architekturbüros vertraut sind, ergänzt.

Für den Hauptteil des Buches zeichnet Prof. Dr. Rainer Pelka verantwortlich, der sich sowohl um eine für Architekten verständliche Sprache und Bebilderung bemüht hat als auch um eine praxisnahe Darstellung und Erläuterung aller Fragen, vor denen ein freier Architekt oder Stadtplaner steht, der die Scheu, ins kalte Wasser zu springen, überwunden hat.

Angebote von Hard- und Software-Unternehmen sowie Checklisten zur Analyse der jeweiligen Bürosituation schließen das Buch ab.

Der BDA hofft, mit dieser Veröffentlichung eine Entscheidungshilfe gerade für jene freien Architekten und Stadtplaner erarbeitet zu haben, die über eine Einführung der Elektronischen Daten- und Informationsverarbeitung nachdenken und noch unentschlossen sind.

Dipl.-Vw. Carl Steckeweh,
Bundesgeschäftsführer des Bundes
Deutscher Architekten BDA

Warum das EDV-Check-Buch für Architekten geschrieben wurde.

Die zunehmende Verbreitung der EDV hat zu einer wahren Titelflut auf dem Büchermarkt geführt. Dennoch gibt es immer noch Bereiche, die nicht oder nur lückenhaft abgedeckt sind. Einer dieser Bereiche ist die branchenspezifische EDV-Anwendung.

Auf der Suche nach direkt auf seine Zielgruppe zugeschnittene EDV-Informationen muß der Anwender meistens umständlich allgemein gehaltene Fachbücher wälzen. Häufig wird er auch von der Fachterminologie abgeschreckt.

Der R. Oldenbourg Verlag beschloß deshalb, eine Reihe von EDV-CheckBüchern für mittelständische und freiberufliche EDV-Anwender zu entwickeln, die so vollständig wie ein Buch und so lesbar wie eine Zeitschrift sind. Dieses neuartige Informationssystem setzt die Tradition des Verlagshauses Oldenbourg fort, das seit seiner Gründung im Jahre 1858 mit innovativen Printmedien in Erscheinung trat. Die langjährige Erfahrung des Oldenbourg Verlages mit EDV-Literatur – zur Zeit sind über 200 Titel lieferbar – garantiert darüber hinaus eine hohe Fachkompetenz.

Jede Ausgabe der CheckBuch-Reihe konzentriert sich auf eine einzelne Anwendergruppe. In einer für den EDV-Anwender verständlichen Sprache beantwortet das CheckBuch alle relevanten Fragen für den Anwender einer Branche. Mit diesem Hilfsmittel ist er in der Lage, trotz des immer unübersichtlicheren EDV-Angebotes die optimale Lösung für sein eigenes Geschäft festzustellen.

Das EDV-CheckBuch für Architekten entstand in enger Zusammenarbeit mit dem Bund Deutscher Architekten BDA in Bonn. Prof. Dr. Rainer B. Pelka hat den Hauptbeitrag zur branchenspezifischen EDV-Anwendung geliefert und alle weiteren Texte und Checklisten überarbeitet. Die Herren Architekten Hans-Werner Brandt, Walter Ehlers, Norbert Koch, Klaus Reese (Mitglieder des BDA) und Mauritz Freiherr von Strachwitz haben sehr engagierte und persönlich gefärbte Berichte ihrer Erfahrungen mit EDV beigetragen. Herr Jörg Brandi, Unternehmensberater, berichtet das Beratungsergebnis eines Architekturbüros. Herr Dr. Gernot Feldhusen – Chefredakteur der Zeitschrift "bausubstanz" – zeigt die Möglichkeiten des EDV-Einsatzes beim Bauen im Bestand auf. Wir bedanken uns schließlich bei Herrn Carl Steckeweh, Bundesgeschäftsführer des BDA, für die umsichtige Koordination.

Wir hoffen, daß sich dieses EDV-CheckBuch sowie die jährlichen Neuauflagen als unentbehrliche Entscheidungshilfen für Architekten erweisen werden.

Johannes Oldenbourg

Impressum

Das EDV-CheckBuch für Architekten entstand in Zusammenarbeit mit dem Bund Deutscher Architekten BDA, Bonn.

Hauptautor: Prof. Dr. Rainer B. Pelka

Editorial: Dipl.-Vw. Carl Steckeweh, Bundesgeschäftsführer des BDA

Erfahrungsberichte: Jörg Brandi, Unternehmensberater; Hans-Werner Brandt, Architekt BDA; Dipl.-Ing. Walter Ehlers, Mitglied des BDA-Präsidiums; Dr. Gernot Feldhusen, Chefredakteur der Zeitschrift "bausubstanz"; Dipl.-Ing. Norbert Koch, Architekt BDA; Dipl.-Ing. Klaus Reese, Architekt BDA; Dipl.-Ing. Mauritz Freiherr von Strachwitz, Architekt

Autor für Rechtsfragen: Rechtsanwalt Michael Bartsch, Lehrbeauftragter für EDV-Vertragsrecht der Universität Karlsruhe, Sozius der Kanzlei Bartsch und Reinert, Karlsruhe.

Beratung: Max Schulze-Vorberg, Eurasburg

Redaktion: Karl H. Mayer

Verantwortlich für die Anzeigen: Konrad Haslbeck, R. Oldenbourg Verlag GmbH, München

Corporate Design: Mendell & Oberer, München

Desktop Publishing: LasVision, München

Herstellung: Hofmann-Druck KG, Augsburg

Unternehmensberater Jörg Brandi:

Ein Beispiel erfolgreicher Vorbereitung.

Sowohl der Inhaber als auch die Mitarbeiter hatten nur wenig EDV-Kenntnisse. Ihnen fehlte auch die Zeit, sich die erforderlichen Grundlagen selbst zu erarbeiten. Deshalb erwarteten sie sich von einem externen Berater Anregungen und Lösungsvorschläge.

Der Berater sollte sicherstellen, daß die phasenweise Einführung der EDV nicht eines Tages in einer Sackgasse enden würde.

**Erster Schritt:
Das Bewußtsein schaffen!**

Zunächst haben wir die Leistungsfähigkeit und das Entwicklungspotential der EDV dargestellt, so daß die Informationen folgerichtig eingeordnet werden konnten. Dann nannten wir die Voraussetzungen, die zur Nutzung dieses Potentials mittel- und langfristig erfüllt werden müßten.

Der Inhaber und die Mitarbeiter erkannten sehr schnell, daß bereits einfache Grundvoraussetzungen in der Organisation des Büros – zum Beispiel ein durchgängiges Ordnungssystem – nicht gegeben waren. Die ursprünglich vorgesehene dezentrale Lösung mit einer CAD-Insel erwies sich deshalb als nicht sinnvoll. Das Computer-System würde mit seinem Ablauf- und Funktionskonzept vertraute Arbeitsabläufe in Frage stellen und neue Strukturen schaffen. Diese Erkenntnis schmerzte um so mehr, da mit ihr auch das Gefühl der Trennung vom geliebten "Atelier-Betrieb" aufkam.

**Zweiter Schritt:
Den Ist-Zustand aufnehmen und Ziele setzen!**

Wir erstellten einen Katalog der Stärken und Schwächen, mit dessen Hilfe wir zwölf wichtige Unternehmensbereiche analysieren konnten. Dieses Vorgehen brachte wichtige Erkenntnisse und Einsichten zu Tage.

Es fehlten zum Beispiel:

- Aktenplan
- Kostenrechnung
- Projektdokumentation
- Arbeitsvorbereitung
- Detailarchiv
- Kunden-/Kundenmittlerkarte
- Projektsteuerung

Der Aufbau dieser Subsysteme wurde immer wieder vom Alltagsgeschäft verdrängt. Soweit Ansätze vorhanden waren, blieben sie verkümmert, da die Zeit für Pflege und Weiterentwicklung fehlte. Durch solche Einsichten konnten bestehende Vorurteile gegenüber EDV abgebaut werden.

Nach der Feststellung des Ist-Zustandes wurden die Unternehmensziele formuliert und nach den Bedingungen gefragt, die für ihre Verwirklichung erforderlich sind. So ergab sich die Erkenntnis wie von selbst, daß vor Anschaffung eines Computersystems die Zukunfts-Planung des Büros (Unternehmensplanung) durchgeführt werden sollte.

**Dritter Schritt:
Die Organisation entwickeln!**

Die Unternehmensplanung begann mit der Überlegung, welche Aufgaben- und Verantwortungsbereiche von unserem Büro wahrzunehmen sind und wie sie wirtschaftlich ausgefüllt werden können. In diesem Fall ergab sich eine Organisation, bei der wir die Bereiche

- Unternehmensleitung
- Büroleitung
- Projektleitung
- Fachberatung

so zuordneten, daß ein dauerhafter Zwang zur Kooperation entstand.

Die Verantwortung für den EDV-Einsatz liegt bei der Büroleitung, die auch für den Personaleinsatz und die Arbeitsvorbereitung zuständig ist. Aufgabe des Projektleiters ist es, den fachlichen und wirtschaftlichen Projekterfolg sicherzustellen. Zu diesem Zweck wird im Rahmen der Arbeitsvorbereitung auch der EDV-Einsatz im einzelnen festgelegt.

Die Zusammenarbeit der Bereiche stellten wir in einem Organigramm dar. Aufgaben- und Verantwortungsbereiche erfaßten wir in Stellenbeschreibungen, welche allen Mitarbeitern zugänglich sind.

Bereits im Rahmen der Entwicklung der Organisation konnten Aufgabengebiete und Einsatzmöglichkeiten für die EDV abgeleitet werden, die die Beteiligten anfangs noch nicht einmal vermuteten.

Vierter Schritt: Den Projektablauf festschreiben!

Wir beschränkten die Fragen zum Projektablauf nicht nur auf Inhalte des Leistungsbildes, sondern schlossen auch die Arbeitsvorbereitung, Erfahrungssicherung und Dokumentation ein.

Diese Bereiche eröffneten neue – vielfach ungeahnte – Möglichkeiten der Rationalisierung, die wir eingehend erörterten. Dabei konnten anhand von Fallbeispielen die verschiedensartigsten Wege, die von Planungsbüros normalerweise gegangen werden, erläutert werden.

Da diese Informations- und Steuerungsaufgaben die Verwaltung und Verarbeitung zahlreicher Daten verlangen, erkannten die Beteiligten sehr schnell die Einsatzmöglichkeiten der EDV in den verschiedenen Bereichen des Büros. Auf diesem Weg wuchs die Bereitschaft, sich intensiver mit einem Computersystem zu befassen.

Fünfter Schritt: Das Geschäftsjahr planen!

Nach der Aufbau- und Ablauforganisation haben wir die Maßnahmen zur Verwirklichung der Unternehmensziele geplant. Sie umfaßten im wesentlichen folgende Bereiche:
- Marketing
- Finanzen und Investitionen
- Kosten und Ergebnisse
- Personalwesen
- Rationalisierung

Die Planung motivierte die Inhaber, künftig EDV auch als "persönlichen Computer" (PC) bei der Bewältigung der Management-Aufgaben einzuplanen.

Obwohl zunächst die manuelle Bearbeitung der Informationen geplant war, bauten wir bereits im Rahmen der Organisations-Entwicklung das Berichts- und Belegwesen "EDV-gerecht" auf. Dies betraf nicht nur das Ordnungssystem, sondern auch die Datenblätter, die wir entsprechend gestalteten.

Die Entscheidung für bestimmte Informationssysteme haben wir daher unabhängig von der Frage nach der Anschaffung eines Computersystems getroffen.

Da wir auch die Kosten und Ergebnisse für das Geschäftsjahr geplant haben, konnten die Soll-Leistungen der Mitarbeiter und des Büros bestimmt werden. Bei 7600 Plan-Projektstunden ergab sich ein mittlerer Stundensatz von 87,55 DM.

Wir gingen zunächst von einer Umlage der Anschaffungskosten für das Computersystem in Höhe von jährlich DM 30.000 DM aus. Später zeigte sich, daß ein Betrag in dieser Größenordnung auch tatsächlich benötigt wurde. Als Umlage ergaben sich somit 3,95 DM je Plan-Projektstunden, so daß sich der mittlere Stundensatz um diesen Betrag erhöhte. Die Erhöhung betrug also rund 4,5 Prozent. Bei einer durchschnittlichen Produktivitätssteigerung dieser Grössenordnung würde sich die EDV in unserem Fall bezahlt machen können.

Im Zusammenhang mit der Kostenplanung stellten wir fest, daß die Ausgaben der vergangenen Geschäftsjahre im Bereich der sonstigen Gemeinkosten um durchschnittlich 7,5 Prozent gesenkt werden konnten.

Bezogen auf die Gesamtkosten bedeutete dies eine Einsparung von 2,0 Prozent. Erfahrungen aus anderen Beratungen zeigen, daß bei einer sorgfältigen Kostenplanung höhere Einsparungen erzielt werden können. So kann bereits auf diesem Weg ein Teil der Investitionskosten aufgebracht werden.

Die Ergebnisse der Planung des Geschäftsjahres nahmen den Mitarbeitern einige Zukunftsängste und überzeugten alle Beteiligten von der Notwendigkeit, das Computersystem sobald wie möglich anzuschaffen.

Sechster Schritt: Die Rahmenbedingungen schaffen !

Jetzt war es uns möglich, die Anforderungen unseres Büros an ein leistungsfähiges Computersystem zu beschreiben. Danach konnten im Rahmen einer Vorauswahl Prioritäten gesetzt werden. Es sollten zunächst Programme für Textverarbeitung und den Bereich AVA erworben werden.

Bevor wir Kontakt zu Herstellern und Lieferanten aufgenommen haben, hatten wir die Aufgaben in bezug auf die Anschaffung und die Nutzung des Computersystems festgelegt. Jeder Mitarbeiter sollte befähigt werden, seine Aufgaben mittels des Computersystems zu lösen. Darüber hinaus wurden zwei Mitarbeitern zusätzlich folgende Aufgaben übertragen:

- Beobachtungen der technischen Entwicklung (auch nach Anschaffung des Systems)
- Auswerten der Veröffentlichungen, Produktinformationen und Anwendererfahrungen
- Information der Mitarbeiter, Planung der Schulungs- und Weiterbildungsmaßnahmen und
- Beratung und Unterstützung der Mitarbeiter bei der Anwendung des Computersystems

Ein weiterer Mitarbeiter übernahm als Büroleiter die Verantwortung für den EDV-Einsatz. Zu dieser Position gehört auch die Kontrolle des Systems in bezug auf seine Wirtschaftlichkeit.

Mit der richtigen internen Verechnung der EDV-Kosten wird eine weitere wichtige Rahmenbedingung erfüllt. Wir entschieden uns, bei der Erfassung der Projektkosten die Kosten des Computersystems indirekt und nicht direkt aufzunehmen. Die Kosten verrechneten wir als Gemeinkosten und nicht als Einzelkosten.

Nachdem der Anforderungskatalog aufgestellt war, nahmen wir Kontakt zu Herstellern und Lieferanten auf. Diesmal lösten die Gespräche keine Enttäuschung und Ablehnung aus, da nunmehr klare Vorstellungen zur benötigten Leistungsfähigkeit des Systems vorlagen.

Bevor die Entscheidung für ein bestimmtes System fiel, besuchten wir ein Architekturbüro in der Nähe, das sich ebenfalls mit Fragen der Anschaffung einer EDV zum gleichen Zeitpunkt befaßte. Wir wollten eine gemeinsame Entscheidung treffen, um auch später den Erfahrungs- und Kapazitätsausgleich zu ermöglichen. Die Anschaffung einer gemeinsamen Anlage schlossen wir jedoch von Anfang an aus.

Wir bildeten ein gemeinsames Projektteam, das den Anforderungskatalog unter Berücksichtigung der phasenweisen Einführung der Datenverarbeitung vorbereitete. Diese Zusammenarbeit übertraf unsere Erwartungen. Sie verkürzte die Entscheidungsfindung und bewährte sich später auch bei einem Störungsfall.

Siebter Schritt: Die Entscheidung treffen !

Der Einstieg ist jedoch erst dann geglückt, wenn das System seine Leistungsfähigkeit schon nach kurzer Zeit beweisen kann.

Es hat sich bewährt, die Anlage erst dann zu erwerben, wenn eine konkrete Aufgabe vorliegt, deren Umfang und Inhalt einen wirtschaftlichen Einsatz erwarten läßt.

In unserem Fall war die Ausschreibung eines größeren Projektes durchzuführen. Alleine das für den AVA-Bereich zur Verfügung stehende Honorar rechtfertigte die Anschaffung der Anlage, denn rund 30 Prozent der Investitionskosten konnten bereits bei diesem Projekt erarbeitet werden.

Wir hatten uns vier Wochen vor dem Kauf des Systems entschieden, zwei unserer Mitarbeiter gezielt zu Schulungsveranstaltungen zu entsenden, damit sie zum Zeitpunkt der Installation mit dem System vertraut sein würden.

Die Kosten für die Einweisung und Schulung übernahm das Unternehmen ganz und die Zeitaufwendungen zur Hälfte. Die restliche Zeit haben wir im Rahmen eines Zeitausgleichs verrechnet oder als Urlaub verbucht. Für diese Regelung sprechen zahlreiche Gründe und gute Erfahrungen.

Die Schulungsmaßnahmen haben wir für die Inhaber und die Mitarbeiter zum Teil extern, zum Teil aber auch nach Installation der Anlage intern durchgeführt. Alle Beteiligten bestätigten, daß ihnen der Zugang zur EDV sehr viel leichter gefallen ist, als sie es ursprünglich angenommen hatten. Tatsächlich kam auch das Verlangen nach Einführung des Computer Aided Design (CAD) schneller als wir geplant hatten. Einige Mitarbeiter sammelten Informationen während ihrer Freizeit und drängten auf kurzfristige Aufrüstung des Systems.

Die Inhaber nahmen die EDV allerdings nur sehr zögernd an. So war das System auch nach Ablauf eines Jahres noch nicht zum persönlichen Computer der Inhaber geworden.

Die allgemeinen Managementaufgaben werden auch weiterhin mit den Hilfsmitteln Karteikarte, Taschenrechner und Filzstift gelöst. Die Begeisterung der ersten Beratungsphase konnte somit nur teilweise konkret umgesetzt werden. Diese Erfahrung kann in zahlreichen Planungsbüros beobachtet werden und ist auch auf den Leitungsebenen anderer Unternehmen häufig anzutreffen.

Achter Schritt: Die Zukunft sichern !

Die ursprüngliche Sorge, daß der Einstieg in die Datenverarbeitung zu spät erfolgen und wichtiges Knowhow bereits verschlafen sein würde, bestätigte sich nicht.

Die erzielten Ergebnisse bei der Bearbeitung des AVA-Bereichs und im Rahmen der Projektkostenplanung ermutigten uns, die erworbenen Programme früher als geplant zu ergänzen und weiterzuentwickeln. Es werden bereits die Arbeitsvorbereitung und Projektdokumentation aufgebaut. Ferner erfolgt die systematische theoretische und praktische Vorbereitung auf die CAD-Lösung. Hier hat sich das Büro allerdings noch keinen festen Zeitplan gegeben.

Die erfolgreiche Einführung der EDV hat die Bereitschaft des Büros geweckt, die technische Weiterentwicklung und die Angebote der Hersteller aktiv zu verfolgen. Dies geschieht auch im Hinblick auf die Zukunftssicherung durch Erschließung neuer Tätigkeitsfelder und Marktsegmente.

Die systematische Beschäftigung mit der EDV bringt auch die Sicherheit, der Zukunft gewachsen zu sein, und diese Sicherheit sollte nicht unterschätzt werden.

Architekt BDA Hans-Werner Brandt:

Gestern und Heute.

Als ich mich Mitte der 70er Jahre um den Einsatz von Datenverarbeitung in unserem Architekturbüro bemühte, hatten Freunde und Kollegen nur ein mitleidiges Lächeln übrig.

Ich fühlte mich ziemlich allein gelassen und stand etwas hilflos vor den Angeboten des Hard- und Softwaremarktes.

Architekten waren damals noch keine Zielgruppe für den Computermarkt.

Es gab zwar einige "Vorreiter", mit Datenverarbeitung arbeitende Architekten, "Propheten" in ihrer Art. Eine unabhängig wertende Beratung war jedoch niemandem zuzumuten.

Mein Ziel konnte ich ansprechen und beschreiben.

Aber der Weg dorthin war unbeleuchtet. Die wenigen "Lämpchen", die den Kurs nach und nach beleuchteten und den "Aha"-Effekt auszulösen pflegten, reichten nicht aus, um kurzfristig eine Entscheidung für den Einstieg in die EDV zu wagen. Ich benötigte vier Jahre als Vorlaufzeit zum Sammeln der notwendigen Informationen.

Als das Büro dann die vorbereitete Entscheidung mittrug, zählten wir von Stunde an zu den sogenannten "Anwendern", was nicht bedeuten konnte, daß unsere Probleme damit gelöst waren.

In der Rückschau meine ich, daß ich richtig entschieden habe, auch wenn ich bekennen muß, daß ich auf die warnende Stimme eines erfahrenen Anwenders nicht gehört habe. Der erste Computer mußte leider schon bald ausgewechselt werden, weil die Aufnahmefähigkeit der Speicherplatte für Daten und Texte zu schnell erschöpft war.

Aber diese Erfahrung haben sicher schon viele Kollegen gemacht. Erfahrung kostet eben auch Lehrgeld.

Ein Auto verliert seinen Wert durch Faktoren wie Alter, gefahrene Kilometer und dem allgemeinen Pflegezustand. Über diesen Zeit-Wert-Faktor kann sich jeder informieren. Es gibt sogar anerkannte Tabellen.

Bei einem Computer ist das anders. Ein gebrauchter Computer verliert seinen Verkaufswert, sobald die neue Modellgeneration auf dem Markt angekommen ist. In diesem Zusammenhang erfährt man und ist erstaunt, daß die meisten "Insider" über unterschiedlich große Alt-Maschinenbestände verfügen, angefangen bei Rechnern, Bildschirmen, Druckern und sonstigem Zubehör.

Aber keine Angst vor alten "Möbeln". Sie erfüllen meistens durchaus ihren Zweck und sollten so lange eingesetzt bleiben, bis eindeutig sicher ist, daß eine neue Investition für das Büro wirtschaftliche Vorteile bringt.

Wegen fehlender Beratung haben wir den Einstieg in die Datenverarbeitung mit einer zu kleinen Anlage begonnen, die nicht aufzurüsten war. Bei der Software dagegen haben wir uns übernommen. Die eingekauften Programme konnten anfangs gar nicht gleichzeitig verarbeitet und somit wirtschaftlich eingesetzt werden.

Hätte ich vorher geprüft, was in welcher Zeit machbar ist, wäre ich sicher in der Anfangsphase zufriedener gewesen.

Bei der Büroorganisation gab es dafür keine Schwierigkeiten. Sie wurde nicht wesentlich verändert. Die Datenverarbeitung hat sich in das Organisationsschema eingefügt.

Eine völlig geänderte Organisation mit dem Einstieg der Datenverarbeitung zu verknüpfen, kann zum Büro-Chaos führen.

Ich kenne viele Kollegen mit kleinen und mittleren Büros, die keine Zeit haben, datentechnische Verflechtungen aller Arbeitswege auf Anhieb zu suchen und zu finden.

Ein schrittweises Vorgehen dürfte der beste Weg sein. Die Verknüpfung der Arbeitsbereiche wird damit nicht ausgeschlossen, vorausgesetzt die Software läßt diese gewünschte Gesamtlösung zu.

Heute finde ich fast bei jedem Posteingang Prospekte, Einladungen zu Seminaren, Dokumentationen, Angebote und Veröffentlichungen über Datenverarbeitung im Architekturbüro.

Der Kollege, der sich heute mit der Datenverarbeitung beschäftigen will, hat es leichter.

Inzwischen sind Architekten nun auch eine Zielgruppe der Hersteller und Softwarehäuser geworden.

Das Preis-Leistungsverhältnis hat sich verbessert. Ein Computer ist bezahlbar geworden. Die Aufrüstung gehört zum Standard. (Wenn sie nicht möglich ist, sollte man unbedingt vom Kauf absehen.)

Problematisch ist unter Umständen die Entscheidung, eine wirklich funktionierende Software zu finden. Viele Händler, die sich als "Trittbrettfahrer" auf den "Zug der Zeit" schwingen, versuchen das "schnelle Geld" zu machen. Sie sind nur mit Fachkenntnis von den Softwarehändlern zu unterscheiden, die wissen, wovon sie reden und was sie anbieten.

Es wird sich deswegen nicht verhindern lassen, daß auch heute noch immer wieder Fehlentscheidungen getroffen werden. Das gehört wahrscheinlich zum Computer-Geschäft und hängt mit der Geschwindigkeit der technischen Weiterentwicklung zusammen. Aber bei der in den letzten Jahren umfassenden Information auf Messen und Ausstellungen (z.B. ACS-Wiesbaden) und bei den Seminarangeboten der Kammern und EDV-Labors (Hannover, Nidda und München) sollten Fehler demnächst seltener werden.

In den Architektenkammern und in den EDV-Labors gibt es Kollegen, die unabhängig beraten. Wer sich mit Datenverarbeitung auseinandersetzen will, sollte diese Angebote annehmen. Gründliche Vorbereitung auf Weg und Ziel sind heute möglich – richtige Entscheidungen sparen Geld und Frustration.

Architekt BDA Walter Ehlers:

Wann und wie stellt sich das Problem, EDV anzuwenden, für einen Architekten?

Ein Erfahrungsbericht ist wie immer Wiedergabe von persönlich Erfahrenem. Der Berichtende ist nicht berechtigt und empfindet auch keine Neigung, eigene Erfahrung mit der anderer zu allgemeiner Erfahrung oder gar Wissenschaft zusammenzuführen, die andere übernehmen, verwerten und weiterführen könnten.

Der Nutzen eines solchen Berichtes könnte aber darin liegen, daß er zusammen mit anderen Berichten wie ein Gedankenaustausch unter Leuten in ähnlicher Lage erhellend wirkt, ohne daß ein greifbares Ergebnis festzustellen wäre.

Seit einiger Zeit steht in unserem zur Zeit 16-köpfigen Büro eine EDV-Anlage, ausgerüstet für alle Arbeiten, die mit Ausschreibungen, Abrechnungen und Kostenkontrolle zu tun haben. Wir sind noch dabei, in Gebrauch zu nehmen, jedoch nicht durch Übungen, sondern an einem konkreten Projekt.

Daß es dazu kam, liegt nicht an etwa emotional vorhandener Affinität zu dieser neuen Technik, wenngleich ein Architekt als Techniker schon fasziniert sein kann, wie mit einer unglaublich einfachen Struktur und nur durch planvolle Kombinationen und höchste Geschwindigkeit, also durch Zusammenwirken von geistiger und physischer Kraft, derart komplexe und nicht mehr vorstellbare Operationen zu leisten sind.

Es war also kein langgehegter Wunsch oder längst erkannte Notwendigkeit, so etwas haben zu wollen oder zu müssen, sondern die Zeit war reif geworden. Nicht eigene reifliche Überlegungen, sondern Ereignisabfolgen, die wie das Wetter außerhalb unserer Einflußnahme vor sich gingen, ließen unseren Entschluß reifen:

Nach einer Phase, die mit auslaufenden Projekten ohne gleichzeitig anlaufende neue Projekte als stagnierend empfunden wurde und deshalb von Vorsicht und wenig Zutrauen in Zukünftiges begleitet war, stellte sich sozusagen über Nacht der bekannte Silberstreif am Horizont ein, dessen Hoffnung dann richtig in die Gewißheit neuer Aufgaben mündete.

Diese Aufgaben umfaßten auch den Bereich der Durchführung, ohne daß wie früher häufig der Bauherr mit seiner öffentlichen Hand auf die Verwendung von Standardleistungsbüchern nebst staatlichem Rechner verwies.

Auflebender Optimismus und Gelegenheit waren da, um Neues zu beginnen. Die Anschaffung einer EDV-Anlage war möglich.

Dem verführerischen Gedanken, dieses Unbequeme, zunächst sicher umständliche Neue lieber der folgenden Generation zu überlassen (man würde ohne schon noch durchkommen), wurde nicht stattgegeben, da er sich mit der Einschätzung der eigenen Person nicht vereinbaren ließ.

Es ist aber nicht zu übersehen, selbst wenn man nicht besonders hinsieht, daß sich alle Welt mit Computern zurüstet. Alle Welt hat Schreibautomaten, PCs sind überall dort, wo sich Menschen beschäftigen, der eigene Sohn studiert mittlerweile nach mehrjähriger Commodorezeit Informatik. Wer sich jetzt noch entzieht, gerät zum Außenseiter.

Fehlende Affinität, gefühlsmäßiger Abstand läßt kritische Sicht zu. Allgemeine Hinwendung ist noch kein Beweis dafür, daß ihr Gegenstand allgemeine Gültigkeit, d.h. Brauchbarkeit für alle Bereiche besitzt.

Dem Mitherausgeber des kritischen Bandes "CAD: Architektur automatisch?" sind Zweifel an unbegrenztem Einsatz von EDV ohne nachteilige Folgen stets gegenwärtig.

Aber für den jetzt angegangenen Bereich "AVA", also Rechnen, Zusammenstellen usw. scheinen Bedenken klein, wenn gar überflüssig, wenn man dagegen hält, wieviel einfacher, sauberer, genauer und schneller Ausschreibungen zusammengestellt werden können. Korrekturen sind mühelos, Korrigiertes muß nicht auf neue Fehler, die beim Neuschreiben woanders entstanden sein können, überprüft werden. Die innere Unruhe deshalb, weil vielleicht doch noch Fehler enthalten sind, trotz sorgfältigster Kontrolle, entfällt einfach. Schreibfehler, die nach außen blamabel sind, weil sie Unzuverlässigkeit signalisieren oder Regress begründen, soll es nicht mehr geben. Die Leistung des Büros wäre verbessert, zugleich sein Image.

Unsere Gesellschaft hat offenbar unbesehenes Zutrauen zu den Maschinen und überträgt dieses Vertrauen ohne weiteres auf den Maschinenhalter, obgleich in jedem Geschäft an der neuesten Kasse geflucht wird über die Umständlichkeit des Alles-auf-Einmal, Artikelnummer-Preis-Geldschein des Kunden-Wechselgeld-Endsumme-Registration des Bestands und Sachbearbeiter usw. usw. – obgleich man sich wundert, wenn an derselben Kasse die Nummer eines Artikels nicht abzulesen ist, daß dieser unidentifizierbare Artikel mit einer "Sumpfnummer" versehen unter "undefiniert" registriert und wahrscheinlich nachbestellt wird – obgleich kaum einer noch seine Strom-, Wasser-, Autoversicherungs- und Kanalreinigungsrechnung auseinanderhalten, geschweige denn lesen kann usw. usw.

All dieser Ärger setzt sich nicht durch.

Ein in hohem Auflösungsgrad ausgedruckter Maschinenreport z.B. über Kostenermittlungen überzeugt einfach mehr als mit gewöhnlicher Schreibmaschine oder gar mit der Hand Geschriebenes, wie uns ein Bauherr erklärte, obgleich er auf unser Vorhalten zugeben mußte, daß die sachliche Richtigkeit durch genaue Rechnung und Druck überhaupt nicht bewiesen ist.

Die Gesellschaft gibt sich, so scheint es, mit dem Transportschein, der eine Kiste ausweist, zufrieden und vertraut darauf, daß es die Kiste tatsächlich gibt.

Es gibt offenbar eine Konvention des Vertrauens, die den Geldschein als Geld gelten läßt, der Schein bezeugt den Wert. Es gibt ja keinen Bänker Rothschild mehr, der Banknoten aus seinem Haus irgendwann einfach annullieren konnte. Wahrscheinlich ist es auch ein Vorteil, daß es die Art Rothschilds nicht mehr gibt, und sicher ist das Letztgesagte nur eine Nebenbemerkung, nichts zur Sache selbst.

Im übrigen rechnen wir mit einer gewissen Effizienz der Anlage für unsere Arbeit, und wenn dies so ist, erscheint es unvernünftig, sich außerhalb der allgemeinen Konvention zu stellen, in seinem Geschäftsgebaren auße rhalb der Welt der Partner zu stehen.

Selbst wenn sich eine Effizienz wider Erwarten nicht nachweisen ließe, bedeutet die Investition, wie uns versichert wurde, heute keine Katastrophe mehr, wenngleich wir uns vor einer "Computerleiche" oder der Degeneration der Anlage zu einer unmäßig teuren Schreibmaschine (ein fremder Bauleiter: "Es sieht so schön gedruckt aus, macht einen guten Eindruck, man kann so leicht verbessern, aber sonst nehmen wir Schere und Kleister wie zuvor, das geht immer noch am besten.") schon fürchten würden.

Aber alle Kollegen, die wir vorher befragten und die uns, wie wir empfanden, gern ihre Anlagen vorführten, waren vom Sinn und Erfolg ihrer Investition überzeugt. Es ist sicher auch nicht zuzumuten, das Gegenteil zuzugeben.

Ein anderer Aspekt ist das Verhältnis zur öffentlichen Hand. Ohne eigene Anlage waren wir, wie bereits gesagt, gehalten, den Rechner des Staates zu benutzen. Diese Abhängigkeit ist umständlich und ärgerlich, kostet darüber hinaus nach anfänglicher Eingewöhnungszeit Honorarabzug. Wir denken, wir werden unsere Selbständigkeit nur erhalten können, wenn wir selbst Anlagen haben und kompatibel sind, so daß wir uns mit anderen, auch öffentlichen Anlagen austauschen können.

Zwar ist es bei uns zunächst noch nicht erlaubt, die eigene Anlage bei einem Auftrag des Staates einzusetzen, aber wird der Staat diese Haltung beibehalten können, wenn er ständig die Verbreitung neuer Technologie fördert und den freien Beruf halten will? Eigentlich geht das nicht. Denn das hieße ja, der Staat kauft von Steuergeldern Technologie, wendet sie an und nimmt denjenigen die Arbeit, aus der die Steuern erwachsen.

Mit solchem Recht wollen wir nicht rechnen.

Oder liegt in der Computer-Technik, mit der so mühelos so vieles aufgenommen und verarbeitet werden kann, eine Tendenz zum Zentralismus? Es wäre nicht neu, daß eine Bürokratie alles dazu täte, ihre eigene Tendenz zum zentralen Erfassen und Kontrollieren mit allen Mitteln zu verstärken und auszubauen. Dies war schon im altägyptischen Staat so und hat sich seitdem nicht verändert.

Aber genau so alt ist der Durchsetzungswille freier Kräfte.

Wir haben uns jedenfalls für unser Büro vorgenommen, auf der Hut zu sein

- vor der Gefahr, solchen Tendenzen selbst zu verfallen und bloß selbst keine kleine Bürokratie aufzubauen, und im übrigen
- vor dem bequemen Wiederholen, der konservativen Tendenz einer Konserve,
- vor dem Anschein von Sorgfalt und Genauigkeit, der Schlampereien unsichtbar macht,
- vor der Aufgabe der Plausibilitätskontrolle, denn die Maschine druckt sicher den größten Mist genauso wie alles andere auf den gleichen Haufen.

Dr. Gernot Feldhusen:

EDV auch beim "Bauen im Bestand"!

"Bauen im Bestand" ist die neue Formel, mit deren Hilfe Architekten das ungeliebte Tätigkeitsfeld der Renovierung, Sanierung und Modernisierung schmackhaft gemacht werden soll.

Diejenigen Architekten, die schon länger mit Altbauten befaßt sind, sagen: "Alles beim Bauen im Bestand ist anders als bei einem Neubau." Diese Erkenntnis ergibt sich aus der Tatsache, daß das zu bearbeitende Gebäude schon be- "steht" und zunächst eine systematische und methodische "Bestands"-Aufnahme durchgeführt werden muß.

Dieser Umstand bedeutet wiederum, daß die Architekten beim Bauen im Bestand mit Aufgaben konfrontiert werden, die sie während ihrer Berufsausbildung und auch Berufsausübung in der Regel nicht oder nur teilweise kennengelernt haben.

Es mag sein, daß sich hieraus die Unlust und das Desinteresse der Architekten an diesem "neuen" Tätigkeitsfeld erklären läßt. Ein anderer Grund liegt sicherlich auch in dem dominierenden Selbstverständnis des Architekten als einem kreativen, im Sinne von "neuschaffenden" Beruf.

Christoph Hackelsberger hat jedoch überzeugend nachgewiesen, daß genausoviel Kreativität nötig ist, wenn man einer fremden Spur folgt. (Vgl. Bausubstanz 1986, Heft 4).

Mit dem delikaten Phänomen der Kreativität hat ohne Frage auch die bisher geringe Akzeptanz des Computers durch die Architekten zu tun. Dies gilt insbesondere im Bereich der grafischen Verwendung, der auch mit dem Kürzel "CAD" (Computer Aided Design) umschrieben wird.

Aber auch im alphanumerischen Bereich können sich die meisten Architekten den Computer als Hilfsmittel kaum vorstellen. Genau hier liegt jedoch die entscheidende Anwendungsmöglichkeit des Computers und der EDV beim Bauen im Bestand.

Es geht dabei um die Erhebung und Verarbeitung von Bestands-Daten und somit um "gegebene" Fakten zu den Maßen sowie dem bauphysikalischen, technischen und statisch-konstruktiven Zustand eines Gebäudes.

Diese Daten werden einerseits für die Kostenschätzung und die Zeitplanung benötigt. Andererseits sind sie für die konkrete Planung der Instandsetzungs- und Modernisierungsmaßnahmen auch "dezentralisiert", nämlich für einzelne Wohnungen, Stockwerke, Räume wichtig. Hieraus ergibt sich ein erheblicher Aufwand in der Verarbeitung der Daten, der die Anwendung der elektronischen Datenverarbeitung rechtfertigt.

Alle mit Altbauten befaßten Architekten sind sich einig, daß Erfassung, Beschreibung und Wertung der vorhandenen Bausubstanz zwar sehr schwierig sind, jedoch die entscheidende Voraussetzung darstellen, um Bauverzögerungen, Mehrkosten und zum Beispiel soziale Mehrbelastungen bei Mietern zu vermeiden.

Das System der gutachterlichen Substanzuntersuchung, wie es beispielsweise von Gibbins und Partner (Hamburg) praktiziert wird, zeigt deutlich den Umfang der Untersuchungen und ihre Bedeutung für das weitere Vorgehen. Insbesondere für die Entscheidung des Eigentümers beziehungsweise Investors, ob es zum Bauen im Bestand überhaupt kommt oder nicht. Dabei spielen die zu erwartenden Kosten natürlich eine dominante Rolle.

Die Kostenplanung ist von jeher ein leidiges Kapitel des Bauens, denn beim Altbau waren und sind Kostenüberschreitungen ausgesprochen häufig. Eine Ursache hierfür kann die unzureichende Bestandsaufnahme sein, welche häufig aus Kostengründen im Umfang zu schmal angesetzt wird.

Ohne Frage spielt der Aspekt der bisher mangelnden Wirtschaftlichkeit von Bestandsuntersuchungen hierbei eine große Rolle. Fehlende oder falsche Hilfsmittel der Erfassung, mangelnde Erfahrung im Umgang mit Erfassungsgeräten und eben auch eine kostenintensive Verarbeitung der Daten sind erhebliche Kostenfaktoren.

Die EDV als Rationalisierungsinstrument kann wie in anderen Wirtschaftsbereichen hier ihre volle Wirkung entfalten. Es wird jedoch eine spezielle Software benötigt, die bereits in ihrer Struktur und in Anlehnung an die DIN 276 entwickelt ist. (Vgl. Schmitz/Hutzelmeyer, Bauteilkosten bei Modernisierung und Instandsetzung. Essen: Wingen Verlag 1985).

Die meisten Architekten, besonders jene natürlich, die sich mit dem Bauen im Bestand noch nicht so sehr anfreunden konnten, haben noch nicht bemerkt, welche kreativen Möglichkeiten sich durch den Einsatz von grafischer Datenverarbeitung ergeben. Besteht das Ergebnis der Bestandsaufnahme bereits in einem sogenannten "Raumbuch", welches grafisch am Bildschirm dargestellt werden kann, dann läßt sich auch die Planung von Umnutzungen, von Maßnahmen der Instandsetzung und Modernisierung EDV-gestützt vornehmen. Erfahrungen aus dem CAD-Bereich zeigen, daß gerade Änderungen von fertigen Plänen mit dem Computer besonders rationell durchführbar sind. Die Planungsphase beim "Bauen im Bestand", müßte somit ökonomisch besonders günstig gestaltet werden können.

Darüber hinaus weisen altbauerfahrene Architekten immer wieder darauf hin, daß "Überraschungen" in der Bauphase trotz sorgfältigster Bestandsuntersuchungen nicht ausbleiben und baubegleitende Planungsmaßnahmen fast immer die Regel sind. Um die Baustelle nicht "lahmzulegen", müssen diese Aktionen häufig sogar über Nacht geschehen. Gerade unter diesen Umständen bietet die EDV-gestützte Planung enorme Vorteile.

Ist eine Baumaßnahme im Bestand erst einmal EDV-gestützt abgeschlossen, kann der Architekt einen neuen Service anbieten, nämlich die laufende Bestandsaufnahme mit entsprechender Fortschreibung der Plandokumente. Alle weiteren Planungs- beziehungsweise Baumaßnahmen zu einem späteren Zeitpunkt lassen sich sehr kostengünstig durchführen. Ein solches "Programm" der Bestandspflege wird in den Vereinigten Staaten unter dem Begriff "Facility Management" (Vgl. Bausubstanz 1986, Heft 1 und 2) schon sehr erfolgreich im Bereich von Unternehmen mit großen Gebäudebeständen wie zum Beispiel Industriekonzernen, Krankenhausgesellschaften und Hotelketten angeboten.

"Facility Management" wird von vielen Architekten als wirksames Marketinginstrument benutzt, um zum Beispiel neue Klienten zu gewinnen oder alle stärker an sich zu binden. Ziel ist es, bei allen Planungs- und Baumaßnahmen im Bestand eines Klienten berücksichtigt und herangezogen zu werden.

Ebenso wie vielleicht ein Versicherungsvertreter am liebsten für seine Kunden die Policen verwaltet und auf diese Weise am besten zu einem "Neu"- oder "Bestandsgeschäft" kommt, wäre es sicherlich auch für den Architekten von Vorteil, wenn er die Plandokumente und den Baubestand seines Bauherren planerisch und baulich betreuen würde. Auf diese Weise könnte der Architekt praktisch zum Unternehmensberater "avancieren".

In Deutschland erscheinen dem einen oder anderen Architekten solche Gedanken wie zum Beispiel "Markterschließung" oder "Pflegeservice" vielleicht noch abwegig. Die Konkurrenz schläft jedoch nicht und geht teilweise sehr zielstrebig in dieser Art vor.

Der Bereich des Wohnungsbestandes spielt dabei eine große Rolle. Private Eigentümer mit großen Beständen, zum Beispiel Versicherungsgesellschaften, lassen ihren Wohnungsbestand zur Zeit noch von freien Architekten erfassen, bewerten und dann gegebenenfalls instandsetzen und modernisieren.

Auch Ingenieurbüros sind in diesem Markt tätig. Es wird vermutlich nur eine Frage der Zeit sein, wann Versicherungsgesellschaften mit Hilfe ihrer eigenen Bauabteilung die Maßnahmen des Bauens im Bestand durchführen lassen. Für Versicherungsgesellschaften, die meistens schon über die notwendige EDV-Ausrüstung verfügen, würde gerade eine computergestützte Eigenplanung enorme Kostenvorteile mit sich bringen.

Die Frage nach EDV beim Bauen im Bestand stellt sich also überhaupt nicht als Frage, vielmehr ließe sich umgekehrt argumentieren, daß der Architekt über das EDV-gestützte Bauen im Bestand zur CAD-Neubauplanung übergehen sollte, etwa unter dem Motto: "Bauen im Bestand als Einstiegsdroge für die Computeranwendung". Vereinzelt soll es ja bereits zu "Suchtproblemen" gekommen sein.

Architekt BDA Norbert Koch:

Kombination aus vielen Möglichkeiten.

Vor 6 Jahren gewannen wir einen Wettbewerb für ein großes Verwaltungszentrum mit 2.200 Arbeitsplätzen. Die Baukosten wurden auf 350 Millionen Mark angesetzt. Auf der Pressekonferenz fragte mich der damalige Oberbürgermeister, ob ich mit meinem Büro in der Lage sei, das gesamte Objekt zu planen, auszuführen und innerhalb von drei Jahren fertigzustellen.

Dies war Anlaß für mich, mein Büro gänzlich umzustrukturieren, zwei Partner aufzunehmen und erheblich zu vergrößern, von damals 10 auf heute etwa 20 Mitarbeiter.

Bei den darauf folgenden Vertragsgesprächen war der Werksleiter dafür, daß wir die Planung für das neue Verwaltungszentrum übernehmen, jedoch das gesamte "Baumanagement, Termin- und Kostenplanung, Bauleitung und dergleichen", so der Werksleiter weiter, "ist nicht die Aufgabe von Architekten, sondern das müssen Ingenieure machen", dies wisse er genau, er sei schließlich selber Ingenieur.

Diese Episode ist symptomatisch für die Situation, in der sich die Architektenschaft befindet. Jeder Auftraggeber weiß, daß er den Architekten braucht, denn nur dieser kann ein Bauwerk entwerfen. Bei der Realisierung eines Projektes aber verläßt man sich heute lieber auf den Ingenieur. Dieser ist in den Augen der Auftraggeber zwar weniger "Künstler", arbeitet dafür aber gründlicher und verwendet dabei eine modernere und systematischere Arbeitsmethode als der Architekt. Durch dieses Vorgehen bekommen Architekten kaum noch die Chance – besonders bei großen Aufgaben – das gesamte Leistungsbild der HOAI zu erbringen.

Mein Ziel aber war es immer und wird es bleiben, bei möglichst jeder Bauaufgabe – ob klein oder groß – alle Architektenleistungen zu erfüllen, besonders auch die Bauleitung. Nur so kann die architektonische Qualität der Details, von dem jedes Bauwerk schließlich lebt, sichergestellt werden. Und schon heute – meine ich – ist dieses Ziel ohne den Einsatz der Datenverarbeitung kaum mehr zu erreichen.

Diese Erkenntnis reifte bei uns in den vergangenen Jahren und wir begannen, uns mit dem auseinanderzusetzen, was so auf Messen, in Vorträgen und in der Werbung angeboten wurde. Uns ging es wie damals allen: Die meisten unserer Gesprächspartner aus der Computer-Branche hatten kaum eine Ahnung, wovon wir sprachen, "DIN 276" und ähnliches waren bestenfalls Schlagworte, denn die gleichen Leute verkaufen am selben Tag Hard- und Software an Zahnärzte oder Anwälte.

Die wichtigsten Kriterien bei unserer Suche nach der richtigen Hard- und Software waren:

- fachlich kompetente Gesprächspartner (in unserem Fall in erster Linie Architekten)
- sogenannte "Komplettlösungen", denn wer wird nicht von der Vorstellung fasziniert, ein Projekt mit "Computer Aided Design" (CAD) zu konstruieren und damit "automatisch" alle erforderlichen Berechnungen, Massenermittlungen, LV's, Preisspiegel bis hin zur Bauabrechnung zu erhalten.

Wir fanden schließlich ein System, das von Architekten für Architekten gemacht worden war und uns damals schon "fast" komplett erschien. Es stellte sich jedoch später heraus, daß die erste Entscheidung, die wir getroffen hatten, weitgehend falsch war. Das CAD-Programm war eher ein Programm für Maschinenbauer, mit dem man besser Zahnräder konstruieren als eine Betonschraffur darstellen konnte. Auch die Verknüpfung mit AVA war zu jener Zeit noch nicht möglich. Als die zugesagten Fertigstellungstermine um viele Monate überschritten waren und keine Aussicht auf eine rasche Änderung dieser Situation bestand, gaben wir das "AVA-Paket" zurück und entschieden uns im CAD-Bereich für eine in unseren Augen architekturgemäßere Weiterentwicklung.

Bei unserer Systeminstallation verfolgten wir einen ungewöhnlichen Weg, indem wir umgekehrt zum üblichen Verfahren vorgingen:

- Wir installierten als erstes CAD,
- daraufhin die alphanumerische Bearbeitung unserer Projekte (AVA), und
- zu guter Letzt führten wir Programme für die Einsatzgebiete Textverarbeitung, Projektmanagement, Datenverarbeitung und Buchhaltung ein.

Ich mache keinen Hehl daraus, daß bei dieser atypischen, umgekehrten Reihenfolge der Systeminstallation neben den geschilderten Umständen auch eine eher unterbewußte Motivation eine gewisse Rolle gespielt hat: die Faszination, die von CAD ausgeht, ist für visuell orientierte Menschen unvergleichlich größer, als jene der viel "trockeneren" Materie der AVA-Bearbeitung. Zudem beschäftigen sich die meisten Architekten immer noch lieber mit Werkplänen als mit Berechnungen, Leistungsbeschreibungen oder Tabellen.

Heute, vier Jahre nach dieser ersten Entscheidung, arbeiten wir in allen Bereichen unserer beruflichen Tätigkeit mit EDV-Unterstützung und haben dabei unsere eigene Philosophie entwickelt. Anstelle einer "Komplett-Lösung" findet jetzt der Einsatz und die Kombination aller zur Verfügung stehenden Möglichkeiten der EDV-Unterstützung statt. Diese sollte projektspezifisch sein und nur dort eingesetzt werden, wo sie wirklich sinnvoll erscheint.

Hierfür sind folgende Gründe ausschlaggebend:

- Jeder Auftrageber – privat oder öffentlich – hat eigene Vorstellungen oder Vorschriften über die Abwicklung eines Projektes, zum Beispiel die Vertragsgestaltung mit ausführenden Firmen, eigene Standardleistungsbücher, Tochterleistungsbücher. Für Kollegen, die vorwiegend nur für einen Auftraggeber arbeiten, ist dies kein wesentlicher Gesichtspunkt.
- Der beauftragte Leistungsumfang ist häufig unterschiedlich. Wenn zum Beispiel die Erstellung der Ausschreibung nicht in Auftrag gegeben wird, ist der extrem hohe Eingabeaufwand, den ein "Komplettsystem" bereits am Beginn der Konstruktionsphase erfordert, unwirtschaftlich und unnötig.
- Viele Auftraggeber haben – zumindest bei uns – die Angewohnheit, ihre Bauabsichten irgendwann während der Planungszeit nochmals, manchmal sogar öfters zu ändern. Für ein reines CAD-System, das über ausreichenden Komfort für schnelles Ändern von Zeichenelementen verfügt, stellt dies kein Problem dar. Unerfreulich wird es, wenn man ein "Komplettsystem" benutzt, das bereits frühzeitig Detailfestlegungen verlangt, welche später wieder geändert werden müssen und somit umsonst waren.
- Eine Kette ist nur so stark, wie ihr schwächstes Glied. Mit der sogenannten "Komplettlösung" ist es ebenso. Dies ist für mich vielleicht das wichtigste Argument! Ich habe bis heute kein Programm gefunden, welches in allen Einzelteilen gleich gut für unsere Zwecke geeignet wäre. Jedes Programm hat Schwachstellen, beispielsweise Bausteine, die aus früheren Entwicklungen übernommen wurden und die mit den entsprechenden Programmteilen anderer Anbieter nicht konkurrieren können.
- Ein CAD-Arbeitsplatz kostet einschließlich anteiliger Peripherie rund fünf mal soviel wie ein AVA-Arbeitsplatz. "Anteilige Peripherie" heißt in diesem Fall: ein 8-Stifte DIN A0-Trommelplotter kann im Hintergrund, daß heißt während gleichzeitig auf allen Arbeitsplätzen weiter konstruiert wird, ohne weiteres 3 CAD-Arbeitsstationen bedienen.

Fazit:

Wir haben heute drei CAD-Arbeitsplätze mit zwei CAD-Programmen (2D und 3D) und zwei AVA-Arbeitsplätze mit ebenfalls zwei Programmen. Wir können, abhängig von den Erfordernissen des Projekts, den Wünschen des Auftraggebers und unserer Personal- und Arbeitsplatzauslastung, beispielsweise 2D-konstruieren und mit Standardleistungsbuch oder Tochterleistungsbüchern des Bauherrn ausschreiben.

Unsere Schnittstelle ist relativ einfach definiert:

- die Konstruktion mit CAD
- automatisches Erstellen der Massen, die für die Leistungsbeschreibung benötigt werden.

Das manuelle Übertragen von zum Beispiel 100 bis 200 Zahlen pro LV in ein auf dem AVA-Arbeitsplatz erstelltes LV-Bankett, ist ein minimaler Aufwand, bietet uns aber größtmögliche Flexibilität im Sinne der zuvor geschilderten Randbedingungen.

Wohlgemerkt: diese Randbedingungen sind natürlich von Büro zu Büro verschieden. Bürogröße und Art und Struktur der Planungsaufgaben sind in jedem Fall die wichtigsten Parameter für die Entscheidung in welcher Art und in welchem Umfang EDV-Unterstützung im Architekturbüro sinnvoll ist.

Die Erkenntnisse aus der praktischen Arbeit mit CAD zeigen, daß das Einführen bzw. das Erlernen eines neuen Programms im Büro am Anfang sehr mühsam ist. Seminare und Schulungen sind also unabdingbar für den Mitarbeiter, der als Erster mit dem neuen Programm zu arbeiten beginnt. Alle nachfolgenden Mitarbeiter haben es dagegen wesentlich leichter, die Weitergabe einmal vorhandenen Wissens geht relativ problemlos vor sich. Nach ein bis zwei Wochen ist ein Neueinsteiger in der Lage, hinsichtlich des Zeitaufwands mit konventioneller Zeichenarbeit zu konkurrieren.

Ziel sollte es daher sein, daß jeder Mitarbeiter – vom Dipl. Ing. bis zum Studenten – nicht nur bei alphanumerischen Anwendungen wie Flächenberechnungen oder Preisspiegel mit dem Computer umgeht, sondern auch mit CAD arbeitet, wenn es von der Aufgabenstellung her sinnvoll ist. Jeder wird in Zukunft am Bildschirm zeichnen können wie bisher mit dem Rapidographen.

Architekt BDA Klaus Reese:

Das Ding. Ein Drama in 4 Akten, einem Vorspiel und einem Nachspiel.

Vorspiel:
Die Konkurrenz schläft zwar, aber vielleicht sollte man doch ...

Im Büro der Architektengemeinschaft V. Aderpa + B. Lucki war man seit jeher stolz darauf, Architektur nicht aus der Schublade zu holen, sondern immer neu zu erfinden und lieber ein Treppengeländer fünfmal neu zu entwickeln als eine "ältere" Version anzubieten, die es schon einmal gegeben hatte, wenigstens vom Prinzip her.

Dementsprechend bestand wenig Neigung, die Einsatzmöglichkeiten der EDV in Architekturbüros als notwendig zu betrachten. Wenn auch sonst jeder technische Fortschritt mit großer Aufgeschlossenheit eingebracht wurde, das Denken wollte man sich doch nicht abnehmen oder Entwurfsarbeit mechanisieren lassen. Wo bliebe da die eigene Handschrift?

So wurden Berichte über den Einsatz von EDV in Architekturbüros eigentlich gar nicht ernsthaft zur Kenntnis genommen. Doch wie es so geht im Leben: der eine ist noch ganz sicher, da wird der andere schon unsicher.

Bei Aderpa + Lucki waren es zwei, und während V. Aderpa noch nicht an eine schnöde Architektur-Maschine dachte, begann es bei B. Lucki bereits zu "rumoren".

Und wenn auch ein scheuer Rundblick über die Kollegenschaft erkennen ließ, daß die Konkurrenz bis auf ein paar "spinnerte Computerfreaks" noch ziemlich fest schlief, nahm eine gewisse Verunsicherung dennoch langsam zu. Vielleicht sollte man sich wenigstens einmal etwas genauer erkundigen, was von Seiten der Hard- und Softwareanbieter eigentlich versprochen wurde.

Und so nahm die Geschichte ihren Anfang.

1. Akt
Stochern im Nebel, aus dem Dunst erscheint Utopia.

Aller Anfang ist schwer, vor allem wer hilft einem dabei? Schon auf erste zaghafte Anfragen hin verwandelt sich das Büro in eine belagerte Festung.

Die Vertreter von Firmen, von denen man bisher nur in Verbindung mit Weltraumforschung und ähnlichen High Tech-Projekten gehört hatte, gaben sich die Ehre. Die Verständigung war entsprechend: Es überfielen einen so handliche Begriffe wie BIT und BYTE – letzteres in Verbindung mit dem vertrauten Kilo –, dann so hübsche Abkürzungen wie BAUD, HOST, RAM, REB und ROM, während Worte wie Menue, Puffer und Chip mehr den kulinarischen Bereich zu erfassen schienen. Aber der Spaß am Spaßigen (besonders gefiel Floppydisk) verging rasch, und als Alternative zu einem neuen Studium erinnerte man sich dankbar und hoffnungsfroh eines entfernten Bekannten, der sich vor einiger Zeit als gelernter Mathematiker auch der Architektur genähert hatte. Vielleicht könnte er Ordnung in das gesammelte Chaos bringen.

Auftritt Dr. Mathe-Arch.: Mit sicherem Griff trennt er die Spreu vom Weizen, gibt hier eine geduldige Erklärung, dort ein tröstendes Wort und beruhigt am Ende ungemein. Seinem Rat entsprechend wird ein Paket geschnürt, in dem sich – wie wir inzwischen wissen – Hardware und Software in bekömmlicher Mischung befinden, und mit dem man zum angemessenen Preis eine Eintrittskarte in das 21. Jahrhundert erwerben kann.

Eine letzte Runde sieht noch einmal B. Lucki, Herrn Zaghaft, der sich u.a. im Büro ums Geld und die Orga zu kümmern hat, den erwartungsfrohen Lieferanten, Herrn Näsle und als Gast den Kollegen Glut, der schon seit Jahren vertrauten Umgang mit der Materie hat.

Letzte Verunsicherungen wischte Herr Zaghaft vom Tisch, mit dem Hinweis auf das staatliche Füllhorn der Investitionsförderung, das man nur noch anzustoßen brauche, damit der Geldsegen fließe.

2. Akt
Die Sache wird konkret und verflüchtigt sich gleich wieder

Die Vorbereitung für den Tag X – die Lieferung – als fieberhaft zu bezeichnen, wäre völlig falsch: es wurde zwar ein kleiner Raum freigemacht, aber der lag so versteckt, daß mit seiner Herrichtung niemand erschreckt werden konnte. Die abseitige Lage hatte ferner den Vorteil, daß V. Aderpa – der dem ganzen Unternehmen nicht nur skeptisch, sondern inzwischen mit ausdrücklicher Ablehnung gegenüberstand – dem Einzug von Belzebub ins Büro nicht täglich ins gorgonenhafte Antlitz blikken mußte.

So rückte der Tag näher, an dem einige Kartons geliefert wurden. Irgend jemand stellte sie in den vorgesehenen Raum, packte aus, entfernte Papier und Styropor, ordnete den technischen Inhalt nach ästhetischen Gesichtspunkten, verschloß die Tür, und in den folgenden Wochen blieb sie in diesem Zustand. Frau Butterweich – im Raum vor dieser Tür angesiedelt – hatte auf ihrer linken Seite hinfort ein leichtes Frösteln, sonst aber drehte sich die Erde – unfriedlich wie sie ist – immer weiter.

3. Akt
Im Auge des Taifuns – das mit knapper Not umschiffte Bermuda-Dreieck – im sicheren Hafen(?)

Nicht, als ob es an Anläufen gefehlt habe, das Ding in Gang zu setzen: Es gab verschiedene Projekte, die in Frage kamen, und jedesmal boten B. Lucki und Herr Zaghaft den Ausschreibenden an, doch endlich die so rosig ausgemalten Segnungen der AVA sich zuteil werden zu lassen. Allein, der Mensch ist ein Gewohnheitstier und wer einmal mit Papier, Schere und Kleister seine sturmerprobten und durch alle Fährnisse eines Bauleiterlebens in den Materialschlachten zwischen Auftraggeber und Auftragnehmer gehärteten Texte liebevoll neu gemischt hat, der weiß, wovon hier die Rede ist: "Zumutung" reicht da nicht!

Dann aber überstürzten sich die Ereignisse gleich zweifach:

1) B. Lucki, des guten Zuredens müde, wollte wenigstens einmal mit der Textverarbeitung anfangen und holte sich, zwecks Unterweisung von Frau Butterweich Frau Grau ins Haus, eine Dame, als gelernte Trainerin kundig des Umgangs mit derartigem Teufelswerk. Frau Grau ließ erkennen, daß sie auch an einer Dauerstellung nicht uninteressiert sei (allerdings nichts von Architektur und ihren Machenschaften verstehe, also zum Beispiel LV's). Frau Grau wurde gedungen.

2) Während Herr Schreiber, ein Kollege, vor dem Problem stand, die Rohbauausschreibung eines Projektes möglichst schnell anzufertigen, warf ein Großprojekt seine Schatten voraus. Der Auftraggeber hatte den Architekten zur Bedingung gemacht, daß dieses Bauvorhaben nur mit EDV abzuwickeln sei. Die ihm angemessen erscheinenden Prozente für die EDV-mäßige Bearbeitung durch den behördeneigenen Zentralcomputer hatte er bereits vom Honorar abgezwackt. Jetzt sollten seltsame "Eingabebögen" ausgefüllt werden, um diese Maschine zu füttern. – Also auch hier ungewohnte Materie, die doch irgendwie mit dem eigenen Gerät hätte bewerkstelligt werden können, wenn man nur könnte ...

Kurz, aus zwei mach eins! Herr Schreiber, ein neugieriger Mensch und zugleich voll Risikobereitschaft, hörte von dem Ding in der Kammer, in der gerade Frau Grau sich einzurichten begonnen hatte. Er beschloß, den Sprung ins kalte Wasser zu wagen.

In der nächsten Phase sah man ihn beim unerschrockenen Studium des Standardleistungsbuches, das bei näherer Betrachtung alle Schrecken verlor. Mit Frau Grau und einigen Vorlagen des hilfreichen Kollegen Glut wurde ein passender Eingabebogen entworfen. Der Computer fraß alle probeweisen Eingaben ohne Widerstand, wehrte sich, wenn ihm jemand widriges zumutete oder auf die falsche Taste drückte.

Wenn es auch Rückschläge gab: mit Erfindungsreichtum und noch mehr Geduld wurden alle Versuche glücklich abgeschlossen – die Sonne ging auf.

An einem Abend, zwei Tage bevor das gesamte Rohbau-LV termingerecht dem Bauherrn überreicht werden sollte, übergab Herr Schreiber Frau Grau die letzten fertig ausgefüllten Eingabebögen. Daraufhin sollte der Ausdruck erfolgen.

Gegen 19 Uhr erschien, schön gefältelt und vielfach perforiert, der erste "Ausdruck". Dieser entsprach allen Erwartungen und Herr Schreiber fuhr zufrieden nach Hause.

Gegen 22 Uhr läutete sein Telefon: Frau Grau! Mit nur mühsam beherrschter Stimme meldete sie den Untergang des Römischen Reiches: der Computer spiele verrückt, der Drucker drucke immer nur die ersten zehn Seiten, die aber unaufhörlich, sie habe alles versucht – ratlos, verzweifelt, Suizidgefahr! Blitzkonferenz mit B. Lucki, Anruf bei Lufthansa, die erste Maschine zum Sitz des Software-Lieferanten geht um 6.3o Uhr. Frau Grau wird informiert und steht am nächsten Morgen um 8 Uhr vor einem fassungslosen Herrn Näsle, mit einem Koffer voll Disketten: Das solle er nun sofort entwirren, andernfalls ...

Frau Grau und der sich als sehr hilfsbereit erweisende Herr Näsle schlugen sich den Tag, die folgende Nacht und noch einen Vormittag um die Ohren, um das Knäuel zu entwirren.

Am Mittag flog Frau Grau wieder ein, die Kopie der LV's dauerte eine Stunde und die Fahrt zum Bauherrn eine weitere.

Kurz vor Dienstschluß – es handelte sich um eine Behörde, die früh die Arbeit einstellt – wurde das Paket übergeben. Danach Kaffee, Herztabletten, Schweißausbrüche, Ausschlafen: nie mehr EDV, wieder her mit Papier, Schere und Kleister!

4. Akt
Holzauges Aha–Erlebnis – die Wiedereroberung der Prozente – Happy End.

Die verständlichen defätistischen Gedanken verflüchtigten sich nach Restaurierung der angeschlagenen Psyche schnell wieder. Darüber hinaus war die Bewunderung des Bauherrn über den Einsatz der EDV bei seinem Architekten Balsam für die noch blutenden Wunden. Die überwundene Katastrophe weckte Sportsgeist und "dennoch" – Motive. Das nächste Hindernis, das aus dem Weg zu räumen wäre, bildete die Personengruppe, die, wie oben beschrieben, ihr und anderer Seelenheil mit Zerschnipseln und Wiederzusammenstellen von alten LV-Fragmenten verbunden hatte: den Bauleitern.

Herr Schreiber versuchte die Phalanx an der Stelle zu knacken, wo sie optisch am stärksten, mental aber besonders einsichtig zu sein schien, dem hünenhaften Herrn Holzauge. Man setzte sich bei gelockerter Atmosphäre zusammen, und Herr Holzauge ließ sich wachsam in die bisher so unheildrohende Welt des Standard-Leistungsbuches einführen. Gutmütig ließ er sich herab, diese modernen Marotten einmal probeweise mitzuspielen und füllte willig bei der nächsten Aussschreibung seine Eingabebögen mit den so vielen Zahlen aus.

Mit skeptischem Blick hinter Frau Grau stehend, beobachtete er die Eingabe.

Als aber der Drucker schließlich in Windeseile "seine" Texte von sich gab, geriet er in freudige Erregung: "Er druckt's! Das iss'es! Da kommt ja wirklich, was ich wollte!" Die Begeisterung steckte an, man fühlte sich auf der Höhe der Zeit. Warum sollte man jetzt noch das eroberte Terrain anderen überlassen? Durch das positive Ergebnis gestärkt, machte sich Herr Zaghaft – ein David zum Goliath – auf den Weg, um dem Großbauherren die bereits verlorengegangenen Prozente für die bauseitige EDV-Bearbeitung wieder abzujagen.

Als er mit der "Beute" im Sack triumphierend wiederkehrte, war Jubel allerorten, und sogar der nun nicht mehr so skeptische V. Aderpa ließ sich staunend den Wunderkasten zeigen, der es sogar vermochte, das RPA in die Schranken zu weisen. Die heimgeholten Prozente erwiesen sich also so hochwertig, daß sie für die Anschaffung eines zweiten Computers ausreichten, als dieser für das räumlich weit entfernte Großprojekt erforderlich wurde.

Es war geschafft, die Sache lief problemlos. Niemand konnte sich mehr vorstellen, wie es vorher einmal so mühsam zugegangen war.

Nachspiel:
Die Software wird weich – der Lieferant bedauert – Herr Glasschliff setzt sich ein

Viele Monate später – Redensarten wie "das Programm stürzt ab", "der Computer steigt aus", "wir arbeiten in einer Maske" u.a., verursachten bei allen Beteiligten nur noch mäßige Reaktionen – spielte die Software verrückt.

In eigener Regie war ein Fehler nicht auszumachen, also schickte man wie schon früher einmal, die betreffende Diskette an den Lieferanten. Bisher an einen guten Service gewohnt, ließ diesmal die Antwort den Adrenalinspiegel jäh steigen: man würde gern helfen, habe sich aber inzwischen auf eine neue Computerlinie spezialisiert; leider habe man auch gar kein Gerät mehr, die Software einer so "exotischen Anlage" zu überprüfen.

Die daraufhin sich entwickelnde Korrespondenz war, wie man zu sagen pflegt, nichts für Pastorentöchter und schwemmte auf ihrem Höhepunkt den sanften Herrn Glasschliff ins Büro, der sich als neuer örtlicher Vertreter vor- und in Aussicht stellte, die fälligen Prüfungen auszuführen. Als sich die finsteren Mienen von B. Lucki und Herrn Schreiber gerade aufzuhellen begannen, wies Herr Glasschliff darauf hin, daß das gerade drei Jahre alte System sich entwicklungstechnisch auf einem Abstellgleis befinde. Die Zukunft der Datenverarbeitung gehöre "Master 2000".

Jede weitere Investition in das eigene, inzwischen lieb und wert gewordene System sei eigentlich unverantwortlich. – Tableau!

Als der Pulverdampf sich gelegt hatte, stand die bange Frage im Raum: Gesetzt den Fall, man verpfände Weib und Kind, und Haus und Hof und rüste um – beginnt dann alles wieder von vorn?

Die Frage steht dort immer noch ...

Architekt Mauritz Freiherr von Strachwitz:

Wir waren an der Programmentwicklung beteiligt.

Wir sind ein Architekturbüro von 12 Mitarbeitern, tätig in Wohnungs-, Verwaltungs- und Industriebau. Ursprünglich allein mit der Planung beschäftigt, begannen wir vor circa 2 Jahren mit der eigenen Bauleitung unserer Planungen. Die EDV sollte die Bauleitungsabteilung technisch unterstützen, sie effizienter machen.

Das Architekturbüro Braun & Hesselberger und Partner kann sicher nicht stellvertretend für alle Architekten über Erfahrungen mit EDV berichten. Ich glaube aber, daß unsere Erfahrungen auch für andere Architekturbüros in einer ähnlichen Situation hilfreich sind.

Zu Beginn gab es folgende Fragen:

- Wie funktioniert EDV?
- Kann EDV kreativ sein?
- Soll man noch warten?
- Wie wird der Gewinn sein?

Die Antworten auf diese Fragen waren zunächst eher fantastische Geschichten, Theorien und Prognosen. Deshalb waren mehr Wissen und allgemeine Grundlagen vonnöten.

Mit der dankenswerten Unterstützung von Angehörigen der Universität der Bundeswehr in München/Neubiberg, besonders Herrn Herbert Paluch, durch das Studium von Lehrprogrammen und Fachliteratur habe ich einen Wissenstand erreicht, der zumindest meine Urteilsbildung absichert.

Sicher können viele Architekten solche Möglichkeiten nicht nutzen oder wollen nicht diesen Aufwand betreiben. Vielleicht ist der Erfahrungsbericht diesen Kollegen eine Hilfe.

Erste Eindrücke, erste Einsichten

Mangels anderer Informationsquellen besuchte ich 1984 Messen und las Fachzeitschriften. Das Programmangebot für Architekten war zu dieser Zeit noch sehr jung. Der vielfach formulierte Anspruch auf Vollständigkeit basierte fast ausschließlich auf Unwissenheit der anbietenden Verkäufer. Besonders das computerunterstützte Zeichnen (CAD = Computer-Aided-Design) steckte noch in den Kinderschuhen. Andererseits war es jedoch sehr werbewirksam! Weiterentwickelte Programme aus entfernt verwandten Berufen waren aber noch sehr unbefriedigend.

Fragwürdig erschien mir die Zeichentechnik mit mechanisch gesteuerten Rapidographen. Dies wäre vergleichbar mit der Verwendung der "Keilschrift" im "EDV-Zeitalter". Modernere und schnellere Geräte wie zum Beispiel Laser und Elektrostat waren jedoch zu jener Zeit noch sehr teuer.

Der Bereich AVA war sowohl auf Firmen- wie auch auf Planerseite wesentlich weiter entwickelt worden. Leider wurden jedoch diese Programme nur sehr selten unter Mithilfe von praktizierenden Architekten und Bauleitern sowie unter Beachtung von Normen und Honorarordnungen für alle Leistungsphasen erstellt.

Für die Reihenfolge der Auswahl der EDV-Bestandteile gilt zwar

1. Anwendungsprogramm (Architekten-Software)
2. Betriebssystem (Betriebs-Software)
3. Computer (Hardware)

doch die Abhängigkeit vom EDV-Angebot führte in der Praxis zum umgekehrten Weg, weil die einzelnen Bestandteile nicht "offen" waren, das heißt in etwa, sie ermöglichten nicht jeweils mehrere Verknüpfungsmöglichkeiten mit den übrigen Bestandteilen. Dazu später mehr.

Erste Einsichten aus Lektüre und Messebesuchen waren:

- Um eine gewisse Unabhängigkeit vom Sachbearbeiter zu erreichen, sollte die Bedienung (soweit das Fachgebiet nicht beeinträchtigt wird) so einfach wie möglich gestaltet sein und durch das Programm unterstützt werden, zum Beispiel durch Erläuterungen auf dem Bildschirm.
- Das Programm sollte variabel sein, damit die speziellen Eigenarten der Arbeitsweise von Architekten beibehalten und mit EDV unterstützt werden können. Sozusagen maßgeschneidert und doch nach den allgemeingültigen Normen.
- Das inzwischen erworbene Mißtrauen gegenüber teuren CAD-Lösungen führte zur Erkenntnis, daß der Einstieg in die EDV besser über den Bereich AVA erfolgen sollte. Dabei müssen die Programmteile für die Ausschreibung und das Sekretariat bereits längere Zeit erprobt sein.
- Das Computersystem insgesamt sollte in seiner technischen Konzeption zukunftsorientiert sein, hohe Verkaufszahlen haben und von leistungsfähigen Firmen vertrieben und gewartet werden.
- An einer "Insellösung" kann kein Interesse bestehen, da sonst eine Weiterentwicklung in der Auswahl an Zusatzprogrammen, Erweiterungsbausteinen (bei Soft- und Hardware) sowie die Möglichkeit der Verknüpfung mit neuen Kommunikationsmedien von vornherein ausgeschlossen wird.

4. Kompatibilität

Zu beachten war und ist dabei die geheimnisvolle "Kompatibilität". Die Geräte können nicht nach Design und Farbe ausgesucht werden, sondern Betriebssystem und Anwender-Software müssen auf ihnen hundertprozentig funktionieren. Rechner und Peripheriegeräte müssen ebenfalls hundertprozentig zusammenpassen. Die Werbung verspricht hier meist zuviel. Eine schriftliche Absicherung ist sicher nicht zuviel verlangt! Wir hatten das Mißvergnügen mit einem angeblich kompatiblen Drucker, der jedoch nur die Buchstaben des Rechners, nicht jedoch die Steuerzeichen und Semigraphik interpretieren konnte.

Es wurden mir schier unbedienbare Programme vorgeführt und nach vorgefertigten Eingaben sensationell heruntergespult. Leider betrafen spezielle Fragen meinerseits zufällig immer gerade nicht installierte Teile des Programms oder nicht angeschlossene Hardware.

Sollten Sie sich demnächst auf diese Art von Suche begeben, dann sollten Sie ein paar Daten eines Ihrer Bauvorhaben mitnehmen und sich speziell dazu Arbeitsvorgänge mit Ihren Werten und nach Ihren Wünschen durchführen lassen.

Ist dieser Vorgang dem Anbieter zu langwierig oder funktioniert etwas nicht, dann ist äußerste Vorsicht und Skepsis angebracht.

Ein weiteres Auswahlkriterium ist natürlich der Preis. Preiswerte Angebote sind meistens "Insellösungen" oder sie haben den Nachteil, daß sie nur begrenzt funktionsfähige Basispakete zur Verfügung stellen.

Je nach Ausbaustand und Anzahl der Programmteile sowie der Fülle an Katalogen und Dateien, zahlen Sie heute für ein Architektenprogramm (Anwendersoftware) von 5.000,– bis 35.000,– Mark. Schließlich ist auch an die Wartung zu denken.

Das Angebot von einem Wartungsvertrag für ein Jahr gratis und dann für 1 Prozent des Kaufpreises pro Monat ist meist Verhandlungssache!

Ich habe die Notwendigkeit einer Vollwartung erst später richtig erkannt.
Auf folgende Leistungen ist dabei zu achten:

- Installation (auch an bereits bestehende)
- Einführung (3 Tage zu je 4 Stunden)
- Anpassung (auch bürospezifisch)
- Programmpflege (Fehlerbehebung)
- Hot-line (telefonisch von ? bis ? Uhr)
- vor-Ort-Hilfe
- Anspruch auf Weiterentwicklungen. Ein Programm sollte ständig weiterentwickelt werden und Sie sollten in den Genuß neuer Versionen kommen.

Das ausgewählte Programm

Eine Marktanalyse im Bereich AVA, unter anderem mit Hilfe der Aufstellung des Zentralverbandes des Deutschen Baugewerbes, engte die Palette der brauchbaren Produkte weiter ein.

Nach einer Vorauswahl von 5 Programmen sollten die Anbieter genaueres Material schicken und Vorführungen ermöglichen. Darauf konnten nur zwei Anbieter entsprechend reagieren. Sie hatten ein systematisch aufgebautes Programm mit modularen Bausteinen, Dateien und Zusatzprogrammen anzubieten und erfüllten größtenteils die aufgestellten Anforderungen.

Die Entscheidung fiel zugunsten eines Programms, das preiswert zu bekommen war, andererseits aber noch wenige Installationen vorzuweisen hatte und sich damals noch in der Erprobungsphase befand.

Architekten, die nicht zu tief in die EDV einsteigen wollen, ist von der Rolle des "Pilotanwenders" eher abzuraten. Für mich war es jedoch die Gelegenheit, noch während der Entwicklungsphase dieses Programms mitzuwirken und zu testen.

Die Struktur stand fest.

Einzelne, für sich funktionsfähige Programmteile (Module) begleiten Schritt für Schritt die Leistungsphasen nach HOAI.

Beispielsweise wird die Bearbeitung der Leistungsphase 4 unterstützt durch die vier Berechnungsprogramme:

- Flächen und Rauminhalte nach DIN 277
- Soll-Werte der Netto- und Bruttoflächen nach DIN 277
- Ist-Werte der Netto- und Bruttoflächen nach DIN 277
- Soll-Ist Vergleich der Netto- und Bruttoflächen nach DIN 277

Jede dieser Berechnungen wird – solange kein CAD angekoppelt ist – über Erfassungsmasken mit der Eingabe der Zahlenwerte begonnen. Danach und gegebenenfalls nach jeder Korrektur oder Änderung können auf Knopfdruck diverse Ausdrucke erstellt werden, zum Beispiel:

- Liste in der Reihe der Eingabe
- Gesamtberechnung nach Geschossen geordnet
- Gesamtberechnung nach Nutzungsarten
- Flächenanalyse in Prozent

Andere Leistungsphasen werden ähnlich unterstützt. Die Phasen 6 und 7 werden, des hohen Schreib- und Rechenaufwandes wegen, am stärksten unterstützt, ganz im Sinne unserer Bauleitung.

Zusätzlich ist ein wesentliches Merkmal des Programms erwähnenswert, das symptomatisch für den insgesamt logischen Aufbau des Programms steht und deshalb sehr stark die Entscheidung beeinflußte: Es ist die konkrete Zuordnung von einzelnen Positionen zu den Kostengruppen (5-stellig) nach DIN 276. Damit wurde eine sehr vernünftige Arbeitsmethode geschaffen, um die Kostenschätzungen nach DIN 276 mit den tatsächlichen Abrechnungen nach Gewerken zu vergleichen (siehe HU-Bau!).

Entsprechend ist auch der Nachweis von Kostenmehrungen, Kostenminderungen und Kostenverschiebungen anhand der vorgenannten Soll-Ist Vergleiche der Flächenberechnungen ein Leichtes geworden.

Ein anderer Bereich des Programms unterstützt die Sekretariatsarbeit.

Das integrierte Textsystem, mit welchem die Texte in den einzelnen Programmabschnitten erstellt oder bearbeitet werden, steht für Korrespondenz, Listen, Berichte und Aktennotizen dem Sekretariat ebenso zur Verfügung. Sie haben auf diese Weise, ohne erhöhten Aufwand, mehr als nur eine Schreibmaschine mit Display und Disketten.

Hervorheben möchte ich auch, daß trotz der komplizierten Verknüpfungen und des Umfangs dieser Software durch entsprechende Schalter und Voreinstellungen gute Voraussetzungen für eine individuelle Arbeitsweise und viele Varationsmöglichkeiten geschaffen wurden.

Der Ausdruck

Für den Sektretariatsbereich spielt die Qualität des Druckers und seiner Druckergebnissse eine große Rolle.

Das Schriftbild – auch bei Tabellen und Listen – sollte Korrespondenzqualität haben.

Standard ist die sogenannte Pünktchenschrift, wie sie Matrix- und Tintenstrahldrucker hervorbringen. Besser ist das Schriftbild des Typenrad-, Thermo- oder Laserdruckers.

Der Laserdrucker ist zur Zeit in Geschwindigkeit, leiser Arbeitsweise und Schriftbild unübertroffen, jedoch noch etwas teuer. Die Anpassung des Druckers an das Computersystem bereitet oft Schwierigkeiten. Eine diesbezügliche Vertragsklausel ist daher ratsam.

Die Weiterentwicklung des Programms

Meine Mitarbeit begann mit Tests von vorhandenen Programmteilen, vor allem im Ausschreibungsbereich. Wenn man unterstellt, daß sich ein Programm von seiner Herstellung bis hin zu seiner höchsten Vollendung ungefähr zwischen 65% und 96% des maximal möglichen Standards bewegt, und der Aufwand für die Vervollkommnung eines Programms exponential zunimmt, dann hat man eine grobe Vorstellung davon, was daraufhin noch zu tun war.

Als Architekten lagen uns die Mitgestaltung der Erfassungsmasken für die Dateneingabe und der Ausdrucke, die inhaltliche Bestimmung der logischen Zusammenhänge (Arbeitsabläufe, Verknüpfungen, Variationen) und deren Erweiterung besonders am Herzen.

Obwohl bereits ein Bauleitungsbüro praxisnah an der Entwicklung beteiligt war, konnten neue Einflüsse aus dem Anwendungsbereich (Gestaltung der Ausschreibungen und Preisspiegel, Berechnung der Konstruktionsflächen, automatisierte Erstellung von Serienbriefen) zur Verbesserung des Programms beitragen.

Als förderlich für das Programm erwiesen sich auch die teils unterschiedlichen Vorstellungen der beteiligten Pilotanwender. Die heterogene Struktur der Architekten, die Forderungen nach individuellen Bearbeitungsvorgängen und Präsentationen zwangen den Hersteller zu weit größeren Anstrengungen als erwartet.

Schließlich hatte ich Gelegenheit, den Programmteil Baubuchhaltung von Anfang an mitzuentwickeln.

Vorgehensweise, Rechnungsabläufe (Algorithmen), Datenerfassung (Input), Datenausgabe (Output) wurden als neuer Programmteil unter Einbeziehung kaufmännischer Besonderheiten der Bauabrechnung und unter Verwendung der Daten aus anderen Modulen angeschlossen.

Die berufsspezifischen Anforderungen sind zu 90% erfüllt. Sogar das umstrittene Standard-Leistungsbuch ist integriert und verwendbar. Wenige Module bzw. deren Erweiterungen (zum Beispiel Honorarabrechnung) fehlen noch. Der Bereich CAD wird gerade in Angriff genommen. Die realisierten Module arbeiten gut. Der Nutzer erfährt hier eine äußerst hilfreiche und zeitsparende Unterstützung, die auch ohne EDV-Kenntnisse zu beherrschen ist.

Das EDV-spezifische Anforderungsprofil ist weitgehend realisiert. Das Programm ist nach allen Seiten offen, modular geordnet und läuft auf modernen und weit verbreiteten Geräten, mit ebenso verbreiteten Betriebssystemen.

Einführungszeit und erste Ergebnisse

Drei Monate dienten allein dem Kennenlernen der Anlage und des Programms. Um eine Vergleichsmöglichkeit zu haben, erschien es uns sinnvoll, ein schon abgewickeltes Bauvorhaben nachzuvollziehen. Reibungslos verlief dieses Vorhaben natürlich nicht, da ich EDV-Neuling war und auch das Programm nicht fehlerfrei lief.

Die Stärken des Programms sind Leistungsverzeichnis, schnelle Angebotsauswertungen und Flächenberechnungen.

Dazu ein paar Fallbeispiele:

- Das erste Leistungsverzeichnis, Rohbauarbeiten für mehr als 10 Millionen Mark, wurde unter erschwerten Bedingungen (Titeländerungen, viele Text- und Massenänderungen, Los-Zuordnungen, formale Umgestaltung, Sonderwünsche) nach Zeitplan und im Honorar-Rahmen abgewickelt.

- Zur Angebots-Auswertung sind lediglich die Einheitspreise einzutippen. Auf "Knopfdruck" wird anschließend der Preispiegel nach allen Positionen, nach Titeln und Gesamt, mit Prozentangaben, Schwerpunktmarkierungen und in gewünschter Reihenfolge ausgedruckt.

- Die Flächenberechnung für ein bestehendes Projekt von circa 5.000 qm (über 200 Räume) konnte mit allen Ausdrucken in 2 Tagen am Computer erstellt werden.

In unserem Büro arbeiten mittlerweile durchgehend technische Mitarbeiter sowie Sekretärinnen am Computer, berechnen Baueingaben, erstellen Ausschreibungen, Massenermittlungen und Preisspiegel, Aktennotizen, Briefe und Serienbriefe. Dabei fällt auf, daß sich die Konturen zwischen den verschieden qualifizierten Mitarbeitern auflösen, je nach Akzeptanz und Bedienerfreundlichkeit des Programms.

Ich habe inzwischen aufgrund der raschen Amortisation und des erweiterten Einsatzes der EDV, unsere Anlage etwas vergrößert.

Kapazitätserweiterungen sind billiger geworden. Die Erweiterung der Datenspeicher auf das zweieinhalbfache hat circa 1/10 des Einstiegspreises gekostet. Der Streamer-Einbau (ein kleines Magnetbandgerät zur schnelleren Datensicherung) kostete knapp 3.000 Mark.

Das Kosten-Nutzen-Verhältnis

Der Computer erwies sich als eine zuverlässige und zeitsparende Unterstützung unseres Büros. Dennoch ist eine allgemeine Bilanzierung sehr schwer und es sollen im folgenden nur einige wichtige Kriterien gewürdigt werden.

– Belastungen

Die Investionskosten der Hard- und Software sind zunächst hoch und sollten auf maximal 20 Monate verteilt werden

– Personalkosten

Diese fallen für die Integration sofort an. Ebenso für den Bearbeiter, dessen spezielle Qualifikation im EDV-Bereich seine fachliche Leistung um 20 Prozent anheben dürfte.

– Wartungskosten

Liegen bei circa 1 Prozent des Kaufpreises pro Monat.

– Zeiteinsparungen

Diese sind sehr unterschiedlich. Aus meinen bisher gemachten Erfahrungen liegt der reine Zeitgewinn je Bearbeitungsschritt und Größenordnung (Datenmassen) zwischen 10 und 80 Prozent (Fachkraft und Sekretariat nicht differenziert).

Ein langfristiger Durchschnitt von 50 Prozent ist sicher realistisch. Solche quantitativen Aussagen sind jedoch nur in Relation zur Qualifikation des Bearbeiters möglich.

– Größere Flexibilität

– Wettbewerbsvorteile durch Imageaufbesserung

– Nutzbarmachung größerer Datenbestände

– Qualitätssteigerung

Von allergrößtem Nutzen in der täglichen Arbeit erweist sich die Möglichkeit schon vorhandene Texte, fast ohne jeden Zeitaufwand und neue Schreibarbeit, korrigieren und ändern zu können.

Die Summe aller Vorteile scheint mir insofern nicht unbegrenzt, denn alle Optimierungen kosten Zeit in Entwicklung und Ausführung, reduzieren also den Zeitgewinn. Man gerät leicht in Versuchung zu viel zu optimieren und so die Zeitgewinne aufzubrauchen. Festzuhalten ist die Qualitätssteigerung.

Eine Forderung für die Zukunft

Gemeinsam könnten wir für gute Architektensoftware sorgen.

Seit meiner ersten Berührung mit EDV sind etwa zwei Jahre vergangen.

Unser Weg bis zur Anwendung von EDV ist vielleicht für manche Kollegen zu langwierig. Vielleicht konnte aber dieser Bericht den Weg für Sie etwas abkürzen. Uns scheint es jetzt wichtig, daß Anwender einen Erfahrungsaustausch (auch mit Aspiranten) pflegen, um fachliche Zielsetzungen gemeinsam durchzusetzen oder um sich gegenseitig vor Schaden zu bewahren.

Die Konkurrenz ist zwar sehr wichtig, dennoch sollten wir Architekten klar erkennen, daß die EDV nur eine zeitgemäße Arbeitshilfe darstellt, deren Entwicklungskosten keiner alleine tragen kann.

Über dic Verbände (ohne eigene Marktinteressen) und als gemeinsame Nutzer einer ausgewählten Software könnten sich weitere Zielsetzungen verwirklichen lassen.

So erkennen Sie die Schwachstellen Ihres Büros.

Der Computer kann nur dort Probleme lösen, wo sie als Probleme erkannt wurden. Vor Einführung der EDV müssen Sie Ihr Büro also auf mögliche Schwachstellen überprüfen.

Nach dieser Analyse können Sie Ihre Anforderungen an die EDV formulieren und in ein qualifiziertes Gespräch mit Computer-Anbietern eintreten.

Im folgenden Abschnitt vermittelt Ihnen ein einfacher Selbsttest das Wissen um Ihren Standort. Sie werden sensibilisiert für die möglichen Schwachstellen des Büros. In Verbindung mit der späteren Checklisten-Analyse (Kapitel 3 und 6) hilft Ihnen der Test, die richtige Organisationslösung für Ihr Büro zu finden.

Viele Architekten stehen dem EDV-Einsatz ohnehin kritisch gegenüber. Computerbegeisterte Kollegen sehen jedoch in einem Computersystem eine willkommene Hilfe gegen Unordnung. Dies ist leider nicht wahr.

EDV potenziert die Effizienz eines gut organisierten Büros. Ein chaotisches, auch genial chaotisches Büro verfällt mit Hilfe der EDV vollends der Anarchie.

Das heißt wiederum nicht, daß der Einsatz des Computers Genialität im Architekturbüro verhindert. Man muß lediglich die Felder abgrenzen, wo Ordnungssysteme den Ablauf bestimmen und wo die Intuition der König ist.

Dieser Feldabgrenzung und der Vorbereitung einer Organisationsbasis dient die Schwachstellenanalyse, die Sie in zwei Stufen durchführen sollten:

Stufe 1: Selbsttest
(in Kapitel 1)

Stufe 2: Schwachstellenanalyse
(in Kapitel 3 und 6)

Mit dem Selbsttest verschaffen Sie sich einen Überblick über die Ziele Ihres Tuns. Er wird daher hier in diesem Kapitel abgehandelt.

Die Checklisten-Analyse mit Hilfe der Checklisten, die Sie auch zum Teil über Mitarbeiter durchführen lassen können, führt über die Eckdaten Ihres Büros schließlich zu den Basisforderungen an die EDV.

Die Deutung der Analysen müssen Sie nicht allein durchführen. Die von Ihnen aufbereiteten Zahlen werden von den Software- und Hardware-Lieferanten in Anforderungsgrößen umgesetzt, insbesondere auch bezüglich des "Mengengerüsts", das vor allem die Größe Ihrer EDV-Anlage bestimmt.

Die Ausführungen in Kapitel 3 und die Checklisten in Kapitel 6 können Ihnen dazu verhelfen, deren Ableitungen nachzuvollziehen und gegebenenfalls steuernd zu kontrollieren.

Eine umfassende Büroanalyse und deren Auswertung ist normalerweise sehr zeitaufwendig und verlangt auch Analyseerfahrungen, wie sie im allgemeinen von einer Unternehmensberatung erbracht werden. Mit dem

Selbsttest

Die Arbeitsgrundlage zu Ihrer Selbstanalyse finden Sie in den nebenstehenden Spalten. Hier können Sie ihre Notizen eintragen.

Bewerten Sie die Problempunkte mit ein bis fünf Punkten:

1 = optimal gelöst
2 = gut gelöst
3 = Verbesserungs-potential
4 = unbefriedigend gelöst
5 = Problem/Engpaß
0 = trifft nicht zu

Bereich	Zahl der Punkte	Anmerkungen
1. Projektabwicklung: Konstruktion		
Entwurf		
Ausführungsplanung		
Detailpläne		
perspektivische Variationen		
Projektpläne (Haustechnik etc.)		
Sonstiges		
2. Projektabwicklung:Raumbuch		
Flächen/Rauminhaltsermittlung nach DIN 277		
Raumprogramm (Soll)		
Raumflächen (Ist)		
Soll-/Istvergleich		
Raumblätter		
Raumbuch		
3. Projektabwicklung: AVA		
LV-Erstellung und -Änderung		
Massenermittlung		
Angebotskontrolle		
Preisspiegel		
Auftrags-LV		
Baubuchhaltung		
4. Projektabwicklung: Kosten		
Kostenschätzung nach DIN 276		
Kostenberechnung		
Kostenanschlag		
Kostenkontrolle		
Kostenfeststellung		
Kostendokumentation (Einheitspreisdatei)		

Bereich	Zahl der Punkte	Anmerkungen
5. Textverarbeitung		
Schreibaufwand		
Schreibkapazität		
Schreibkosten		
Textstandardisierung		
Formulareinsatz		
Adreßverwaltung		
6. Buchhaltung		
Offene Posten des Büros		
Kontenrahmen für aktuelle Betriebsvergleiche		
Statistiken des Büroerfolgs		
Monats-/Quartalskontrolle des Geschäftsverlaufs		
FiBu		
Lohn- und Gehaltsabrechnung		
7. Termine / Sonstige Büroorganisation		
Terminplanung		
Fristenkontrolle		
Projektsteuerung		
Aufgabendelegation		
Kosten-/Leistungskontrolle des Büros		
Aktenverwaltung		
8. Allgemeines		
Räumlichkeiten (Quantität, Qualität)		
Geräuschpegel des Büros		
Arbeitsmotivation der Mitarbeiter		
Lern- und Leistungsverhalten		
Zeitverluste durch Such- oder Wegzeiten		
Sonstiges, nämlich:		

Die Arbeitsgrundlage zu Ihrer Selbstanalyse finden Sie in den nebenstehenden Spalten. Hier können Sie ihre Notizen eintragen.

Bewerten Sie die Problempunkte mit ein bis fünf Punkten:

1 = optimal gelöst
2 = gut gelöst
3 = Verbesserungs-potential
4 = unbefriedigend gelöst
5 = Problem/Engpaß
0 = trifft nicht zu

EDV- CheckBuch sind Sie in der Lage, notfalls auf diese Unternehmensberatung zu verzichten oder doch zumindest deren Kosten zu begrenzen. Mit Hilfe der hier vorstrukturierten Schwachstellenanalyse finden Sie in der Regel recht genau einen Weg zur Organisationsverbesserung Ihres Büros, gegebenenfalls mit Hilfe der elektronischen Datenverarbeitung.

Selbsttest

Die möglichen Problempunkte sind in acht Bereiche zu je sechs Aspekten unterteilt worden. In der Spalte "Punktzahl" bewerten Sie die Problempunkte mit 1 bis 5 Punkten:

1 = optimal gelöst,
2 = gut gelöst,
3 = Verbesserungspotential,
4 = unbefriedigend gelöst,
5 = Problem/Engpass.

0 steht für nicht zutreffend. In der Spalte "Anmerkungen" können Sie gegebenenfalls die Zahlenbewertung erläutern.

Kreisen Sie die Anzahl der Problempunkte ein. Schwerpunkte der hochgewichtigen Punkte zeigen Ihnen Prioritäten einer möglichen Reorganisation. Beträgt die Anzahl der Problempunkte (ab 4) mindestens 4 über die gesamte Analyse, dann ist eine Reorganisation zumindest sinnvoll. Beträgt die Anzahl der Problempunkte (4 oder 5) mindestens 8 oder die Anzahl der Engpässe (5) mindestens 3, dann ist Ihre Organisation revisionsbedürftig, eine EDV-Unterstützung ernsthaft zu prüfen.

Ergänzend zu dieser orientierenden Checkliste überlegen Sie, was nach Ihrer Ansicht verbesserungsfähig und/oder -bedürftig ist.

Wechseln Sie hierbei auch die Perspektive und stellen Sie sich Ihr Büro in dem typischen Ablauf einmal aus der Sicht Ihrer Mitarbeiter, der Geschäftspartner und der Kunden vor.

Dies sollten Sie auch für Bereiche vornehmen, von denen Sie meinen, daß sie schon jetzt ausgezeichnet organisiert seien.

Gut wäre es, wenn außer Ihnen noch ein anderer diese Liste bewerten würde, so daß eventuelle Fehleinschätzungen leichter korrigiert werden können.

Kapitel 2: „Was leistet ein Computer wirklich?“

Seit die ersten Mikro- und Personal-Computer vor sechs Jahren vorgestellt wurden, ist das Computerangebot immer vielfältiger geworden – und damit auch unübersichtlicher.

Amerikanische, europäische und japanische Hersteller versuchten, sich in ihren Werbeaussagen zu überbieten – und viele Kunden wurden dann von der Wirklichkeit enttäuscht.

Bevor Sie sich also mit einem Computer näher befassen, sollten Sie wissen, was er wirklich in Ihrem Büro leisten kann.

Auf den folgenden Seiten erfahren Sie Punkt für Punkt, welchen Nutzen ein Computer im Architekturbüro bringt.

So nützen Sie das EDV-CheckBuch.

Aktivität	Zweck	Zeitaufwand
(Kap. 1) "Die Erfahrung der Kollegen", Kapitel 1 lesen.	Zur Themeneinstimmung nützlich.	1 Stunde
(Kap. 1) Die Selbstanalyse durchführen, Kapitel 1.	Vermittelt Ihnen das Wissen um Ihren Standort.	0,5 bis 2 Std.
▽ (Kap. 2) "Was leistet ein Computer wirklich?", Kapitel 2 lesen.	Verschafft Ihnen den unbedingt notwendigen Überblick.	2 bis 3 Std.
▽ (Kap. 3) "So finden Sie das richtige Computersystem.", Kapitel 3 lesen.	Brauchen Sie für die angemessene Nutzung der Checklisten.	2 bis 3 Std.
(Kap. 4) "Das steckt hinter den neuen Techniken.", Kapitel 4 lesen.	Dient zur Einordnung eines Computersystems in die Techniklandschaft.	2 bis 3 Std.
▽ (Kap. 5) Mit den Anbietern Kontakt aufnehmen, dazu nutzen Sie "Die Marktdaten", Kapitel 5.	Jetzt treten Sie mit Ihrem EDV-Projekt in die "heiße" Phase!	5 bis 20 Std.
Sie können noch weitere Informationen von außerhalb einholen, zum Beispiel bei Ihrem Verband und Ihrer Kammer.	Zusätzliche Informationen geben Ihnen mehr Übersicht über die Möglichkeiten und Risiken.	
○ Bei großen Lösungen sollten Sie einen EDV-Berater hinzuziehen. Vergleichen Sie dazu die Ratschläge in Kapitel 3.	Beschleunigt die Auswahlentscheidung und verringert Ihr Risiko von Fehlentscheidungen.	5 bis 20 Std.
▽ ● (Kap. 6) Einsatz und Auswertung der Checklisten aus Kapitel 6.	Grundvoraussetzung für eine angemessene Entscheidung.	30 bis 60 Std. (bei Beratereinsatz ca. 1/4)

● Für Anwender in Zeitnot: Diese ▽ Schritte sind unbedingt erforderlich

Was leistet ein Computer wirklich?

Der Computer – ein Werkzeug für den Architekten?

"Architekt und Computer, das ist wie Feuer und Wasser", so ist die Meinung vieler Architekten. Wie ist es sonst zu erklären, daß 1984 nach einer repräsentativen Umfrage des IPP München erst rund 12 Prozent der selbstständigen Architekten in Bayern EDV einsetzten (siehe Bild 1). Wenn auch der in der Vergangenheit doch recht hohe Preis ein gewichtiger Hinderungsgrund gewesen sein dürfte, so gibt diese Zahl doch zu denken. Denn neben dem Bleistift wird auch der Computer, richtig genutzt, zum wichtigen Hilfsmittel und sogar zum ergänzenden Gestaltungswerkzeug (vgl. Muggli, 1985, Seite 159).

Besondere Vorteile beim Einsatz der EDV bestehen für den Architekten

- in der Vereinfachung der standardisierten oder standardisierbaren Abläufe
- in der Beschleunigung der sich wiederholenden Aufgabenabwicklung

Bild 1

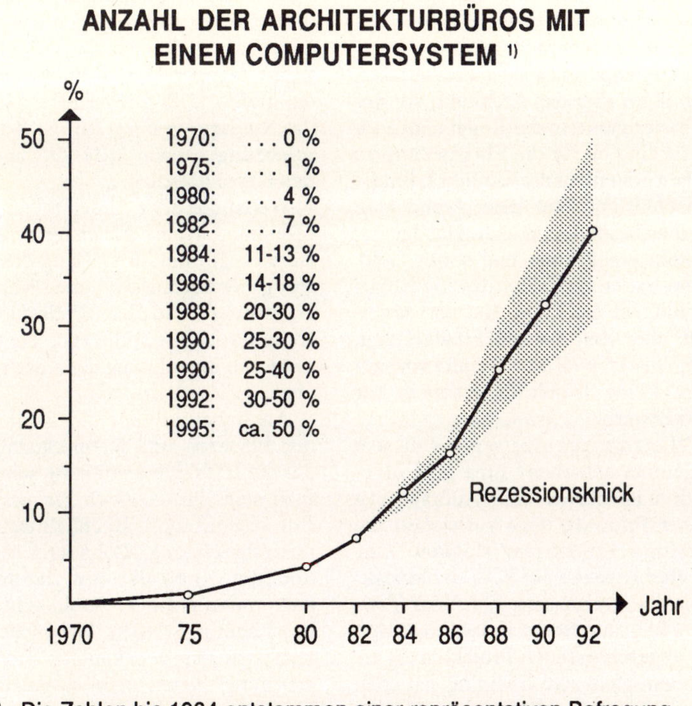

1) Die Zahlen bis 1984 entstammen einer repräsentativen Befragung des IPP, München in Bayern im Frühjahr 1984 bei 2000 Büros.

Quelle: Institut Prof. Pelka für empirische Wirtschaftsforschung und Biometrie, München 1984

- in der Präzisierung der Darstellung von Text und Grafik
- in der höheren Sicherheit bei den Berechnungen
- in den Erweiterungsmöglichkeiten
- in der direkten Geldersparnis und vor allem in der Verbesserung des Preis/Leistungs-Verhältnisses.

Sind dies nicht bloß die Werbesprüche eines Verkäufers? Schon die Behauptung "Vereinfachung" erscheint manchem Architekten unglaubwürdig, wenn er sieht, welche großen Schwierigkeiten befreundete Kollegen und andere vom Hörensagen haben, ihre Aufgabenabwicklung auf EDV umzustellen.

Der Umgang mit der EDV ist tatsächlich wie der Weg zum Schlaraffenland. Man muß sich erst einmal durch einen fürchterlichen Berg hindurchbeißen, ehe man ins "gelobte Land" hineinkommt. Dieser Berg am Anfang verhindert bisher, daß sich mehr Leute die EDV-Vorteile zunutze machen. Aber fast alle, die EDV inzwischen einsetzen, möchten das Werkzeug nicht mehr missen.

Allerdings steht jeder Freiberufler, vor allem aber der Architekt, vor der Schwierigkeit, in der Regel entweder nicht die Zeit für die Einarbeitung zu haben oder nicht die Liquidität für die Anschaffung. Bei dem Architekten ist dies besonders prekär. Hat der Architekt ein Projekt und somit Geld, dann hat er keine Zeit für die Einarbeitung in die EDV. Hat der Architekt aber Zeit für die Einarbeitung, dann hat er, weil kein Projekt vorhanden, keine Liquiditätsreserven für den Erwerb.

Wie kann der Ausweg aus diesem Dilemma aussehen? Eine gute Investition ist immer eine Aufgabe mit hoher Priorität, denn sie sichert die künftige Konkurrenzfähigkeit. Gut ist aber in bezug auf EDV die Investition nur, wenn man Zeit zum Training hat, zum Beispiel das Programm an abgeschlossenen Projekten zu erproben. Zeit zum Training hat man aber nur vor dem Beginn von Projekten. Man muß deshalb mit der Einführung der EDV beginnen, wenn ein Projekt in Aussicht oder eines abgeschlossen ist. Durch heute günstige Finanzierungswege läßt sich dies auch bei enger Liquiditätslage realisieren.

Betrachtet man den Ablauf des Architekturprojektes nach HOAI mit seinen neun Phasen (siehe Bild 2), dann scheinen, abgesehen von den Konstruktionsbereichen (Phasen 3-5 mit zusammen 42 Prozent), der Bereich "Vergabevorbereitung" mit 10 Prozent und vor allem die "Projektüberwachung" mit 31 Prozent des Gesamthonorars, sofern möglich, finanziell interessante Teile der EDV-Unterstützung zu sein.

Es läßt sich aus dieser Tabelle ablesen, daß die meisten Phasen grundsätzlich standardisierbare Aufgaben enthalten, und daß vor allem mit Hilfe der EDV auch einige der "Besonderen Leistungen" und der "Zusätzlichen Leistungen" leichter erbracht werden können, auf die der Architekt bisher in der Regel wegen des enormen Aufwands oder der vergleichsweise knappen Honorierung verzichten mußte. Dies gilt zum Beispiel für das Raumprogramm, für die Kostenschätzungen nach DIN 276 und für den Kapazitätsplan.

Wo ist die EDV-Unterstützung am offenkundigsten? Als erster zentraler Bereich gilt die "Erstellung des Leistungsverzeichnisses", die "Massenermittlung" und der "Preisspiegel". Keine Probleme sollte auch die automatische Berechnung der Kosten machen.

Ähnliches gilt für die Ermittlung der Flächen- und Rauminhalte, bei der die EDV-Unterstützung sehr einfach sein dürfte. Auch die gesamte Büroorganisation, Buchhaltung, Honorarabrechnung, Lohn und Gehalt und die Kontrolle der Zahlungen kann mittels EDV vereinfacht und beschleunigt werden. Neben der inzwischen längst bekannten Textverarbeitung bieten sich in gewissem Umfang auch noch die Überwachungsvorgänge an, wie etwa Terminplanung und Kontrolle der Gewährleistung (automatische Terminvorlage).

DAS ARCHITEKTURPROJEKT NACH HOAI

PHASE	NAME	Honorar %	GRUNDLEISTUNGEN (Beispiele)	BESONDERE UND ZUSÄTZL. LEIST. (Beispiele)	(B) (Z)	standardisierbar ?
1	Grundlagen-ermittlung	3 %	Konzept	Funktionsprogramm	(B)	wenig
				Kostenrahmen	(Z)	ja
2	Vorplanung	7 %	Vorentwurf 1:500 - 200	Raumprogramm	(B)	ja
				Ko.schätzung DIN 276	(B)	ja
				Ko.schätzung n.El.	(Z)	schwieriger
3	Entwurfs-planung	11 %	Entwurf 1:200 - 50	Wirtschaftl.berechn.	(B)	ja
				Flächen/RI DIN 277	(B)	ja
				Kostenberechn. n.El.	(Z)	schwieriger
4	Genehmigungs-planung	6 %	Geschoßflächen nach BBG	–		ja
5	Ausführungs-planung	25 %	Werkspläne, Details 1:50 - 1:1	3D-Darstellung v.Det.	(B)	nur m.CAD
6	Vergabe-vorbereitung	10 %	VLV	Vergl.Kostenübersicht	(B)	ja, ja
			Massenermittlung			ja
			AusschreibungsLV			ja
7	Vergabe-mitwirkung	4 %	Angebotsrechnung,			ja
			Preisspiegel,			ja
			Auftrags-LV			ja
8	Objekt-überwachung	31 %	Nachaufmaß	Zahlungsplan	(B)	ja, ja
			Kostenkontrolle	Kapazitätsplan	(B)	ja, ja
9	Objekt-dokumentation	3 %	Gewährleistungs-überwachung	Bestandspläne	(B)	ja, ja
				Inventarpläne	(B)	ja

Bild 2

Ein weiterer Vorteil der EDV liegt in der automatischen Dokumentation. Alles, was in den Rechner eingegeben ist, bleibt in ihm erhalten, solange es nicht gelöscht wird. Liegt ein entsprechender Standard vor, wird damit auch die Vergleichbarkeit des Projektes – oder von Teilen davon – mit anderen Projekten sehr erleichtert.

Durch die EDV ist es grundsätzlich möglich, schnell, einfach, sicher, differenziert und adäquat mit einem guten Erscheinungsbild die Zwischen- und Endergebnisse im Projektverlauf zu erstellen.

Offen bleibt die Frage nach dem Preis dafür. Läßt er sich in einem normalen Büro verkraften und rechnet er sich? Diese Frage wird im Kapitel "Die Einführung in die EDV" abgehandelt und läßt sich mit Hilfe einer Checkliste für jeden Architekten präzise entscheiden.

Bild 3

Schließlich ist noch das weite Feld des Computer-Aided-Design (CAD), das computerunterstützte Konstruieren zu nennen. Manche Architekten lehnen CAD aus grundsätzlichen Erwägungen heraus ab. Sie befürchten, daß sie in ihrer Kreativität nicht unerheblich eingeschränkt werden.

Für den Architekten dürfte aber nicht nur die Frage nach dem "Ob", sondern auch nach dem "Wie" und mit "welchen Folgen" interessant sein. Wird das, was herauskommt, seinen Ansprüchen genügen und gleichzeitig einen echten Zeit- und Kostengewinn ermöglichen?

Orientierung an Normen und Standards

Für den Architekten stellt sich die Frage: Wo kann ein Computer ihm eigentlich helfen? Was ist so standardisierbar an seinen Projekten, daß er einen echten Zeit- oder Ertragsgewinn mit Hilfe des Computers erzielen kann?

Wirft man einen Blick auf die Projektabwicklung nach der HOAI, dann stellt man fest, daß es doch recht viele Standards gibt. Zahlreiche Aufgaben wiederholen sich. Trotzdem verliert kein Projekt deswegen seine Besonderheit. (Siehe Bild 4).

Da das BGB die Geschäftsabwicklung zwischen Bauherrn und Bauunternehmer nur unbefriedigend behandelt, wurde auf der Grundlage des BGB die Verdingungsordnung für Bauleistungen (VOB) fixiert. Sie soll insbesondere die Lücke des BGB im Bereich "Bauvergabe" schließen und dem Ausgleich zwischen den Interessen des Bauherrn (und gegebenenfalls seines Architekten) und dem (Bau-)Unternehmer dienen. Da sie aber kein Gesetz ist, muß sie bei jedem Vertrag, für den sie gelten soll,

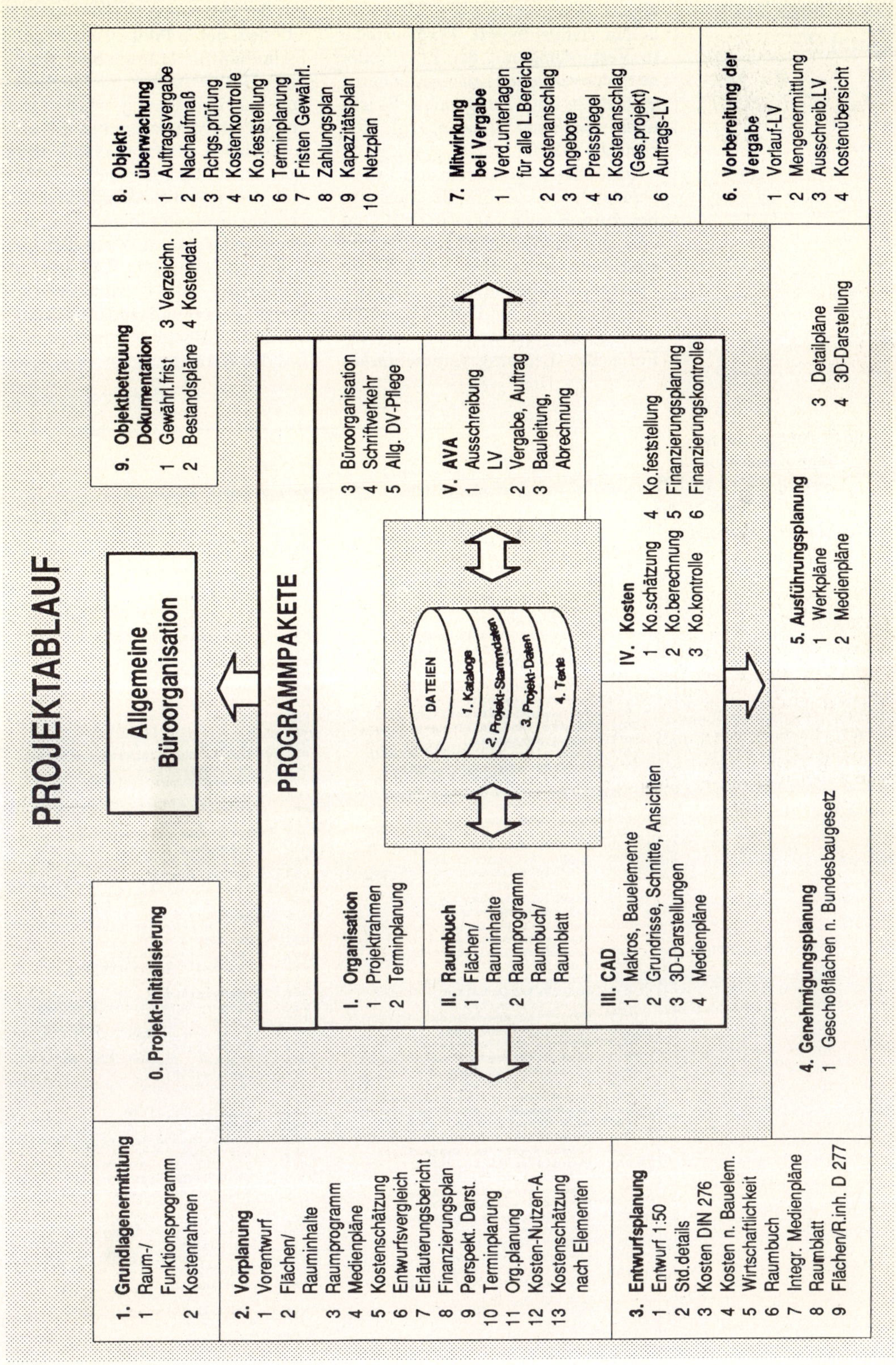

PROJEKTABLAUF
Allgemeine Büroorganisation
0. Projekt-Initialisierung
1. Grundlagenermittlung
1 Raum-/ Funktionsprogramm
2 Kostenrahmen
2. Vorplanung
1 Vorentwurf
2 Flächen/ Rauminhalte
3 Raumprogramm
4 Medienpläne
5 Kostenschätzung
6 Entwurfsvergleich
7 Erläuterungsbericht
8 Finanzierungsplan
9 Perspekt. Darst.
10 Terminplanung
11 Org.planung
12 Kosten-Nutzen-A.
13 Kostenschätzung nach Elementen
3. Entwurfsplanung
1 Entwurf 1:50
2 Std.details
3 Kosten DIN 276
4 Kosten n. Bauelem.
5 Wirtschaftlichkeit
6 Raumbuch
7 Integr. Medienpläne
8 Raumblatt
9 Flächen/R.inh. D 277
4. Genehmigungsplanung
1 Geschoßflächen n. Bundesbaugesetz
5. Ausführungsplanung
1 Werkpläne
2 Medienpläne
3 Detailpläne
4 3D-Darstellung
6. Vorbereitung der Vergabe
1 Vorlauf-LV
2 Mengenermittlung
3 Ausschreib.LV
4 Kostenübersicht
7. Mitwirkung bei Vergabe
1 Verd.unterlagen für alle L.Bereiche
2 Kostenanschlag
3 Angebote
4 Preisspiegel
5 Kostenanschlag (Ges.projekt)
6 Auftrags-LV
8. Objekt-überwachung
1 Auftragsvergabe
2 Nachaufmaß
3 Rchgs.prüfung
4 Kostenkontrolle
5 Ko.feststellung
6 Terminplanung
7 Fristen Gewährl.
8 Zahlungsplan
9 Kapazitätsplan
10 Netzplan
9. Objektbetreuung Dokumentation
1 Gewährl.frist
2 Bestandspläne
3 Verzeichn.
4 Kostendat.
PROGRAMMPAKETE
I. Organisation
1 Projektrahmen
2 Terminplanung
3 Büroorganisation
4 Schriftverkehr
5 Allg. DV-Pflege
II. Raumbuch
1 Flächen/ Rauminhalte
2 Raumprogramm Raumbuch/ Raumblatt
III. CAD
1 Makros, Bauelemente
2 Grundrisse, Schnitte, Ansichten
3 3D-Darstellungen
4 Medienpläne
IV. Kosten
1 Ko.schätzung
2 Ko.berechnung
3 Ko.kontrolle
4 Ko.feststellung
5 Finanzierungsplanung
6 Finanzierungskontrolle
V. AVA
1 Ausschreibung LV
2 Vergabe, Auftrag
3 Bauleitung, Abrechnung
DATEIEN
1. Kataloge
2. Projekt-Stammdaten
3. Projekt-Daten
4. Texte

Bild 4

eigens vereinbart werden. Hier verhelfen standardisierte Textbausteine in Verbindung mit der EDV (oder auch konventionell) zu einer höheren Sicherheit, im Vertrag nichts "Wichtiges" vergessen zu haben (vgl. Heiermann, 1983).

Im VOB – gegliedert in drei Teile – behandelt Teil A die Geschehnisse bis zum Bauvertragsabschluß, hat aber nur Empfehlungscharakter. Im einzelnen behandelt VOB/A die "Bietergleichbehandlung" bei der Ausschreibung, die Differenziertheit der Leistungsbeschreibung und die Form des Leistungsverzeichnisses mit der bekannten Gliederung in Positionen, deren Preis in der Regel als Einheitspreis angegeben werden muß. Die hierin liegende Möglichkeit zur Standardisierung wurde bereits auf verschiedenen Ebenen mit unterschiedlicher Verbindlichkeit formuliert. Ist sie übernommen, erlaubt sie eine wesentliche Aufwandreduktion bei der Ausschreibung, vor allem dann, wenn man EDV einsetzt.

Der aufwendigste Teil der Ausschreibung, die Leistungsbeschreibung, hat bereits Standardisierungsversuche größerer Zahl erfahren. Eines der verbindlichsten – weil häufig

Bild 5: Ausschnitt aus dem Katalog der Leistungsbereiche (Gewerke);

Quelle: MARIS, Gefof München

Katalog der Leistungsbereiche		Vergabeeinheitenkatalog	
000	Baustelleneinrichtung	010	Abbrucharbeiten
001	Gerüstarbeiten	011	Abbrucharbeiten
002	Erdarbeiten	020	Spezialtiefbau
003	Landschaftsbauarbeiten	021	Spezialtiefbau
004	Landschaftsbau/Pflanzen	022	Erdarbeiten
005	Brunnenbauarbeiten	023	Wasserhaltung
006	Verbau/Ramm/Einpressarbeiten	024	Baugrubenumschließung
007	Untertagebau	025	Gründungen
008	Wasserhaltungsarbeiten	026	Bohr-/Rammarbeiten
009	Entwässerungskanalarbeiten	027	Brunnenbau
010	Dränarbeiten	028	Bodenaustausch
012	Maurerarbeiten	030	Erdarbeiten
013	Beton/Stahlbetonarbeiten	031	Aushub, Lagern, Transport
014	Natursteinarbeiten	032	Bodenaustausch
015	Betonwerksteinarbeiten	040	Rohbauarbeiten
016	Zimmer- und Holzbauarbeiten	041	Baustelleneinrichtung
017	Stahlbauarbeiten	042	Erdarbeiten
018	Abdichtung drückendes Wasser	043	Beton- und Stahlbetonarbeiten
019	Abdichtung nichtdr. Wasser	044	Maurerarbeiten
020	Dachdeckungsarbeiten	045	Putzarbeiten
021	Dachabdichtungsarbeiten	046	Gerüst
022	Klempnerarbeiten	047	Estrich
023	Putz- und Stuckarbeiten	048	Grundleitung
024	Fliesen- und Plattenarbeiten	050	Putz- und Stuckarbeiten
025	Estricharbeiten	051	Außenputz
026	Asphaltbelagarbeiten	052	Innenputz
027	Tischlerarbeiten	053	Renovierung
028	Parkettarbeiten	054	Stuckarbeiten
029	Beschlagarbeiten	055	Anstrich
030	Rolladenarbeiten	056	Gerüst
031	Metallbau/Schlosserarbeiten	060	Dachdeckungsarbeiten
032	Verglasungsarbeiten	061	Gerüst
033	Gebäudereinigungsarbeiten	062	Dachdeckerarbeiten
034	Anstricharbeiten	063	Dachabdichtungsarbeiten
035	Korrosionsschutzarbeiten	064	Spenglerarbeiten
036	Bodenbelagsarbeiten	065	Dacheinläufe
037	Tapezierarbeiten	070	Zimmer- und Holzbauarbeiten
038	Holzpflasterarbeiten	071	Gerüst
039	Trockenbauarbeiten	072	Holztragkonstruktion
040	Heizung und Warmwasser	073	Dachstühle
042	Gas- u. Wasserinstallation	074	Treppen, Sonderkonstruktion
043	Druckrohrleitungen GWA	075	Dachdecker
044	Abwasserinstallation	076	Dachabdichtung
045	Gas/Wasser/Abwasser/Einrichtung	077	Spengler
046	Gas/Wasser/Abwasser/Betrieb	080	Stahlbauarbeiten
047	Wärmedämmarbeiten	081	Gerüst
049	Feuerlöschanlagen	082	Stahltragkonstruktion, Treppen
050	Blitzschutz-/Erdungsanlagen	083	Korrosionsschutz
051	Bauleistungen für Kabelanlagen	084	Stahldachkonstruktion
052	Mittelspannungsanlagen	085	Stahldachaufbauten
053	Niederspannungsanlagen	086	Verglaste Dachkonstruktion
054	Messgeräte/Zähler/Wandler	087	Stahltreppen
055	Ersatzstromversorgungsanlagen	088	Stahlschornsteine
056	Batterien	090	Fenster/Türen Holz
057	Elektr. Hausgeräte	091	Holzfenster
058	Leuchten und Lampen	092	Holztüren/-tore
059	Lichtsignalanlagen	093	Beschläge
060	Elektroakustische Anlagen	094	Verglasungen
		095	Holz-Fassadenelemente
		100	Metallbau Fenster/Türen

Beispiel 3 (Heizungsbau)

T1	T2	T3	T4	T5	Einh	Langtext	K-Nr.	Kurztext
						13.4 Rückflußverhinderer		
670						Muffen-Rückschlagventil, Hersteller/Typ ...., *Sofern nicht vorgeschrieben, vom Bieter einzutragen.*	11	Rückschlagventil
	0							
	1					Einbau senkrecht,		
	2					——— waagerecht,		
	3					———————— oder senkrecht,		
	1					Gehäuse aus Messing,		
	2					——— aus Rotguß,		
	9					——— ....,	21	
		0						
		1				metallisch dichtend,		
		2				weich dichtend,		
		9				Dichtung ....,	31	
		0						
		1				mit einstellbarer Federbelastung (Schwerkraftbremse),		
		9				mit ....,	32	
			01			PN 6,		
			02			PN 10,		
			03			PN 16,		
			11			PN ....,	41	
				01	St	Anschlußgewinde R 3/8.		R 3/8
				02	St	———————— R 1/2.		R 1/2
				03	St	———————— R 3/4.		R 3/4
				04	St	———————— R 1.		R 1
				05	St	———————— R 1 1/4.		R 1 1/4
				06	St	———————— R 1 1/2.		R 1 1/2
				07	St	———————— R 2.		R 2
				08	St	———————— R 2 1/2.		R 2 1/2
				09	St	———————— R 3.		R 3
				11	St	....	51	.... *(17)*

Bild 6 a

Quelle: Beuth Verlag, Köln

als Grundlage in öffentlicher Ausschreibung vom Bauherrn gefordert – ist das sogenannte Standardleistungsbuch (StLB), bei dem in Gewerke (als von 000 bis 999 numerierte Leistungsbereiche bezeichnet) unterteilt ein 13-stelliges Raster mit fünf Ebenen dazu dient, möglichst alle vorkommenden Positionen zu berücksichtigen. Das geschieht auch im Hinblick auf die zum Teil enorme Kostenvariation bei Bauten, die häufig von Bauherrn/Architekten nicht hinreichend nachkontrolliert werden kann (Bild 5).

Teil B als Kernstück der VOB bringt die Vorschriften über die Bauausführung und regelt damit das materielle Vertragsrecht. Bei Widersprüchen in einem VOB-Vertrag gibt es folgende Reihenfolge der Gültigkeit von Vertragsteilen:

1. Leistungsbeschreibung (LB)
2. Besondere Vertragsbedingungen (BVB)
3. etwaige Zusätzliche Vertragsbedingungen (ZVB)
4. etwaige Zusätzliche Technische Vorschriften (ZTV)

Eingabeformular zu Beispiel 3

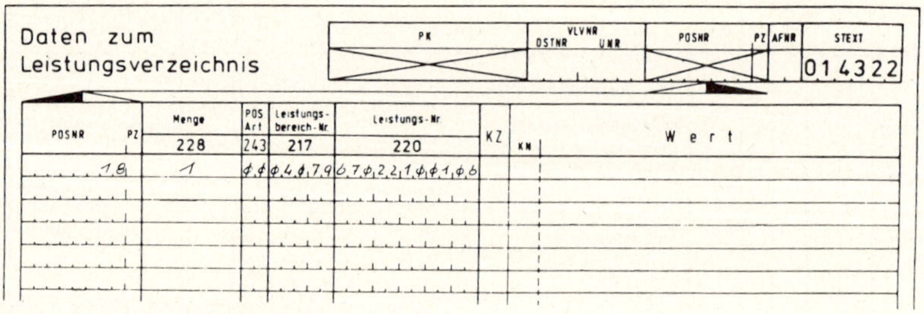

Textausdruck zu Beispiel 3

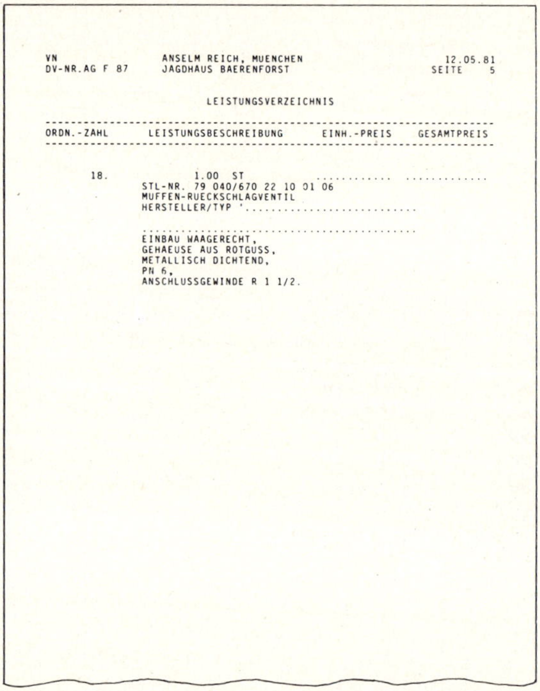

```
VN                 ANSELM REICH, MUENCHEN                 12.05.81
DV-NR.AG F 87      JAGDHAUS BAERENFORST                   SEITE   5

                         LEISTUNGSVERZEICHNIS

-----------------------------------------------------------------------
ORDN.-ZAHL       LEISTUNGSBESCHREIBUNG      EINH.-PREIS    GESAMTPREIS
-----------------------------------------------------------------------

      18.              1.00  ST            ............  ............
                STL-NR. 79 040/670 22 10 01 06
                MUFFEN-RUECKSCHLAGVENTIL
                HERSTELLER/TYP '..........................

                ..........................................
                EINBAU WAAGERECHT,
                GEHAEUSE AUS ROTGUSS,
                METALLISCH DICHTEND,
                PN 6,
                ANSCHLUSSGEWINDE R 1 1/2.
```

Bild 6 b

Quelle: Beuth Verlag, Köln

Anmerkung: Im Ausdruck ist eine Textergänzung durch den Bieter vorgesehen.

5. die Allgemeinen Technischen Vorschriften (ATV)
6. die Allgemeinen Vertragsbedingungen für die Ausführung von Bauleistungen (AVB).

Des weiteren behandelt die VOB/B die Vergütung des Bauunternehmers, die Grundsätze der Bauausführung, die Ausführungsfristen, die Folgen der Behinderung oder Unterbrechung, das Kündigungsrecht, die Abnahme, die Abrechnung, Nachforderungen und Vertragsstrafe, ferner Schadensersatzansprüche, Verjährungsfristen und Bürgschaften.

Angebots- und Vergabetexte, die auf den nach der VOB/B formulierten Basistexten beruhen, verringern das Risiko späterer Vertragsstreitigkeiten. Ähnliches gilt für die anderen Teile der Interaktion zwischen Architekt/Bauherrn einerseits und Bauunternehmer andererseits (vgl. Löhr, 1979).

Teil C der VOB bringt die "Allgemeinen Technischen Vorschriften"

(ATV). Sie lassen sich eventuell durch "Zusätzliche Technische Vorschriften" (ZTV) ergänzen, die in der Regel gewerk- oder sogar titelweise herangezogen werden (vgl. Werner/ Pastor, 1984).

Allerdings birgt jede Standardisierung das Risiko einer gewissen Schwerfälligkeit. Das Standardleistungsbuch ist ein Beispiel dafür. Konzipiert zum Zwecke der Vereinheitlichung, mit der Nebenidee der Vereinfachung von Ausschreibungen, ist es jedoch so aufwendig mit seinem 13-stelligen Positionsschlüssel für jedes der Gewerke (Leistungsbereiche), daß seine Nutzung selbst dann mühsam erscheint, wenn man – wie dies inzwischen möglich ist – das Standardleistungsbuch in einem EDV-Speicher für die LV-Erstellung verfügbar hat (siehe Bild 6).

Zum Standardleistungsbuch gibt es inzwischen Alternativen. Beispielsweise den sogenannten Normpositionskatalog (= NPK), dessen Aufbau gewerkweise fünfstellig (statt 13-stellig) die Position präzisiert, ohne deswegen weniger differenziert zu sein. Im Gegenteil, er besitzt genügend Leerstellen, um dem Anwender eigene Positionsspezifikationen zu erlauben. Da seine Gliederung systematisch ist, läßt dieses Verfahren die Weiterentwicklung und den Aufbau eigener Kataloge zu. Die Logik und Übersichtlichkeit des Aufbaus ermöglichen darüber hinaus einen Lerneffekt bei häufigerer Nutzung (siehe Bild 7).

Hat man die Erstellung von Positionen bei der Leistungsbeschreibung soweit standardisiert, dann ist es auch möglich, die Positionen den fünfstelligen Kostengruppen nach DIN 276 zuzuordnen und dies automatisch bei Aufruf des Katalogs für die betreffende Position als Voreinstellung anzubieten. Gelungen ist dies bei dem Normpositionskatalog. Als Basis für eine Kostenrechnung nach Elementen läßt sich aus den Positionen des LV's durch entsprechende Zusammenstellung mit Hilfe von Einheitspreisdateien sowie einer Indexbildung, wie sie inzwischen regional und gewerkweise existiert, eine recht genaue Kostenschätzung für Baupro-

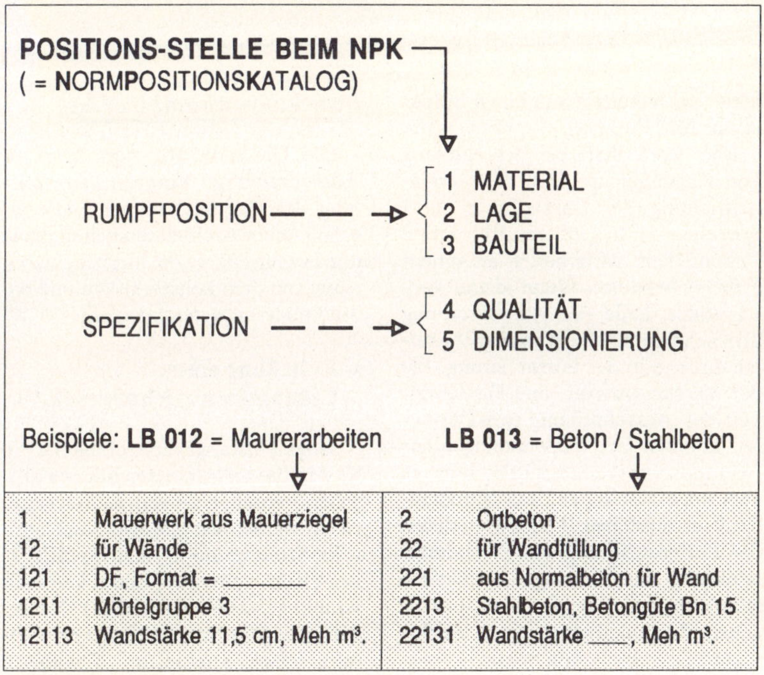

Bild 7

INHALTSVERZEICHNIS

1. Bewerbungsbedingungen
2. Objektbeschreibung
3. Lageplan
4. Planungsbeteiligte
5. Termine
6. Besondere Vertragsbedingungen (BVB)
7. Zusätzliche Vertragsbedingungen (ZVB)
8. Allgemeine Vorbemerkungen
9. Vorbemerkungen und zusätzliche technische Vorschriften (ZTV)
10. Leistungsbeschreibung und Leistungsverzeichnis
11. Summenblatt Seiten
12. Summenblatt Angebot insgesamt
13. Anlagen
14. Pläne

Bild 8
Quelle: MARIS, Gefof München

jekte im voraus vornehmen (plus/minus fünf Prozent).

– Eher vorteilhaft bei der Nutzung von Katalogen ist auch die Vereinheitlichung der Darstellungs- und Sprechweise. In größeren Büros sind verschiedene Mitarbeiter an einem Projekt beteiligt. Wenn diese verschiedene Teile der Ausschreibung übernehmen, entdeckt man nicht selten Brüche in der Formulierung, die der Verständlichkeit und Eindeutigkeit der Ausschreibung zuwiderlaufen können. Die Verwendung eines Normpositionskatalogs erleichtert es aber auch Neulingen, den Bürostandard zu erreichen. Die Möglichkeit der Differenzierung und Weiterentwicklung der Kataloge gewährleisten, daß dieser Standard den spezifischen Besonderheiten eines Architekturbüros Rechnung trägt.

Projektabwicklung (AVA)

Die Unterstützung von AVA (= Ausschreibung, Vergabe, Abwicklung des Projekts) mittels EDV erscheint dem Architekten naheliegend und erwünscht, da die hierbei gewonnene Zeit dem konstruktiven und damit kreativen Bereich zugute kommt.

– Erstellung eines Leistungsverzeichnisses (LV)

Jedes Leistungsverzeichnis hat ein Raster, das mit kleineren bürospezifischen Varianten als verbindlich angesehen werden kann. Eine solche typische Struktur findet man in Bild 8. Bei einem guten Programm kann der Architekt selbstverständlich Veränderungen des Seitenaufbaus vornehmen. Bei speziellen Projekten braucht er nur noch die entsprechenden Leerstellen auszufüllen, so daß die Erstellung des Leistungsverzeichnisses schon rein formal wesentlich erleichtert wird.

Bild 9 zeigt besonders augenfällig den Nutzen standardisierter Hilfen, wie ihn die EDV bieten kann. Vorformulierte Vertragstexte nach VOB mit Freistellen für individuelle Spezifikationen erleichtern nicht nur die Abwicklung, sondern garantieren auch, daß man nichts rechtlich Bedeutsames vergißt (vgl. Heiermann, 1983).

Zweifellos der wichtigste Bereich ist die Leistungsbeschreibung inklusive der Summenblätter. Hier liegen auch die größten Unterschiede zwischen den einzelnen Programmangeboten im Bereich AVA. Es sollte für den Architekten bei jeder Position die Möglichkeit bestehen, entweder

- freie Texteingabe zu wählen, die durch ein Textbearbeitungsprogramm unterstützt wird
- die Position aus einem Referenzprojekt zu übernehmen, das auch dasselbe Leistungsverzeichnis sein kann

ZUSÄTZLICHE VERTRAGSBEDINGUNGEN (ZVB)

In den zusätzlichen Vertragsbedingungen (ZVB) werden Bestimmungen der VOB Teil B ergänzt bzw. geändert.

Grundlage ist die letzte Fassung, Ausgabe 1979, alle Paragraphen beziehen sich auf die dort genannten.

zu § 1 Art und Umfang der Leistung

1. Die Reihenfolge der Gültigkeit ist nach besonderen Vertragsbedingungen (BVB), Pkt. 16 geregelt.

zu § 2 Vergütung

1. Die Angebotspreise sind Festpreise bis zum [redacted] (Fertigstellung der Gesamtbaumaßnahme)

zu § 3 Ausführungsunterlagen

1. Der AN hat die erforderlichen Ausführungsunterlagen rechtzeitig vor Bedarf anzufordern. Alle Unterlagen hat der AN auf Vollständigkeit, Übereinstimmung, auch mit den örtlichen Maßen, rechtzeitig zu prüfen und eventuelle Unstimmigkeiten sofort anzuzeigen. Der AG übernimmt keine Gewähr für die Richtigkeit der in der Leistungsbeschreibung angebebenen Massen.

2. Der AN hat Anspruch auf die kostenlose Überlassung von zeichnungen (2-fach), Berechnungen bzw. Schriftstücke (1-fach), die seine Leistungen betreffen.

zu § 4 Ausführung

1. Es ist die Aufgabe des AN, sich rechtzeitig vor Beginn seiner Arbeiten vom zustand der Baustelle und der Bauarbeiten zu unterrichten. Beginn, Unterbrechung und Beendigung seiner Arbeiten sind jeweils unverzüglich unter Angabe des Grundes der Bauleitung anzuzeigen.

2. Die Mitbenutzung vorhandener Gerüste und Einrichtungen anderer AN ist vom AN mit diesen zu vereinbaren, einschl. der direkten Kostenerstattung. Das gleiche gilt für die Entnahme von Baustrom.

Bild 9

Quelle: MARIS, Gefof München

Muster und Partner | Dipl. Ing. Architekten | Telefon
Musterstr. 100 | 8000 München 40 | 089/000 00 00

LEISTUNGSBESCHREIBUNG UND LEISTUNGSVERZEICHNIS

Vergabeeinheit 4 Rohbauarbeiten

Titel 1 Baustelleneinrichtung

Pos. 1 Einrichten und Räumen der Baustelle,

Vorhalten der Baustelleneinrichtung
für sämtliche in der Leistungsbeschreibung
aufgeführten Leistungen
Arbeitsgerüste mit mehr als 2 m Arbeits-
bühnenhöhe werden vergütet

M ....

L ....

1.00 PSCH EP......... DM ....

Pos. 2 Bauzaun aufstellen, vorhalten

für die Dauer der vertraglichen Ausführungs-
frist und beseitigen
Ausführung als geschlossener Zaun aus
Brettern, rauh, ohne Bodenabstand
Zaunoberkante 2,00 m über Boden, Türen und
Tore werden gesondert vergütet

M ....

L ....

153.00 M EP......... DM ....

Pos. 3 Abschließbares Tor im Bauzaun

als Zulage, Ausführung entsprechend Bauzaun
einbauen, vorhalten und beseitigen,
Bodenabstand 5 cm
Lichte Breite der Öffnung über 3,00 - 3,50 m
Toroberkante über Boden wie Bauzaun

M ....

L ....

2.00 ST EP......... DM ....

Seitensumme DM ....

Bild 10
Quelle: MARIS, Gefof München

- aus dem Standardleistungsbuch eine spezielle Position auszuwählen
- anhand eines Katalogs, zum Beispiel dem vorher beschriebenen Normenpositionskatalog, die Positionen zusammenzusetzen.

Ein Computersystem bietet dem Architekten die Möglichkeit, einen schon einmal eingegebenen Text beliebig oft, sei es durch Ergänzungen, Löschen oder durch Ersetzen, zu modifizieren. Für den Fall, daß wie üblich das Projekt aus mehreren Leistungsverzeichnissen besteht, muß die Zuordnung zum Leistungsverzeichnis, zur Vergabeeinheit und zum Leistungsbereich eindeutig herstellbar sein.

Bei Kataloginhalten sollte der Anwender die Mengeneinheiten sowie die Kostengruppen als Vorgabe angeboten bekommen, natürlich mit Änderungsmöglichkeiten. Er sollte frei entscheiden können, ob er titel- oder sogar positionsweise nach Losen trennt und zwischen Material- und Lohnkosten aufteilt. Die Variante "Alternativposition" muß er an jeder Position auch nachträglich einfügen können (siehe Bild 10).

Neben den Einzelpositionen sollte das Programm übersichtliche Summenblätter erstellen, die sich auch beliebig sortieren und zusammenfassen lassen, also etwa nach Kostengruppen (entsprechend DIN 276), nach Titeln, nach Vergabeeinheiten und nach Leistungsbereichen (= Gewerken).

Ein wichtiger Aspekt ist die Form der Adreßverwaltung, die wegen der verschiedenen Aufgaben unabhängig vom Leistungsverzeichnis (LV) erfolgen sollte. Im LV muß man aber auf diese Adressen jederzeit zurückgreifen können, zum Beispiel bei der Angabe der Planungsbeteiligten.

– Massenermittlung

Aufmaße werden manchmal nach, aber oft schon vor dem fertigen LV-Text ermittelt. Der Architekt will daher Aufmaße positionsbezogen oder frei erstellen können. Die Positionsnummern will er später zuordnen

```
        Muster und Partner        Dipl. Ing. Architekten          Telefon
        Musterstr. 100            8000 München 40                 089/000 00 00
        ----------------------------------------------------------------------

        Aufmaßermittlung für Projekt: DEMO      LV-Nummer:  1   Stand  8.10.87

        Lfd.      Pos./     Lage-                     Ergebnis         Ergebnis
        Nr.       Los       bezeichn.                 laufender Nr.    Position
        ----------------------------------------------------------------------

     NR.   1  POS   1.0                                   1.00             1.00
        1

     NR.   2  POS   2.0      STRAßE, OST- U. WEST       135.00           153.00
        50 + 35 + 50

     NR.   3  POS   2.0      ABTRENNG. GASLAGER          18.00           153.00
        8 + 10

     NR.   4  POS   3.0      TOR SÜDOSTECKE               1.00             2.00
        1

     NR.   5  POS   4.0                                 630.00           650.00
        30,0 x 21.0

     NR.   6  POS   4.0      AUFRDG.                     20.00           650.00
        20

     NR.   7  POS   5.0      AUSHUB                     748.68           800.00
        (16.60 x 12.70 + 18.80 x 14.90):2 x (3.20 + 2.90):2

     NR.   8  POS   5.0      AUFRDG.                     51.32           800.00
        51.32

     NR.   9  POS   6.0      DIFF. AUSH.-BAUKÖRP.       236.46           250.00
        748.68 - (11.70 x 15.60 - 2.60 x 4.50 - 7.20 x 0.40) x (3.20 + 2.90):2

     NR.  10  POS   6.0      AUFRDG.                     13.54           250.00
        13.54

     NR.  11  POS   7.0                                 170.68           180.00
        (11.80 x 15.70 - 4.50 x 2.60 - 7.20 x 0.40)

     NR.  12  POS   7.0      AUFRDG.                      9.32           180.00
        9.32

     NR.  13  POS   8.0      SCHÄTZWERT                   5.00             5.00
        5.0

     NR.  14  POS  10.0                                  10.68            13.00
        (15.60 - 2 x 0.30 + 11.70 )x 2 x 0.40 x 0.50

     NR.  15  POS  10.0      AUFRDG.                      2.32            13.00
        2.32

     NR.  16  POS  11.0                                  18.69            20.00
        (15.60 x 2 + (11.70 - 2 x 0.30) x 2) x 0.50 x 0.70

     NR.  17  POS  11.0      AUFRDG.                      1.31            20.00
        1.31

     NR.  18  POS  12.0                                 167.94           175.00
        15.60 x 11.70 - 7.20 x 0.40 - 2.60 x 4.50
```

Bild 11
Quelle: MARIS, Gefof München

Muster und Partner Dipl. Ing. Architekten Telefon
Musterstr. 100 8000 München 40 089/000 00 00

PREISSPIEGEL NACH TITELN

Bauvorhaben Neubau eines Einfamilienhauses
Vergabeeinheit Rohbauarbeiten

Titel Baustelleneinrichtung

RAUSCH	REETZ	HUMMEL	DÜNN	DICK
22529.00	16296.35	12298.30	12680.40	17733.70
183% 5	133% 3	100% 1	103% 2	144% 4

Titel Erdarbeiten

RAUSCH	REETZ	HUMMEL	DÜNN	DICK
22207.50	11200.00	18342.00	18497.50	20677.00
198% 5	100% 1	164% 2	165% 3	185% 4

Titel Beton- und Stahlbetonarbeiten

RAUSCH	REETZ	HUMMEL	DÜNN	DICK
209821.75	201274.00	174729.30	155632.00	218393.85
135% 4	129% 3	112% 2	100% 1	140% 5

Titel Maurerarbeiten

RAUSCH	REETZ	HUMMEL	DÜNN	DICK
55309.50	47225.00	45844.25	36856.75	51717.00
150% 5	128% 3	124% 2	100% 1	140% 4

Bild 12
Quelle: MARIS, Gefof München

oder Aufmaße bestimmter Positionen überschreiben können. Die jeweiligen Neuberechnungen sollte der Computer übernehmen.

Wichtige Rechenoperationen sind die Grundrechenarten, die Potenzfunktionen, der Logarithmus und die trigonometrischen Funktionen (siehe Bild 11).

Die Rechenvorgänge müssen jederzeit überprüfbar und nachvollziehbar sein. Daher müssen sie nicht nur als Ergebnis, sondern als Textzeile erhalten bleiben. Reicht eine Textzeile nicht, müssen mehrere Textzeilen für dieselbe Position verfügbar sein. Freie Sortierkriterien helfen dem Anwender, geeignete Summen zu bilden. Oft benötigt er eine Zusammenstellung nach Losen, nach Geschossen oder nach Funktionsbereichen.

– Preisspiegel und Auftrags-LV

Ein ebenfalls wichtiger Teil von AVA ist die Angebotserfassung und -nachrechnung. Bei der Angebotsbeurteilung liegt normalerweise der größte Aufwand in der Eingabe der Einzelpreise. Diese Arbeiten soll ein EDV-System vereinfachen. Mit der seitenweisen Eingabe der Angebotspreise wird dies zum Beispiel ermöglicht. Werden die Gesamtpreise vom System automatisch nachgerechnet und in einem ansprechenden und übersichtlichen Preisspiegel dargestellt, kann bei gleichzeitig verbesserter Darstellungsqualität mit der EDV einige Arbeitszeit eingespart werden.

Der Preisspiegel ist eines der Aushängeschilder des Architekten gegenüber dem Auftraggeber. Daher muß er übersichtlich, klar und dennoch umfassend die Angebote vergleichen. Dies wird neben der Prozentuierung und einer optionalen Rangordnung der Anbieter bei Position und Titel durch die wahlweise Hervorhebung von sogenannten "Schwerpunktspositionen" (SP) erreicht. Dies sind Positionen, die einen bestimmten, vom Architekten vorgegebenen Prozentsatz der Gesamtkosten überschreiten (siehe Bild 12).

Nützlich ist es auch, wenn man geeignete Zusammenfassungen nach Titeln ausdrucken kann. Dabei müssen dann Rabattabzüge, Mehrwertsteuer und Endkosten in übersichtlicher Weise nebeneinander gestellt sein (siehe Bild 13).

Für die LV-Fixierung nach der Ausschreibung, die nicht ohne Dokumentation zu ändern sein darf, sprechen rechtliche Gründe.

Die Erstellung des Auftrags-LV's durch die automatische oder teilautomatische Übernahme der eingegebenen Preise jeweils ausgewählter beziehungsweise günstigerer Angebote sollte das Software-Paket im Bereich Ausschreibung und Vergabe abrunden.

– Baubuchhaltung

Eine gute Baubuchhaltung beginnt mit einer klaren und eindeutigen Vertragsliste. Hier kann die EDV mit einer gut strukturierten Maske dem Anwender helfen. Bei einer klaren Vertragsgestaltung werden im voraus verhinderbare Ärgernisse auch tatsächlich vermieden. (siehe Bild 14).

Viele Büros haben derartige Vertragsformulare bereits konventionell entwickelt oder übernommen, so daß sich der Vorteil der EDV nicht spontan offenbart.

Er besteht hier in zwei Aspekten:

– Einmal kann das Computersystem Standardvorgaben aus früheren Projekten oder aus Grundsatzentscheidungen liefern, die nur in be-

Bild 13
Quelle: MARIS, Gefof München

Muster und Partner Dipl. Ing. Architekten **Telefon**
Musterstr. 100 8000 München 40 089/000 00 00

ANGEBOTSÜBERSICHT

Bauvorhaben Neubau eines Einfamilienhauses

Vergabeeinheit Rohbauarbeiten

Erläuterung :

1 = Angebot netto

2 = Rabattabzug

3 = Angebot nach Rabatt

4 = Mwst

5 = Angebot nach Rabatt incl. Mwst

6 = 100% ist tiefstes Angebot

	RAUSCH	REETZ	HUMMEL	DÜNN	DICK
1	309867.75	275995.35	251213.85	223666.65	308521.55
2	.00	5519.91	7536.42	.00	.00
3	309867.75	270475.44	243677.43	223666.65	308521.55
4	43381.49	37866.56	34114.84	31313.33	43193.02
5	353249.24	308342.01	277792.28	254979.98	351714.57
6	139% 5	121% 3	109% 2	100% 1	138% 4

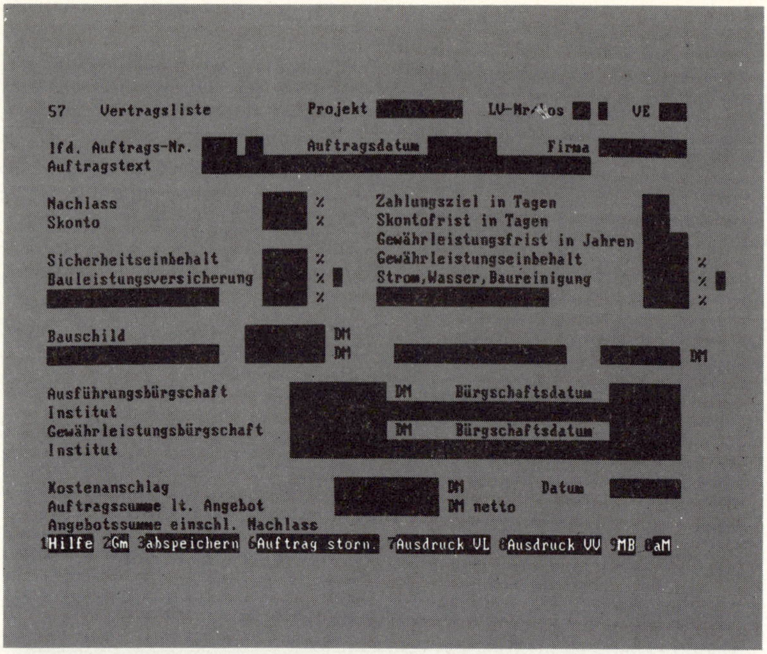

Bild 14
Quelle: MARIS, Gefof München

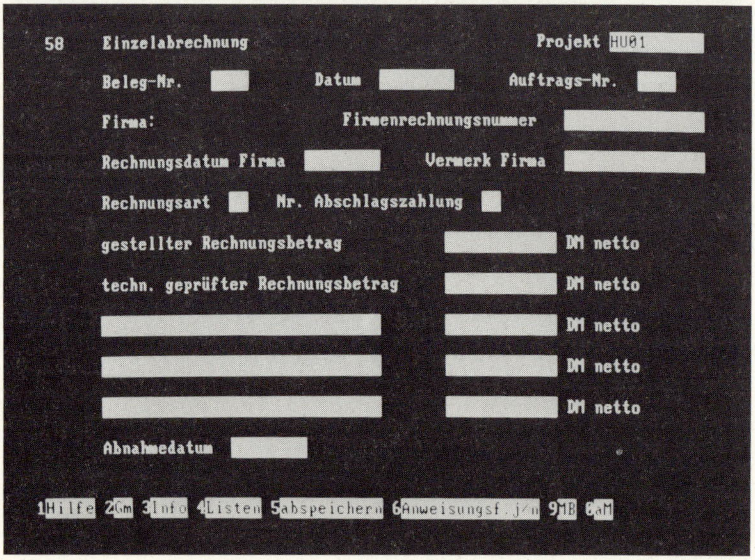

Bild 15
Quelle: MARIS, Gefof München

sonderen Fällen abgeändert werden müssen.

- Zum anderen werden bei guter Software die getroffenen Festlegungen in der gesamten Baubuchhaltung weitergeführt und können daher nicht mehr "vergessen" werden.

Ergänzend dazu bringt natürlich die maskengeführte Einzelabrechnung mittels der EDV vor allem Zeit- und Sicherheitsgewinn. Wie in Bild 15 ersichtlich, sollte die Maske genügend Freistellen für individuelle Besonderheiten zulassen.

Es besteht kein Zweifel, daß im Bereich der Baubuchhaltung besondere Anforderungen des Anwenders auftreten können, die von Standardprogrammen nicht berücksichtigt werden. In diesem Fall ist möglicherweise eine individuelle Anpassung des Programms an die eigenen Bedürfnisse des Anwenders erforderlich. Vorteilhaft ist daher die Auswahl eines Softwareunternehmens, das gegebenenfalls zu solchen Anpassungsarbeiten bereit und in der Lage ist.

Flächen- und Rauminhalte nach DIN 277

Die Ermittlung von Flächen- und Rauminhalten nach DIN 277 mittels der EDV erspart dem Anwender bei der Projektabwicklung enorm viel Zeit.

Da die Berechnung von Flächen- und Rauminhalten in der Regel vor der Ausschreibung erfolgt, ist ein Bezug zu Positionen des Leistungsverzeichnisses nicht oder allenfalls nachträglich sinnvoll. Das Raster DIN 277 liefert nicht nur eine vernünftige Reihenfolge, es erinnert auch an eventuell notwendige Raumbereiche, die sonst vielleicht erst spät Eingang in die Unterlagen des Architekten finden.

Zur Erfassung sollte man die Fläche mit einer frei wählbaren Formel aus den eindimensionalen Größen (zum Beispiel Länge mal Breite) ermitteln können. Das Entscheidende aber ist die Zuordnung zu den als Schlüsselwörter akzeptierten Feldern "Lage, Geschoß, Raumtyp" und einem Funktionsbereich, der jeweils vom Anwender frei wählbar ist. Die Schlüsselwörter müssen sich in stei-

```
Muster und Partner        Dipl. Ing. Architekten        Telefon
Musterstr. 100            8000 München 40               089/000 00 00

Flächen und Rauminhalte
Erfassungsprotokoll                                     Stand 08.10.87

Neubau eines Einfamilienhauses
------------------------------------------------------------------------
Lfd Nr.    Lage        Geschoß    Bereich                     BGF A/B/C

   1       Kellerg.    UG         Spiel,Feier,Abstell.                a

11,70x15,60-4,50x2,60-7,20x0,40

Faktor: 1.00           Fläche:    167.94

Höhe:   2.800          Rauminh.:  470.23
------------------------------------------------------------------------
Lfd Nr.    Lage        Geschoß    Bereich                     BGF A/B/C

   2       Erdgesch.   EG         Wohnen,Schlafen                     A

11,70x15,60-4,50x2,60-7,20x0,40

Faktor: 1.00           Fläche:    167.94

Höhe:   3.200          Rauminh.:  537.41
------------------------------------------------------------------------
Lfd Nr.    Lage        Geschoß    Bereich                     BGF A/B/C

   3       Dachboden   DG         Speicher                            A

11,70x15,60-4,50x2,60-7,20x0,40

Faktor: 1.00           Fläche:    167.94

Höhe:   2.500          Rauminh.:  419.85
------------------------------------------------------------------------
Lfd Nr.    Lage        Geschoß    Bereich                     BGF A/B/C

   4       Erdgesch.   EG         Vorraum                             a

6,10 * 1,57

Faktor: 1.00           Fläche:      9.58

Höhe:   2.800          Rauminh.:   26.82
------------------------------------------------------------------------
```

Bild 16

Quelle: MARIS, Gefof München

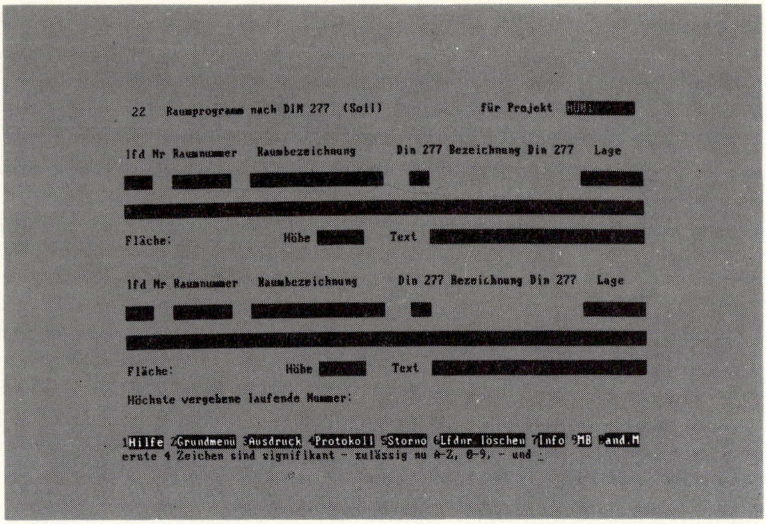

Bild 17
Quelle: MARIS, Gefof München

gender oder fallender Reihenfolge sortieren und geeignet summieren lassen. Beim Ausdrucken benötigt man daher neben dem die Eingabe wiedergebenden Erfassungsprotokoll Optionen auf verschieden sortierte Ausgaben, zum Beispiel nach Lagekriterien mit Summierung nach Geschoß und Lage (siehe Bild 16).

– Raumprogramm: Flächen- und Rauminhalte (Soll/Ist)

Ein zweiter brauchbarer Baustein ist das sogenannte Raumprogramm nach DIN 277, bei dem über die Raumbezeichnung die entsprechende DIN-Zuordnung geschaffen werden kann oder umgekehrt. Auch hier wünscht sich der Anwender, daß Raumnummer und -lage als Sortier- und Summierkriterien eingehen. Bei der Berechnung dürfen Schrägen, zum Beispiel im Dachgeschoß, für das Rechnen der Rauminhalte ebenso wenig Probleme bereiten wie eventuelle Abzüge durch Zwischenwände oder Leitungsschächte (siehe Bild 17).

Analog zur Sollplanung will man die Ist-Situation entsprechend festhalten (gleicher Masken- und Listentyp). Gegenüber dem Soll ändern sich nur die Namen und die Inhalte. Wenn das jeweils aktuelle Datum ermittelt und der jeweilige Dateninhalt diesem Datum zugeordnet werden kann, werden spätere Verwechslungen des “neuesten Standes” vermieden.

– Soll-/Ist-Vergleich

Einen automatischen Soll-/Ist-Vergleich mit entsprechenden Ausdrucken bewerten wir nicht nur als eine Option auf Bequemlichkeit. Der wichtigste Vorteil:

Geplante Variationen, vom Architekten oder vom Bauherrn angeregt, können sehr schnell auf ihre räumlichen Auswirkungen und den veränderten Kostenrahmen hin geprüft werden, so daß eine Korrektur noch zu einem Zeitpunkt erfolgen kann, zu dem sie noch keine wesentlichen Kosten verursacht (siehe Bild 18).

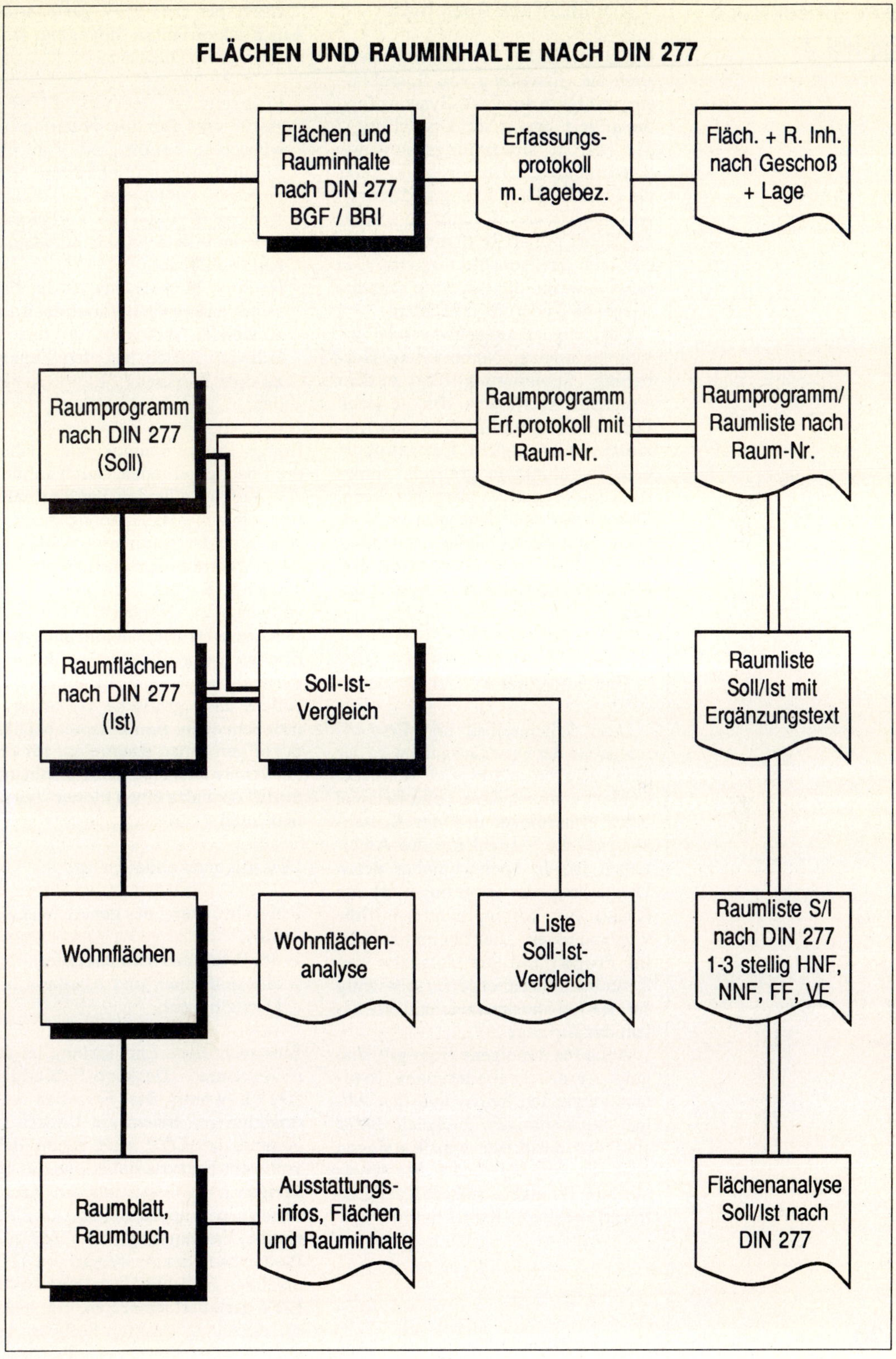

FLÄCHEN UND RAUMINHALTE NACH DIN 277
Flächen und Rauminhalte nach DIN 277 BGF / BRI
Erfassungs-protokoll m. Lagebez.
Fläch. + R. Inh. nach Geschoß + Lage
Raumprogramm nach DIN 277 (Soll)
Raumprogramm Erf.protokoll mit Raum-Nr.
Raumprogramm/ Raumliste nach Raum-Nr.
Raumflächen nach DIN 277 (Ist)
Soll-Ist-Vergleich
Raumliste Soll/Ist mit Ergänzungstext
Wohnflächen
Wohnflächen-analyse
Liste Soll-Ist-Vergleich
Raumliste S/I nach DIN 277 1-3 stellig HNF, NNF, FF, VF
Raumblatt, Raumbuch
Ausstattungs-infos, Flächen und Rauminhalte
Flächenanalyse Soll/Ist nach DIN 277

Bild 18

– Raumblatt und Raumbuch

Als wertvolle Erweiterung dient auch die Erstellung von Raumblättern mit Hilfe des EDV-Systems (optional mit grafischer Darstellung). Sie betrifft anwendungsrelevante Spezifikationen. Der Architekt kann die funktionelle Nutzung und sonstige Aspekte des Raums zu einem möglichst frühen Zeitpunkt präzisieren und die Konstruktion des Gesamtbauwerks ohne spätere schwerwiegende Änderung erleichtern.

Die geeignete organisatorische Zusammenfassung (Numerierung, Sortierung, Summierung) führt zu dem gesamten Raumbuch, das in jeder Phase des Projekts in der jeweils maximalen Genauigkeit Raumstruktur und Raumfunktion grafisch, numerisch und verbal wiedergeben kann. Dabei sollte man Analysen der Flächen- und Rauminhalte nach möglichst vielen (mindestens drei) frei wählbaren Kriterien analysieren können.

– Druckausgaben

Dem Seitenaufbau und Erscheinungsbild der Druckausgabe wird der Anwender besonders viel Aufmerksamkeit widmen, da es (zum Beispiel beim Preisspiegel und der Kostenanalyse) die Visitenkarte des Architekten ist. Je übersichtlicher deren Darstellung, um so geringer ist das Risiko von kostenpflichtigen Mißverständnissen. Dies beginnt zeitlich im Projekt mit der Ausgabe des Raumbuchs, ist aber genau so wichtig für das Leistungsverzeichnis, vor allem das Auftrags-LV.

Auch für das eigene Büro gilt, daß gute Ausdrucksgliederungen Irrtümer vermeiden helfen und den Ablauf beschleunigen. Beispiele dafür sind der Ausdruck von Katalogen oder die Ergebnisse der Massenermittlung für eigene spätere Rückgriffe und eventuelle Korrekturen.

Auch bei den EDV-gesteuerten Ausdruckvarianten begegnen wir wieder einem Dilemma:

- Einerseits ist eine sehr differenzierte und flexible Nutzung zu wünschen, die eine große Zahl von Einstellungsmöglichkeiten (Parametern) voraussetzt.
- Anderseits sind viele Variationen programmiertechnisch aufwendig und somit teuer.
- Noch problematischer ist die Tatsache, daß zu viele Variationen den Anwender verwirren, so daß er Schwierigkeiten hat, den Zugang zu dem Werkzeug "EDV" zu finden.

Einige Programmentwickler haben die Lösung gefunden, durch zahlreiche Voreinstellungen zunächst eine sehr einfache Handhabung zuzulassen. Erst der routinierte Anwender beginnt dann entsprechend seinen besonderen Bedürfnissen die Voreinstellungen zu verändern.

Angesichts der zunehmenden technischen Möglichkeiten bei den modernen Nadel- und Laserdruckern sollten auch grafische Gestaltungsmöglichkeiten, zum Beispiel bei dem zuvor genannten Raumblatt, für den Anwender leicht realisierbar sein, ohne daß der dafür einen Plotter "bemühen" muß.

Dies gilt unter anderem für:

- die Gestaltung des generellen Layouts,
- des Brief- und Firmenkopfes
- alle grafischen und tabellarischen Darstellungen.

Eine recht neue Entwicklung ist das sogenannte Desktop-Publishing (DTP), womit das Erstellen von druckfertigen Seiten am Bildschirm gemeint ist. DTP wird schon bald vielleicht beim Raumblatt wie in der übrigen AVA-Gestaltung dem Architekten neue Impulse liefern. Auch ohne die Verwendung von CAD und Plotter kann der Anwender mit DTP mächtige grafische Gestaltungshilfen EDV-gesteuert einsetzen. So bietet die derzeitige Desktop Software bei

Preisen ab etwa DM 2.000,– die Möglichkeit vielfältiger Schriften- und Grafikdarstellungen. Der dafür zweckmäßige Bildschirm (mindestens 19 Zoll Durchmesser) kostet aber heute noch das drei- bis fünffache des Programms.

Die uns bisher bekannte Architekten-Software verwendet allerdings noch kein DTP, im Gegenteil:

Häufig sind die Programmpakete so gestaltet, daß der Anwender nur an wenigen Stellen oder gar nicht unmittelbaren Einfluß auf die Gestaltung der Druckausgabe nehmen kann. Unter Umständen lohnt sich im Einzelfall ein Zusatzauftrag an einen Softwarehersteller zur Anpassung an bürospezifische Wünsche. Die Anpaßkosten können allerdings noch einmal so hoch sein wie der Preis des Standardpaketes. Ein Kostenvoranschlag ist in jedem Einzelfall zu empfehlen.

Kostenverfolgung nach DIN 276

Die Projektkostenverfolgung gehört zu den immer wichtigeren Bereichen der Bauherrnbetreuung, da die Zeiten einer großzügigen Baukostenkalkulation wohl der Vergangenheit angehören dürften. Idealerweise sollte die Kostenverfolgung das gesamte Projekt begleiten, jeweils in der maximal möglichen Gliederungstiefe.

– Kostenschätzung

Bei der Vorplanung gilt als sinnvolle Differenzierung die einstellige Kostenschätzung nach DIN 276. Die heute oft noch übliche Grobkalkulation nach Kubikmeter umbauten Raums oder nach Quadratmeter Nutzfläche genügt künftigen Anforderungen der Bauherrn sicher nicht mehr.

Bild 19 gibt eine Bildschirmmaske einer EDV-unterstützten einstelligen Kostenschätzung nach DIN 276 wieder. Die Schätzwerte werden entweder automatisch aus einem früheren Projekt genommen oder können auch frei eingegeben werden. In dieser Maske hat man verschiedene Optionen. Entweder kann man Absolutbeträge der Kosten oder die Kosten auf die BGF (Bruttogrundrißfläche) beziehungsweise BRI (Bruttoraumin-

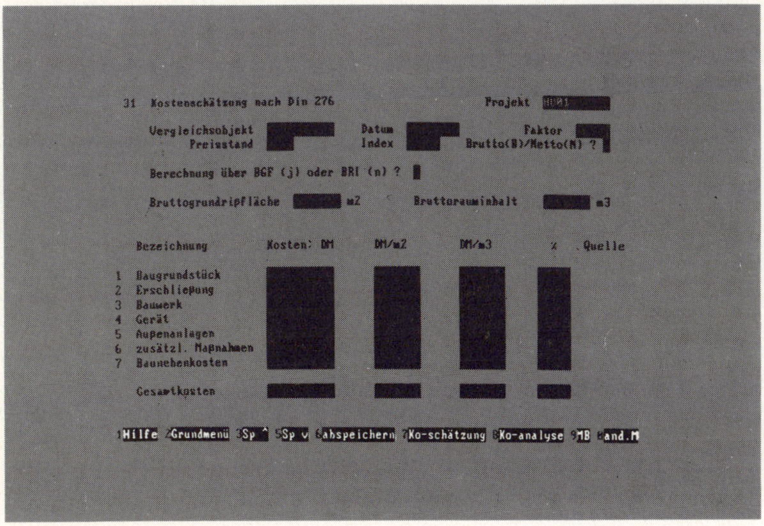

Bild 19
Quelle: MARIS, Gefof München

Muster und Partner — Dipl. Ing. Architekten — Telefon
Musterstr. 100 — 8000 München 40 — 089/000 00 00

KOSTENANALYSE DIN 276 3-stellig

Bauvorhaben Neubau eines Einfamilienhauses
Datum: 25.03.87, Preisstand 4. Quartal 1986
Index: 116.90, netto

DIN 276		Betrag DM	DM/m2	DM/m3
111	Verkehrswert..............	22 100	43.86	15.48
11	Wert......................	22 100	43.86	15.48
1	Baugrundstück	22 100	43.86	15.48
DIN 276		**Betrag DM**	**DM/m2**	**DM/m3**
211	Abwasseranl./Kanalisat.....	14 600	28.98	10.23
212	Wasserversorgung..........	5 400	10.72	3.78
215	Elektr. Stromversorgung....	4 760	9.45	3.33
216	Fernmeldetechnik...........	1 340	2.66	.94
219	Sonst. öffentl. Erschl.....	6 870	13.64	4.81
21	Öffentl. Erschließung......	32 970	65.44	23.10
2	Erschliessung	32 970	65.44	23.10
311	Gründung..................	57 120	113.37	40.01
312	Tragkonstruktion...........	258 985	514.04	181.43
313	Nichttrag. Konstruktion....	331 289	657.55	232.08
319	Sonstige Konstruktionen....	32 470	64.45	22.75
31	Baukonstruktion...........	679 864	1 349.42	476.27
321	Abwasser..................	41 503	82.38	29.07
322	Wasser....................	43 633	86.60	30.57
323	Heizung mit Wärmedämmung...	40 800	80.98	28.58
324	Gase und sonst. Medien.....	2 267	4.50	1.59
325	Elektr. Strom/Blitzschutz..	27 200	53.99	19.05
326	Fernmeldetechnik..........	1 133	2.25	.79
32	Installation/Betr.Techn....	156 536	310.70	109.66
341	Einbaumöbel...............	4 200	8.34	2.94
342	Maschinen/Apparate.........	11 560	22.94	8.10
349	Sonst. Betriebl.Einbauten..	2 350	4.66	1.65
34	Betriebliche Einbauten.....	18 110	35.94	12.69
3	Bauwerk	854 510	1 696.06	598.62

Bild 20
Quelle: MARIS, Gefof München

halt) bezogen oder schließlich nur die prozentualen Angaben (Bauwerk = Kostengruppe 3 = 100 Prozent) eingeben. Alle anderen Größen werden dann vom Programm automatisch errechnet.

Auch eine Kostenplanung nach Grobelementen oder nach Vergabeeinheiten (entspricht Haupttiteln) ist häufig in dieser Phase schon möglich und dann auch sinnvoll.

– Kostenberechnung

Die drei- oder sogar fünfstellige Kostenberechnung nach DIN 276 ist schon während der Entwurfsplanung einsetzbar (siehe Bild 20).

Durch die Rekalkulationsmöglichkeiten auf dem Bildschirm kann der Architekt nicht nur recht differenziert Vergleichsdaten heranziehen, sondern er kann auch versuchen, die Bauherrnwünsche mit den finanziellen Möglichkeiten abzustimmen.

– Kostenanschlag

Bei der Vergabevorbereitung kann der Architekt einen positionsbezogenen Kostenanschlag erstellen. Mit der automatischen Übernahme von Kosten aus Vergleichsprojekten kann er mittels der EDV eine in der Regel gute Kalkulationsbasis gewinnen.

Noch besser stellt sich die Lage dar, wenn das LV mit fünfstelligen Kostengruppen verbunden ist, und der Anwender über eine Einheitspreisdatei verfügt. In diesem Fall sind auch bei Fehlen eines entsprechenden Vergleichsprojektes sehr genaue Kalkulationen möglich. Die Einheitspreisdatei wird zusammen mit der Füh-

Bild 21

VERFAHREN DER KOSTENERMITTLUNG

Lfd. Nr.	Kosten-ermittlung	Gliederung nach . . . Pos.	LV/VE	Proj.	Din 276	HOAI-Phase
1	K.schätzung (1-st., Grobel.)	–	–	ja	ja	(2)
1a	(nach VE)	–	ja	ja	ja	(2) B
2	K.berechnung (3-st.)	–	ja	ja	ja	(3)
2a	(5-stellig)	–	ja	ja	ja	(3) B
3	K.anschlag (5-stellig) (vor Vertrag)	ja	ja	ja	Option	(6)
4	Auftrags-LV (nach Vertrag)	ja	ja	ja	Option	(7)
5	Ist-Aufmaß (=Kostenstand Nr. 1, 2, . . , n-1)	ja	ja	ja	Option	(8)
6	K.feststellung (=Kostenstand Nr. n) mit Schlußrechnung	ja	ja	ja	Option	(8)
7	K.richtwerte (Einh.pr.datei)	Option	Option	Option	ja	(9) B

Pos. = Positionen im LV, LV = Leistungsverzeichnis, VE = Vergabeeinheit, Proj. = Projekt, DIN 276 = Kostengruppen nach DIN 276 (1- bis 5-stellig) HOAI-Phase = Projektphase nach HOAI, B = Besondere Leistung (sonst Grundleistung).

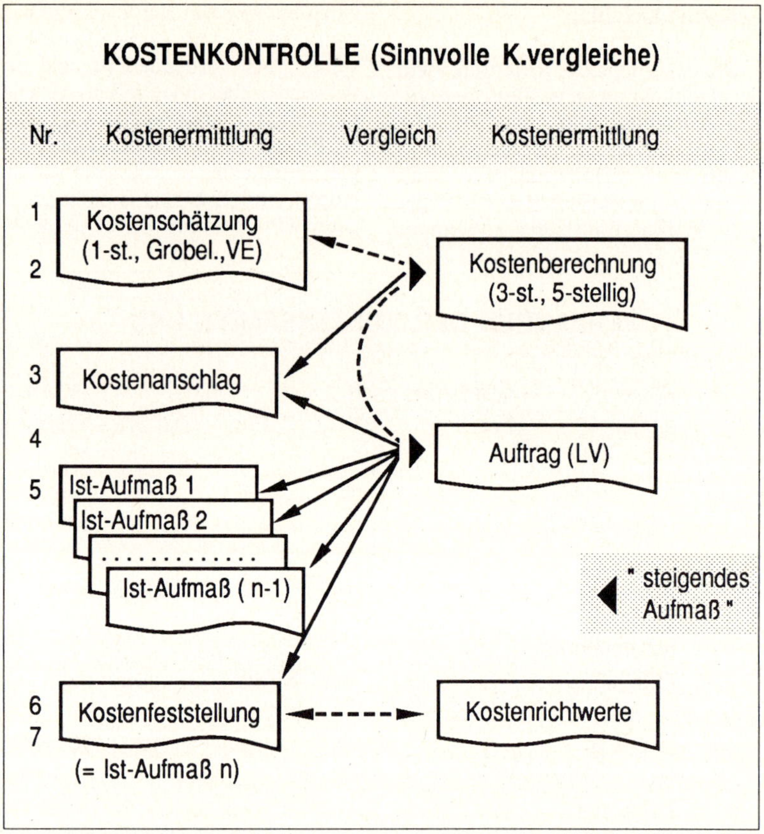

Bild 22

rung eines zum Beispiel regional differenzierenden Preisindex zu einem leistungsfähigen Instrument der Kostenplanung.

– Kostenfeststellung

Schließlich erfolgt bei der Objektüberwachung die eigentliche Kostenkontrolle mit Soll-/Ist-Vergleich in Verbindung mit dem Bauaufmaß. Das Bauaufmaß dient dann zusammen mit der Kostenkontrolle als Grundlage der Baubuchhaltung mit Einzelabrechnungen und Übersichtslisten. Am Ende des Projektes genügt dann die drei- oder fünfstellige Kostenfeststellung nach DIN 276 mit den expliziten und endgültigen Kostenwerten nicht nur den gesetzlichen Anforderungen, sondern verhilft auch mit den drei- und einstelligen Summenwerten zu einer nützlichen Analyse der Baukosten. Diese auf Kostengruppen bezogenen Werte können dann in die Dokumentation eingehen und sind als Grundlage für künftige Kostenschätzungen und Vergleichsberechnungen verwertbar (Bild 21).

Bild 22 zeigt die sinnvollen Möglichkeiten der Kostenkontrolle im Verlauf eines Projekts, wobei auf der oberen Tabelle deutlich die Gliederungstiefe des entsprechenden Verfahrens zu erkennen ist.

– Worauf ist bei der Kostenermittlung mittels der EDV zu achten?

- Zunächst einmal sollte man aus Vergleichsobjekten Kostendaten entnehmen können, die man dann entsprechend dem aktuellen Preisindex, für das projektierte Bauwerk heranzieht. Ein spezieller projektspezifischer Faktor aller

Kostenwerte gilt als Option flexibler Kostenschätzung.

- Ein selbstverständlicher Komfort der EDV sollte sein, daß man die Kosten absolut oder prozentual, pro Bruttogrundrißfläche (BGF) oder Bruttorauminhalt (BRI) kalkulieren kann, wobei die übrigen Größen jeweils automatisch aus den eingegebenen Werten ermittelt werden.
- Verfeinerte Kostenkalkulationen sollten die Ergebnisse der gröberen ersetzen können, also zum Beispiel die Summe der dreistelligen Kostenkalkulationen die der einstelligen Kostenschätzungen.

Solche Kostenvergleiche würden in Listen wie der von Bild 23 darstellbar sein.

Computer Aided Design (CAD)

Das computerunterstützte Konstruieren ist ein so weites Feld, daß eine ausführlichere Behandlung den Rahmen dieses Abschnitts sprengen würde. Wir können lediglich einige grundlegende Überlegungen zur Diskussion stellen.

CAD hatte zunächst eine gänzlich eigenständige Entwicklung genommen, die bis vor kurzem keine Berührungspunkte zu AVA und Kostenkalkulationen hatte. Auch waren die Leistungsmerkmale viel stärker auf Konstruktion und Fertigung im In-

Bild 23
Quelle: MARIS, Gefof München

```
Muster und Partner          Dipl. Ing. Architekten          Telefon
Musterstr. 100              8000 München 40                 089/000 00 00

KOSTENKONTROLLE: SOLL-IST-VERGLEICH NACH POSITIONEN  Stand  8.10.1987

Vergleich  Anschlag      -  Auftrag       für Projekt DEMO

Leistungsverzeichnis-Nr.  1


Vergabeeinheit    4  Rohbauarbeiten

Titel    1  Baustelleneinrichtung

-----------------------------------------------------------------
                       Menge    Einheitspreis    Gesamtpreis  (I-S)/S
-----------------------------------------------------------------

Pos.  1   Einrichten und Räumen der Baustelle,
Anschlag                1.00        6 290.00       6 290.00
Auftrag                 1.00        7 800.00       7 800.00
Differenz                                          1 510.00     24.01

Pos.  2   Bauzaun aufstellen, vorhalten
Anschlag              153.00           33.10       5 064.30
Auftrag               153.00           26.80       4 100.40
Differenz                                           -963.90    -19.03

Pos.  3   Abschließbares Tor im Bauzaun
Anschlag                2.00          669.00       1 338.00
Auftrag                 2.00          390.00         780.00
Differenz                                           -558.00    -41.70
```

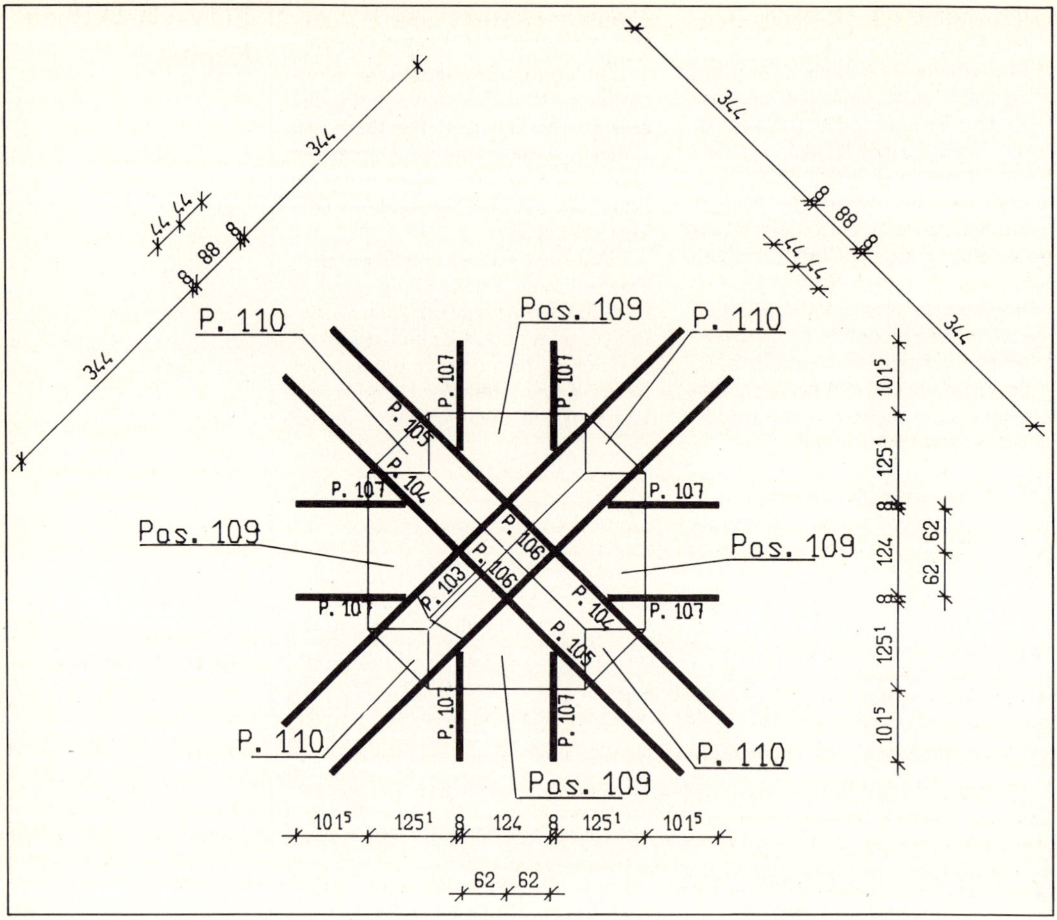

Bild 24

dustriebereich ausgelegt als auf die Bedürfnisse des Architekten.

In den letzten drei Jahren hat sich das Angebot für den Architekten wesentlich verbessert. Dennoch besteht nach wie vor das Problem, daß die Software entweder preisgünstig und dafür nicht sehr gut zugeschnitten oder wirklich architektengerecht, dafür aber vergleichsweise teuer ist. Noch mehr gilt dies für die Hardwareausstattung, vor allem für den Plotter, der für das kleine Architekturbüro noch unerschwinglich ist, wenn man den Anspruch auf einen DIN AO-Plotter erhebt. (Derzeitige Kosten für ein DIN AO-Gerät liegen bei rund DM 30.000,–, für einen DIN A1-Plotter bei rund DM 20.000,– ohne Software).

Hinzu kommt, daß wegen der vielfältigen Möglichkeiten, die der Anwender sich naturgemäß wünscht, der Einarbeitungs- und Koordinierungsaufwand beträchtlich ist. Die Schwelle des Einsatzes von CAD ist vom Trainingsaufwand her noch wesentlich höher als bei AVA. Ein CAD-Programm mit seinen Möglichkeiten erfordert mindestens 1-2 Wochen mit jeweils acht Stunden Grundtraining (Erlernen der Kommandos).

"Learning by doing" und "On the job-training" erfordern noch einmal jeweils 1-2 Monate (vgl. Muggli, 1985).

Einstieg in die EDV über AVA oder CAD oder beides zugleich? Die Meinungen darüber sind geteilt. Fest steht, daß die Probleme beim Einstieg in das computerunterstützte Büro über die Schiene CAD umfangreicher und risikovoller sind. Aber auch das Büro, das bereits erfolgreich mit AVA und Kostenkalkulation über EDV operiert, wird bei der Ausdehnung seiner Aktivitäten auf den CAD-Bereich manche Schwierigkeiten erleben.

Allerdings ist ein Einspareffekt nach einer Trainingsphase nicht nur wegen den Automatisierungsmöglichkeiten gegeben, sondern auch aufgrund der Tatsache, daß ein wesentlicher honorarpflichtiger Teil der Planungsphase auf die Konstruktion entfällt.

– Raumblatt und Raumbuch

Den leichteren Einstieg in den CAD-Bereich hat man über das Raumblatt. Übersichtlich und relativ einfach in der Darstellung kann das Raumblatt viele, wenn nicht alle wichtigen konstruktiven Details enthalten. Für den Ausdruck genügt ein DIN A3-Plotter (ab rund DM 3.000,–). Auch zum Zwecke der Dokumentation genügt in vielen Fällen die DIN A3-Lösung. DIN A3-Ordner sind noch aufstellbar. In diesem Umfeld lassen sich manche Standardprogrammpakete verwenden, die ursprünglich nicht für Architekten konzipiert wurden, aber Raumblattdarstellungen sowie solche von interessanten "Makros" jederzeit und leicht zulassen. Mit "Makros" meinen wir beliebig wählbare Gruppierungen von Konstruktionselementen (siehe Bild 24).

– 2D-CAD

Mit einem leistungsfähigen 2D- oder 2 1/2D-CAD-Programm wird vor allem der Bereich des sogenannten "Draftings" abgedeckt. Drafting

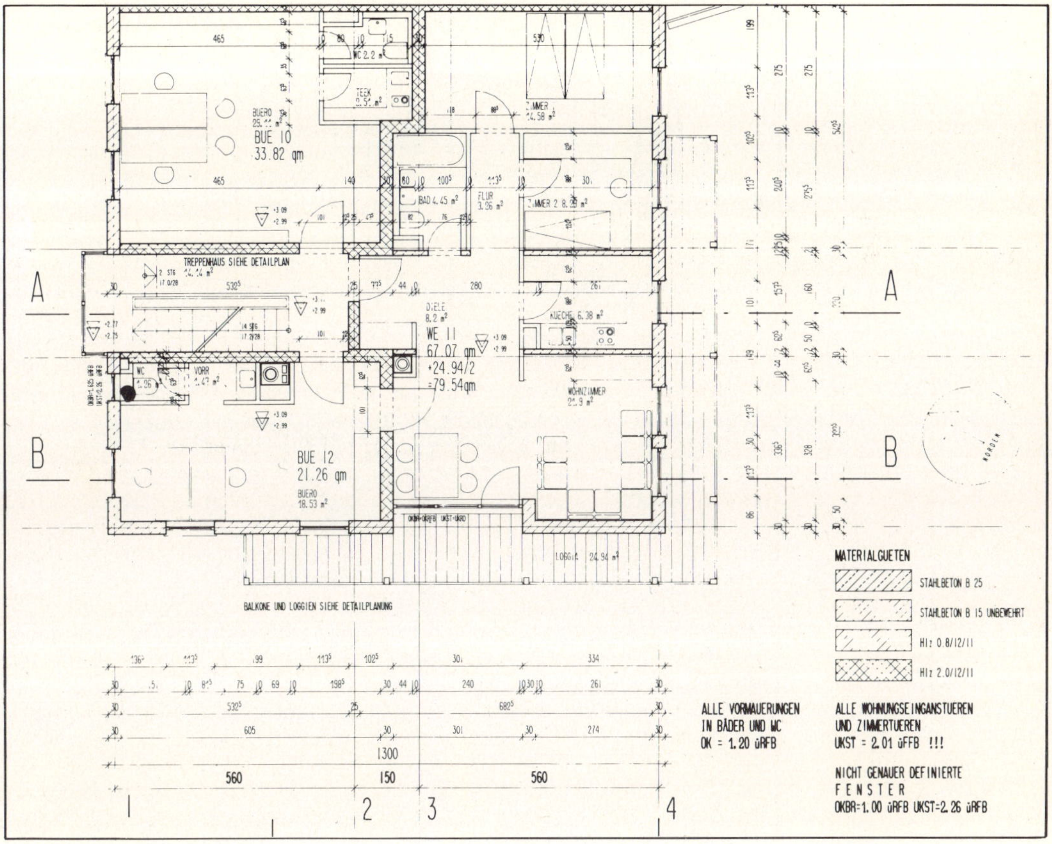

Bild 25

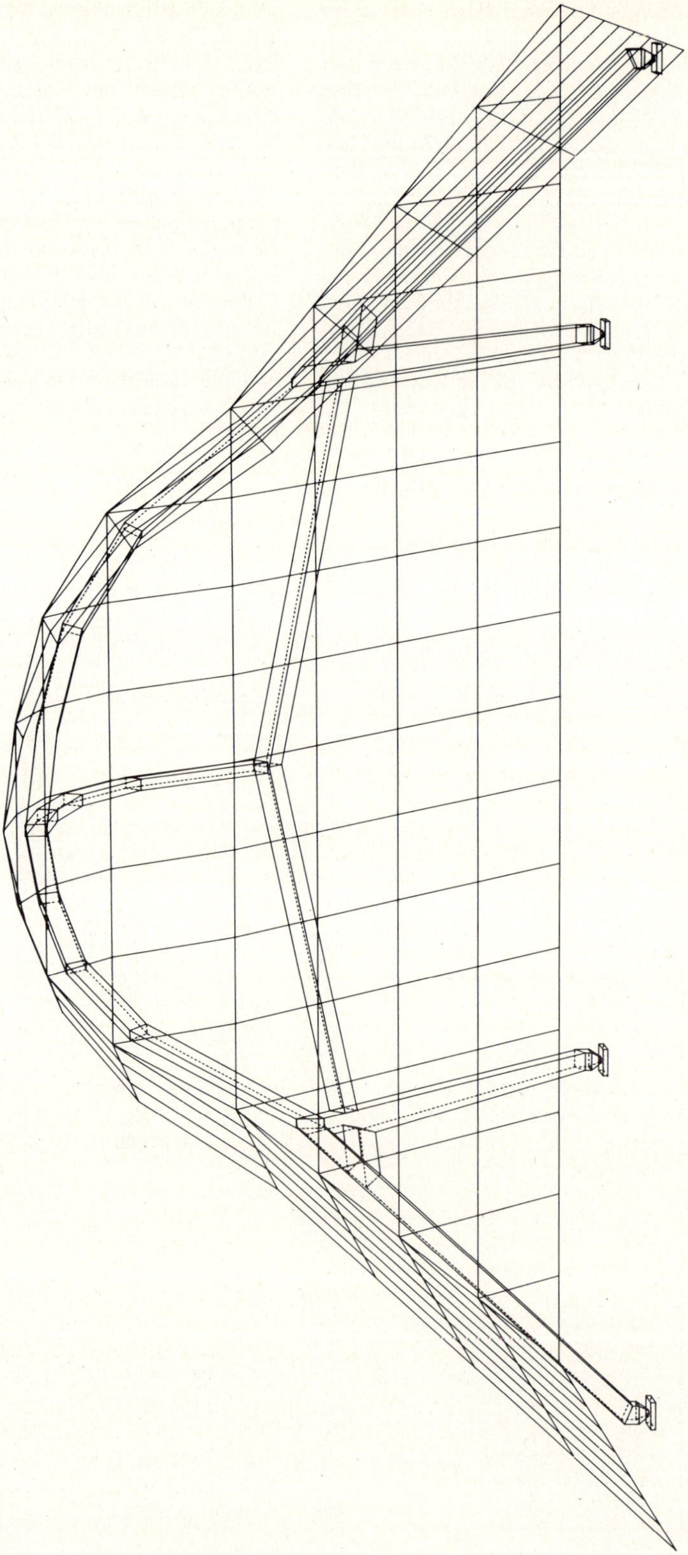

Bild 26

dient dabei als Beschreibung all jener Tätigkeiten, welche das Erstellen, Ändern und automatische Produzieren von Plänen mit Hilfe eines Computers erfassen (vgl. Muggli, 1985).

2 1/2D-CAD nennt man ein CAD-Programm, wenn es neben der Ebenendarstellung noch eine quasi räumliche Darstellung wie beim Drahtgittermodell verwirklichen kann.

In Verbindung mit einem stetigen Verkleinerungs- oder Vergrößerungsmechanismus ("Zoomen") können mit einer solchen Software schon ausgezeichnet Grundrisse, Schnittansichten und Details dargestellt werden. Es empfiehlt sich, eines der "besseren" Programme zu verwenden, da nach kurzer Einübungszeit dem Anwender die Grenzen der billigen Standardpakete schmerzlich bewußt werden. Nur die besseren von ihnen verknüpfen die Zeichnungserstellung mit den die Bauwerksgeometrie betreffenden rechnerischen Aufgaben sowie die abrufbare Speicherung der Ergebnisse.

Ein uns bekanntes Programm (im Preis zwischen 10.000,– und 25.000,– DM) erlaubt beispielsweise folgende Eingabefunktionen:

Punkte, Linien, Kreise und Kreissegmente, Polygone, Freihandzeichnungen, Wände, Aussparungen, Türen, Fenster und Texte.

Dazu stehen zu jedem dieser Eingabeelemente eine große Zahl von Konstruktionsfunktionen zur Verfügung, wie:

- Eingabe von Koordinaten über Rastertechnik oder über Tastatur
- Verwendung von Grundrechenarten
- Anspringen von Punkten
- Konstruieren von Parallelen, Schnittpunkten oder Orthogonalen
- Unterlegen verschiedener, frei wählbarer Raster
- Freihandpositionieren
- Konstruieren in voreingestellten Winkeln
- absolute Sprünge vornehmen
- sowie die vorher angedeutete Berechnungs- und Speichermöglichkeit geometrischer Figuren daraus abgeleiteter Massen.

Im Gegensatz zu den ganz billigen Programmen besitzen hier die eingegebenen Elemente schon dreidimensionale Koordinaten und sind sofort vermaßbar, und zwar durch Antippen der zu vermaßenden Punkte.

Das heißt, das System gibt die Abstandsmaße zwischen den Punkten auf dem Bildschirm beziehungsweise dem Plotter automatisch aus, wenn der Anwender dies wünscht.

Bei den Beschriftungen der Vermaßung sind Größe, Art und Lage ebenso wählbar wie bei den gesamten Textfunktionen des Programmes. Schraffuren und eine große Zahl von Korrekturfunktionen unterstützen den Anwender vielfältig. Durch die Möglichkeit, beliebige Zoomausschnitte, Bildverschiebungen und Zurückschalten auf vorhergehende Bildausschnitte vorzunehmen, erhält der Anwender Kontroll- und Darstellungsmöglichkeiten, die bis vor kurzer Zeit nicht vorstellbar waren. Bei der dreidimensionalen Darstellung der 2 1/2D-Programme ist jede Perspektivenwahl ebenso möglich wie das (allerdings nicht automatische) Ausblenden von Geometrieteilen und der Schnittlinien sowie die 2D-Darstellung aus einer beliebigen Ansicht (siehe Bild 25).

Ein gutes CAD-Softwarepaket soll und wird über eine Makrotechnik verfügen, daß beliebige Elemente der Konstruktion – zu Einheiten zusammengefaßt – an beliebigen anderen Stellen irgendeiner Konstruktion wieder verwendet werden können.

Ein Problem ist das Ausgabemedium Plotter. Viele halten einen Plotter, der auf DIN A0 (oder wenigstens DIN A1) zeichnet, für notwendig. Doch diese Geräte sind sehr teuer. Daher halten andere den DIN A3-Plotter für ausreichend, sofern mit einer ausgefeilten Softwaretechnik Details in beliebiger Maßstabsgröße dargestellt werden können. Immerhin ist die Lösung des Raumbuches mit DIN A3-Blättern in Amerika schon heute üblich. Andererseits wird die Preisreduktion bei den DIN A1- und DIN AO-Plottern weiter anhalten, so daß es irgendwann keine Preisfrage mehr sein dürfte, welchen Plotter man sich aufstellt. Wir können allenfalls Vermutungen aufstellen, der Markt wird letztendlich entscheiden.

– 3D-Darstellungen (Perspektiven, Overlay-Technik)

Die eigentlichen 3D- oder Modellorientierten Systeme können im Sinn des eigentlichen CAD eingesetzt werden. Über die vorher genannten 2 1/2D-Leistungen hinaus sind sie auch für entwurfsbezogene Aufgaben verwendbar. Gestalten und Rechnen kann hier beim Entwickeln eines rechnerinternen Modells verknüpft werden. Dadurch wird die modellhafte Simulation einer erst noch herzustellenden Realität möglich, nämlich des zukünftigen Gebäudes (vgl. Muggli, 1985).

Ein schlüsselfertiges 3D-System (Hard- und Software) kostet heute circa 200.000,– bis 500.000,– DM.

Es gibt viele Architekten, die der Meinung sind, daß CAD, wenn überhaupt, nur als 3D-CAD für den Architekten sinnvoll ist. Zunächst einmal ist dazu zu sagen, daß die sogenannte 2 1/2D-CAD-Technik, also beliebige Flächen plus Höhen inklusive Schrägen, einen häufigen Darstellungsbedarf der Architekten abdeckt. Die entsprechende Software ist aber wesentlich leichter zu handhaben und wesentlich preisgünstiger als die echte 3D-CAD, bei der auch ineinander verwobene beziehungsweise verschachtelte Volumenstrukturen graphisch dargestellt werden können. Aufgrund dieses Leistungsspektrums sind die entsprechenden Programme entweder nicht ideal für Architekten ausgelegt und/oder so kostspielig und kompliziert, daß CAD unter diesen Randbedingungen für die meisten Architekten Zukunftsmusik bleibt.

Leistungsfähige größere Architekturbüros werden sicher mit der Zeit 3D CAD einsetzen können und müssen. Für das kleine Büro oder als Einstieg kann aber die 2 1/2D-Lösung für einige Zeit praktikabel sein (siehe Bild 26).

Die Detailprobleme in diesem Zusammenhang sind aber so umfangreich, daß sie hier nicht weiter diskutiert werden können. (Vergleiche dazu als Übersichtsliteratur:
W. Ehlers et al., 1986; Kühn, 1980; Muggli, 1985; Reichl, 1985).

Büroorganisation

Wie die Erstellung von Leistungsverzeichnissen läßt sich auch die Büroorganisation mit Hilfe der EDV in hohem Maße vereinfachen und beschleunigen. Die hierfür verfügbaren Programmbausteine bedingen nur eine kurze Einarbeitungszeit. In der Alltagspraxis sind sie dann leicht und bequem zu handhaben.

– Individual- und Standardtextverarbeitung nach VOB

Zur allgemeinen Büroorganisation gehört auch die Projektsteuerung mit Bericht, Checklisten und Änderungsprotokollen. Für diese Aufgaben sollte das Computersystem eine leistungsfähige Textverarbeitung bieten, die durch entsprechende Standardvorgaben eine leichte Handhabung ohne aufwendige Vorüberlegungen ermöglicht. Vor allem bei jeder Art von vertraglichen Texten ist das Vorhandensein von Konserven, die sich an der VOB orientieren, und bei der nur noch bestimmte Freistellen ausgefüllt werden müssen, sehr praktisch. (Siehe Bild 27; vgl. auch Heiermann, 1983). Aber auch in einem solchen vorgegebenen Standardtext sollten Änderungen an jeder Stelle und in jeder Weise möglich sein. Damit diese Änderungen leicht zu handhaben sind, inbesondere für die Sekretärinnen, empfiehlt sich ein flexibles Textverarbeitungssystem.

– Adreßverwaltung, Produkt- und Firmeninformationen

Das Problem einer leistungsfähigen Adressenverwaltung wurde bereits angesprochen. Gerade im Architekturbüro sind die Zuordnung zu den Vergabeeinheiten sowie ergänzende

Firma

[redacted]

München, [redacted]

Auftragserteilung

Bauvorhaben : [redacted]
Art der Leistung : [redacted]

Sehr geehrte Damen und Herren,

aufgrund Ihres Angebotes vom [redacted], welches mit einem geprüften Angebotspreis von

DM.......................................

in Worten .... Deutsche Mark

zuzügl. Mehrwertsteuer abschließt, erteilen wir Ihnen hiermit in Namen und für Rechnung des Bauherren

[redacted]

den Auftrag zur Ausführung der in Ihrem Angebot näher bezeichneten Bauleistungen.

Wir bitten Sie, das Doppel dieses Auftragschreibens rechtsverbindlich zu unterschreiben und an uns zurückzusenden.

Im Rahmen unserer Vertragsverhandlungen haben wir gemäß den Besonderen Vertragsbedingungen folgendes vereinbart:

1. Mit der Ausführung ist am [redacted] zu beginnen.

2. Die Leistung hat am [redacted] fertiggestellt zu sein.

Bild 27
Quelle: MARIS, Gefof München

Informationen des Anwenders für die Auswahlentscheidung von Nutzen (siehe Bild 28).

Eine spezielle Variante der Adreßverwaltung sind die Produkt- und Firmeninformationen. In einer Art Katalog geführt, erleichtern sie den raschen Zugriff auf angemessene Daten im Zusammenhang mit der Ausschreibung und der Vergabe.

– Termine, Fristen, Kapazitätsplanung

Auch der Einzelkämpfer unter den Architekten braucht eine Terminplanung. Unabdingbar wird sie, wenn mehrere Mitarbeiter an einem oder sogar mehreren Projekten arbeiten. Terminplanung kann einfach beginnen als Liste oder Balkenplan (siehe hierzu zum Beispiel Bild 29). Sie kann aber auch als komplexe Netzwerkplanung angelegt sein. In der Praxis zeigt sich häufig, daß diese umfangreichen Netzwerkplanungen für den Architekten nicht erforderlich sind.

Noch seltener gemacht, aber vielleicht noch wichtiger ist die Kapazitätsplanung. Angesichts des auch von der jeweiligen Liquiditätslage abhängigen bauherrnbedingten Bautempos und vor allem bei der Durchführung von mehreren Projekten zur gleichen Zeit, stellt sich dem Architekten sehr oft das Problem der aktuellen Über- oder Unterkapazität. Die Kapazitätsplanung liefert zum Beispiel wichtige Hinweise, ob neue Mitarbeiter fest eingestellt werden, ob bestimmte Projekte mit der vorhandenen Mannschaft zu einem bestimmten Zeitpunkt begonnen werden dürfen.

– Honorarermittlung, Zahlungspläne, Projektkostenkontrolle, FiBu und Bürokostenaufteilung

Für jedes Büro sind die Honorarermittlung und die Zahlungspläne wichtig. Häufig ist gerade die Abschätzung der jeweiligen Liquiditäts-

Bild 28
Quelle: MARIS, Gefof München

```
MARIS - Adressenliste  sortiert nach Vergabeeinheiten  vom  7.10.1987

Kurzname   /  Vergabeeinheit
Name                                    Anschrift
zuständig
------------------------------------------------------------------------

HUMMEL      /    40  Rohbauarbeiten

Walter Hummel                           Steinstraße 22
                                        9999  Steinsdorf
Herr Hummel                             Telefon 0999/12345

MEIER       /   910  Architekt

Architekturbüro                         Schleißheimerstr. 141
Josef Meier                             8000  München 40
H. Meier                                Telefon 089 / 3002345

MEYER       /   920  Tragwerksplaner

Architekturbüro                         Sonnenstr. 22
Josef Meyer                             8000  München 2
H. Meyer                                Telefon 089/123 456 78

HUBER       /   931  Heizung/Lüftung/Santär

Ingenierbüro                            Eichenstr. 12
Franz Huber                             4000  Düsseldorf 12
H. Meier                                Telefon 023-392301

MÜLLER      /   931  Heizung/Lüftung/Santär

Ingenieurbüro                           Seestr. 12
Franz Müller                            8031  Starnberg
H. Huber                                Telefon 349023

MUSTER      /   942  Baubetreuer

Muster & Partner                        Musterstr. 100
Dipl.- Ing. Architekten                 8000  München 40
Herr Foerer                             Telefon 089/000000

ZOLLNER     /   943  Planende

Ingenieurbüro                           Baumstr. 12
Johann Zollner                          8000  München 40
H. Meier                                Telefon 089/234123
```

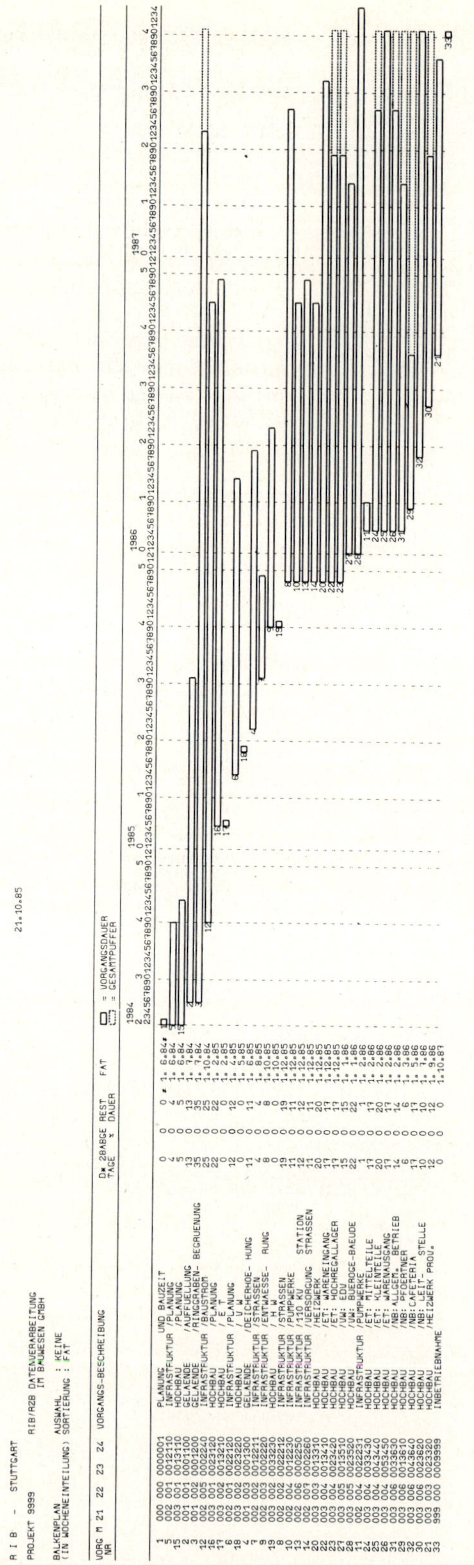

Bild 29
Quelle: RIB, Stuttgart

polster der Bauherrnmittel entscheidend für die jeweilige Baufortführung. Einen aktuellen und richtigen Übersichtsstand über die tatsächlich geleisteten Honorare und das bestehende Honorarpolster zu besitzen, kann vor allem für die Kontrolle der Bauabwicklung von großem Wert sein (siehe Bild 30).

Zur Projektkostenkontrolle gehört ferner die Möglichkeit, Mitarbeiterleistung anteilmäßig und kostenmäßig den einzelnen Projekten oder Projektteilen zuordnen zu können. Nur mit der EDV ist es möglich, dies schnell und ohne großen Aufwand durchzuführen.

Die automatische Finanzbuchhaltung (FiBu) sowie die EDV-gesteuerte Führung der Lohn- und Gehaltszahlungen an die Mitarbeiter sind eine nützliche Programmergänzung, die gerade in größeren Büros nicht nur die Steuerberaterkosten verringert, sondern auch die Kontrolle der Aufwand-Ertragssituation erleichtert.

Perspektiven: Symbiose von Automatisierung und Kreativität

Die technischen, ökonomischen und sozialen Entwicklungstrends der nächsten Jahre lassen auch das Architekturbüro von heute nicht unberührt. Zunächst als neue Impulse wirksam, werden die EDV-gesteuerten Werk-

Bild 30

T I N A - D R U C K P R O J E K T D A T E N

L i q u i d i t ä t s ü b e r s i c h t Datum: 5.10.1987 Zeit: 20:32:53
Seite: 1 Änderungsstand: 5.10.1987

Projekt 1234 Musterhausen Rathaus

Honorarsatz 1 100% :	453122.00 DM
Honorarsatz 2 100% :	756879.00 DM
Fremdleistungen:	
Dachdecker Huber	2564.45 DM
Fa. Fenster - Meier	9598.25 DM
Bereinigtes Gesamthonorar :	392185.65 DM
eingeg. bisher:	19500.00 DM
Kosten bisher :	30981.61 DM

Taet. schl.	L.Umfang [%]	L.Stand [%]	Honorar bisher [DM]	Kosten bisher [DM]	Liquiditäts-polster [DM]	Liquiditätsp. [%]
11	7.00	100.00	3550.20	7215.61	-3665.40	-103.24
12	10.50	55.00	2792.44	4258.00	-1465.56	-52.48
13	15.00	60.00	4174.62	9872.00	-5697.38	-136.48
14	3.00	40.00	547.33	598.00	-50.67	-9.26
15	5.50	20.00	476.19	2058.00	-1581.81	-332.18
16	2.50	10.00	108.23	1005.00	-896.77	-828.62
17	7.00	0.00	0.00	798.00	-798.00	-999.99
21	4.00	100.00	2102.96	456.00	1646.96	78.32
22	6.50	100.00	3296.62	2058.00	1238.62	37.57
23	8.50	45.00	1774.21	1258.00	516.21	29.10
25	6.00	25.00	677.20	1405.00	-727.80	-107.47
Summe	75.50		19500.00	30981.61	-11481.61	-58.88

zeuge allmählich auch die Organisation des Büros verändern. Die wichtigsten, heute schon absehbaren Trends sollen hier kurz skizziert werden.

– Hardware und Software

Da im EDV-Markt alle Bauteile immer billiger zu werden scheinen, stellt sich mancher Architekt die Frage, ob er nicht noch einige Zeit warten soll, bis die Programme und die Computer noch besser und billiger würden und er folglich noch mehr für sein Geld bekommen könnte.

Diese Rechnung geht jedoch nicht auf. Denn nicht der absolute Preis eines Produkts ist entscheidend, sondern die Differenz des Gewinns zu den Computer-Kosten. Hierbei ist der Gewinn als Differenz des Ertrags bei Computereinsatz zum Ertrag bei konventioneller Arbeitsweise zu verstehen. Mit jedem Projekt, das ohne EDV abgewickelt wird, werden mögliche Erträge verspielt, die der möglichen Kaufpreisreduktion entgegengestellt werden müssen.

Bei solchen Überlegungen wird man feststellen, daß schon bei Verzögerung um eines, sicher jedoch um zwei Projekte der Ertragsverlust letztendlich durch die Kauferspamis nicht mehr ausgeglichen werden kann. Dazu kommt der enorme Vorteil an Leistungssteigerung, besonders auch in Hinsicht auf die Darstellung nach außen (Bauherr, Vertragspartner).

Dieser Vorteil ist zwar schlecht in DM-Beträgen meßbar, sollte jedoch in seiner Bedeutung nicht unterschätzt werden.

– Wie wird es weitergehen?

- Die Hardware wird noch preisgünstiger und mit den neuen 32-Bit-Rechnern so leistungsfähig werden, daß auch kleinste Büros mit den neuen Personal-Computern ihre Projektaufgaben einschließlich CAD zu Kosten unterhalb der "Schmerzschwelle" abwickeln können.
- Der Laser-Drucker ist schon heute für viele bezahlbar, auch die Plotter dürften über kurz oder lang in eine spürbar günstigere Kostenkategorie fallen.
- Die Software wird noch leistungsfähiger, ohne sehr viel teurer zu sein, weil doch sehr viele Standardisierungsmöglichkeiten und zunehmende Umsatzzahlen die Entwicklungskosten amortisieren.
- Dank der gleichzeitigen Entwicklung der Übertragungsmöglichkeiten und besserer Kompatibilität werden AVA- und CAD-Systeme büroübergreifend und an verschiedenen Orten einsetzbar. So können Büros miteinander leicht kommunizieren und sich Aufgaben teilen, die – konventionell gesehen – zusammen bearbeitet werden müßten (vgl. Reichl, 1985; Muggli, 1985).

Wie man die EDV nutzt, liegt beim einzelnen. Je früher der Anwender engagiert einsteigt, um so mehr Einfluß kann er auf den Anbieter nehmen. Ein Softwarehersteller, der vielleicht 15 oder 20 Kunden hat, kann in der Regel noch stärker auf die Anwenderinteressen eingehen als einer, der 500 Kunden hat.

Auf der anderen Seite hat der Architekt mit leistungsfähiger EDV-Unterstützung eine weit größere Chance, an dem nicht mehr vermehrbaren "Kuchen" der Bauaufgaben nennenswert beteiligt zu werden, als das konventionell arbeitende Büro (vgl. Muggli, 1985).

– AVA-Entwicklung

Im Bereich AVA wird es vor allem die Nutzung von geeigneten Datenbanken sein, die das Arbeiten des Ausschreibenden verändert. Ausgehend von der Einheitspreisdatei (ermittelt aus den Projektkosten nach DIN 276), werden Kostenkalkulationen nach Festlegen der Positionen automatisiert vorgenommen. Eine zusätzliche Beschleunigung wird erreicht durch geeignetes Zusammenfassen nach Arbeitsarten, die im Rahmen einer Bauwerkserstellung immer wieder auftreten. Wie in jedem Beruf ist auch im Architekturbereich das wirklich kreative Arbeiten auf wenige Teilaufgaben beschränkt. Die übrigen Arbeiten zu rationalisieren, heißt, für Kreativität mehr Zeit zu bekommen. Von daher wird die Übernahme fertiger Positionen oder Positionsgruppen (Arbeitsarten) ein hohes Maß an Zeitgewinn und Leistungssteigerung bewirken.

– CAD-Integration

Schon in Ansätzen ist der Versuch, CAD und die Erstellung von Leistungsverzeichnissen zu integrieren, realisiert worden. Bei bestimmten Programmen ist es möglich, aus den Konstruktionen Positionen für das LV abzuleiten.

Häufiger findet man den Schritt zur automatischen Massenermittlung und -übergabe in das LV bei Vorgabe der entsprechenden Positionsnummern. Noch ist die Zuordnung zu den Kosten nicht gelöst, aber über die Verwendung der Kostengruppen nach DIN 276 und standardisierter Positionsgruppen (Arbeitsarten) sollte dies in wenigen Jahren ebenfalls Standard werden können.

– Neue Freiräume des Architekten

Kein Architekt wird ernsthaft bestreiten, daß er mittels der EDV eine Menge seiner Aufgaben durch Automatisierung rationalisieren kann. Aber es erhebt sich die Frage, ob sich ein Werkzeug nicht zum Herrn aufspielt, wenn man ihm zuviel Gestaltungsraum läßt. Mit anderen Worten gefragt:

"Verliert der Architekt noch weiter an Kreativität durch die Nutzung der EDV"?

Organisatorisch ist dies sicher keine Frage, denn durch den EDV-Einsatz gewinnt der Architekt an Zeit, die er rein theoretisch für kreative Aufgaben nutzen kann. Möglicherweise übernimmt er aber aufgrund seiner größeren Leistungsfähigkeit mehr Aufgaben, so daß sein Anteil an kreativen Leistungen insgesamt wieder schrumpft.

Tätigkeitsschwerpunkte verschieben sich sicher. An Bedeutung verlieren Aufgaben wie die manuelle Planerstellung und -änderung, das Schreiben von Texten, die Angebotskontrolle und Datensammlung. An Bedeutung gewinnen hingegen Tätigkeiten wie das Manipulieren von Daten und Graphen, konzeptionelle Überlegungen, Beratung und Organisation, "Makro"-Erstellung und Ausbildungshilfen zum Beispiel im Bereich CAD.

Man kann aber als einzelner dieses Problem nicht durch Ignorieren der technisch bedingten Veränderungen lösen. Denn durch den "Siegeszug" des EDV/CAD-Einsatzes wird auch das Arbeiten des konventionell arbeitenden Kollegen verändert. Er kommt mit seinem Arbeiten nämlich stärker in Konkurrenz zur Maschine (vgl. Muggli, 1985). Er muß damit rechnen, einen Teil seiner heutigen Arbeiten an sie zu verlieren.

Nach Untersuchungen von Wiegand (1983) beispielsweise verändert sich an CAD-Arbeitsplätzen in größeren Büros die Denkweise von einem stark assoziativen, intuitiven zu einem mehr analytisch ausgerichteten Denken. Dies erzeugt Ängste bei vielen Architekten vor Kreativitätsverlust. Diese Angst muß ernst genommen werden, selbst wenn der Kreativitätsverlust nicht zwangsläufig ist.

Dem steht entgegen, daß die EDV als Werkzeug auch unmittelbar Instrument der Kreativität sein kann.

Ganz offenkundig wird dies beim CAD-Einsatz. So kann etwa durch perspektivische Verschiebungen einer räumlichen Konstruktion rasch ein klärender Eindruck gewonnen werden, für den früher eine aufwendige Modellkonstruktion erforderlich war. Neue Ideen können schnell ausprobiert werden ohne lange Überlegung, welcher Aufwand und welche Kosten damit verbunden sind.

Selbst die Standardisierung der Elemente erlaubt mehr und durchaus kreative Kombinationen. Damit sind neue Dimensionen der Planung erreichbar, die heute aufgrund ihres Aufwandes nicht einmal im Ansatz versucht werden können.

Literatur

EHLERS W./FELDHUSEN G./STECKEWEH : CAD: Architektur automatisch? Braunschweig/ Wiesbaden: Vieweg Verlag, 1986.

HEIERMANN W./LINKE L.: VOB- Musterbriefe für Auftraggeber, Bauherrn, Architekten, Bauingenieure. Wiesbaden/Berlin: Bau Verlag, 1983.

KÜHN Michael: CAD und Arbeitssituation. Berlin: Springer Verlag, 1980.

KLOCKE W./ARLT J.: Leitfaden zur HOAI. Wuppertal: Deutscher Consulting Verlag, 1977, 2. Auflage.

LÖHR H./WAST H./SUCROW E.: VOB-gerechte Ausschreibung und Vergabe. Köln: Verlagsgesellschaft Rudolf Müller, 1979.

MUGGLI C./ZINKL W.: CAD in der Maschinenindustrie und im Architekturbüro. Zürich: Verlag der Fachvereine an den schweizerischen Hochschulen, 1985.

REICHL M: CAD erfolgreich einführen. Zürich: Verlag Industrielle Organisation, 1985.

WERNER U./PASTOR W.: VOB-Verdingungsordnung für Bauleistungen A und B. HOAI Honorarordnung für Architekten und Ingenieure. München: dtv, 1984, 6. Auflage

WIEGAND J. (1983): Elektronisch multiplizierte Häßlichkeit. In: Aktuelles Bauen, März 1983.

Kapitel 3: „So finden Sie das richtige Computersystem."

Ziel dieses Kapitels ist es, daß Sie Ihren eigenen Katalog von Forderungen an ein Computersystem festschreiben und anschließend die Angebote von Computerherstellern daran messen.

In Kapitel 5 können Sie die Angebote der Soft- und Hardwarehersteller nachschlagen.

Kapitel 6 stellt Ihnen praktische Checklisten zur Verfügung, mit deren Hilfe Sie Ihre Entscheidung systematisch und verhältnismäßig schnell fällen können.

So nützen Sie das EDV-CheckBuch.

Aktivität	Zweck	Zeitaufwand
(Kap. 1) "Die Erfahrung der Kollegen", Kapitel 1 lesen.	Zur Themeneinstimmung nützlich.	1 Stunde
(Kap. 1) Die Selbstanalyse durchführen, Kapitel 1.	Vermittelt Ihnen das Wissen um Ihren Standort.	0,5 bis 2 Std.
▽ (Kap. 2) "Was leistet ein Computer wirklich?", Kapitel 2 lesen.	Verschafft Ihnen den unbedingt notwendigen Überblick.	2 bis 3 Std.
▽ (Kap. 3) "So finden Sie das richtige Computersystem.", Kapitel 3 lesen.	Brauchen Sie für die angemessene Nutzung der Checklisten.	2 bis 3 Std.
(Kap. 4) "Das steckt hinter den neuen Techniken.", Kapitel 4 lesen.	Dient zur Einordnung eines Computersystems in die Techniklandschaft.	2 bis 3 Std.
▽ (Kap. 5) Mit den Anbietern Kontakt aufnehmen, dazu nutzen Sie "Die Marktdaten", Kapitel 5.	Jetzt treten Sie mit Ihrem EDV-Projekt in die "heiße" Phase!	5 bis 20 Std.
Sie können noch weitere Informationen von außerhalb einholen, zum Beispiel bei Ihrem Verband und Ihrer Kammer.	Zusätzliche Informationen geben Ihnen mehr Übersicht über die Möglichkeiten und Risiken.	
Bei großen Lösungen sollten Sie einen EDV-Berater hinzuziehen. Vergleichen Sie dazu die Ratschläge in Kapitel 3.	Beschleunigt die Auswahlentscheidung und verringert Ihr Risiko von Fehlentscheidungen.	5 bis 20 Std.
▽ ● (Kap. 6) Einsatz und Auswertung der Checklisten aus Kapitel 6.	Grundvoraussetzung für eine angemessene Entscheidung.	30 bis 60 Std. (bei Beratereinsatz ca. 1/4)

● Für Anwender in Zeitnot: Diese ▽ Schritte sind unbedingt erforderlich

Soviel müssen Sie über Hardware und Software wissen.

Die EDV hat eine eigene Geheimsprache entwickelt. Viele potentielle Anwender geben letztendlich ihre EDV-Pläne auf, weil sie nach einigen Gesprächen mit Herstellern und Verkäufern nichts mehr verstehen.

Um diesem Übel vorzubeugen, sollten Sie vor einem Kaufgespräch folgenden Abschnitt mit den wichtigsten Computer-Begriffen durchlesen. Danach sind Sie zwar kein EDV-Experte, können aber mit dem nötigen Grundwissen „mitreden", statt sich „überreden" zu lassen. Sie brauchen sich darüber hinaus nicht mit tiefergehenden technischen Details zu belasten. Schließlich interessiert Sie nur die Frage, ob das angebotene Computer-System seinen Zweck erfüllt.

In den meisten Büchern für den EDV-Laien versucht man zuerst, Ihnen in einem Schnellkursus möglichst viel EDV-Wissen beizubringen. Doch gerade das interessiert Sie eigentlich nicht. Sie wollen wissen, wie sehr die EDV für Ihre Aufgaben im Unternehmen geeignet ist.

Über die Nützlichkeit dieser Technik haben Sie zuvor im Kapitel „Was leistet ein Computer wirklich?" nachgelesen. Auch jetzt wird nicht auf Begriffe wie „Taktfrequenz" oder „Datenbus" eingegangen.

Genausowenig wie Sie Kfz-Mechaniker sein müssen, um ein Auto lenken zu können, müssen Sie etwas über die inneren Abläufe des Computers wissen, um sinnvoll mit ihm zu arbeiten. Hier werden Sie mit dem Computer soweit vertraut gemacht, daß Sie von diesem Gerät ungefähr die gleiche Vorstellung haben, wie man sie als Laie von den gewohnten technischen Gegenständen hat.

In diesem Artikel erfahren Sie etwas über Hardware und Software. Die Worte „Hardware"und „Software" haben Sie sicher schon oft gehört. Hier sei kurz erklärt, was sie bedeuten:

- Hardware,
  zu deutsch „harte Ware", ist das, was Sie an einem Computer sehen und anfassen können. Das sind der Kasten mit der Zentraleinheit, die Tastatur, der Bildschirm, die Disketten- oder Plattenlaufwerke und der Drucker.
- Software,
  zu deutsch „weiche Ware", ist das, was sie nicht sehen und anfassen können. Software ist der Oberbegriff für alle Arten von Computerprogrammen.

Foto: Siemens

Ein Personal Computer mit Bildschirm, Tastatur und Drucker.

Außerhalb des Computers werden sie ähnlich wie Musik gespeichert, auf Disketten (Plastik-Magnetscheiben), Platten (Metall-Magnetscheiben) und Magnetbändern.

In der Hard- und Softwarekunde lesen Sie jetzt über:

- das Computer-System
- die Hardware
- das Betriebssystem
- die Anwender-Programme

Das Computer-System

In Zusammenhang mit Computern wird oft auch vom „System“ gesprochen. Damit ist das Zusammenspiel von mehreren Teilen gemeint, von denen Sie nur eines sehen können: den Computer.

Es sind insgesamt drei Teile, die zusammenpassen müssen. Ohne das gemeinsame Funktionieren dieser Teile ist der Computer ein nutzloses Werkzeug.

Diese drei Teile sind:

- der Computer selbst, die Hardware.
- die Anwender-Programme, der Teil der Software, die Ihre Aufgaben (zum Beispiel Briefe schreiben oder Rechnungen erstellen) erfüllen soll.
- das Betriebssystem, ein Teil der Software, mit dem Sie selten zu tun haben, ohne den aber nichts funktioniert. Das Betriebssystem sorgt für die Verwaltung der Anwenderprogramme im Computer.

Hardware

Die Hardware ist der für Sie am wenigsten wichtige Teil des Computersystems. Die Probleme Ihrer Büroorganisation können Sie nur mit den dafür geschriebenen Anwender-Programmen lösen. Auf welcher Hardware – welchem Computer – diese Programme laufen, ist zweitrangig. Trotzdem nähert man sich dem EDV-Problem sicher leichter, wenn man die sichtbaren Teile betrachtet.

Die typische Anordnung eines Computers besteht aus folgenden Hardware-Teilen:

- dem Kasten mit der Zentraleinheit
- den externen Speichern für Programme und Daten (Diskettenlaufwerke oder Plattenlaufwerke und eventuell Magnetbandlaufwerk; die Laufwerke sind meistens in die Zentraleinheit miteingebaut)
- der Tastatur
- dem Bildschirm
- dem Drucker

– Die Zentraleinheit

Die Zentraleinheit enthält das Kernstück des Computers. Das ist der Mikroprozessor, in dem mit Hilfe der Programme die Daten verarbeitet werden. Der Mikroprozessor, auf englisch „Central Processing Unit“ (CPU), ist auf einem einzigen elektronischen Baustein (einem „Chip“) untergebracht. Dieses Herzstück ist bei vielen Computern baugleich. Die Mikroprozessoren werden nämlich von wenigen Elektronik-Firmen in Massen hergestellt und an die Computer-Firmen weiterverkauft. Zur Zeit beherrschen etwa ein Dutzend Elektronik-Firmen den Markt, die verhältnismäßig wenig gängige Mikroprozessor-Typen verkaufen.

Aber wenn zwei Computer den gleichen Mikroprozessor enthalten, bedeutet dies noch lange nicht, daß sie gleich sind. Man kann also nicht erwarten, daß Programme, die auf einem Computer der Firma A laufen, auch auf einem Computer der Firma B funktionieren – trotz baugleichen Prozessors. Der baugleiche Prozessor ist eine der Voraussetzungen für die oft versprochene „Kompatibilität", die Veträglichkeit von Hard- und Software.

Die Charakteristika der beiden Prozessoren können so verschieden ausfallen, wie die baugleichen Dieselmotoren im VW LT-Transporter und der Turbodiesel-Limousine von Volvo.

Ein weiteres wichtiges Teil in der Zentraleinheit ist der Arbeitsspeicher. Sein Speichervolumen wird immer als Kenngröße für die Verarbeitungskapazität des Computers angegeben. Dabei wird das Fassungsvermögen in Kilo-Byte (KB) gemessen. Als Faustregel kann man sich merken, daß ein Kilo-Byte etwa tausend Byte sind und ein Byte einem Zeichen (Buchstaben/Zahl) entspricht. Personal Computer haben heute mindestens einen Arbeitsspeicher von 256 KB (Kilo-Byte). Zur Zeit werden viele PC mit 512 KB und mehr angeboten. PC für rechenintensive Aufgaben verfügen über einen Arbeitsspeicher von 1 MB (Mega-Byte, das sind ungefähr 1 Million Zeichen). Bei Mehrplatzsystemen sind weniger als 512 KB nicht empfehlenswert.

In diesen Speicher werden die Daten und Programme zur Verarbeitung durch den Mikroprozessor hereingeholt.

– Externe Speicher für Programme und Daten

Da nicht alle Daten im Arbeitsspeicher gespeichert werden können, bedient man sich externer Massenspeicher. Die Daten der externen Speicher werden bei Bedarf in den Arbeitsspeicher überspielt, und der Mikroprozessor kann nun damit arbeiten.

Externe Speicher sind hierbei in erster Linie Diskettenlaufwerke (auf englisch „Floppy Disks") und Plattenlaufwerke.

– Disketten

Die Diskette ist der bei kleinen Computern häufig eingesetzte Massenspeicher.

Disketten sind magnetbeschichtete Plastikscheiben, sie sind vom Prinzip her dem Ton- oder Videoband ähnlich. Damit die Oberfläche geschützt ist, wird die Scheibe ständig von einer Karton- oder Plastikhülle umschlossen. Disketten gibt es in drei Größen, mit 8 Zoll, 5 1/4 Zoll oder 3 1/2 Zoll Durchmesser.

Die Disketten werden durch einen Schlitz in das Diskettenlaufwerk eingeschoben, dort bewegt sich ein Schreib- und Lesekopf (ähnlich dem Tonkopf beim Tonband) über eine Aussparung in der Hülle. So werden die Daten auf der Diskette „gele-

Der Aufbau eines Mikroprozessors, stark vergrößert.

Foto: P.M. Computerheft

sen“ und „geschrieben“. Disketten werden nach einseitiger („Single Sided“) oder beidseitiger („Double Sided“) Benutzung unterschieden. Es gibt auch eine einfache und eine doppelte Schreibdichte („Double Densitiy“). Disketten haben heute Speicherkapazitäten von 320 KB (320 Kilo-Byte) bis zu 1,4 MB (1,4 Mega-Byte; ungefähr 1,2 Millionen Zeichen). Sie bieten somit den Platz, der für professionelle Aufgabenstellungen erforderlich ist. Lediglich die Zugriffsgeschwindigkeit (rund 200 Millisekunden) und der geringe Schutz gegen mechanische Beschädigungen und Staub setzen der Diskette klare Grenzen für die Zukunft.

– Magnetplatten

Wo große Datenmengen schnell verfügbar sein müssen, ist der Einsatz von Magnetplatten angebracht. Dies gilt auch für die Büroorganisation. Daher sollte jeder kommerziell eingesetzte PC über wenigstens ein Plattenlaufwerk verfügen.

Die Magnetplatte ist eine magnetbeschichtete Aluminiumscheibe, die in einem besonderen Laufwerk mit hoher Geschwindigkeit rotiert. Durch die hohe Umdrehungszahl der Platte bildet sich ein Luftkissen unter dem Schreib- und Lesekopf, sodaß die Magnetplatte praktisch keinem Verschleiß unterliegt.

Magnetplattenlaufwerke sind durch die Entwicklung der sogenannten „Winchester-Plattenlaufwerke“, eines kleinen und vergleichsweise preisgünstigen Laufwerks, für den kommerziellen Einsatz selbstverständlich geworden.

Die Winchester-Platte ist eine Festplatte, das heißt, sie ist fest in das Laufwerk eingebaut.

Durch die damit verbundene Abschirmung ist dieser Datenträger (anders als die Diskette) von seinem Umfeld hermetisch abgeschirmt und somit gegen Beschädigungen geschützt.

Die entscheidenden Vorteile gegenüber den Diskettenlaufwerken sind:

- die hohe Kapazität (10 bis mehrere Hundert MB)
- die höhere Zugriffsgeschwindigkeit (rund 20–40 Milli-Sekunden)

Foto: P.M. Computerheft

Der Nachteil der Festplatte liegt darin, daß sie nicht ausgewechselt werden kann. Es werden deshalb auch Plattenlaufwerke angeboten, bei denen man die Platte wechseln kann. Ein in der Handhabung ähnliches, neueres Speichermedium ist die „Bernoulli-Box".

In diesem Zusammenhang müssen Sie sich an eine völlig neue Tätigkeit gewöhnen: die Datensicherung.

Mit Datensicherung ist nicht der Schutz der Daten von Personen vor Mißbrauch gemeint – das ist der in der Öffentlichkeit oft diskutierte Datenschutz. Datensicherung bedeutet einfach, daß Sie Ihre Daten sicherheitshalber öfter kopieren, damit sie auf jeden Fall erhalten bleiben, trotz eines möglichen technischen Fehlers.

Datensicherung wird von manchen Herstellern noch von der Festplatte herunter auf Disketten empfohlen. Rechnen Sie kurz nach: wenn Sie alle 20 Mega-Byte an Daten von einer Festplatte sichern wollen, benötigen Sie 60 Disketten (bei einer Kapazität von rund 300 Kilo-Byte je Diskette). Den Zeitaufwand dafür rechnen Sie besser nicht nach.

Die Datensicherung macht man sinnvollerweise von der Festplatte auf eine Wechselplatte oder mit einem speziell dafür gebauten Magnetbandlaufwerk („Tape-Streamer"). Dabei schieben Sie eine Magnetbandcassette (ähnlich einer Videocassette) in das Laufwerk und sichern Ihre Daten problemlos.

– Die Tastatur

Die Tastatur dürfte bei den meisten für kommerzielle Zwecke angebotenen Computern die geforderten Normen erfüllen.

Sie muß
- von der Zentraleinheit getrennt sein (Verbindungskabel mit 1–1,30 m Länge)
- flach sein (in der Mitte 3 cm hoch, eventuell höhenverstellbar)
- „prellfrei" sein, das heißt, bei einem Anschlag wird das Zeichen auch nur einmal eingegeben
- eine deutsche Schreibmaschinentastatur haben (funktionierende Tasten für Umlaute, das „Z" muß an der richtigen Stelle sein)
- ein getrenntes Zahlenfeld, wie beim Tischrechner, haben

Die DIN-Norm 2137 regelt solche Anforderungen. Wünschenswert sind auch getrennt angelegte Cursortasten. Der „Cursor" ist der blinkende Punkt auf dem Bildschirm, der die Stelle anzeigt, wo man sich gerade mit der Eingabe befindet. Bei manchen Computern sind noch Buchstabentasten mit der Cursorfunktion belegt. Das ist unpraktisch und verwirrend.

Schließlich sollten auf der Tastatur noch frei belegbare Tasten vorhanden sein. Oft benötigte Befehlsketten können so auf einen Tastendruck verkürzt werden.

– Der Bildschirm

Berücksichtigen Sie bei der Auswahl des Bildschirmes, daß Sie – oder Ihre Mitarbeiter – Stunden vor ihm sitzen werden und jeder Mangel die Arbeitsfreude trübt.

Der Bildschirm ist eigentlich nichts anderes als ein veränderter Fernsehbildschirm. Trotzdem ist der Unterschied in der Abbildungsschärfe sehr groß. Das liegt an der höheren Bildwiederholzahl. Computerbildschirme schreiben das Bild 50 bis 70mal pro Sekunde. So wird das Bild vom typischen „Fernsehgeflimmer“ befreit, das die Augen bei stundenlanger Arbeit am Schirm zu sehr ermüden würde. Der Fernsehschirm schreibt ein Bild 25 mal pro Sekunde , das genügt bei bewegten Bildern.

Neben der Flimmerfreiheit sollten Sie auf folgende Merkmale achten:

- Der Schirm muß entspiegelt sein.
- Die Zeichen müssen mindestens 2,6 mm hoch sein. Am besten wären 4 mm Höhe. Dabei sollte ein Zeichen aus möglichst vielen Bildpunkten bestehen. Dieses Merkmal hängt von einem Bauteil, einer „Karte“, in der Zentraleinheit ab. Diese Karte steuert den Bildschirm. Beim Kauf eines Rechners kann man oft zwischen „Karten“ unterschiedlich hoher Auflösung wählen.
- Die Farbe sollte Grün, Orange oder Bernstein sein. Am besten wären scharfe schwarze Zeichen auf weißem Hintergrund.
- Die Zeichen müssen auch am Bildschirmrand scharf sein.
- Der Bildschirmdurchmesser sollte bei 15 oder nicht unter 12 Zoll liegen.
- das Bildschirmgehäuse sollte neigbar sein und das Oberflächenmaterial matt.

Den Bildschirm stellen Sie am besten vom Fenster abgewandt auf. Direkter Lichteinfall läßt das Bild zu sehr verblassen. Irgendwelche Sichtblenden haben oft nur provisorischen Charakter und teilen den Schirm in verschiedene Helligkeitsfelder. Auf der anderen Seite sollten Sie nicht im Dunkeln am Schirm arbeiten.

– Der Drucker

Stammdaten, Adressen, Aufkleber, Briefe oder Kontoauszüge wollen Sie natürlich nicht nur auf dem Bildschirm sehen, Sie wollen sie schwarz auf weiß haben.

Dafür haben Sie den Drucker. An Druckern gibt es heute bereits eine sehr große Auswahl. Durch eine weitgehende Normung der Schnittstellen – das ist die Verbindungsstelle zwischen Drucker und Computer – können Sie Ihren Drucker fast frei aus dem Angebot wählen. Voraussetzung ist die Einhaltung der Normen – bei „serieller“ Schnittstelle nach der Norm RS 232 C oder V24, bei „paralleler“ Schnittstelle nach der Centronics-Norm.

In der Regel können Sie die Auswahl des Druckers dem Systemanbieter überlassen.

So sieht das Schrift-
bild eines Matrix-
oder Nadeldruckers aus,
wenn der Ausdruck
mit großer
Geschwindigkeit
erfolgt.

**So sieht das Schrift-
bild eines Matrix-
oder Nadeldruckers
aus, wenn die
Schönschrift
eingeschaltet ist.
Die Druckgeschwindig-
keit ist dann viel
langsamer.**

So sieht das Schrift-
bild eines Typenrad-
druckers aus. Seine
Schrift entspricht
der einer modernen
Schreibmaschine.
Die Druckgeschwindigkeit
ist allerdings sehr
langsam.

Beim Drucker spielt neben der Schriftqualität und der Geschwindigkeit auch die Formulartechnik eine Rolle. Fragen Sie nach, ob der Drucker für folgendes gerüstet ist:
- Einzelformulare
- Endlosformulare
- zwei Formularebenen, die unabhängig von einander arbeiten.

Diese Druckertypen werden auf dem Markt angeboten:

- Matrix- oder Nadeldrucker
- Typenraddrucker
- Tintenstrahldrucker
- Thermodrucker
- Laserdrucker, LED-Drucker

Zur Zeit sind die ersten beiden Druckertypen weit verbreitet. Aber auch die anderen Techniken sind heute ausgereift. Laser- und LED-Drucker liefern das beste Schriftbild, es kommt fast dem Buchdruck gleich. Sie sind allerdings teuer.

- Matrix- oder Nadeldrucker

Matrix- oder Nadeldrucker sind die am häufigsten verwendeten Ausgabegeräte, denn sie sind schnell, preisgünstig und robust.

Die typische „Computerschrift“, die Sie von Ihren Bankauszügen und amtlichen Mitteilungen kennen, stammt vom Matrixdrucker.

Die Schrift wird aus einzelnen Punkten zusammengesetzt, in Form einer Tabelle - einer „Matrix“ - die meistens sieben Punkte hoch und fünf Punkte breit ist. Die Punkte werden von in der Regel neun übereinander angebrachten Nadeln über ein Farbband auf Papier geschlagen. Moderne Matrixdrucker verfügen über 16 bis 24 Nadeln; so können sie etwa die Qualität einer Schreibmaschine mit einem Farbband aus Stoff erreichen.

Die Druckgeschwindigkeiten dieser Geräte betragen in der „Computerschrift“ knapp 200 Zeichen pro Sekunde. Erfolgt der Ausdruck in Schönschrift, werden 60 bis 100 Zeichen pro Sekunde zu Papier gebracht. Lassen Sie sich am besten von allen Schriftarten des Druckers eine Probe geben.

- Typenraddrucker

Der Typenraddrucker ist der Typ, der einer normalen Schreibmaschine am nächsten kommt. Hier wird eine mit Buchstaben, Zahlen und Zeichen versehene Kunststoffscheibe von einem Elektromotor gedreht und die Schrifttypen werden von einem Hämmerchen über ein Farbband auf das Papier geschlagen.

Das Schriftbild des Druckers ist das gleiche wie bei einer modernen Schreibmaschine. Der Vorteil der Schriftqualität hat seinen Nachteil im Tempo. Gängige Typenradddrucker kommen über Geschwindigkeiten von rund 40 Zeichen pro Sekunde kaum hinaus.

Das Betriebssystem

Ein Betriebssystem ist eine Sammlung von Programmen, die dazu dient, den Ablauf der Anwenderprogramme im Computer zu verwalten. Darunter fallen zum Beispiel die Ein- und Ausgabe der Daten im Mikroprozessor und die Steuerung des Zugriffs auf externe Geräte, wie das Diskettenlaufwerk.

Das Betriebssystem ist also das Bindeglied zwischen den Anwender-Programmen und dem Computer, der Hardware.

Ohne einen internen „Manager" wie das Betriebssystem könnten Sie Ihr Anwenderprogramm, zum Beispiel die Textverarbeitung, überhaupt nicht auf dem Computer laufen lassen.

Es haben sich auf dem Markt nur wenige Betriebssysteme durchgesetzt, so daß schon ein gewisser Standard erreicht ist. Die Softwarehäuser schneiden ihre Anwenderlösungen auf die Standardbetriebsysteme zu. Ebenso stimmen die Computerhersteller ihre Hardware auf bestimmte Betriebssysteme ab. So ist es möglich, daß Anwenderprogramme auf verschiedenen Computern laufen können.

Das gebräuchlichste Betriebssystem für Ein-Platz-Computer ist MS-DOS.

Darüberhinaus gibt es Betriebssysteme, die es ermöglichen, einen Mikrocomputer für mehrere Aufgaben und mehrere Personen an mehreren Bildschirmen gleichzeitig nutzbar zu machen. Weit verbreitet sind: MP/M, Turbo-DOS, XENIX, OASIS und UNIX.

Auch das Betriebsystem beansprucht für sich Platz im Arbeitsspeicher, denn es muß ebenso vor Arbeitsbeginn geladen werden, wie die anderen Programme und Daten. Im Arbeitsspeicher beansprucht das Betriebssystem ein Volumen von 28 Kilo-Byte und mehr.

Die Anwender-Programme

Anwender-Programme umfassen jene Software, mit der die Probleme der einzelnen Funktionsbereiche im Unternehmen, zum Beispiel Textverarbeitung und Buchhaltung, gelöst werden. Mit diesen Programmen arbeiten Sie also täglich.

Programme für bestimmte Zwecke zu schreiben, ist für ein Softwarehaus ein sehr teures Unternehmen. Die Softwarespezialisten werden hochbezahlt für das unsichtbare Gut, das sie produzieren, und die Produktionszeit umfasst oft mehrere Jahre.

So kann Software nur erschwinglich werden, wenn sie in standardisierter Form in genügend hoher Auflage verkauft wird.

Es gibt Programme für eine Reihe von Anwendungen, die weit verbreitet sind. Das nennt man dann „horizontale" oder auch „Standard"-Software. Programme zur Textverarbeitung, zum Kalkulieren und für Geschäftsgrafiken sind solche Programme.

Auch die Programme zur Buchhaltung gehören bereits dazu. Trotzdem müssen auch Programme, beispielsweise zur Finanzbuchhaltung, von Ihnen geprüft werden. Vor allem muß das FIBU-Programm in Ihr Gesamtpaket integriert sein. Integration bedeutet hier, daß Ergebnisse aus der Finanzbuchhaltung automatisch in andere Teilprogramme ohne Neueingabe von Hand übertragen werden.

Programme für spezielle Branchen haben naturgemäß eine kleinere Auflage, sie werden als „vertikale" Software bezeichnet. Aber auch hier können Sie davon ausgehen, daß eine große Zahl von Installationen für die Reife eines angebotenen Branchenpakets spricht.

Auf Angebote, sich als „Testanwender" oder „Pilotanwender" für ein neues Branchenpaket zur Verfügung zu stellen, verzichten Sie besser.

Während bis vor ungefähr 10 Jahren bei den Großcomputern die Hardware im Vordergrund stand, ist es heute die Qualität der Anwender-Software, die letztlich über den Kauf entscheidet.

Das moderne Design oder die

Speicherfähigkeit eines Computers nützen Ihnen nichts, wenn Sie zusammen mit der Maschine ein Programm gekauft haben, das Ihre Aufgaben nicht wie gewünscht erledigt.

Die Beurteilung der Qualität von Anwender-Programmen ist allerdings nicht einfach. Eine übersichtliche Form der Beurteilung von Software vermittelt Ihnen das Kapitel „So bereiten Sie die Kaufentscheidung richtig vor". Vertrauen Sie nicht gleich den Versprechungen und Behauptungen mancher Software-Anbieter. Selbst wenn ein Programm den Namen „Branchenprogramm für XY" hat, bedeutet das nicht, daß das Programm für diese Aufgaben auch tauglich ist.

Am besten schützen Sie sich gegen unseriöse Geschäftemacher mit teilweise amateurhaften Eigenentwicklungen durch eine tiefgehende Festschreibung der einzelnen Ansprüche. In diesem Buch erhalten Sie umfassende Ratschläge und Tips, wie Sie die richtige Kaufstrategie entwikkeln.

Nur so können Sie qualifizierte und lauffähige Anwender-Programme für Ihre besonderen Bedürfnisse auswählen.

So bereiten Sie Ihre Mitarbeiter auf die EDV vor.

**Die Einführung eines Computer-Systems in Ihrem Unternehmen muß gut vorbereitet werden. Das gilt sowohl für Information und Schulung als auch für die Auswahl des richtigen Computers.
Wie Sie vorgehen bei der Vorbereitung und Schulung Ihrer Mitarbeiter, wird auf den folgenden Seiten dargestellt.**

Außerdem werden Ihnen die Rahmenbedingungen zur Zusammenarbeit mit Beratern genannt.

Information und psychologische Vorbereitung

Wenn Sie EDV einführen wollen, ist eine gründliche Analyse und Vorbereitung des Unternehmens nötig. Sie werden also um die aktive Mitarbeit Ihrer Angestellten nicht herum kommen.

„Computer", „EDV" sind Reizworte, die oft erhebliche Widerstände auslösen.

EDV-Einführung wird oft mit Arbeitsplatzverlust verbunden. Diesem Vorurteil können Sie mit dem Argument entgegentreten, daß Büroarbeitsplätze nicht voll automatisierbar sind – im Gegensatz zu den Fließbandarbeitsplätzen in der Industrie. EDV entlastet von Routinetätigkeiten und bringt so Zeit für Aufgaben, die der Computer nicht übernehmen kann.

Um ein vertrauensvolles Klima zu schaffen, müssen Sie alle Mitarbeiter frühzeitig über die geplanten Umstellungsmaßnahmen unterrichten. Wichtig ist dabei, daß keiner der Mitarbeiter Angst um seinen Arbeitsplatz haben muß, sondern im Gegenteil die Überzeugung mit nach Hause nimmt, in Zukunft eine qualifiziertere Tätigkeit auszuüben.

- Sagen Sie Ihren Mitarbeitern: „Entlassungen, nein – Umstrukturierung, ja."
- Erklären Sie, daß die Wettbewerbsfähigkeit des Unternehmens und damit die Sicherheit der Arbeitsplätze durch den Einsatz der EDV erhöht wird.
- Zählen Sie die vielen nerventötenden und langweiligen Routinetätigkeiten im Unternehmen und deren Erleichterung durch EDV auf.
- Erläutern Sie die einzelnen EDV-Einführungsphasen und erklären Sie die geänderten Aufgabenstellungen im Unternehmen.
- Bilden Sie ein Arbeitsteam mit genau verteilten Aufgaben.
- Erstellen Sie einen Zeit- und Aufgabenplan zur Einführung der EDV und drängen Sie auf dessen Einhaltung.

Schulung

Erfahrungen zeigen, daß die Mitarbeiter nach einer Gewöhnungs- und Umstellungszeit fast immer sehr zufrieden mit ihrer neuen computerisierten Arbeit sind. Voraussetzung dafür ist aber eine gründliche Schulung.

Grundsätzlich sollte jeder Mitarbeiter, dessen Aufgabenbereich durch EDV auch nur berührt wird, zwar nicht speziell geschult, jedoch gut informiert werden.

Voraussetzungen zur Schulung des jeweiligen Mitarbeiters sollen sein:

- Der Wille des Mitarbeiters, sich das gebotene Wissen anzueignen und später in die Praxis umzusetzen.

- Regelmäßige gute Beurteilung des Mitarbeiters,
- seine Initiative und sein Engagement,
- seine Treue zum Unternehmen,
- seine Fähigkeit zum nötigen abstrakten Denken.

Wenn Sie die zu schulenden Mitarbeiter bestimmt haben, dann besprechen Sie mit ihnen den Umfang und den zeitlichen Rahmen der Schulungsmaßnahmen.

Halten Sie hierbei Rücksprache mit dem Soft- und Hardwarelieferanten, um die Tiefe der erforderlichen Schulungsmaßnahmen sowie den zeitlichen und somit kostenmäßigen Rahmen in Grenzen zu halten.

Über Schulungsmaßnahmen wird der Anbieter beim ersten Angebot selten sprechen, denn Schulung ist teuer. Lassen Sie die Schulung aber keinesfalls aus Kostengründen weg, verhandeln Sie lieber über den Preis.

Bevor Sie einen Schulungsvertrag abschließen, sollten Sie folgende Punkte genau prüfen:

- Programminhalt
- Lernziel
- Kreis der angesprochenen Mitarbeiter
- Kosten der Veranstaltung
- zeitliche Dauer
- Ort der Durchführung
- Ruf des Veranstalters
- Kompetenz des Referenten

Es kann auch sehr sinnvoll sein, dem Mitarbeiter in Abendkursen der Volkshochschulen, Kammern und Innungen oder Privatkursen grundsätzliche EDV-Kenntnisse zu vermitteln, bevor eine Schulung auf dem im Unternehmen installierten System erfolgt.

Der Mitarbeiter verliert so die Angst, den Computer und die Programme falsch zu bedienen oder gar zu zerstören.

Die Bedienung von Computern erfordert doch ein höheres Maß an Kenntnissen und Gewöhnung als von anderen Geräten. Ein großes EDV-Schulungsunternehmen hat für seinen EDV-Grundkurs ein treffendes Wort gefunden: den „Computer-Führerschein". Die Bedeutung der Schulung sollten Sie deshalb keinesfalls unterschätzen. Erst durch Schulung erreichen Sie den richtigen Einsatz Ihres Computers.

So finden Sie einen neutralen Berater.

Bevor Sie sich einen Computer anschaffen, müssen Sie sich darüber klar werden, welche Aufgaben Sie damit lösen wollen. Von der klaren Definition der Aufgabenstellung in Ihrem Unternehmen hängen alle anderen Kriterien ab.

Sicher wissen Sie, daß in Ihrem Unternehmen einiges verbessert werden könnte. Doch wie packt man dieses Problem an?

Hier hilft nur eine tiefgehende Analyse. Doch welcher Unternehmer ist nicht ein wenig betriebsblind ?

Je größer Ihr Unternehmen

ist, desto eher werden Sie deshalb den Rat und die Hilfe eines kompetenten Partners benötigen.

Häufig übernimmt der Steuerberater diese Funktion. Doch Vorsicht, viele Steuerberater sind hier überfordert. Was Sie brauchen, ist ein vollkommen neutraler und an kein Hard- oder Softwarehaus gebundener Partner.

Neben den Beratungsstellen in den Verbänden oder den jeweiligen Kammern bieten sich viele freie EDV-Unternehmensberater an.

Die von den einzelnen Verbänden und Kammern angebotenen Informationen sind für eine erste Orientierung gut geeignet, zumal sie fast immer kostenlos sind. Hier werden in der Regel einzelne Softwarelösungen neutral vorgestellt, die bestimmten Rahmenbedingungen Ihrer Branche gerecht werden, oder ganz konkrete Empfehlungen für bestimmte Produkte ausgesprochen.

Doch bleiben Sie auch hier kritisch! Eine Patentlösung gibt es nicht, dazu sind die einzelnen Unternehmen zu verschieden. Betrachten Sie vielmehr die genannten Softwarehäuser als erste Anlaufstellen für tiefergehende Befragungen.

Um nun die richtigen Fragen stellen zu können, müssen Sie Ihr Unternehmen wirklich gründlich analysiert haben.

Bei dieser aufwendigen Arbeit können Ihnen neutrale EDV-Berater zu Hilfe kommen.

Ein sachkundiger Unternehmensberater kann Ihnen bereits in der Analyse- und Informationsphase wertvolle Hilfe leisten. Seine Unterstützung ist gerade bei anspruchsvollen Aufgabenstellungen empfehlenswert.

Zusammen mit Ihnen erarbeitet er die für Ihr Unternehmen maßgeblichen individuellen Entscheidungsgrundlagen. Er steht Ihnen in Verhandlungen mit den Hardwareherstellern und Softwarehäusern bei oder vertritt Sie dort.

Als Aufgaben des EDV-Beraters sind zu sehen:

- Aufgabenanalyse
- Fachkonzept
- EDV-Konzept
- Ausschreibung
- Beurteilung der Alternativen
- Entscheidungsunterstützung
- Vertragsgestaltung und -verhandlung
- Einführungsunterstützung
- Hilfestellung bei der Integration der EDV in die Unternehmensorganisation.

Die Mehrheit der Unternehmensberater ist im Bund Deutscher Unternehmensberater (BDU) organisiert, der Ihnen eine aktuelle Mitgliederliste zur Verfügung stellt.

Hier bekommen Sie die Referenzliste:

BDU
Gotenstr. 161
5300 Bonn 2
Tel. 0228/379001

Bevor Sie mit einem EDV-Berater zusammenarbeiten, sollten Sie folgende Punkte klären:

- Seine Kompetenz: wieviel erfolgreiche Beratungen kann er in Ihrer Branche nachweisen?
- Seine Neutralität: es muß sichergestellt sein, daß er keinerlei Bindung an irgendein Soft- oder Hardwarehaus hat.
- Seine Vorstellungen über die Zusammenarbeit: den Zeitaufwand bis zur Einführung der EDV und die Kosten der Beratung.
- Seinen Beratungsbericht: er muß Sie über die Vorgehensweise und das Ergebnis der

Beratungstätigkeit durch einen schriftlichen Bericht informieren.

Was darf ein Berater kosten?

Für die Tätigkeit von externen Beratern gibt es keine feste Gebührenordnung. Die geforderten Stunden- oder Tagessätze schwanken außerordentlich. Sie können mit Beratungskosten von 800,- bis etwa 1.400,- DM pro Tag rechnen. Seriöse Beratungsunternehmen unterbreiten nach einem ersten Kontaktgespräch ein detailliertes Beratungsangebot, aus dem sowohl Zeitaufwand als auch anfallende Kosten verbindlich hervorgehen.

Bei der Abrechnung stehen sich zwei Vertragstypen gegenüber:

- Das sogenannte Schweizer System, bei dem die Beratung vom Kunden jederzeit abgebrochen werden darf und nur die bis dahin angefallenen Honorare und Nebenkosten in Rechnung gestellt werden.
- Das Amerikanische System, bei dem die Beratungsleistung gegen eine pauschalierte Gesamtsumme durchgeführt wird.

Computerfirmen und Systemhäuser bieten heute auch eine organisatorische Beratung an.

Soweit sie kostenlos ist, sollte man selbstverständlich hiervon Gebrauch machen. Sie darf allerdings grundsätzlich erst nach der Anlagenauswahl einsetzen, da sonst zu befürchten ist, daß weniger eine bedarfsgerechte Problemlösung als nur eine (provisionsbehaftete) Ware verkauft wird.

So erkennen Sie die Schwachstellen Ihrer Büroorganisation.

Der Computer kann nur dort Probleme lösen, wo sie als Problem erkannt wurden. Vor Einführung der EDV müssen Sie Ihre Büroorganisation also auf mögliche Schwachstellen überprüfen.

Im folgenden Kapitel wird ein einfaches Analyse-Verfahren in zwei Stufen erläutert: Ein einfacher Selbsttest und Checklisten zur Formular- und Arbeitsplatzanalyse ermöglichen es Ihnen, präzise festzustellen, wo sich die Schwachstellen Ihrer Büroorganisation befinden.

Sicher denken Sie manchmal bei dem einen oder anderen Vorgang innerhalb Ihrer Büroorganisation daran, daß man da etwas verbessern könnte. Aus Zeitmangel werden Verbesserungen selten durchgesetzt.

Die Einführung von EDV scheint das richtige Heilmittel gegen Unordnung zu sein. Diese Annahme trifft leider nicht zu.

Vor allen Dingen muß Ihnen klar sein: EDV macht ein gut organisiertes Büro effizienter. Die Einführung eines Computers in einen schlecht organisierten Betrieb macht ihn noch chaotischer.

Bevor Sie also einen Computer anschaffen, müssen Sie sich über Ihre Organisationsstruktur klar werden. Eine genaue Organisationsanalyse und deren Auswertung kann sehr arbeitsintensiv sein. Hier wird Ihnen die Analyse durch einfache Verfahren erleichtert.

Die Schwachstellenanalyse hat den Zweck, die Problemsituation verständlich zu machen,

Mängel und deren Ursache zu erkennen, Lösungsansätze grob aufzuzeigen und Randbedingungen festzuhalten, die bei der Lösungssuche zu beachten sind.

Dazu ist folgende Abfolge zweckmäßig:

- **Problemstrukturierung**
  - Analysieren des Problemfeldes (Aufbauorganisation)
  - Analyse des Problemfeldes (Ablauforganisation)

- **Schwachstellenanalyse im engeren Sinne**
  - Mängelkatalog
  - Ursachenermittlung

- **Entwicklungstendenzen abschätzen**
  - im Problemfeld (mögliche Problemmassierung, wenn keine organisatorischen Veränderungen stattfinden)
  - im Lösungsfeld (Entwicklungsmöglichkeiten mit Hilfe veränderter Organisation und z.B. EDV-Einsatz)

- **Rahmenplan**
  - Eingriffsmöglichkeiten und Gestaltungsspielraum mit Ermitteln der Randbedingungen (Fixpunkte des Ist-Zustandes, Kostenbegrenzungen, personelle oder räumliche Randbedingungen)
  - strukturierter Problem-/Lösungs-Katalog in Abhängigkeit von der Zielformulierung.

Da diese Schwachstellenanalyse ohne systematische Beratung von Fachkräften und ohne allzuviel Zeitaufwand erfolgen muß, geht es hier nur darum festzustellen, an welchen Stellen des organisatorischen Ablaufs Änderungen erwünscht sind und inwieweit Hilfsmittel wie die EDV dazu beitragen können, die erwünschten Zielvorstellungen zu realisieren.

Problemstrukturierung

Bei der Aufbauorganisation geht es zunächst darum festzustellen, wie Ihr Büro organisatorisch gegliedert ist, welche Stellen EDV-relevante Probleme haben, wie die verschiedenen Stellen ablaufmäßig zusammenhängen. Sie erstellen eine Liste von Stellen (Mitarbeitern), die hinsichtlich der Arbeitsabläufe und EDV-Möglichkeiten relevant erscheinen. Diese Stellen sind als Elemente aufzufassen, die gewisse Funktionen erfüllen und durch Beziehungen mit einander verbunden sind. Damit ist eine Grobstruktur entstanden, die es gestattet, den Untersuchungs- beziehungsweise den Gestaltungsbereich abzugrenzen. Graphische Gestaltungen erleichtern die Übersichtlichkeit. Dabei werden die Stellen in Kästchen dargestellt, die Kontakte und Beziehungen durch Pfeile.

Wichtig bei der Aufbauorganisation ist die Feststellung der Aufgaben, die einzeln oder durch ihre häufige Wiederholung einen relativ hohen Zeit- oder Kostenaufwand bewirken. Zu diesem Zweck bitten Sie jeden Stelleninhaber, seine durchschnittlich 140 Arbeitsstunden im Monat so aufzuteilen, daß mit einer Genauigkeit von wenigstens einer Stunde die entsprechenden Stellenaufgaben den entsprechenden Zeiten zugeordnet werden. Nützlich ist auch die Angabe, wie häufig die betreffende Aufgabe im Monat, im Quartal oder in einer anderen sinnvollen Zeitperiode erfolgt.

Ausgehend von diesen Ergebnissen der Aufbauorganisation ermitteln Sie für die wichtigsten Bereiche, d.h. die, die am meisten Zeit erfordern,grob die Ablauforganisation. Das heißt, Sie ermitteln die tatsächliche Reihenfolge der Arbeitsschritte und die dazu notwendigen Hilfsmittel.

Ergänzend dazu ist eine Darstellung des wichtigsten Material- und vor allem Informationsflusses im Büroablauf nützlich. Letzteres erfordert im allgemeinen aber bereits einen fachkundigen Organisationsberater.

Wenn Ihnen eine systematische Analyse aus zeitlichen oder grundsätzlichen Erwägungen hier Schwierigkeiten macht, orientieren Sie sich an dem Selbsttest, die Checkliste Nr. 1 in Kapitel 6.

Schwachstellenanalyse

Mit Hilfe der vorher ermittelten Ergebnisse aus Aufbau- und Ablauforganisation fällt es in der Regel sehr viel leichter, einen Mängelkatalog zu erstellen, den Sie einerseits nach Themen strukturieren können, andererseits nach den Informanten dieses Mangels (also z.B. Mitarbeiter, Kunden, Geschäftspartner). Auf einem oder mehreren DIN A4-Blättern notieren Sie auf der linken Hälfte die festgestellten Mängel, auf der rechten die möglichen Ursachen. Durch Pfeile zwischen den Mängeln und/oder den Ursachen können mögliche Abhängigkeiten und Zusammenhänge verdeutlicht werden.

Abschätzen der Entwicklungstendenzen

Da Lösungen für die Zukunft und nicht nur für die Gegenwart zu erarbeiten sind, ist in diesem Schritt bewußt eine Abschätzung der möglichen Weiterentwicklung zu versuchen. Zunächst einmal müssen Sie sich überlegen, wie sich Ihre Situation verändert, wenn Sie an dem grundsätzlichen organisatorischen Aufbau Ihres Büros nichts verändern. Was wird sich verschlimmern, was wird gleich gut oder gleich schlecht bleiben, was wird sich mit der Zeit von selbst verbessern oder als Problem erledigen?

Bewußt abgehoben davon müssen Sie überlegen, wie sich das gleiche Problem verändern würde, wenn eine neue Organisation und neue sachliche Hilfsmittel wie etwa die EDV einbezogen würden. Dabei stehen Sie vor der Schwierigkeit, die Auswirkungen eines Werkzeuges abschätzen zu müssen, dessen Möglichkeiten Sie nur grob oder gar nicht kennen.

Mit etwas Mut, Einfühlungsvermögen und intuitiver Abschätzung der Auswirkungen und Rücksprache mit Partnern oder Mitarbeitern können Sie aber zumindest ein Gefühl dafür entwickeln, was an Möglichkeiten und Risiken auf Sie zukommt. Natürlich genügt es nicht, dies lediglich global abzuschätzen, sondern Sie müssen es bewußt auf die vorher festgestellte Mängelliste, die möglichen Ursachen der Mängel sowie auf die als erstes erhobene Analyse der Aufbau- und Ablauforganisation abstellen.

Rahmenplan

Bei der Formulierung der Eingriffsmöglichkeiten und des Gestaltungsspielraums ist zu unterscheiden zwischen Verbesserungen, die – auf konventioneller Basis – eventuell sofort durchgeführt werden können und solchen, die den EDV-Einsatz erforderlich machen.

Es sind verschiedene Komfortstufen und EDV-Philosophien in groben Zügen zu überlegen und hinsichtlich der Auswirkung auf die Arbeitsweise des Benutzers abzuschätzen. So kann man den Umfang der logischen und der EDV-mäßigen Integration einzelner Arbeitsplätze zunächst einmal möglichst gering ansetzen und nachträglich überlegen, wie weit eine Integrationsverschränkung, etwa über eine gemeinsame Datenbank und somit einer Anlage mit mehreren Arbeitsplätzen, auch dann noch lohnend erscheint, wenn man dem die wesentlich höheren Kosten für die Anlage den derzeit häufig noch preiswerten Einplatz-EDV-Systemen gegenüberstellt.

Natürlich kann es hier nichtdarum gehen, Lösungen im Detail auszuarbeiten, sondern darum, ein Gefühl dafür zu bekommen, was in Ihrem konkreten Fall konzeptionell eine angemessene Lösung wäre.

Ging es bei dem ersten Abschnitt der Überlegungen von Eingriffsmöglichkeiten primär um ein Spiel mit den Gestaltungsvarianten, so müssen Sie im zweiten Schritt überlegen, welche Randbedingungen dabei für Sie unbedingt oder möglichst zu berücksichtigen wären. Dazu ist zunächst einmal zu bedenken, welche Bestandteile des Istzustandes als unabänderlich zu gelten haben und warum. Es gibt Kühe, die geschlachtet werden können und andere wiederum, die man - weil heilig - besser nicht schlachten sollte. Denken Sie aber immer daran, daß die Beibehaltung von zu vielen heiligen Kühen häufig einen wirtschaftlichen Einsatz der EDV unmöglich macht.

Ein weiterer wichtiger Bereich ist natürlich die Begrenzung und die grobe Festlegung der Kosten bereits vor der Prüfung möglicher Angebote. Auch personelle Randbedingungen können wichtige einschränkende Faktoren sein.

Bei der ergänzenden Überlegung zur Zielformulierung sind folgende Aspekte zu beachten:

- Ziele sind Aussagen über erwünschte oder ausdrücklich unerwünschte künftige Zustände oder Eigenschaften, die ein System haben soll („Ihr Büro").
- Ziele sollen richtungsweisend für die Lösungssuche sein und nicht nachträglich erfunden werden müssen, um Entscheidungen rechtfertigen zu können.
- Ziele sollten auch subjektive Wertvorstellungen der Entscheidungsinstanz mit erfassen.

Für die Gliederung eines Zielkatalogs sind folgende Oberbegriffe als Checkliste von Nutzen:

- Funktionserfüllung (schnell, sicher, flexibel etc.)
- finanzielle Ziele (wirtschaftlich, Kostenmaximum = DM . . .)
- personelle Ziele (Reduktion der Mitarbeiterbelastung, Verbesserung des Betriebsklimas)
- Ziele mit Außenwirkung (verbesserte Kundenbetreuung, verbesserte Reaktion auf Anfragen von eventuellen Auftraggebern)
- Ziele mit Innenwirkung (z.B. Vereinfachung von Arbeitsabläufen, Beschleunigung von Terminaufgaben etc.)
- Zeitziele (bestimmte Organisationsstufe bis zu einem bestimmten Termin, z.B. Projektbeginn X oder Jahresbeginn 19XX).

Wenn Sie diese Formulierung ehrlich durchführen, ist es unvermeidbar, daß Ziel- und Interessenkonflikte auftreten. Diese sollten Sie nicht ignorieren, sondern sachlich analysieren und mit den Beteiligten besprechen. Entscheiden müssen letztendlich Sie selbst oder Sie mit Ihren Partnern zusammen. Aber bedenken Sie, daß das Funktionieren einer Organisation wesentlich davon abhängt, daß diejenigen, die sie ausfüllen sollen, sie in ihren großen Zügen akzeptieren.

Im einzelnen dient Ihnen die sogenannte Checkliste 3 „Arbeitsanalyse“ dazu, in vereinfachter Form diese Schwachstellenanalyse weiterzuführen.

So bewältigen Sie die Schwachstellenanalyse mit Hilfe der Checkliste Nr.3 „Arbeitsplatzanalyse“.

Analysespalte	Erläuterungsbeispiele	Mögliche Probleme
	AUFBAUORGANISATION	
1 WAS?	Aufbau der Tätigkeiten im Büro	ausführlicher/knapper?
2 WER?	Ausführungszuordnung zum Mitarbeiterpotential (= 140 Stunden pro Monat und Mitarbeiter?	zuviele/zuwenige über-/unterqualifizierte über-/unterforderte Mitarbeiter)
	ABLAUFORGANISATION	
3 WO?	Abfolge der Teilschritte? Ortswechsel?	zu lange Wege? Zu lange Wartezeiten?
4 WIE LANGE?	Anteilsmäßiger Aufwand an der Gesamtaktivität?	wichtig/unwichtig bezüglich eventueller Rationalisierung?
5 WIE OFT?	Wiederholungsanteil, Routinetätigkeit?	leicht/schwer standardisierbar /automatisierbar?
6 WOMIT?	Geräte-, Formulareinsatz?	zu kostspielig, zu langsam?
	RAHMENPLAN	
7 WAS ist änderbar?	Möglichkeit, Wichtigkeit, Konsequenz für Mitarbeiter, für Gesamtorganisation	Wichtigkeit der Änderung (1 = sehr wichtig, . . ., 5 = unwichtig) und Leichtigkeit der Änderung (1 = sehr leicht, . . ., 5 = sehr schwer)

Kleine Zahlen beim Produkt aus Wichtigkeit und Leichtigkeit haben höchste Änderungspriorität. Bei der Abschätzung der Leichtigkeit kann Ihnen ein Unternehmensberater oder auch eventuell ein in Aussicht genommener Software-Lieferant helfen.

So stellen Sie Ihre Forderungen an das Computersystem.

Der Forderungskatalog enthält Ihre Anforderungen an die EDV, die sich nach der Schwachstellenananlyse ergeben haben. Je sorgfältiger und detaillierter Sie Ihre Forderungen formulieren, desto gezielter können die Anbieter auf Ihre Wünsche eingehen. Die Gefahr einer Fehlinvestition verringert sich wesentlich. Hier werden Sie bei der ersten Grobauswahl aus den EDV-Anbietern unterstützt, die Ihren Forderungskatalog erhalten sollen.

Nachdem Sie Ihr Unternehmen analysiert haben, geht es jetzt darum, die Daten Ihres Unternehmens so aufzubereiten, daß ein EDV-Hersteller oder ein Systemhaus Ihnen gezielt eine EDV-Lösung anbieten kann.

Aus der Analyse Ihres Unternehmens werden Forderungen an die EDV entwickelt, die in einem „Forderungskatalog" (oder: „Pflichtheft") festgehalten werden. Der Forderungskatalog ist die Grundlage für Auswahl und Kauf eines Computersystems. Je sorgfältiger der Forderungskatalog ausgearbeitet ist, desto geringer ist das Risiko einer Fehlinvestition.

Im Kapitel 6 finden Sie vier übersichtliche Checklisten, die zusammen einen „Rumpf-Forderungskatalog" bilden. Das sind die Checklisten Nummer 2, 5, 7 und 8: Eckdaten des Unternehmens, Preisspiegel, Software-Check und HardwareCheck. Mit Hilfe dieser Materialien werden Sie später aus den Anbietern den endgültigen Partner herausfiltern.

Bei Vertragsabschluß wird der Forderungskatalog - oder mindestens die ausgefüllten Checklisten aus Kapitel 6 - in den Vertrag mit eingebunden. Durch die detaillierte Festschreibung Ihrer Forderungen im Kaufvertrag sichern Sie sich gründlich ab.

Auf den folgenden Seiten geht es darum, daß Sie wichtige Voraussetzungen und Teile eines Forderungskatalogs verstehen lernen und eine erste Ausschreibung machen.

Lesen Sie jetzt über:

- das Mengengerüst
- das Soll-Konzept

Anschließend werden Sie einen ersten Schritt zur Auswahl Ihres Computersystems tun. In diesem Stadium bereits einen kompletten Forderungskatalog zu verschicken, wäre zu aufwendig. Verwenden Sie deshalb für

- die erste Ausschreibung

Checklisten zur Vorauswahl (Nummer 4 und 6).

Das Mengengerüst

Zur Ermittlung der Speichergröße einer EDV-Anlage muß das im Unternehmen anfallende Volumen der zu speichernden Daten festgestellt werden. Dieses Daten-Volumen heißt in der EDV-Fachsprache „Mengengerüst".

Damit das Mengengerüst ausgerechnet werden kann, müssen die wichtigsten Informationsmengen durch eine Ist-Analyse festgestellt werden. Zunächst werden die „Daten-Sätze" bestimmt. Das bedeutet, es werden die Einzelheiten herausgesucht nach denen Personen (Kunden,-Lieferanten u.a.) oder Gegenstände (Produkte, Lieferartikel usw.) im Computer gespeichert sein müssen.

Der „Datensatz“ einer Firma, die Ihnen zuliefert, könnte beispielsweise so aussehen:

- Firmenname
- Name der Kontaktperson
- Anrede der Kontaktperson
- Firmenanschrift
- Postleitzahl
- Ort
- Telefonnummer
- Umsatz

Dieser Datensatz wurde absichtlich nicht zu umfangreich gestaltet. Wenn Sie sich selbst ein Beispiel überlegen, kommen Sie sicher auf eine größere Zahl von Merkmalen. Ihr individueller Datensatz kann solch eine Forderung an das Computersystem sein. Diese gewählten Sätze sind die „Stammsätze“ Ihres Betriebs. Bevor Ihre EDV-Anlage arbeiten kann, müssen alle Daten in dieser Form eingegeben werden, das ist die Stammdaten-Eingabe.

In diesem Stadium der Untersuchung ist es nicht nur wichtig, sich eine Übersicht über die heute bereits anfallenden und verwendeten Daten zu machen, sondern auch festzuhalten, welche darüber hinaus in der Zukunft für eine gezielte und effektive Unternehmensführung notwendig oder wünschenswert wären.

Nachdem Sie die Stammdatensätze kennengelernt haben, geht es jetzt um eine grobe Berechnung des Speichervolumens, den diese Datensätze benötigen. Das ist das Mengengerüst.

In den „Eckdaten des Unternehmens“ geben Sie Ihre Schätzwerte zur Berechnung des Mengengerüsts an den Anbieter weiter.

Hier erfahren Sie, wie man das Mengengerüst im Prinzip ermittelt.

Nehmen Sie wieder den Beispiel-Datensatz des Lieferanten:

Daten:	Zeichen/Stellen:
- Firmenname	30
- Name der Kontaktperson	25
- Anrede der Kontaktperson	10
- Firmenanschrift	30
- Postleitzahl	4
- Ort	25
- Telefonnummer	16
- Umsatz	10
Summe:	150

Der Speicherplatz wird in Zeichen gemessen. Sie zählen also nach, wieviel Platz in Buchstaben oder Ziffern ein Merkmal verbraucht. Dabei geht man von hoch ausgelegten Maximalwerten aus. Das Messen in Zeichen entspricht ungefähr der EDV-Maßeinheit „Byte“, in der das Speichervolumen vom Arbeitsspeicher oder von Massenspeichern (Disketten, Festplatten) angegeben wird. Ein Arbeitsspeicher mit 256 Kilo-Byte faßt zum Beispiel ungefähr 256.000 Zeichen.

Nachdem Sie das Speichervolumen bestimmt haben – in diesem Fall 150 Zeichen –, müssen Sie nur noch mit der Zahl der Datensätze multiplizieren.

So können Sie das Mengengerüst schätzen:

Zeichenzahl pro Datensatz	mal	Zahl der Datensätze

In unserem Beispiel:

- ein Datensatz „Lieferant“ verbraucht 150 Zeichen.
- diese Zahl wird mit der größten Zahl Ihrer Lieferanten multipliziert. Sie schätzen zum Beispiel, daß Sie – auch in Zukunft – kaum mehr als

80 Lieferanten haben werden. 150 Zeichen mal 80 ergibt 12.000 Zeichen. Für Ihre Lieferanten benötigen Sie daher 12 Tausend Zeichen oder ungefähr 12 Kilo-Byte (KB) Speicherplatz.

In Wirklichkeit wird die Zahl aufgrund des ausführlicheren Datensatzes wohl höher liegen. Hinzu kommt, daß das Computersystem beim Durchsortieren dieser elektronischen Kartei weiteren Speicherraum benötigt. Die genaue Schätzung des Datenvolumens überlassen Sie dem Anbieter. So können Sie aber Ihre Datenmengen in die richtige Dimension einordnen.

In der Checkliste Nr. 2 „Eckdaten des Unternehmens" machen Sie dem Anbieter lediglich Angaben über die Zahl der Datensätze, zum Beispiel geben Sie die Zahl Ihrer Kunden, Lieferanten, Produkte oder Lagerartikel an.

Die Zeichenzahl pro Datensatz hängt davon ab, wie ausführlich der Stammdatensatz vom Anbieter gestaltet ist. Deshalb sollten Sie sich Beipiele der Stammdatensätze von der angebotenen Software geben lassen.

Das Soll-Konzept

Die einzelnen Unternehmen sind voneinander sehr verschieden. Deshalb unterscheiden sich die Forderungen, je mehr man ins Detail geht. Ebenso wachsen nach der Einführung der EDV die Wünsche des Unternehmers. Sinn des Soll-Konzepts ist es, einen Teil dieser Wünsche schon vorher festzulegen.

Ihre individuellen Soll-Anforderungen müssen Sie selbst ermitteln und in den Forderungskatalog aufnehmen.

Ihnen werden sicher eine ganze Reihe von Wünschen einfallen, wenn Sie daran denken, daß Ihnen bisher bei konventioneller Abwicklung keine Zeit für zusätzliche Informationsbeschaffung übrigblieb.

In erster Linie dürften hier die Probleme der Unternehmensplanung und im weiteren Sinne der gesamten Statistik auftauchen. Hier sollten Sie auch die Wünsche Ihrer Mitarbeiter sammeln.

Das Erstellen einer Wunschliste ist nicht irgendein lästiger Zwischenschritt beim Computerkauf, sondern eine wichtige Voraussetzung für die Auswahl des richtigen Computers und der richtigen Programme.

Fehler oder Versäumnisse in diesem Stadium rächen sich später, indem beispielsweise eine unter- oder überdimensionierte Anlage zum Einsatz kommt, mit der die gewünschten Aufgaben nicht, teilweise oder nur mangelhaft bewältigt werden können.

Ihre Wunschliste sollte zusammen mit den Checklisten Nummer 2, 5, 7 und 8 Ihre Anforderungen an ein EDV-System festschreiben.

Bedenken Sie bitte bei Ihrer Wunschliste, daß mit höheren Ansprüchen auch die Preise steigen.

Bereits jetzt sollten Sie die Forderungen an die Software (Checkliste Nummer 7) und Hardware (Checkliste Nummer 8) mit Ihrer Wunschliste vergleichen. Die genannten Checklisten haben eine Spalte, in der Sie die einzelnen Forderungen gewichten. Bei für Sie sehr wichtigen Forderungen notieren Sie drei Punkte, bei wichtigen Forderungen zwei Punkte, weniger wichtige Forderungen erhalten einen Punkt. Diese Checklisten legen Sie bis zur endgültigen Ausschreibung beiseite.

Die erste Ausschreibung

Sie haben Ihr Unternehmen analysiert, die Basisdaten erfaßt und Anforderungen an die EDV entwickelt. Jetzt kann die Suche nach der richtigen Lösung beginnen.

In den Marktdaten (Kapitel 5) finden Sie Hinweise auf Soft- und Hardwareangebote. Dort sollten Sie eine Vorauswahl der Anbieter treffen.

Sie haben nun 2 Möglichkeiten:

1. Sie verschicken an 6 bis 8 Anbieter, die Sie in Ihrer Nähe ausgesucht haben, Ihren Forderungskatalog (Materialien und eigene Listen) und bitten um Angebotsabgabe.

2. Sie verschicken zuerst die Checkliste Nummer 4 „Grundforderungen" und entscheiden erst nach deren Beantwortung, wem Sie Ihren Forderungskatalog zusenden.

Wir empfehlen Ihnen, von der zweiten Möglichkeit Gebrauch zu machen, denn hiermit trennen Sie sehr schnell die Spreu vom Weizen, ohne Ihren Forderungskatalog unnötig oft zu kopieren und zu versenden.

Sorgen Sie dafür, daß in Ihrem Anschreiben

- der Abgabetermin festgelegt ist, um den zeitlichen Ablauf im Griff zu behalten
- die Anbieter Ihnen zusätzliche Informationen schicken, über Hardware, Software, Service und Konditionen.

Zur Vorauswahl finden Sie in den Materialien (Kapitel 5) die Checkliste Nummer 6. Tragen Sie dort die zurückgesandten Offerten ein (unvollständig ausgefüllte Offerten scheiden aus). Vermutlich verbleiben nun zwei bis drei Anbieter, denen Sie nach der Vorauswahl Ihren Forderungskatalog – oder die Checklisten Nummer 2, 5, 7 und 8 aus den Materialen – zusenden.

Unternehmen, denen das Vorgehen mit Checklisten nicht so sehr liegt, können statt dessen auch in mündliche Verhandlungen eintreten. Auf keinen Fall sollten Sie es aber versäumen, Verhandlungsergebnisse schriftlich festzuhalten.

So bereiten Sie die richtige Kaufentscheidung vor.

Es ist nicht leicht, die richtige Auswahl aus den vielen EDV-Angeboten zu treffen. Dennoch ist diese Entscheidung äußerst wichtig, geht es doch um eine bedeutende Investition. Mit der richtigen Kaufstrategie vermeiden Sie kostspielige Fehlentscheidungen oder Entäuschungen nach der Einführung eines für Ihr Unternehmen ungeeigneten Systems. Ein eigens für dieses Buch entwickeltes Punkte-Wertungsverfahren ermöglicht ohne großen Aufwand eine objektive Prüfung der Herstellerangebote. Schließlich erhalten Sie wichtige Tips, wie die Kaufverhandlungen geführt werden sollen.

Ein Computer kauft sich nicht so leicht wie ein neues Auto.

Nach welchen Gesichtspunkten soll man einen Computer beurteilen? Bei welchem Händler kann man Computer kaufen? Wie prüft man systematisch die Angebote? Wie führt man das Kaufgespräch mit den Anbietern der engeren Wahl?

Deshalb erfahren Sie hier Näheres über:

- Einkaufsquellen für Computer
- Angebotsprüfung durch ein Punkte-Wertungsverfahren
- Kaufverhandlungen mit den Anbietern der engeren Wahl

Einkaufsquellen

Großcomputer werden direkt vom Hersteller an den Kunden geliefert. Jedes Produkt, das stark erklärungs- und beratungsbedürftig ist, einen hohen Preis hat und nur in größeren Zeitabständen verkauft wird, setzt man sinnvollerweise auf direktem Weg ab.

Für billigere Investitionsgüter hingegen, wie die kleineren Computer vom Personal Computer bis zur mittleren Datentechnik, lohnt dagegen kaum der Einsatz eines Verkaufsteams.

Für Computer, deren Leistungsangebote mehr standardisiert sind, ist die Einschaltung von Handelsorganen vernünftig.

Neben den kleineren Computern weisen auch Fernkopierer, Textverarbeitungsautomaten mit und ohne Kommunikationszusatz, Speicherschreibmaschinen oder Bildschirmtext-Geräte die Nähe zu standardisierten Produkten auf.

Jetzt bleibt die Frage, welcher Händler kann diese Geräte qualifiziert verkaufen ?

Bewältigt der herkömmliche Bürofachhandel diese Aufgabe oder sind es Computershops oder andere Fachgeschäfte?

Diese Frage kann pauschal nicht entschieden werden. Es kommmt ganz darauf an, wie das einzelne Handelsunternehmen sich auf die Entwicklung des Computermarkts eingestellt hat.

Allerdings sollte jeder Computerfachhändler, egal unter welcher Bezeichnung er firmiert, zwei wichtige Leistungen bieten:

- Eine sachkundige Beratung durch gründlich geschulte Verkäufer.
- Dienstleistungen über den Verkauf hinaus. Das sollte Organisationsberatung, Softwarelieferung, Installation, Schulung und Kundendienst umfassen.

Manche Computerhändler sind heute noch nicht einmal in der Lage, die erste Forderung zu erfüllen. Eine kompetente Beratung können Sie daran erkennen, daß der Verkäufer mit Ihnen in Ihrer Sprache spricht. Bei Verkäufern, die an ihren Formeln im Computerchinesisch kleben bleiben, liegt der Verdacht nahe, daß sie den Inhalt ihrer eigenen Erklärungen nicht richtig verstanden haben.

Übersicht der Einkaufsquellen

Hier können Sie sehen, welche Absatzwege es heute für Computer und andere Kommunikationstechniken gibt:

- Direktvertrieb: Hersteller und zum Teil die Deutsche Bundespost (Telefone, Fernkopierer)
- Indirekter Vertrieb: Traditionelle Handelsorgane wie der Bürofachhandel, der Radio- und TV-Fachhandel, der Elektronik-Fachhandel, Warenhäuser oder der Versandhandel.
- Indirekter Vertrieb: Neue Handelsorgane wie Systemhäuser, Softwarehäuser, OEM-Unternehmen und Computer-Shops.

Die neuen Handelsorgane müssen kurz erklärt werden:

- Systemhäuser sind Unternehmen, die Computer und Programme als Gesamtpaket verkaufen. Da der Anwender Computer und Programme nicht getrennt kaufen sollte, ist das eine vernünftige Einkaufsquelle.
- Softwarehäuser sind Unternehmen, die Computerprogramme herstellen. Viele handeln auch mit ihren Programmen.
- OEM-Unternehmen (englische Abkürzung für „Original Equipment Manufacturer") stellen Teile von Computern oder ganze Computer her, die von anderen Firmen unter eigenen Markenzeichen vertrieben werden.
- Computer-Shops sind Computerläden. Hier sollte man nicht vergessen, daß der Computer eine Betreuung über den Verkauf hinaus erfordert.

Welche der genannten Handelsunternehmen zum Computerkauf geeignet ist, kann von Fall zu Fall verschieden sein. Um Computer erfolgreich zu verkaufen, müßten Leistungen erbracht werden, die bisher von Herstellern, Unternehmensberatern und Softwarehäusern erbracht wurden. Das umfaßt Organisationsanalyse und -beratung, Systemplanung, Softwareproduktion oder Bereitstellung von Software und ihre Wartung, Anpassen von Programmen auf bestimmte Computertypen, technische Wartung und Schulung.

Es gibt aber erst eine beschränkte Anzahl von Handelsunternehmen, die alle diese Leistungen erfüllen können. Zumindest vom theoretischen Anspruch her können dies die Systemhäuser leisten. Anbieter von Branchenpaketen kommen folgerichtig oft aus diesem Kreis.

Angebotsprüfung durch ein Punktewertungsverfahren

Sie haben von den verbliebenen Anbietern den ausgefüllten Forderungskatalog (beziehungsweise die Checklisten aus den Materialien in Kapitel 5) zurückerhalten.

Bei einer Reihe von Anbietern hat sich in den letzten Jahren die aus Kostengründen zwar verständliche, für den Kunden aber unzumutbare Gewohnheit breitgemacht, lediglich Hard- und Software-Preislisten einzureichen und in einem Begleitschreiben die Zusicherung abzugeben, man sei in der Lage, alle Forderungen des Anwenders zu realisieren. Solche Angebote sollte man vorerst einmal auf die Seite legen.

Die ausgefüllten Forderungskataloge müssen Sie jetzt systematisch auswerten. Das Ergebnis hängt dabei ab:

- von Ihren Anforderungen
- von dem Vergleich der Eigenschaften der angebotenen Systeme
- von den Preisen

Der Laie kann mit den Leistungsdaten eines Computers und der Programme nicht viel anfangen. Deshalb neigt er dazu, vorwiegend preisorientiert zu entscheiden. Aber eine Entscheidung allein aufgrund eines günstigen Preisangebots ist immer eine schlechte Entscheidung.

EDV-Profis entscheiden daher mit Hilfe eines Punktewertungssystems.

Hier wird Ihnen ein ein solches Wertungssystem zur Verfügung gestellt.

So ermitteln Sie alle Preise der Angebote:

Nehmen Sie Checkliste Nummer 5 „Preisspiegel" zur Hand.

Der Preisspiegel hat zwei Teile, einen Software- und einen Hardware-Teil.

Im Teil für die Software tragen Sie alle Teilpreise für die Software-Pakete ein, die Sie kaufen wollen. Hinzu kommen noch die Preise für die Einführung und Softwarepflege, die Sie, wie in der Tabelle angegeben, verrechnen. Jetzt haben Sie eine Zwischensumme der Software-Pakete und den Gesamtpreis für die Software.

Im Teil für die Hardware bilden Sie ebenso die Summe für die vom Anbieter eventuell angegebenen Hardwareteile – oder nehmen den Gesamtpreis. Wenn Sie einen Wartungsvertrag abschließen wollen, muß der zum Beispiel auf 5 Jahre umgelegte Preis für die Hardwawartung im Gesamtpreis mit berücksichtigt werden.

Die Summe aller ermittelten Preise ergibt den Systempreis.

So werten Sie die Angebote nach Punkten aus:

In den Checklisten Nummer 7 und 8 finden Sie links Ihre „Unternehmerspalte". In den drei Unterspalten führen Sie Ihre Wertung durch.

1. In der Unterspalte „Gewicht" haben Sie vielleicht schon bei den Vorarbeiten zum Forderungskatalog die Forderungen gewichtet: Sie haben 3 Punkte für sehr wichtige Forderungen, 2 Punkte für wichtige und 1 Punkt für weniger wichtige Forderungen eingetragen.
2. In der mittleren Spalte bewerten Sie den Erfüllungsgrad der Forderungen. Dabei werten Sie „sehr gut erfüllt' mit 3, „gut erfüllt" mit 2, und „weniger oder nicht erfüllt" mit 1.
3. Berechnen Sie in der dafür vorgesehenen Spalte ganz links das Produkt aus Gewichtpunkten und Rangpunkten. Zählen Sie die Ergebnisse auf jeder Checkliste (SoftwareCheck, Hardware-Check) zusammen.
4. Mit der Checkliste Nummer 9 „Auswertung der Angebote" ermitteln Sie das endgültige Ergebnis.
   - Übertragen Sie für jeden Anbieter die Punktesummen aus den Checklisten SoftwareCheck und HardwareCheck in die entsprechende Spalte. Addieren Sie die zwei Werte zur Gesamtpunktzahl.

- Übertragen Sie den Systempreis aus dem Preisspiegel der gewerteten Anbieter.
- Sie ermitteln schließlich das Kosten-Nutzen-Verhältnis, wenn Sie den Systempreis durch die Gesamtpunktzahl teilen. Das niedrigste Ergebnis ist der beste Wert.
- Sie können zusätzlich durch die Vergabe von Plätzen das Abschneiden der Anbieter übersichtlicher gestalten. Sie sollten auch den zweitbesten Anbieter beachten, da Sie jetzt in die eigentlichen Kaufverhandlungen eintreten und der zweite am Ende vielleicht das bessere Angebot macht.

Kaufverhandlungen

Die Ausschreibung wird noch nicht alle verlangten Angaben enthalten, und nicht alle Angaben des Anbieters werden Ihnen klar sein.

Deshalb ist es unumgänglich im Rahmen der Kaufverhandlungen mit den Anbietern, die Sie aus der Angebotsprüfung ermittelt haben, ein intensives Gespräch zu führen. Haken Sie bei jeder auch noch so unscheinbaren Kleinigkeit beharrlich nach. Scheuen Sie sich auch keineswegs, solche Fragen zu stellen, die klar erkennen lassen, daß Sie ein EDV-Laie sind.

Schließlich geht es um die langfristige Organisation Ihres Unternehmens. Alle Unklarheiten müssen im Vorfeld der Vertragsunterzeichnung abgeklärt werden, sonst nehmen Sie eine Fehlinvestition in Kauf.

Führen Sie den Dialog in wichtigen Fragen am besten schriftlich. Bringen Sie Ihre offenen Fragen zum Gespräch gleich auf Papier mit und sagen Sie dem Anbieter, daß seine schriftliche Antwort zum Bestandteil des Vertrags erhoben wird.

Ausschreibungsergänzung

Ein heikler Punkt in der Ausschreibung ist die Frage nach den Referenzen. Im seltensten Fall wird der Anbieter gleich konkrete Adressen von auskunftbereiten EDV-Anwendern hinzugefügt haben.

Fragen Sie daher gleich zu Beginn Ihres Gesprächs nach Referenzadressen. Die Referenzunternehmen sollten aus der gleichen Branche kommen und möglichst eine ähnliche Struktur aufweisen.

Für die Nennung von Referenzen braucht der Anbieter etwas Zeit, was nicht heißt, daß er Sie sich auf unbestimmte Zeit vertrösten kann. Aber der Anbieter muß sich im Rahmen des Datenschutzes erst vergewissern, ob der Referenzkunde mit seiner Nennung einverstanden ist. Sie sollten die Referenzadressen aber spätestens zusammen mit dem Nachtragsangebot erhalten.

Im übrigen gehen Sie beim „Auffüllen" der Ausschreibung am besten systematisch vor: Schreiben Sie sich alle offenen Stellen und alle nicht verstandenen Angaben heraus.

Vergleichen Sie bei der Software vor allem die verlangten Tätigkeiten mit den angebotenen Programmteilen. Immer, wenn ein Programmteil – im EDV-Deutsch „Modul" genannt – fehlt oder in seinem Leistungsumfang nicht klar genug beschrieben ist, sollte dies im Detailgespräch abgefragt werden.

Die Antworten sollten schriftlich fixiert werden und zumindest Bestandteil des Nachtragsangebots sein.

Hier taucht das Problem der sprachlichen Genauigkeit auf. Ein Programmteil mag vorhanden sein, es mag auch von Hersteller und Kunden einvernehmlich sprachlich fixiert sein – und trotzdem stellt sich die Qualität eines Programmteils in der Praxis als schlechter heraus als erwartet. Ein und dieselbe Formulierung kann verschieden ausgelegt werden – und Sie können davon ausgehen, daß der Anbieter Ihre Forderungen möglichst niedrig auslegt.

Softwareprüfung

Bis heute gibt es keine verläßlichen Standards für die Qualität von Computerprogrammen und noch kaum fachgerechte Methoden zur Qualitätsprüfung. Dabei geht es allerdings um die „innere" Geschlossenheit von Computer-Programmen.

Was für Ihre Zwecke ausreicht und was Sie auf jeden Fall tun können, ist, mit dem Anbieter eine Demonstration der angebotenen Programme zu vereinbaren.

Die Demonstration der Software soll zunächst beweisen, daß die angebotene Software auf der vorgeschlagenen Hardware überhaupt lauffähig ist.

Geben Sie dem Anbieter die Gelegenheit, eine Vorbedingung dieser Software-Realisation noch einmal genauer zu prüfen: Es geht um das Datenvolumen und das Datenprofil Ihres Unternehmens, das Sie in Ihren Eckdaten des Unternehmens mit Schätzwerten beschrieben haben.

Größere EDV-Firmen haben sich dazu einen „Konfigurator" erstellt. Das ist ein Computerprogramm, das anhand der Daten des Anwenders recht genau errechnen kann, wie groß der zukünftige Computer sein muß, damit die Forderung nach dem reibungslosen Zusammenspiel von Hardware und Software gewährleistet ist.

Verfügt der Anbieter nicht über ein solches Programm, so ist er zumindest in der Lage, durch einen Vergleich mit ähnlich gelagerten Unternehmen die Größenordnung des einzusetzen Computers zu bestimmen.

Verlassen Sie sich auf keinen Fall auf ausweichende Aussagen, die klar erkennen lassen, daß der Anbieter sich nicht in Ihrer Branche auskennt und sich gerne Schritt für Schritt an die Problemlösung herantasten möchte.

In der Praxis hat das bisher immer dazu geführt, daß das EDV-Budget unberechenbar wird. Denn entweder muß die Hardware ergänzt oder die Software kostenpflichtig um Eigenschaften erweitert werden, die in der ursprünglichen Kalkulation nicht auftauchen.

Nach Abstimmung der Konfiguration kann es zur eigentlichen Vorführung der Software kommen.

Hier wird von den Anbietern gerne ein Programmteil demonstriert, das durch seinen vielfachen Einsatz und die fortgeschrittene Standardisierung sehr ausgereift ist: die Finanzbuchhaltung.

Mit diesem psychologischen Trick hoffen die Anbieter zu erreichen, daß in Ihrer Vorstellung die Schnelligkeit und Bedienungsfreundlichkeit von Programmen der Finanzbuchhaltung vielleicht auf andere Programmteile übertragen werden.

Branchenspezifische Programme sind allerdings nicht immer so ausgereift. Deshalb sollten Sie sich zunächst diese

Programme in voller Tiefe vorführen lassen.

Dabei sollten Sie auf zwei weitere Merkmale achten:

- Integration der Teilprogramme. Ergebnisse aus einem Teilprogramm müssen in andere Teilprogramme automatisch übernommen werden können.
- Tiefe der Teilprogramme. Viele Anbieter behaupten, zum Beispiel eine Textverarbeitung anzubieten. Das ist im Prinzip meistens richtig. Es kommt aber für Unternehmen mit hohem Briefaufkommen darauf an, das der Text nicht nur „bearbeitet“, sondern auch „verarbeitet“ werden kann. Das heißt beispielsweise, daß abgespeicherte Textblöcke mit möglichst wenigen und kurzen Befehlen eingespielt und anschließend schnell individuell ergänzt oder gekürzt werden können.

Dienstleistungsumfang

Ein Computersystem ist immer nur so gut, wie die mitgelieferte Betreuung.

Die Betreuung durch den Anbieter sollte Schulung, Einweisung und Wartung umfassen.

Diese Bereiche des Service können sich von Anbieter zu Anbieter sehr unterscheiden, aber gerade hier zeigt sich die Qualität des Verkäufers.

Schulung

Sie sollten abklären,

- welche Schulungen
- wo (beim Anbieter/bei Ihnen)
- in welchem Umfang
- zu welchen Kosten angeboten werden.

Hat die Schulung mehr den Charakter einer Einweisung zu Anfang des EDV-Einsatzes oder sind auch später Schulungen vorgesehen ?

Spätere Schulungen sind erforderlich, weil man mit Beginn des EDV-Einsatzes nicht alle Programme nutzt, der Schulungsstoff mit dem Tagesgeschehen im Unternehmen langsam wieder in Vergessenheit gerät oder vielleicht ein neuer Mitarbeiter nachgeschult werden muß.

Die Unterstützung durch Schulung ist eine Grundvoraussetzung für eine effektive EDV-Installation und Nutzung. Daher sollte an der Schulung nicht gespart werden.

Wartung

Eine leicht unterschätzte Vorstufe der Wartung ist die Hilfestellung über das Telefon, oft als „Telefonseelsorge“ oder als „Hot Line“ bezeichnet.

Zwar sollten die Programme den Bediener „führen“, das heißt, der Benutzer wird mit Bedienungshinweisen und mit Inhaltsverzeichnissen („Menüs“) durchs Programm geführt, aber das, was sowohl den Neuling als auch den alten EDV-Hasen immer wieder aus dem Gleichgewicht bringt, sind die Sonderfälle. Hier muß es möglich sein, daß man zum Telefon greifen kann und so einen Rat bekommt.

Der Erstanwender muß damit rechnen, für eine Zeit von ein bis zwei Jahren auf die Unterstützung des Anbieters angewiesen zu sein, daher spielt die Frage nach der Wartung überhaupt eine große Rolle.

Während die Schadensbeseitigung bei Hobby- und Spielcomputern nicht zeitkritisch ist – man muß eben einige Wochen auf das geliebte Spielzeug verzichten, solange es repariert wird – spalten sich beim kommerziellen Einsatz von Personal und Büro-Computern die Meinungen:

- Hersteller, Fachhändler und externe Berater empfehlen den Vollwartungsvertrag
- andere Händler, wie Versandhäuser, Kaufhäuser und Computershops spielen das Problem herunter
- den Anwendern ist der Wartungsvertrag im Verhältnis zum Kaufpreis zu teuer. Sie sehen auch die Notwendigkeit nicht ein, da in der Werbung die Unanfälligkeit der Geräte herausgestellt wird.

Als Erstanwender sollten Sie sich aber klar machen, was ein längerer Systemausfall für Ihr Unternehmen bedeuten kann. Je mehr Einsatzgebiete im Betrieb computerisiert sind, desto kritischer ist die Lage.

Bei einem durchschnittlichen Stunden-Satz von etwa 100.- DM für den EDV-Techniker – falls eine Reparatur vor Ort überhaupt möglich ist – läßt sich beispielsweise bei einem Schaden an einem Massenspeicher, wie einem Diskettenlaufwerk oder gar an einem verkapselten Festplattenlaufwerk, nicht selten mit einer Reparaturzeit von fünf bis zehn Stunden rechnen. So können mit einem einzigen Schadensfall bereits die Kosten für einen Vollwartungsvertrag übertroffen werden.

Der Abschluß eines Wartungsvertrags ist also in vielen Fällen sinnvoll. Dabei sollte man sicherstellen, daß die Ausfallzeit möglichst kurz ist. Eine Kenngröße dazu ist die Reaktionszeit. Das ist die Zeit vom Eingang der Schadensmeldung beim technischen Kundendienst des Anbieters bis zum Eintreffen des Technikers. Im Bereich der mittleren Datentechnik sind vier Stunden und weniger üblich.

Manche Hersteller versuchen das Wartungsproblem im Extremfall durch den Verkauf von zwei Anlagen zu lösen. Das ist für den Anwender jedoch kaum wirtschaftlich.

Problematisch ist auch der Anschluß von Peripheriegeräten unterschiedlicher Hersteller, wenn dies nicht so von einen Anbieter, zum Beispiel einem Systemhaus, vorgeschlagen und realisiert wurde. Wer wartet diese Aggregate bis zu welchem Anschluß („Interface") ? Hier ist eine exakte Festlegung im Wartungsvertrag erforderlich.

Preis und Nachtragsangebot

Scheuen Sie sich nicht, über den Preis zu verhandeln. Keiner hat heute Geld zu verschenken, daher sollten Sie Listenpreise nicht unbesehen akzeptieren.

Am Hardwarepreis ist wegen der Markttransparenz in den seltensten Fällen zu rütteln, dies würde sich schnell herumsprechen. Bei branchenspezifischer Software und Dienstleistungen besteht keine Markttransparenz. Hier sind die Anbieter eher bereit, einen Nachlass zu gewähren. Weisen Sie darauf hin, daß der Anbieter mit Mitbewerbern rechnen muß.

Das Ergebnis Ihrer Kaufgespräche muß schließlich ein Nachtragsangebot sein.

Aus dem Nachtragsangebot soll zweifelsfrei hervorgehen, wie die bisher offenen Fragen gelöst werden, welche Unterstützungsleistungen erbracht werden und welche endgültigen Kosten für das Investitionsvorhaben einzuplanen sind.

Dieses Nachtragsangebot muß zum Bestandteil des späteren Vertrags erhoben werden.

So ermitteln Sie die Wirtschaftlichkeit von Computersystemen.

Ganz allgemein lohnt sich eine Investition nur dann, wenn man den Rückfluß der Ausgaben, zusammen mit einer zufriedenstellenden Verzinsung des eingesetzten Geldes, erwarten kann.

Man müßte also Ausgaben für die EDV und Einnahmen durch die EDV genau bestimmen und vergleichen können. Die Ausgabenseite ist berechenbar - aber wie wollen Sie die Einnahmen ermitteln?

Bei der Wirtschaftlichkeitsberechnung einer EDV-Lösung haben Sie es daher nicht mit Einnahmen und Ausgaben, sondern mit Kosten und Nutzen zu tun. Vorteile durch die EDV sind in Zahlen schlecht meßbar.

Wie wollen Sie zum Beispiel das Folgende verrechnen:

- umfassende Übersichten über Kennzahlen des Unternehmens
- geringere Fehlermöglichkeiten durch automatische Weiterverwendung einmal eingegebener Daten
- bessere Kundenbetreuung

Sie sehen, daß eine exakte Wirtschaftlichkeitsberechnung im Rahmen einer EDV-Investition sehr schnell an klare Grenzen stößt.

Trotzdem brauchen Sie nicht auf die Wirtschaftlichkeitsrechnung zu verzichten.

Auch bei der Einführung einer EDV-Anlage muß eine Wirtschaftlichkeitsanalyse durchgeführt werden. Nur so können Sie feststellen, ob sich die geplante Investition für Sie auch lohnt.
Mit Hilfe einer Checkliste können Sie die Kosten der EDV-Einführung mit dem erwarteten wirtschaftlichen Nutzen vergleichen.

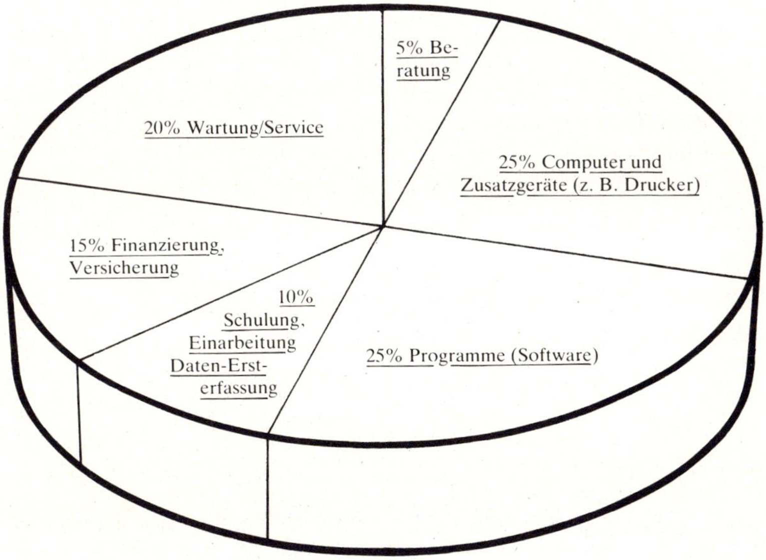

Bedienen Sie sich hierbei der direkten Wirtschaftlichkeitsanalyse. Sie addieren einmalige Kosten und laufende Kosten des EDV-Betriebes, und stellen diese Kosten dem zu erwartenden Nutzen gegenüber.

Einmalige Kosten sind zum Beispiel Personalschulung oder Mobiliar. Abschreibung und Versicherung sind Beispiele für laufende Kosten. Ein Nutzen kann sich durch Maschinenfreisetzung oder Zeitersparnis beim Erstellen von Rechnungen ergeben.

Sie sollten damit in der Lage sein, die wirtschaftlichen Auswirkungen dieser Anschaffung im Zeitablauf zu sehen.

Mit Hilfe der Liste Nr.11 in den Materialien können Sie sich ein Bild über die zu erwartenden Einsparungen und Aufwendungen pro Monat machen.

Selbstverständlich können Sie die Rechnung noch weiterführen und sich den Stundensatz Ihrer Anlage ausrechnen.

So berechnen Sie Ihr Budget für einen Personal Computer:

Berechnung	Beispiel	Ihre Zahlen
Jahresumsatz	500.000,-	
2% maximal vom Jahresumsatz	10.000,-	
EDV-Budget bei 5-jähriger Nutzungsdauer	50.000,-	

So teilen Sie Ihr Budget für ein Personal Computer-System sinnvoll ein:

Aufteilung	Beispiel	Ihre Zahlen
25% Computer und Zusatzgeräte	12.500,-	
25% Software	12.500,-	
10% Schulung, Einarbeitung, Datenerfassung	5.000,-	
15% Finanzierung, Versicherung	7.500,-	
20% Wartung, Service	10.000,-	
5% neutrale Beratung	2.500,-	
	50.000,-	

Berechnung des Stundensatzes:

$$\text{Anlagenstundensatz} = \frac{\text{Gesamtkosten pro Monat}}{\text{160 Stunden}} =$$

und bei einer monatlichen Anlagenausnutzung von 50 %:

$$\text{Anlagenstundensatz} = \frac{\text{Gesamtkosten pro Monat}}{\text{80 Stunden}} =$$

So bekommen Sie die Finanzierung und Bilanzierung in den Griff.

Finanzierungsfragen stehen auch bei einem EDV-Projekt nicht an erster Stelle. Selbst die beste Finanzierung kann einer schlechten EDV-Lösung nicht zum Erfolg verhelfen.

Auf der anderen Seite können die Erträge einer organisatorisch und technisch guten Lösung von einer unvorteilhaften Finanzierung wieder aufgefressen werden.

Zwei weitere Punkte, die eng mit der Finanzierung zusammenhängen, sind die Hilfe durch Fördermittel und die Bilanzierung Ihrer EDV-Lösung.

Die Fördermittel werden in den meisten Fällen nur beim Kauf bereitgestellt, nicht aber bei Miete oder Leasing.

Die Darstellung der EDV in der Bilanz oder der Gewinn- und Verlustrechnung ist stark von der gewählten Finanzierungsform abhängig.

Lesen Sie im Folgenden über:

- Finanzierungshilfen durch Fördermittel
- Kauf, Miete und Leasing
- Bilanzierung

Finanzierungshilfen durch Fördermittel

Grundsätzlich sollten Sie kein Projekt beginnen, nur weil es dafür vielleicht Fördermittel gibt. Die echten Kostenentlastungen sind dafür zu gering und der Papierkrieg zu aufwendig.

Für die freien Berufe gibt es leider - im Gegensatz zu den kaufmännischen Betrieben - nur sehr wenige Fördermöglichkeiten, die sich meist auf die „Existenzgründungsdarlehen“ beschränken.

Hier bekommen Sie Informationen über Fördermittel:

- bei Ihrer Hausbank
- bei Ihrem Steuerberater
- bei Ihrer Kammer
- bei der Lastenausgleichsbank (LAB)
  Wielandstr. 4
  5300 Bonn 1
  Tel. 0228/ 831-1
- bei der Kreditanstalt für Wiederaufbau (KfW)
  Palmengartenstr. 5-9
  6000 Frankfurt 1
  Tel. 069/ 7431-1

Kauf, Miete oder Leasing

Für die Entscheidung zwischen diesen drei Finanzierungsformen gibt es leider keine allgemeingültigen Regeln. Die

Fehler bei der Finanzierung und Bilanzierung eines Computer-Systems beeinträchtigen die Wirtschaftlichkeit spürbar.
Die für Ihr Unternehmen geeignete Finanzierung und Bilanzierung können Sie anhand der ausführlichen Erläuterungen und Vorschläge in diesem Buch eindeutig feststellen.

beste Lösung für Ihr Unternehmen hängt unter anderem ab:

- von der finanziellen und steuerlichen Lage Ihres Unternehmens
- von der Reife Ihres EDV-Projektes
- von den in Frage kommenden Fördermitteln

Den ersten Rat gibt Ihnen Ihr Steuerberater. Er kennt sowohl Ihr Unternehmen als auch die einschlägigen steuerlichen Vorteile. Doch wird er sich dabei naturgemäß auf die berechenbaren Unterschiede zwischen den Finanzierungsformen konzentrieren.

– Kauf

Beim Kauf gibt es zwei Möglichkeiten. Entweder sie verfügen über genügend flüssige Mittel oder Sie möchten sich den Kauf eines Computers finanzieren lassen.

In letzterem Fall müssen Sie frühzeitig klären, welche Teile Ihres Projekts finanziert werden können. Denken Sie auch an Anlaufkosten, wie Datenerfassung, Umbauten und Schulung. Vielleicht ist für diese Anlaufkosten eine kurzfristige Ausweitung Ihres allgemeinen Betriebsmittelkredits möglich, falls sie höher als geplant ausfallen sollten.

Bei Fremdfinanzierung Ihres Computer-Systems werden Sicherheiten gefordert. Dabei müssen Sie damit rechnen, daß der Wert Ihres Computers sehr niedrig angesetzt wird. Computer verlieren innerhalb von 3 Jahren erheblich an Marktwert.

Der Kauf ermöglicht den besten Zugang zu Fördermitteln und es müssen nicht alle teuren Wartungsverträge und Versicherungen abgeschlossen werden. Im übrigen haben Sie freie Hand im Bezug auf Veränderungen an Ihrer Anlage.

– Miete

Der größte Vorteil der Miete ist die Flexibilität bei der Vertragsgestaltung und der Umstand, daß das Gerät während der gesamten Mietzeit voll funktionsfähig gehalten werden muß (§ 536 BGB). Bei Mängeln kann die Miete gemindert werden, was dem Anwender eine günstige faktische Position gibt im Gegensatz zum Kauf, wo schon alles bezahlt ist. Deshalb werden Mietverträge nur selten angeboten. Wer die Mietzeit zu ausführlichen Tests nutzt, der hat sicher eine besonders gute Ausgangsposition bei anschließenden Kaufverhandlungen. Steuerlich gilt die Miete als Betriebsausgabe.

Als Unternehmer müssen Sie auch die technischen und organisatorischen Risiken des EDV-Projektes berücksichtigen. Im Falle unvorhergesehener Probleme ist für Sie ein kurzfristig kündbarer Mietvertrag von Vorteil.

– Leasing

Manche Verkäufer sprechen fast von einem Geschenk des Finanzamts, wenn sie die Vorzüge von Leasing schildern. Doch die Leasingraten müssen erst einmal verdient werden.

Der Grundgedanke des Leasing besteht in der Nutzung von teuren Ausrüstungen, ohne daß man gleich Eigentümer wird. Insoweit entspricht es der Miete. Zusätzlich aber muß eine Grundmietzeit vereinbart werden, in der der Vertrag nicht gekündigt werden darf.

Unter dieser Voraussetzung wird ein Leasingobjekt, wie der Computer, in der Bilanz der

Leasingfirma ausgewiesen, und nicht in Ihrer Bilanz. Deshalb sind Sie berechtigt, die Leasingraten jedes Jahr als gewinnmindernde Geschäftsausgaben abzusetzen. Und darin liegt der eigentliche Effekt: Die Leasingraten sind deutlich höher als die Abschreibungen auf den selbst gekauften Computer. Daher fallen der Gewinn und damit die Steuern zunächst niedriger aus. Sie erhalten praktisch einen zinslosen Kredit vom Finanzamt, weil die Zahlung der Gewinnsteuern so auf spätere Jahre verschoben wird.

Die Suche nach einer selbstständigen Leasingfirma lohnt sich erst ab einer Summe von 50.000,– DM aufwärts. Bei kleineren Projekten ist der Bearbeitungsaufwand für alle Beteiligten meist zu hoch.

Anders sieht es bei Leasinganbietern aus, die noch ein zusätzliches Geschäftsinteresse an Ihnen haben. Das ist zum einen Ihre Bank, die Sie rundum gut bedienen will. Und zum anderen ist es oft der EDV-Anbieter selbst, der Ihnen durch eine attraktive Finanzierung den Vertragsabschluß erleichtern will. Dabei arbeiten EDV-Anbieter und Leasing-Firmen eng zusammen und stehen grundsätzlich auf derselben Seite, weil der EDV-Anbieter der Leasingfirma den Weg zu neuen Kunden weist.

Bei Mängeln kann man nicht die Leasingraten mindern, wie bei der Miete, wenn die Fehler aber so gravierend sind, daß sie die Wandelung rechtfertigen, dann fehlt es auch dem Leasingvertrag an der Geschäftsgrundlage und er muß rückabgewickelt werden.

Die folgenden Fragen heben kritische Punkte in einem Leasingvertrag hervor. Die Antworten des Leasinganbieters sollten Sie sich schriftlich geben lassen.

In der Tabelle „Kauf, Miete, Leasing im Vergleich“, sehen Sie die Vor- und Nachteile der drei Finanzierungsformen im Überblick.

Gewinn- und Verlustrechnung, Bilanzierung

Die steuerliche Behandlung Ihres EDV-Projektes und – falls Sie bilanzieren – die Bilanzierung wird erst dann akut, wenn Sie sich an den ersten Jahresabschluß nach Projektbeginn machen. Die wichtigsten Punkte zu diesem Thema sollten Sie aber schon jetzt bedenken! Wie alle bedeutenden Vorgänge im Unternehmen macht sich das EDV-Projekt natürlich auch in Ihrer Gewinn- und Verlustrechnung und Ihrer Bilanz bemerkbar. Zunächst schlagen Kosten und Eigentumsverhältnisse zu Buch. Die Erträge dagegen sind – wie so oft bei organisatorischen Änderungen – nur indirekt durch Vergleichsrechungen (vorher/nachher) zu ermitteln.

– Miete und Leasing

Bei Miete oder Leasing werden Sie nicht Eigentümer der Hardware. Deshalb bleiben Anlagevermögen und Abschreibungen unverändert.

Die regelmäßigen Miet- oder Leasingzahlungen buchen Sie ganz normal auf dem Kostenkonto „Mieten“. Wenn Sie auch eine Kostenstellenrechnung pflegen – oder aber zusammen mit der neuen EDV-Finanzbuchhaltung einführen wollen -, dann bilden Sie am besten eine neue Kostenstelle „EDV“. Alle weiteren Aufwendungen für Schulung, Bücher, Disketten, Farbbänder, neue Formulare, Umbauten, Wartungsverträge und Versicherungen können

Das EDV-Projekt in der Buchhaltung - ein Beispiel:

Ausgaben ab 1.1.1988:

1.	Zentraleinheit mit Diskettenlaufwerk und Festplatte	9.000,-
2.	Bildschirm	800,-
3.	Drucker	3.500,-
4.	Druckerkabel	200,-
5.	30 Disketten für je DM 8,-	240,-
6.	Branchenprogramm für das Unternehmen	14.600,-
7.	Seminargebühren für Mitarbeiter	3.500,-
8.	Kalkulatorische Einarbeitungszeiten (160 Stunden für je DM 25,-)	4.000,-
9.	Hardware-Wartung (1% pro Monat = 135,- DM mal 12)	1.620,-
10.	Software-Wartung (1% pro Monat = 146,- DM mal 12)	1.752,-
11.	Verbrauchsmaterial (Papier, Farbbänder)	1.000,-
	Finanzierungsvolumen 1988:	40.212,-

Gewinnmindernde Kosten 1988:

12.	Sofortige Abschreibung (geringwertige Wirtschaftsgüter; auf 4,5)	440,-
13.	20% Abschreibung auf Betriebs- und Geschäftsausstattung (auf 1,2,3,4,5)	2.748,-
14.	20% Abschreibung auf immaterielle Anlagenwerte (6)	2.920,-
15.	Einführungskosten (7,8)	7.500,-
16.	Wartungskosten (9,10)	3.372,-
17.	Verbrauchsmaterial (11)	1.000,-
	Summe	17.540,-

In den folgenden Jahren fallen dann jeweils die Posten Abschreibung (13, 14), Wartung (16) und Material (17) mit insgesamt circa 10.000,- DM an.

dann über dieselbe Kostenstelle laufen. Auf diese Weise haben Sie einen guten Überblick über die tatsächlichen Kosten Ihres EDV-Projekts und nichts fällt unter den Tisch.

Selbst wenn man Ihnen auch die Software „verleast" hat - was rechtlich wohl deshalb sehr bedenklich ist, weil die Leasinggesellschaft niemals Volleigentümer, sondern nur Nutzungsberechtigte sein kann -, so handelt es sich genau genommen fast immer um eine einfache Ratenzahlung für das Nutzungsrecht an der Software. Auch diese Zahlungen buchen Sie wie oben beschrieben unter „Mieten".

Im Ergebnis erscheint Ihr EDV-Projekt im Falle von Miete oder Leasing nur in der G+V-Rechnung unter den Kosten und die Bilanz bleibt unberührt.

- Kauf von Hardware

Gekaufte Hardware muß prinzipiell als Anlagevermögen aktiviert werden und dann über die betriebsübliche Nutzungsdauer - meistens 5 Jahre - abgeschrieben werden. Ihr Steuerberater wird entscheiden, ob sich aufgrund der steuerlichen Lage des Gesamtunternehmens eine lineare Abschreibung (zum Beispiel 20 % jährlich vom Anschaffungspreis) oder aber degressive Abschreibung empfiehlt (maximal 30 % vom jeweiligen Buchwert).

Teile Ihrer Anlage, die auch einzeln angeboten werden (Tastatur, Kabel, Bildschirm) und weniger als 800,- DM kosten, müssen Sie trotzdem mit der Zentraleinheit über die betriebsübliche Nutzungsdauer abschreiben.

Der Marktwert Ihres Computers wird bei der heutigen Entwicklung von Technologie und Verkaufspreisen sehr viel schneller sinken, als die Abschreibungen es wiedergeben. Das betrifft Sie jedoch nur, wenn Sie zum Beispiel nach drei Jahren Ihre Anlage an einen Gebrauchtcomputerhändler verkaufen. Dann ist meist noch eine zusätzliche Abschreibung für außergewöhnliche technische und wirtschaftliche Abnutzung zulässig (dies gilt aber nicht bei degressiver Abschreibung).

- Nutzungsrechte an Software

Im Normalfall erwerben Sie ein „zeitlich unbegrenztes Nutzungsrecht“ an der Software für Ihr Unternehmen. Ein Eigentumserwerb ist nicht möglich, weil die geistige Urheberschaft nicht von dem tatsächlichen Urheber - dem Programmierer - getrennt werden kann.

Für die Bilanz gilt als Grundregel: Alle Nutzungsrechte für Software werden mit dem Anschaffungspreis aktiviert und dann abgeschrieben. Bei weni-

Kauf, Miete, Leasing im Vergleich	Kauf	Miete	Leasing
1 Liquiditätsbelastung	ja, wenn aus eigenen Mitteln	nur Mietrate	nur bei Abschlags- oder Restzahlungen
2 notwendige Zusatzaufwendungen	eventuell Wartungs- oder Versicherungsverträge nötig bei Kauf auf Kredit	keine	Wartungsvertrag! Versicherung!
3 Steuerliche Behandlung	Abschreibungen und Kreditzinsen absetzbar	Mietrate absetzbar	Gesamte Leasingrate absetzbar
4 Zahlungsweise	laut Kaufvertrag: bei Kredit meist monatlich oder vierteljährlich	meist monatlich oder vierteljährlich	meist monatlich oder vierteljährlich
5 Bonitätsprüfung	nur bei Kredit	ja	ja
6 Beschränkung des Kreditrahmens	wenn Kredit genommen wird	nur wenn die Bank davon erfährt	nur wenn die Bank davon erfährt
7 im Anlagevermögen sichtbar	ja	nein	nein
8 Ausbau / Veränderung möglich	ja	nur mit Erlaubnis des Eigentümers	nur mit Erlaubnis des Eigentümers
9 Gewährleistungsansprüche an EDV-Anbieter	ja	nur wenn vom Eigentümer abgetreten	nur wenn vom Eigentümer abgetreten
10 Rückgabe / Kündigung möglich	nein	je nach Vertrag	erst nach Ablauf der Festmietzeit
11 Kaufoption	./.	möglich, aber nicht üblich	möglich und üblich
12 notwendige Sicherheiten	bei Kredit: Computer oder andere Sicherheiten	eventuell Bürgschaft	eventuell Bürgschaft
13 Restwertrisiko	nur bei Verkauf	nein	ja

ger als 800,- DM geschieht das sofort, sonst wird die Software über die „betriebsübliche Nutzungsdauer“ ausgewiesen. Heute werden nämlich vor allem die von vielen Anwendern erworbenen Nutzungsrechte an Textverarbeitungs-, Buchhaltungs- oder auch Branchenprogrammen als „materielle Wirtschaftsgüter“ angesehen, genauso wie Computer oder Drukker.

Die wesentliche Ausnahme bilden die Programme, die speziell für Ihr Unternehmen von einem Softwarehaus, von Ihnen oder Ihren Mitarbeitern geschrieben wurden. Zur Zeit werden solche Programme vorwiegend als „immaterielles Wirtschaftsgut“ eingestuft, also vergleichbar dem Firmenwert oder den Fachkenntnissen des Betriebsleiters. Weil immaterielle Wirtschaftsgüter schwer zu bewerten sind, dürfen sie nur dann aktiviert werden, wenn sie von jemand anderem entgeltlich erworben wurden. Sonst könnte man die Aktiva einer Firma durch angeblich besonders wertvolle eigene Programme erheblich manipulieren.

Für selbstgeschriebene Programme gilt also grundsätzlich ein Aktivierungsverbot, während erworbene Nutzungsrechte an Branchenprogrammen aktiviert und dann (linear!) abgeschrieben werden müssen.

Diese Unterscheidung zwischen „materiellem“ und „immateriellem“ Wirtschaftsgut ist wichtig bei der Entscheidung über die richtige Bilanzposition. Die von vielen genutzten Programme erscheinen unter „Betriebs- und Geschäftsausstattung“ in der Bilanz, die Spezialanfertigungen unter „immaterielle Anlagewerte“.

In den Materialien (Kapitel 6) verschafft Ihnen die Liste Nummer 11 „Fragen zu Finanzierung/Bilanzierung“ einen Überblick.

Fragen an die Leasingfirma

- Wann kann ich den Vertrag frühestens kündigen?
- Was passiert dann mit meiner EDV-Anlage und meinen Daten?
- Unter welchen Bedingungen und zu welchem Preis kann ich den Computer kaufen oder aber den Vertrag verlängern?
- Wer trägt das Preisrisko beim Verkauf der geleasten Anlage nach Ablauf des Vertrages – die Leasing-Firma oder ich?
- Was ist der rechnerische (!) Wert des Computers bei Vertragsende?
- Welche sonstigen Zahlungen (Gebühren, Abschlußzahlungen, Schreibgebühren oder ähnliches) kommen neben der Leasingrate noch auf mich zu? Wie hoch ist der Effektivzins?
- Wie sieht der Vertrag der Leasing-Firma mit den EDV-Lieferanten aus; wer kann Gewährleistungsansprüche bei Mängeln geltend machen?
- Welche Versicherungs- und Wartungsverträge muß ich abschließen?
- Welche Fördermittel kann ich bei dieser Vertragsgestaltung beantragen?

So gestalten Sie die Verträge vorteilhaft.

Der Kauf eines Computer-Systems wird in einem oder mehreren Verträgen festhalten. Mit der richtigen Vertragsgestaltung setzen Sie Ihre Interessen gegenüber den Lieferanten durch und vermeiden späteren rechtlichen Ärger. Damit Sie die optimale Vertragsform wählen können, finden sie im Buch eine Übersicht aller möglichen Vertragstypen. Zusätzlich erhalten Sie ausführliche Informationen zur Rechtsberatung und nützliche Hinweise über EDV-Fachanwälte.

Bei der Einführung von EDV in Ihrem Unternehmen fallen für die verschiedenen Arten von Leistungen sehr unterschiedliche Verträge an. Ihr Vertragspartner wird nicht alle Ihre Wünsche akzeptieren, aber Sie müssen zunächst einmal ihr Verhandlungsziel auf den Tisch legen können. Nur wenn Sie Ihre Interessen zutreffend formuliert haben, können Sie sie anschließend auch durchsetzen.

Die Summe, die Sie in Ihre EDV investieren wollen, wird in keinem Fall gering sein, deshalb ist es vernünftig, auch die rechtliche Seite Ihrer EDV-Lösung durch eine fachgerechte, rechtliche Beratung abzusichern.

Rechtsanwälte, die sich auf EDV-Fragen spezialisiert haben, sind noch verhältnismäßig selten und nicht leicht zu finden. Das Buch darf - aus standesrechtlichen Gründen - keine namentlichen Empfehlungen aussprechen.

So finden Sie einen Anwalt für EDV-Fragen:

Die Deutsche Gesellschaft für Informationstechnik und Recht unterhält eine Experten-Datei, in der Techniker und Juristen erfaßt sind.

Bitte wenden Sie sich an die Geschäftsstelle

Dr. Jürgen W. Goebel
Lyonerstraße 44–46
6000 Frankfurt 71.

Im übrigen helfen Ihnen der örtliche Anwaltverein oder die örtliche Anwaltskammer weiter oder das

Institut der Anwaltschaft
Adenauer Allee 118
5300 Bonn.

Auch die Industrie- und Handelskammer und Ihr neutraler Berater können Ihnen weiterhelfen.

Was kostet der Anwalt?

Die Anwaltsgebühren hängen im Wesentlichen von der Höhe der Vertragssumme oder des Streitwertes, und von der Art der anwaltlichen Bemühungen ab - nicht jedoch von seinem Zeitaufwand !

Die folgende Tabelle zeigt die Gebühren (7,5 Zehntel von der vollen Gebühr inklusive Auslagenpauschale und Mehrwertsteuer) für die Prüfung Ihrer EDV-Verträge:

Vertragssumme	Gebühren
20.000 DM	ca. 770 DM
50.000 DM	ca. 1.100 DM
100.000 DM	ca. 1.660 DM

Ebenso hoch wäre die Gebühr für eine Verhandlung mit dem EDV-Anbieter. Genaue Sätze erfragen Sie am besten vor Beginn der Rechtsberatung.

Auf den folgenden Seiten wird Ihnen ein Überblick über die verschiedenen Vertragsarten mit ihren Besonderheiten gegeben, damit Sie auch in diesem

Punkt ein kompetenter Gesprächspartner Ihres Anbieters (und Ihres EDV-Anwalts) sein können.

Lesen Sie die wichtigsten Ratschläge zu folgenden Vertragsarten:

- Verträge für Software und Computersysteme (AGB, Pflichtenheft, Produktdaten, Mengengerüst, Fristen und Termine)
- EDV-Beratungsvertrag
- Wartungsvertrag
- Finanzierungsvertrag
- Versicherungsvertrag

Verträge für Software und Computersysteme

Beim Kauf eines Computers und der notwendigen Programme erwarten Sie - wie bei anderen Investitionsgütern auch - einen Vertrag für das ganze System abzuschließen.

In der heute geübten Praxis werden Sie aber manchmal in Ihrer Erwartung enttäuscht werden. In einigen Fällen werden Hardware-Anbieter und Software-Anbieter jeweils unabhängig voneinander Verträge mit Ihnen schließen wollen.

Dagegen müssen Sie sich wehren. Versuchen Sie, einen möglichst umfassenden Systemvertrag mit nur einem Anbieter (zum Beispiel dem Softwarehaus) zu schließen. Der Vertrag sollte Vereinbarungen von der Software über die Hardware bis hin zu Dokumentation, Schulung, Wartung und Programmpflege umfassen.

Im Folgenden erhalten Sie eine Orientierung über die verschiedenen Arten des Rechts, die dem Systemvertrag zugrundegelegt werden. Es wird auch näher auf die verschiedenen Teile eingegangen, aus denen ein solcher Vertrag bestehen wird.

Diese Arten des Rechts spielen bei der Software eine Rolle:

- Urheberrecht an der Software
- Kaufrecht bei der Software
- Werkvertragsrecht bei der Individualsoftware
- Kaufrecht und Werkvertragsrecht bei der angepaßten Software

Typische Teile eines Systemvertrags sind:

- die Allgemeinen Geschäftsbedingungen (AGB)
- der Forderungskatalog (das Pflichtenheft) oder Ergänzungen zur Systembeschreibung
- die Produktdaten
- das Mengengerüst
- die Nebenleistungen
- Fristen und Termine

Zum Schluß bekommen Sie noch ein paar Tips zur Systemabnahme und Gewährleistungsfrist.

- Urheberrecht an der Software

Eine Besonderheit bei EDV-Verträgen ergibt sich aus der rechtlichen Einordnung von Software.

Software ab einer bestimmten Qualität ist als geistiges Produkt des Urhebers (des Programmierers oder des Softwarehauses) urheberrechtlich geschützt. Software kann man also eigentlich nicht kaufen. Stattdessen überläßt der Urheber - oder ein anderer zum Vertrieb Berechtigter - Ihnen das Programm nur zur Nutzung.

Wenn er dabei auf verständlichen Einschränkungen (zum Beispiel dem Kopierverbot) besteht, so müssen Sie das unbedingt beachten. Ein Verstoß macht Sie schadensersatzpflichtig und kann sogar strafbar sein.

Die Überlassung von Software ist aus diesem Grund stets ein Lizenzvertrag. Aber weil Lizenzverträge im Gesetz nicht näher geregelt sind, wendet man teils allgemeine Regeln des Schuldrechts, teils das Kaufrecht, teils das Werkvertragsrecht an.

- Kaufrecht bei der Standard-Software

Das Produkt „Standard-Software" ist - wie der Name bereits andeutet - schon vor dem Vertragsabschluß fertig. Es wird zur Lieferung sozusagen nur noch aus dem Regal geholt. Für diese Programme wendet man deshalb das Kaufrecht an. Das bedeutet, daß Sie bei Mängeln entweder den Vertrag insgesamt rückgängig machen oder aber den Preis mindern können. Es sei denn, der Anbieter darf laut Vertrag erst Nachbesserung versuchen oder hat Ihnen ein Recht auf Nachbesserung gegeben.

- Werkvertragsrecht bei Individualsoftware

Individualsoftware sind solche Programme, die eigens für Sie geschrieben wurden. Hier gilt das Werkvertragsrecht.

Bei mangelhaft erfüllten Werkverträgen stehen nicht Vertragsauflösung oder Preisnachlaß, sondern sinnvollerweise die Nachbesserung durch den Anbieter im Vordergrund.

- Kaufrecht oder Werkvertragsrecht bei angepaßter Standard-Software

Bisher ist die Zuordnung von Individualsoftware zu Werkvertragsrecht und Standard-Software zu Kaufrecht übersichtlich. Ausgerechnet jedoch bei der Anpassung von Software an Ihren Betrieb ist die rechtliche Situation nicht immer eindeutig.

Angepaßte Software besteht aus vorgefertigten Programmteilen, aus Anpassungen (zum Beispiel an Ihre Briefbögen) und aus individuellen Teilprogrammen (zum Beispiel Ihr altgewohntes Kalkulationsschema).

Wenn die Anpassung der Software an Ihre Bedürfnisse mehr als geringfügig ist, dann wird man für das gesamte Vertragspaket das Werkvertragsrecht anwenden. Eine geringfügige Anpassung wäre zum Beispiel die Abänderung einer Bildschirmmaske für Ihre Zwecke. Die Geringfügigkeit dürfte spätestens bei einer Erweiterung der Stammdatensätze überschritten sein.

Gerade deshalb ist die eingehende Prüfung eines solchen Vertrags durch einen Rechtsanwalt sehr empfehlenswert.

Programme, die schon mehrere Jahre im Handel sind und ständig verbessert wurden, haben praktisch keine Fehler mehr, die die Benutzbarkeit im Alltag erheblich einschränken. Anders ist es bei Programmen, die gerade erst entwickelt worden sind: Hier wird man in der Regel damit rechnen müssen, daß Fehler auftreten.

Als wichtigste Unterscheidungen müßen Sie sich merken:

- Wenn Sie im Forderungskatalog genau festgelegt haben, was das Programm können muß, dann ist jede Abweichung ein Fehler und zwar auch bei Standard-Software. Es ist das Risiko des Lieferanten, zu überprüfen, ob das Standardprogramm die gewünschte Leistung erbringt. Bedenken Sie dabei, daß viele Software-Händler (vor allem

die Computer-Shops), oft nicht konkret wissen, was ein Programm kann.
- Fehlt der Forderungskatalog (das wäre eine mangelhafte Vertragsvorbereitung Ihrerseits) liegt ein Fehler dann vor, wenn der Programmablauf unlogisch ist oder das gewünschte Ergebnis nicht liefert. Solche Fehler muß der Händler während der Gewährleistungspflicht im Reklamationsfall beseitigen.

Sie müssen also bei Software mehr Nachbesserung und Fehlerhaftigkeit dulden, als bei der Hardware. (Gegen die Fehler, die erst nach Ablauf der Gewährleistungsfrist erkannt werden, kann man sich durch den Abschluß eines Software-Pflegevertrags weitgehend absichern.)

Erst wenn die Nachbesserung erfolglos ist und weitere Nachbesserungen Ihnen nicht zumutbar sind, dürfen Sie den Vertrag rückgängig machen - „Wandlung erklären" - oder eine Reduktion des Kaufpreises - „Minderung" - verlangen.

Schadensersatz aufgrund von mangelhaften Lieferungen bekommen Sie nur sehr selten, weil die Allgemeinen Geschäftsbedingungen (AGB) solche Ansprüche in der Regel ausschließen. Ob diese Ausschlußklauseln wirksam sind, kann nur im Einzelfall vom Rechtsberater beurteilt werden. Wenn es Ihnen gelingt, einen individuellen Systemvertrag abzuschließen, der keine Allgemeinen Geschäftsbedingungen enthält, gelten die allgemeinen Regeln über Schadenersatz.

Soweit zu der rechtlichen Einordnung von Software-Verträgen. Jetzt zu den Teilen, aus denen ein Systemvertrag (also ein Vertrag über das komplette System) bestehen sollte.

Wenn Sie nicht den Überblick verlieren wollen, müssen Sie eine Übersicht aller Schriftstücke zusammenstellen, die Bestandteil des Vertrags sein sollen. Sicherheitshalber zeichnen Sie alle Seiten aller dieser Schriftstücke zusammen mit Ihrem Vertragspartner ab. Die folgenden Papiere sollten unbedingt dabei sein.

- Die Allgemeinen Geschäftsbedingungen (AGB)

Sie werden stets mit den Formularverträgen und „Allgemeinen Geschäftsbedingungen" (kurz: AGB) der EDV-Anbieter konfrontiert werden. Sie gelten aber immer nur soweit wie Sie nichts anderes schriftlich vereinbart haben.

Das Gesetz über Allgemeine Geschäftsbedingungen (AGB-Gesetz) schützt Kaufleute und Nichtkaufleute in weitgehend gleicher Weise vor nachteiligen AGB-Klauseln und sichert Ihnen einen rechtlichen Schutz zumindest gegen grobe Pflichtverletzungen des Händlers.

Das sollten Sie bei den Allgemeinen Geschäftsbedingungen (AGB) beachten:

Lesen Sie die AGB aufmerksam durch und lassen Sie sich durch Ihren Anwalt über alle Risiken aufklären, die darin enthalten sind. In der Regel werden Sie nicht viel ändern können, und in jeder Änderung steckt auch die Gefahr, daß ein Gericht später darin ein „individuelles Aushandeln" sieht, das den Schutz durch das AGB zunichte macht. Achten Sie auch darauf, daß nicht handschriftliche Änderungen vorgenommen werden, mit denen Sie nicht einverstanden sein können.

– Der Forderungskatalog (Pflichtenheft) und Ergänzungen zur Systembeschreibung

Der nächste wichtige Zusatz zum Vertrag ist der Forderungskatalog (Pflichtenheft). Die weiter unten aufgezählten Papiere sind in einem vollständigen Forderungskatalog mit enthalten.

Wenn der Anbieter vorschlägt, seine Programm-Beschreibung als Vorlage oder Ersatz des Forderungskatalogs zu benutzen, sollten Sie zumindest vorsichtig sein. Wenn Sie dem Vorschlag folgen, dann notieren Sie in jedem Fall zusätzlich unter der Überschrift „Individuelle Absprachen zur Systembeschreibung" alle Ihnen wichtigen Punkte, die (mündlich oder schriftlich) genannt wurden, die aber in der Programmbeschreibung fehlen.

Mit solchen Formulierungen schreiben Sie Ihre Forderungen an das Gesamtsystem fest:

- „Die Datensicherung von der vollen Magnetplatte dauert maximal 10 Minuten".
- „Aufträge können auch direkt vom Telefon ohne Verzögerung erfaßt werden, es muß in keiner Liste nach Kunden-Nr. oder Artikel-Nr. gesucht werden".
- „Bei zu 90 Prozent voller Magnetplatte ist der Aufruf eines Datensatzes (Kunde, Artikel) höchstens 20 Prozent langsamer als bei einer leeren Platte".
- „Bei Anschluß eines zweiten Bildschirms kann an beiden Bildschirmen gleichzeitig mit demselben Programm und denselben Daten gearbeitet werden".
- „Alle im Mengengerüst genannten Datenmengen und Programme können von der angebotenen Hardware verarbeitet und vollständig gespeichert werden".
- „Die für die Aufstellung der Geräte vorgesehenen Räume und elektrischen Anschlüsse sind ohne weitere Umbauten dafür geeignet, eine Schallschutzhaube für den Drucker ist nicht notwendig."

– Die Produktdaten

Bei den Hardwaredaten gibt es meistens die wenigsten Schwierigkeiten, weil dazu ausführliche Datenblätter vorhanden sind. Aber auch Bedienungsanleitungen, Handbücher, Disketten, Kabel, Tastatur, Typenräder, Schallschutzhaube müssen hier aufgeführt werden.

Bei der Software sollten die Versions-Nummern (z.B. MS-DOS 3.1) der einzelnen Programme aufgeführt werden.

Bitte kontrollieren sie die Richtigkeit der Produktbezeichnungen anhand des Prospektes, den man Ihnen gegeben hat. Lassen Sie sich möglichst für alle Liefergegenstände Prospekte aushändigen. Die Eignung der Produkte für Ihren Zweck (konkreter Aufgabenstellung, Menge der Daten und Arbeitsvorgänge, mehr Platzfähigkeit) sollten sie in den individuellen Absprachen festgelegt haben.

– Das Mengengerüst

Das Mengengerüst mit der Berechnung des Speicherbedarfs für Daten, Programme und Programmabläufe (z.B. Datei-Reorganisation) muß ebenfalls in den Vertrag einbezogen werden. Es ist meistens im Forderungskatalog enthalten.

– Die Nebenleistungen

Die wesentlichen Nebenleistungen sind Transport, Installation und Schulung. Hier sollten Sie durchsetzen, daß die Transportkosten und das Risiko beim Verkäufer liegen, daß die Installation (Aufbau und Anschluß der Geräte, Formatieren der Magnetplatte, Einspielen des Betriebssystems und der Programme) vom Verkäufer kostenlos vorgenommen wird und daß die Schulung sich auf die Gegebenheiten Ihres Unternehmens bezieht. Der Übergang der Gefahr, wie die Juristen dies nennen, sollte erst nach kompletter Lieferung, Installation, Test und Schulung durch ein schriftliches Abnahmeprotokoll stattfinden. Bitte schreiben Sie dem Käufer alsbald nach Vertragsabschluß, daß Sie ausschließlich zu diesem Zeitpunkt und ausschließlich schriftlich abnehmen. Die Schulung sollte in genau festgelegtem Umfang gegen eine pauschale Vergütung durchgeführt werden, denn dann wird die Schulung nicht unnötig ausgedehnt.

– Fristen und Termine

Als weitere Anlage zum Vertrag sollten Sie alle vereinbarten Fristen und Termine notieren.

Für Sie ist der entscheidende Termin die förmliche „Systemabnahme" (siehe unten). Denn erst nach eigenen Tests des gesamten Systems können Sie hinreichend sicher sein, daß es auch seinen administrativen Zweck erfüllt. Ob Computer und Drucker schon vier Monate vorher geliefert wurden, ist aus Ihrer Sicht unerheblich. Wichtig ist der Test der Programme, die auf dem Computer laufen sollen. Dazu reichen rund 6 Wochen nach Installation des Systems.

Sie vereinbaren also, daß Sie entweder innerhalb von 6 Wochen nach Anlieferung des letzten Systembestandteils die Abnahme erklären oder – wenn schon beim Testen gravierende Fehler auftreten – innerhalb von 6 Wochen nach Installation des korrigierten Systems.

– Tips zur Systemabnahme und Gewährleistungsfrist

Keinesfalls dürfen Sie sich vor der Abnahme bereits von dem System abhängig machen. Also keine umfangreichen Artikel-, Warengruppen- oder Artikelgruppendaten eingeben, sondern nur ein paar Dutzend Sätze und Testzahlen. Sonst sind Sie in Ihrer Entscheidung nicht mehr frei.

Wichtig ist auch die Formulierung, daß die Gewährleistung nicht etwa ab Lieferung, sondern erst ab Systemabnahme gilt. Und verpflichten Sie sich nur, nach erfolgreicher Systemabnahme das System zu bezahlen – nicht einen Tag früher! Erst, wenn die Branchenprogramme richtig funktionieren, haben Sie den vollen Nutzen, der auch Ihre Zahlung rechtfertigt.

Wenn Sie über Leasing finanzieren, dann stellen Sie klar, daß auch die Leasinggesellschaft erst ab Systemabnahme Geld bekommt.

Wenn der Verkäufer den Kaufpreis gesichert haben will, dann schlagen Sie ihm eine Bankbürgschaft vor.

Falls der Anbieter über die hohen Finanzierungskosten klagt, dann bieten Sie ruhig an, die Zinsen zu teilen ! Bei einem Auftragswert von 50.000 DM muß er circa 30.000 DM als seinen Einstandspreis finanzieren. Die Hälfte von 10 Prozent Zinsen auf 3 Monate sind dann nur 375 DM. Das ist die Verschiebung des Zeitpunkts, an dem für Sie das volle Risiko beginnt, allemal wert - von der besonders aufmerksamen Betreuung bis zur Systemabnahme ganz zu schweigen.

Vorauszahlungen von einem Drittel bei Vertragsabschluß sind nur bei Erstellung von individueller Software üblich und für Sie riskant. Bei der Hardware - die für sich allein keinen Nutzen bringt - ist eine Vorauszahlung sinnlos.

Die Checkliste Nr. 12 „Fragen zum Vertrag“ in den Materialien hilft Ihnen einige Kernfragen zum Vertrag zu beantworten.

Der Beratungsvertrag

Auch Ihr Verhältnis zum EDV-Berater sollten Sie auf eine schriftliche vertragliche Grundlage stellen. Umfang der Leistung, Form der Präsentation und Abschlußtermin müssen klar beschrieben sein. Wenn Sie eine Förderung der Beratung durch öffentliche Mittel beantragen wollen, dann sollten Sie sich bei der Förderstelle erkundigen, ob diese noch zusätzliche Anforderungen an den Inhalt des Vertrags stellt.

Beratung kostet zwar Geld, aber sie vermindert Ihr Risiko, weil bei falschem Rat Ihr Berater haftet. Wenn im Vertrag nichts gesagt ist, haftet er schon für leichte Fahrlässigkeit auf vollen Schadensersatz.

Die erste Beratung bekommen Sie in der Regel durch den EDV-Anbieter selbst. Sie ist mehr wert, als Sie vielleicht denken.

Der EDV-Anbieter hat die Pflicht, Sie über seine Produkte und deren Verwendbarkeit zu beraten. Die Rechtssprechung hat der Beratungspflicht des EDV-Anbieters einen hohen Stellenwert gegeben. Denn der typische EDV-Einsteiger hat keine ausreichende Kenntnis, um die Tauglichkeit dessen, was der Verkäufer ihm anpreist, selbst zu beurteilen.

Geben Sie deutlich und möglichst schriftlich zu erkennen, daß Sie über den Einsatz von EDV beraten werden sollen und auf die Mithilfe des Anbieters angewiesen sind. Klären Sie den Anbieter ausreichend (und durch den Forderungskatalog möglichst schriftlich) über den konkreten Anwendungsfall auf. Sie können sich dann später in der Regel mit Erfolg darauf berufen, daß der Anbieter gewußt hat, was Sie mit dem Computer machen wollten und auf seine Beratung angewiesen waren.

Das gilt für Verkäufer, die sich auf Ihre Branche spezialisiert haben. Die meisten Verkäufer im normalen Fachhandel (Bürofachhandel, Computershops) dürften allerdings überfordert sein, wenn es darum geht, über die Besonderheiten Ihrer Branche Bescheid zu wissen. Letztlich ist also die Beratung besser, die man selbst bezahlt.

Wartungs- und Pflegeverträge

Bei der Wartung werden Sie zunächst an die sichtbaren Teile des Computersystems, an die Hardware, denken. Aber auch die Software benötigt Wartung.

Die Softwarehäuser bieten Verträge zur Software-Pflege an.

So führen Sie die Installation und Abnahme des Computersystems durch.

Damit die Installation des Computers in Ihrem Unternehmen reibungslos verläuft, müssen noch einige Vorarbeiten geleistet werden. Der folgende Abschnitt zeigt Ihnen, was alles berücksichtigt werden muß, bevor Sie Ihr Computersystem vom Lieferanten abnehmen.

Wenn Sie sich für ein bestimmtes System entschieden, und wichtige Punkte wie Finanzierung und Vertragsgestaltung geklärt haben, dann haben Sie den Großteil der EDV-Einführung geschafft.

Ganz am Ende sind Sie allerdings noch nicht angelangt. Vor der Installation wartet noch einige Arbeit auf Sie.

Haben Sie genügend Zeit für die Umstellung Ihres Unternehmens eingeplant? Die Umstellung auf EDV geht nicht von heute auf morgen. Die einzelnen Mitarbeiter müssen sich langsam an die veränderte Situation gewöhnen.

Machen Sie sich daher rechtzeitig Gedanken darüber, wie die Umstellung auf EDV erfolgen soll:

- Sofortumstellung
- Schrittweise Umstellung
- Parallelumstellung

Am sinnvollsten ist eine Parallelumstellung, denn anfangs sollten Sie dem Computer nicht blindlings vertrauen.

Sehen Sie die Phase des Parallel-Betriebs auch als Gelegenheit zur Vertiefung der Mitarbeiterschulung.

Durch die parallele Verarbeitung der Vorgänge (sowohl nach dem bisherigen Verfahren als auch über EDV) haben Sie und Ihre Mitarbeiter zwar einen höheren Arbeitsaufwand, vermeiden hierdurch aber möglichen Ärger durch falsche Auswertungen und kostspielige Betriebsunterbrechungen.

Durch den Parallellauf wird auch ein Vergleich zwischen den manuellen und den maschinell erstellten Auswertungen möglich.

Ist für optimale Räumlichkeiten gesorgt?

- In welchem Raum soll die EDV installiert werden? Unter Umständen sind bauliche Veränderungen für den Mehrplatzbetrieb erforderlich.
- Ist eine gleichbleibende Raumtemperatur gewährleistet? Die Datenträger reagieren auf große Temperaturschwankungen sehr empfindlich.
- Ist es möglich, den Bildschirm spiegelfrei aufzustellen? Bildschirme sollten so aufgestellt werden können, daß sich weder Tages- noch Kunstlicht darin spiegelt.
- Ist eine eigene Stromversorgung für die EDV vorhanden? Die EDV sollte nicht an eine elektrische Leitung ange-

Zum Leistungsumfang des Vermieters gehört zumeist auch die Wartung während der Mietdauer. Das muß eindeutig im Vertrag stehen und ist beim Vergleich von Kaufpreis und Mietraten zu berücksichtigen.

Das Gesetz bietet dem Mieter beim Mietvertrag erhebliche Schadensersatzansprüche, die allerdings im Vertragstext meist wieder eingeschränkt werden. Die Situation ist deshalb unübersichtlich und muß für Sie im Zweifelsfall von einem Anwalt geklärt werden.

- Leasingvertrag

Bei Leasingverträgen hat zunächst die Leasinggesellschaft als Käuferin bei Mängeln die Gewährleistungsrechte. Diese tritt sie Ihnen aber normalerweise ab.

Wenn sich Ihr System als doch nicht verwendbar erweist und Sie hier auf kaufmännischem Wege nicht weiterkommen, muß versucht werden, den Leasingvertrag aufzukündigen. Aufgrund neuerer Urteile des Bundesgerichtshofs bestehen dafür günstige Chancen.

Der Versicherungsvertrag

Zusätzlich zu den üblichen Feuer- und Diebstahlsversicherungen, die Sie nach Anschaffung des EDV-Systems entsprechend erhöhen müssen, ist eine spezielle „Schwachstromversicherung“ empfehlenswert.

Eine Schwachstromversicherung versichert Sie gegen Schäden an den Geräten durch äußere Einwirkung. Die Schadensursachen reichen von höherer Gewalt über mutwillige Beschädigung bis zu unsachgemäßer Handhabung (Kaffee in der Tastatur, Putzfrau stößt gegen empfindlichen Plattenspeicher). Der Prämiensatz reicht von 3 bis 5 Promille der Versicherungssumme.

Nicht versichert sind mechanische Abnutzung, Ausfallzeiten und die Wiederbeschaffung von möglicherweise verlorenen Daten.

Natürlich kann man sich auch gegen Datenverlust versichern. Aber Ihr Geld und Ihre Energie sind wohl besser eingesetzt, wenn Sie eine gewissenhafte Datensicherung betreiben.

Das sind die Gründe für eine Software-Pflege:

- Änderung von gesetzlichen Vorschriften.
- Software verändert sich zwar nicht durch den Gebrauch, aber sie wird ständig weiterentwickelt. Erweiterungen und Verbesserungen, die ein Kunde wünscht, können über einen Pflegevertrag auch anderen Kunden zugänglich gemacht werden.
- Systemprogramme, wie das Betriebssystem, werden ständig weiterentwickelt. Kleine Fehler in den Programmen, die immer auftauchen, werden behoben.
- Standard-Programme für Finanzbuchhaltung oder Lohn und Gehalt müssen an gesetzliche Änderungen angepaßt werden.

Als Faustregel für die Kosten werden 10–12 Prozent vom Softwarepreis im Jahr angesetzt.

Für die Wartung der Hardware werden natürlich ebenfalls Verträge angeboten. Vor allem die mechanischen Teile von Computer und Drucker sind störanfällig.

Die Wartungspauschalen sind oft recht hoch, vor allem, weil nicht nur die Arbeitszeit der Techniker sondern meist auch die Kosten der Ersatzteile inbegriffen sind. Die Entscheidung für oder gegen die Hardwarewartung hängt vor allem davon ab, ob Sie sich einen längeren Systemausfall leisten können.

Gegen einen Hardware-Wartungsvertrag spricht, daß die mechanischen Schwachstellen meistens in den ersten sechs Monaten während der Gewährleistungsfrist sichtbar werden. Wenn später Probleme auftauchen und Sie nahe genug an der Service-Stelle wohnen, Sie die Anlage selbst dorthin transportieren und auch für ein paar Tage darauf verzichten können, dann sparen Sie sich die teuren Wartungsverträge und zahlen lieber selbst, wenn etwas kaputt geht.

Für einen Wartungsvertrag spricht, wenn Sie sich keinen Systemausfall leisten können und in wenigen Stunden ein Ersatzgerät brauchen, anstatt auf eigene Gefahr und Kosten mit dem Computer wegen ein paar hundert Mark zur Servicestelle auf Reisen zu gehen.

Die Finanzierungsverträge

Auch bei allen Finanzierungsverträgen (ob Kredit, Leasing oder Miete) sollten Sie vereinbaren, daß erst nach den Funktionstests bei Abnahme des Systems gezahlt wird.

Sonst müssen Sie sich noch mit den Finanzierungsleuten herumschlagen wenn das System – im schlimmsten Fall – schon längst zurückgegeben worden ist.

– Kreditvertrag

Die Frage der Sicherheiten und der Finanzierung der Einführungskosten ist im Aufsatz über die Finanzierung und Abschreibung behandelt.

– Mietvertrag

Mietverträge sollten Sie unmittelbar mit dem Hersteller abschließen, damit Sie ihn als Vertragspartner haben, denn nur er kann Ihnen bei technischen Schwierigkeiten helfen.

schlossen sein, an der auch Geräte hängen, die kurzfristig viel Strom verbrauchen (Kopiergerät).

- Ist eine problemlose Verlegung der Computer-Kabel möglich? Um Stolperfallen zu vermeiden, sollten die verschiedenen Computer-Kabel nach Möglichkeit in Kabelschächten, Kabelkästen oder Kabelrohren verlegt werden.
- Ist der Computer vor elektromagnetischen Feldern sicher? Auf keinem Fall darf Ihre Anlage neben Geräten stehen, die elektromagnetische Felder erzeugen (Elektromotoren).
- Ist ein computergerechter Arbeitstisch vorhanden? Hier spielen ergonomische Fragen, wie Tischhöhe oder Sitzhöhe eine Rolle.

Sind die Karteien für die Dateneingabe vorbereitet?

Um nach der Installation des Systems zügig mit der eigentlichen Verarbeitung beginnen zu können, sollten Sie alle Eingabedaten computergerecht aufbereiten.

Klären Sie daher rechtzeitig mit Ihrem Softwarelieferanten, welche Eingabedaten von dem Programm zwingend vorgeschrieben sind. Anhand der sogenannten Dateiumstellungsbelege sollten alle Daten zur späteren Eingabe vorbereitet werden.

Wurde genügend Papier bestellt?

Glauben Sie nicht daran, daß durch den Einsatz der EDV weniger Papier verbraucht wird. Die Erfahrung Ihrer Kollegen beweist, daß am Anfang mehr Papier erforderlich ist. Man will alles, was auf dem Bildschirm steht, auch gedruckt vorliegen haben.

Wenn man lediglich über einen Drucker verfügt, haben sich in der Praxis zwei Lösungen bewährt:

- Endlospapier mit Briefkopf, wobei die Seite 1 und die Folgeseiten gleich aussehen. Dazu muß man in der Regel den Briefkopf ändern.
- Einfaches, unbedrucktes Endlospapier. Hier werden Original und Durchschläge durch Kopieren auf das übliche bedruckte Briefpapier mit einem leistungsfähigen Normalpapier-Kopierer hergestellt. Der ursprüngliche Ausdruck ohne Briefkopf verbleibt als Aktenkopie.

Sind genügend Datenträger vorhanden?

Liegen die Programmbücher und die Gesamtdokumentation vor?

Lieferung und Abnahme des Systems

Die Abnahme ist eine der wichtigsten Rechtshandlungen und gehört noch zur Vertragsabwicklung. Sie ist auch dann relevant, wenn Hardware und Standard-Software „gekauft“ werden, denn das Aufspielen und Einrichten der Software auf die Hardware („Implementieren“) ist ein werkvertraglicher Vorgang. In der Praxis geschieht es nicht selten, daß beispielsweise am 1. Mai die Spedition eine Kiste ins Büro stellt, am 8. Mai wird sie ausgepackt, am 12. Mai verlegt der Elektriker die Leitung, am 18. Mai werden Bildschirme angeliefert, am 2. Juni kommt das Kabel aus den USA, auf das man bisher gewartet hatte, am 5. Juni stellt der Techniker fest, daß dieses Kabel nicht paßt und bringt am nächsten Tag ein geliehenes Kabel mit. Am 15. Juni ist die Software auf der Festplatte, am 20. Juni kommt die für das Unternehmen extra geschriebene Anpassungssoftware, am 30. Juni muß die Übergabestelle („Schnittstelle") zwischen Standard- und Anpassungssoftware bearbeitet werden, weil sie nicht paßt und am 3. Juli beginnt die Buchhalterin damit, die ersten Originaldaten einzugeben, wobei dann festgestellt wird, daß es immer wieder zu ungeklärten Systemabstürzen kommt. War das eine Abnahme und wann fand sie überhaupt statt?

In diesem Zusammenhang muß man wissen:

- die „Ablieferung" ist nicht identisch mit der Abnahme
- die Beweislast für Fehler trägt vor der Abnahme der Lieferant und nach der Abnahme der Kunde
- erst nach der Abnahme ist die Gegenleistung fällig
- vor der Abnahme darf jeder Mangel gerügt werden, es kommt nicht darauf an, ob er wesentlich oder die Gebrauchsfähigkeit erheblich beeinträchtigt ist
- die Gewährleistungsfrist beginnt erst mit der Abnahme, erst danach stellt sich das Problem einer etwaigen Verlängerung durch Nachbesserungsversuche, vorher aber nicht. Wenn allerdings die Abnahme zeitlich nicht eindeutig festzustellen ist, weiß man auch nicht, wann die Gewährleistungsfristen ablaufen.

Für den Bereich der Computerauslieferung hat das Hanseatische Oberlandesgericht entschieden, daß eine Abnahme erst vorliegt, wenn alle anzuwendenden Programme mit Testdaten voll durchgelaufen sind. Denn hier übernimmt der Lieferant immer auch die Pflicht zur funktionsfähigen Aufstellung des Computer-Systems, so daß sie auch im Kaufvertragsrecht erst mit nachgewiesener Funktionsfähigkeit „abgeliefert" ist. Gleichwohl hindert niemand den Kunden, schon zu einem früheren Zeitpunkt die „Übernahmebestätigung" oder den „Systemschein" zu unterschreiben, womit er dann wider besseres Wissen die Abnahme bestätigt und danach die volle Beweislast für Mängel – und damit auch im Streitfall den Gutachtervorschuß zu tragen hat.

Lassen Sie sich auch von den schönsten Vordrucken nicht beeindrucken, sondern bestätigen Sie nur, was Sie gesehen haben.

Vorformulierte Beispiele zur Bestätigung der Lieferung:
„Lieferung, Aufstellung und Anschluß: Heute wurden Geräte mit folgender Aufschrift geliefert und angeschlossen: ...
Bedienungsanleitungen für folgende Systemteile lagen bei: ...
Sieben Disketten (Aufschrift...) waren ebenfalls beigefügt.
Für mich als Laien sind keine Beschädigungen erkennbar.
Dies ist keine Aussage über die Funktionsfähigkeit einzelner Programme, Geräte oder des gesamten Systems."

Bis jetzt gibt es nur wenige Fälle zu verzeichnen, in denen der Kunde hartnäckig genug war, die Abnahmebestätigung so lange zu verweigern, bis das System wirklich voll durchgetestet war. Sie wird in Einzelfällen vom Lieferanten sogar erschlichen, da er ohne die Abnahmebestätigung vom Leasinggeber kein Geld bekommt.

Die Verweigerung der Abnahme bei nicht zufriedenstellender Leistung ist die schärfste Waffe in der Hand des Kunden. Sie sollte bei Bedarf eingesetzt werden.

Schon am Tag der Aufstellung Ihres Systems sollten Sie ein Betriebsbuch anlegen, in dem Sie alle Unklarheiten und Fehler aufschreiben. Diese Aufzeichnungen dienen als Vorlage für Ihre Reklamationen beim EDV-Anbieter („Rügepflicht"!) und sind unter Umständen auch ein Beweismittel vor Gericht.

– Gewährleistung

Die Gewährleistung richtet sich nach dem Vertragstyp, dessen Element im konkreten Fall überwiegt.

Das erste Problem beim Auftreten von Fehlern ist es, festzustellen, wo der Fehler auftritt, denn nur dann kann entschieden werden, welcher Teilbereich der gesamten Computerleistung betroffen ist.

Ein Störfall, der sich am Bildschirm zeigt, kann mit der Hardware, mit der Software, den Peripheriegeräten wie Drucker und Bildschirm ebenso zusammenhängen, wie mit Mängeln der Installation oder gar dem Auftreten von Stromschwankungen, für die keiner der EDV-Lieferanten verantwortlich ist.

Außerhalb des technischen Bereichs kann ein Beratungsfehler dazu führen, daß man bei der Abnahme oder im schlimmsten Fall erst später die Unbrauchbarkeit der gelieferten Software für den Anwendungszweck erfährt, wie etwa im Falle eines Zahnarztpaketes, bei dem die Kasse die ausgedruckten Abrechnungen nicht anerkannte. Auch die Nichtanlieferung eines Bedienerhandbuchs in deutscher Sprache ist ein Fehler, der zur Wandelung berechtigt. Während bei den Hardware- und den sonstigen Leistungen die bisherige Rechtssprechung zum Gewährleistungsrecht im wesentlichen analog übernommen werden kann, ist es bei den Softwareleistungen erheblich schwieriger. In der Rechtsprechung wird zur Zeit anerkannt, daß die Erstellung völlig mangelfreier Software nicht menschenmöglich ist. Diese Einsicht führt natürlich nicht dazu, daß Fehler hingenommen werden müssen, die die Funktion des Systems für den vorgesehenen Zweck wesentlich gefährden. Ist der Fehler nicht so gravierend, daß er die Wandelung rechtfertigt, dann geht es im Prinzip nur um die Frage, wer die Kosten der Nachbesserung zu tragen hat. Es gibt keine mängelfreie Software, aber es gibt Mängel, mit denen man nicht arbeiten kann. Welche das sind, hängt im Einzelfall von den gestellten Aufgaben und damit vom Forderungskatalog ab.

Darüberhinaus gibt es Mängel, die so gravierend sind, daß sie zur anfänglichen Unmöglichkeit der Vertragserfüllung führen, wie etwa in einem Fall (vom Oberlandesgericht Frankfurt entschieden), wo eine auf italienische und britische Verhältnisse zugeschnittene Finanzbuchhaltung ohne Änderung an ein deutsches Unternehmen als brauchbar geliefert worden war.

Die Umständlichkeit der Handhabung, die in der Praxis oft als schmerzlich empfunden wird, muß rechtlich kein Fehler sein, wenn sie einem vorgeführten Standardprogramm anhaftet und der Kunde Gelegenheit besaß, einen Test durchzuführen.

Ein besonderes Problem im Softwarebereich ist die oft mangelnde Nachvollziehbarkeit des Fehlers. Nicht selten tauchen Fehlermeldungen auf dem Bildschirm ebenso unmotiviert auf, wie sie verschwinden. Der Fehler kann nicht reproduziert werden. Das ist eine bevorzugte Eigenschaft der „quick and dirty"-Programme, die unter Fachleuten auch „Spaghetti-Programme" heißen, weil sie zwar oft die Funktion bringen, aber in ihrer Logik sehr verworren wirken. Es ist in diesem Zusammenhang sehr empfehlenswert, ein Betriebsbuch anzulegen, in dem (wie in einem „Logbuch") alle Vorkommnisse, die Eingaben und die Fehlermeldungen festgehalten werden.

Ein bedeutendes Problem ist auch der häufige Fall, daß man die vom Lieferanten A bezogene Hardware mängelfrei, die vom Lieferanten B (in getrenntem Vertrag) bezogene Software hingegen einen wesentlichen Mangel zeigt und keiner von beiden die „Systemverantwortung" (d.h. die Verantwortung für das gesamte Paket) übernommen hat. Die klassische Lösung wäre es, den Kunden zur Bezahlung der Hardware zu verpflichten und diesen Betrag dann als „fehlgeschlagene Aufwendung" im Rahmen der Schadensersatzabrechnung beim Lieferanten der Software einzuklagen. Da der Lieferant von Branchenprogrammen in der Regel eine erheblich schlechtere Bonität als der Hardwarelieferant hat, wird das in vielen Fällen praktisch nichts helfen. Die Entwicklung der Rechtssprechung ist hier offen und wird sicher einzelfallbezogen bleiben.

Sobald feststeht, wo der Fehler auftritt und welchem Teil der Gesamtleistung er zuzurechnen ist, ergeben sich die Rechtsfolgen aus dem der Leistung schwerpunktmäßig zuzurechnenden Vertragstyp, also entweder aus dem Kauf-, dem Miet oder dem Werkvertragsrecht.

Da auch in den Fällen, in denen ein Kaufvertrag vorliegt über die Allgemeinen Geschäftsbedingungen (AGB) in der Regel Nachbesserungsrechte vereinbart worden sind, dürfte der erste Schritt die Aufforderung zur Nachbesserung, bei wiederholtem Scheitern die Erklärung der Wandelung sein.

So sichern Sie Ihre Daten im Computeralltag.

Erst wenn das System seine Funktion einwandfrei erfüllt, ist die Einführungsphase abgeschlossen. Im Alltagsbetrieb werden Sie Ihre eigenen Erfahrungen sammeln.

In diesem Buch erhalten Sie praktische Hinweise für den Umgang mit der Hardware und der Software im laufenden Betrieb.

Für den Alltagsbetrieb gibt es sicher eine ganze Reihe praktischer Tips zum Umgang mit Hard- und Software. Solche Tricks und Kniffe hängen aber vom jeweiligen Computersystem ab, das Sie einsetzen. Diese Erfahrung müssen Sie selbst erwerben.

Eine Tätigkeit im laufenden Betrieb wird Ihnen und Ihren Mitarbeitern aber völlig neu sein: die Datensicherung.

Mit Datensicherung ist nicht der Schutz der Daten von Personen vor Mißbrauch gemeint – das ist der in der Öffentlichkeit oft diskutierte Datenschutz. Datensicherung bedeutet einfach, daß Sie Ihre Daten sicherheitshalber öfter kopieren, damit sie auf jeden Fall erhalten bleiben, trotz eines möglichen technischen Fehlers.

Lesen Sie hier über:

- Datensicherung
- Behandlung der Disketten
- Behandlung der Hardware

Datensicherung

Daten gehen aus Versehen oder durch einen technischen Fehler immer wieder verloren. So verschwinden in mühsamer Arbeit gesammelte Daten und Programme, deren Rekonstruktion schwierig bis unmöglich ist. Deshalb nimmt die Datensicherung einen sehr wichtigen Platz im Alltagsbetrieb ein.

EDV-Anfänger beherzigen den Rat alter EDV-Hasen, die Daten täglich oder wenigstens wöchentlich zu sichern, oft erst nach eigenen, schmerzvollen Erfahrungen. Wenn zum Beispiel durch einen Bedienungsfehler die Buchhaltung eines ganzen Jahres verschwunden ist oder der Schreib- und Lesekopf der Festplatte durch einen mechanischen Fehler die Oberfläche der rotierenden Platte berührt und so den gesamten Datenbestand ausradiert. Das letztere ist der gefürchtete „Headcrash", der nur selten auftritt, aber wenn es einmal geschieht, kann man für das Unternehmen nur hoffen, daß irgendwo eine möglichst frische Kopie des Datenbestands existiert.

Datensicherung – das bedeutet das regelmäßige, konsequente Erstellen von Kopien und gehört zum Handwerkszeug des Computer-Alltags.

Gewöhnlich werden sogar zwei Kopien von Daten und Programmen erstellt. So sind immer drei verschieden aktuelle Datenbestände verfügbar.

Man spricht vom „Generationenprinzip":

- der „Großvater" ist die älteste Version der Daten
- der „Vater" ist die zweite, jüngere Kopie
- der „Sohn" ist die Version, mit der gerade gearbeitet wird

Ihre Daten und Programme werden sich in der Regel auf einer Festplatte (ab 10 MB; etwa 10 Millionen Zeichen) im Computer befinden. Es gibt nun hauptsächlich drei Speichermedien, auf die Sie Ihre Kopien machen können:

- Diskette
- Wechselplatte
- Tape-Streamer, Magnetbandlaufwerk

Die Sicherung aller Daten einer Festplatte mit Disketten ist sehr umständlich und zeitaufwendig. Für die Sicherung einer vollen 10 MB-Platte müssen Sie mindestens 30 Disketten (zu je 300 KB) und gut eine Stunde Arbeitszeit rechnen. So ist die tägliche Sicherung nicht zumutbar. Deshalb wird in diesem Fall oft in den Dienstprogrammen des Betriebssystems ein spezielles Datensicherungsprogramm zur Verfügung gestellt. Mit Hilfe dieses Programms werden nur die Daten kopiert, die an diesem Tag wirklich verändert worden oder neu hinzugekommen sind. Diese Art der Datensicherung macht aber nur einen Sinn, wenn Sie wenigstens einmal alle Daten auf Diskette übernommen haben und die Inhalte der Disketten systematisch geordnet sind. Zum Beispiel haben Sie eine Diskette für Briefe, eine für Adressen und eine für die Finanzbuchhaltung im Mai 1987. Ihre aktuellen Adressenänderungen müssen Sie natürlich dann auf die „Adressen"-Diskette sichern. Die Datensicherung auf Disketten erfordert organisatorische Disziplin.

Die Datensicherung von Festplatte auf Wechselplatte ist dagegen wesentlich problemloser. In verhältnismäßig kurzer Zeit werden alle Daten ohne die Aufsicht einer Person überspielt. Wechselplattenlaufwerke sind allerdings so teuer, daß ihre Speicherfähigkeit selten ausschließlich zur Datensicherung genutzt wird. Im Wechselplattenlaufwerk befinden sich oft aktuelle Daten. Wenn nun der Bediener vergißt, die Platte mit aktuellen Daten gegen eine reine Sicherungsplatte auszutauschen und anschließend von der Festplatte herunter sichert ... – auf diese Weise ist ein Handwerksmeister seine gesamte Lohnbuchhaltung losgeworden.

Das kann beim dritten Speichermedium, dem Tape-Streamer, nicht geschehen. Der Tape-Streamer ist ein eigens für die Datensicherung gebautes Magnetbandlaufwerk. Das Magnetband, meistens in einem Gehäuse ähnlich der Videocassette untergebracht, wird ausschließlich zur Datensicherung bespielt. Diese Art der Datensicherung setzt sich auch bei Personal Computern zunehmend durch.

Behandlung der Disketten

Zum Transport der Disketten benutzen Sie am besten Diskettenboxen (Preis circa 50 DM), um sie vor Hitze, Staub und mechanischer Beschädigung zu schützen.

Zur feuersicheren Aufbewahrung gibt es Behälter, die in Tests über eine Stunde Temperaturen von bis zu 943,3 Grad Celsius vertragen haben, ohne daß die Disketten im Inneren einer höheren Temperatur als 50 Grad Celsius ausgesetzt waren.

So behandeln Sie Disketten sachgemäß:

- nie drücken oder biegen
- locker archivieren
- vor direkter Sonneneinstrahlung und Temperaturschwankungen schützen
- vor jeglicher Feuchtigkeit schützen

- nie die Diskettenoberfläche mit den Fingern berühren
- staubgeschützt lagern
- nie direkt auf die Diskettenhülle schreiben, sondern Klebeetiketten verwenden
- langsam in das Laufwerk einführen
- keine Magnetfelder in die Nähe bringen (magnetisierte Büroklammern!)

Behandlung der Hardware

Computer von heute sind zuverlässige Maschinen. Funktionsfehler in der Hardware stellen sich in der Regel schon in der Garantiezeit heraus, danach sind Schäden bei sachgemäßer Behandlung selten.

Sie vermeiden Schäden, wenn Sie den Computer wie eine hochwertige Stereoanlage behandeln:

- Schützen Sie ihn vor Staub, Hitze, Feuchtigkeit und Erschütterung.
- Sorgen Sie für eine Staubabdeckung.
- Benutzen Sie einen Staubpinsel oder nehmen Sie hin und wieder eine Reinigung mit einem Antistatik-Tuch vor.
- Kaffee, Zigarettenasche und kleine Papierteilchen gehören nicht in die unmittelbare Nähe des Computers.

**Für ein langes Leben Ihres Speichermediums –
So behandeln Sie Ihre Diskette sachgemäß**

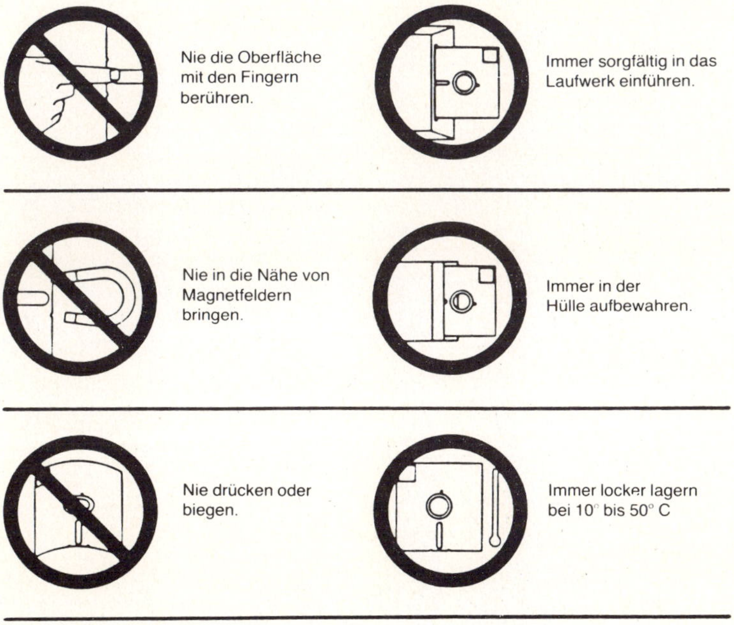

Kapitel 4: „Das steckt hinter den Neuen Techniken."

Zum Wortschatz engagierter Kollegen gehört neuerdings nicht nur der Personal-Computer, sondern eine ganze Reihe neuer Begriffe wie Bildschirmtext, Datenbank oder Mailbox.

Dahinter verbergen sich neue Techniken, die durch die Entwicklung mikroelektronischer Bauteile möglich wurden.

Im Computer-ABC finden Sie alle wichtigen Begriffe der Computer- und Informationstechnik kurz erklärt.

So nützen Sie das EDV-CheckBuch.

Aktivität	Zweck	Zeitaufwand
Kap. 1 — "Die Erfahrung der Kollegen", Kapitel 1 lesen.	Zur Themeneinstimmung nützlich.	1 Stunde
Kap. 1 — Die Selbstanalyse durchführen, Kapitel 1.	Vermittelt Ihnen das Wissen um Ihren Standort.	0,5 bis 2 Std.
▽ Kap. 2 — "Was leistet ein Computer wirklich?", Kapitel 2 lesen.	Verschafft Ihnen den unbedingt notwendigen Überblick.	2 bis 3 Std.
▽ Kap. 3 — "So finden Sie das richtige Computersystem.", Kapitel 3 lesen.	Brauchen Sie für die angemessene Nutzung der Checklisten.	2 bis 3 Std.
Kap. 4 — "Das steckt hinter den neuen Techniken.", Kapitel 4 lesen.	Dient zur Einordnung eines Computersystems in die Techniklandschaft.	2 bis 3 Std.
▽ Kap. 5 — Mit den Anbietern Kontakt aufnehmen, dazu nutzen Sie "Die Marktdaten", Kapitel 5.	Jetzt treten Sie mit Ihrem EDV-Projekt in die "heiße" Phase!	5 bis 20 Std.
Sie können noch weitere Informationen von außerhalb einholen, zum Beispiel bei Ihrem Verband und Ihrer Kammer.	Zusätzliche Informationen geben Ihnen mehr Übersicht über die Möglichkeiten und Risiken.	
○ Bei großen Lösungen sollten Sie einen EDV-Berater hinzuziehen. Vergleichen Sie dazu die Ratschläge in Kapitel 3.	Beschleunigt die Auswahlentscheidung und verringert Ihr Risiko von Fehlentscheidungen.	5 bis 20 Std.
▽ ● Kap. 6 — Einsatz und Auswertung der Checklisten aus Kapitel 6.	Grundvoraussetzung für eine angemessene Entscheidung.	30 bis 60 Std. (bei Beratereinsatz ca. 1/4)

● Für Anwender in Zeitnot: Diese ▽ Schritte sind unbedingt erforderlich

Was leisten „intelligente“ Telefone?

Mit Hilfe verbesserter Tele-Kommunikationstechniken wird die Verbindung zu anderen Unternehmen immer einfacher.

Die Einrichtung eines einheitlichen Kommunikationsnetzes wird von der Bundespost vorbereitet. In wenigen Jahren wird die gesamte Kommunikation – ob Sprache, Text oder Bild – über eine Leitung abgewickelt.

Philipp Reis versuchte vor über hundert Jahren das menschliche Ohr als elektrischen Apparat nachzubauen. Sein Ergebnis nannte er „Telephon“. Die Herren vom physikalischen Verein Frankfurt (1861) und der König von Bayern (1863) haben die Bedeutung des Geräts nicht erkannt. Rund zehn Jahre später machte sich Graham Bell das Wissen von Reis zunutze und entwickelte ein kommerziell verwertbares Telefon.

Heute ist das Telefon ein selbstverständlicher Gegenstand unseres Geschäftsalltags geworden.

Folgende Arten von Telefonanschlüssen sind überhaupt möglich:

- Einfacher Hauptanschluß für private Haushalte
- „Doppelanschluß“ (Zwei Hauptanschlüsse für eine Grundgebühr von zusammen 40,- DM; für kleine Unternehmen sinnvoll)
- Nebenstellenanlagen (mit Hauptanschluß und mehreren Nebensprechstellen) für mittlere und große Unternehmen

Was die Post für Ihre Kommunikation tut, und wie Sie selbst durch den Einsatz moderner Telefontechnologie die Ansprechbarkeit Ihres Unternehmens erhöhen können, beschreiben die folgenden Beiträge:

- Universalnetz der Zukunft
- das „intelligente“ Telefon
- Nebenstellenanlagen

Universalnetz der Zukunft

Mit der Weiterentwicklung und Modernisierung der Fernmeldetechnik plant die Deutsche Bundespost für die 90iger Jahre einen Abbau des derzeit

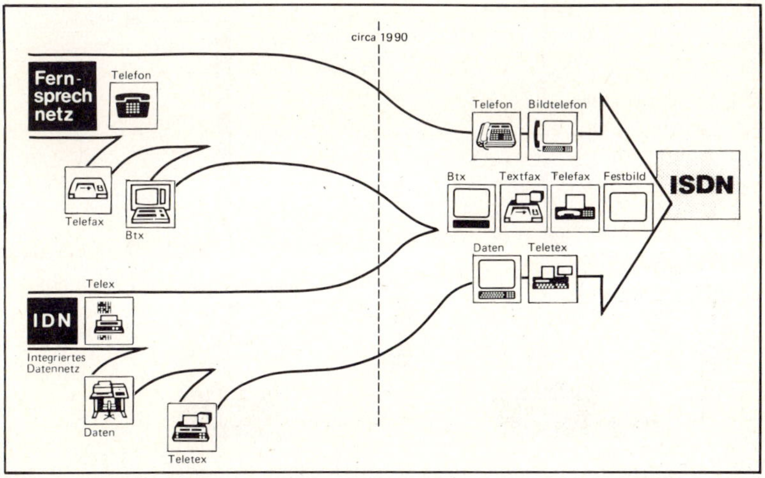

Ab dem Jahr 1990 will die Bundespost das Telefonnetz und die Datenübertragungsnetze in einem einheitlichen digitalen Netz (ISDN) vereinen.

bestehenden Fernmeldenetzes zugunsten des digitalen ISDN (Integrated Services Digital Network; Integriertes schmalbandiges Vermittlungsnetz).

Geplant ist, die beiden bereits existierenden Übertragungswege, das bestehende Fernsprechnetz in Analogtechnik (Telefon, Telefax, Btx) und das bereits digitalisierte Integrierte Text- und Datennetz (IDN; ein Spezialnetz, zur Übertragung von Telex, Teletex und Daten) zu einem Universalnetz mit Digitaltechnik zusammenzuschließen.

Damit soll erreicht werden, daß für die verschiedenen Dienste nicht mehr getrennte Anschlußleitungen und verschiedene Rufnummern benötigt werden. Alles kann über einen Teilnehmeranschluß abgewickelt werden: Sprache, Text, Daten und Bild. Mit einer Rufnummer und einem Anschluß können bis zu acht Endgeräte bedient werden, wobei es dann möglich sein wird, zu telefonieren und dabei gleichzeitig zum Beispiel einen elektronischen Brief zu schicken.

Der entscheidende Schritt zum gemeinsamen Netz ist die Digitalisierung des Fernmeldenetzes.

Das herkömmliche Fernsprechnetz verwendet noch die Analogtechnik. Dabei verwandelt ein Mikrofon den Schall in elektrische Schwingungen, die

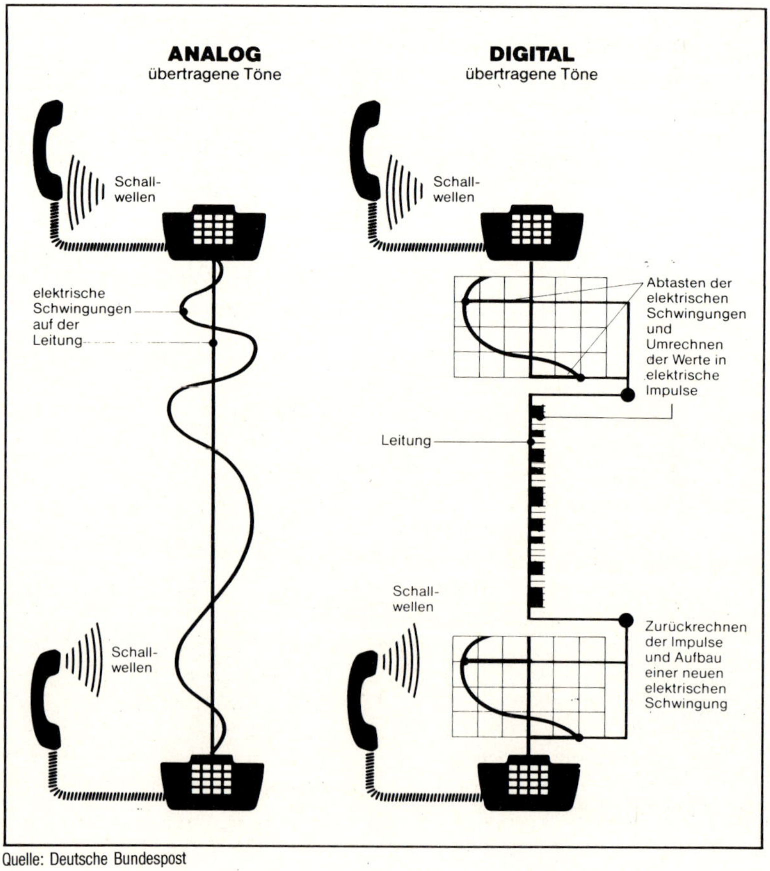

Quelle: Deutsche Bundespost

Der entscheidende Schritt zum Universalnetz ist die einheitliche Verschlüsselung aller Informationen (Sprache, Text, Bild) in Zahlen: die Digitalisierung.

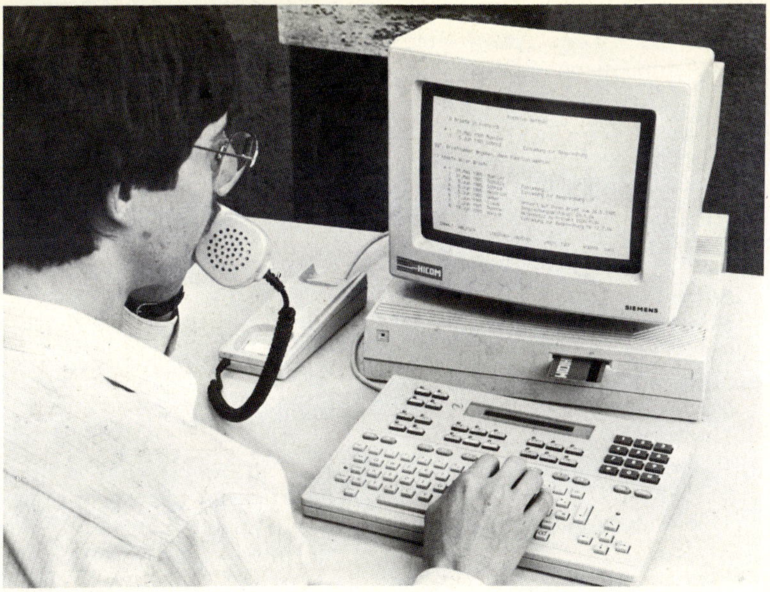

Foto: Siemens

Das Telefon der Zukunft kann man heute schon kaufen: in einem digitalisierten Netz sind Sprache, Text und Bild gleichzeitig übertragbar.

ein „analoges“, das heißt ähnliches oder getreues Bild der Schallschwingungen sind. Der auf diese Weise modulierte Strom wird am Ende der Leitung wieder in Schallschwingungen zurückverwandelt.

Bei der Digitaltechnik werden die elektrischen Sprachschwingungen in „Ziffern ausgedrückt“, das heißt jeder Amplitudenwert (siehe Grafik) wird in eine Zahl umgesetzt – in diesem Fall in binäre Zahlen: Kombinationen aus Null und Eins. Diese Ziffernkombinationen können gebündelt über die Telefonleitung übertragen werden. Deshalb können zum Beispiel gleichzeitig Text und Sprache transportiert werden. Beim Empfänger werden die Ziffernsignale wieder in elektrische und schließlich akustische Schwingungen zurückverwandelt.

Durch dieses einheitliche System der Verschlüsselung von Daten können in Zukunft nicht mehr nur Sprachsignale, sondern auch Text-, Daten- und Bildsignale mittels eines Vermittlungsnetzes, dem ISDN, übertragen werden.

Wenn man heute mit Hilfe eines Modems (Modulator-Demodulator) oder eines Akustik-Kopplers seinen Computer ins Telefonnetz einschaltet, geschieht die umgekehrte Verwandlung von digitalen in analoge Signale. Beim Akustik-Koppler kann man die ins analoge umgesetzte „Sprache“ des Computers als eine Folge von hohen Piepstönen hören.

Das „intelligente“ Telefon

Der moderne Telefonapparat von heute bietet Ihnen zusätzlich zu den gewohnten Einrichtungen eine Vielzahl neuer Funktionen, die Ihnen das Telefonieren erleichtern:

- Bequeme Tastenwahl
- Anrufwiederholung
- Rufumleitung
- Wahl bei aufgelegtem Hörer
- Makeln
- Freisprechtelefon
- Fernwahlsperre

Über ein sogenanntes „Display“, das ist ein kleines Anzeigefeld am Telefonapparat, erfahren Sie:

- die Gebühren.
  Die Einheiten für jedes einzelne Gespräch und die Summe aller anfallenden Einheiten werden erfaßt.
- die Belegtanzeige.
  Es ist zu sehen, an welcher Nebenstelle gerade telefoniert wird.
- die Gesprächsdauer
- das Datum und die Uhrzeit
- Termine
- Nummern, die gerade gewählt werden
- Telefonnummern von Anrufenden

Die großen Telefonhersteller bieten heute bereits digitale Telefone (innerhalb von digitalen Nebenstellenanlagen) an. Damit haben Sie ein Endgerät zur Datenkommunikation. Innerhalb des Hauses können solche Telefone mit dem Computersystem verknüpft werden. Das ist allerdings eine Lösung, die zur Zeit nur für große Unternehmen in Frage kommt.

Nebenstellenanlagen

Für den kommerziellen Einsatz werden Telefonanlagen mit Nebenstellen angeboten.

Bei den Nebenstellenanlagen unterscheidet man zwischen Reihenanlagen und Wählanlagen.

- Reihenanlagen:
  Bei Reihenanlagen führen die Amts- und Nebenstellenleitungen der Reihe nach von Apparat zu Apparat. Amtsgespräche kommen bei einer Stelle an und können zu den anderen Stellen weitergeleitet werden.
- Wählanlagen:
  Bei Wählanlagen sind alle Nebenstellen an eine Hauptstelle angeschlossen. Amtsanrufe werden von der Hauptstelle an die Nebenstelle vermittelt. Bei „intelligenten“ Wählanlagen kann bestimmt werden, welches Gerät die Hauptstelle ist. Nebenstellen können auch außer Haus gelegt werden.

- Kosten der Nebenstellenanlage

Für ein sehr kleines Unternehmen kann der „Doppelanschluß“ ausreichend sein, die Bedürfnisse jedes größeren Unternehmens erfordern schon einen Hauptanschluß mit mehreren Nebenstellen.

Die Post berechnet für jede Nebenstelle monatlich 2,– DM. Zu diesen Kosten kommen die Kosten der einmaligen Anschaffung oder die Telefonmiete.

Nebenstellenanlagen können nicht nur von der Post, sondern auch von den Herstellern direkt gekauft oder gemietet werden.

Die Telefonanlagen müssen jedoch in jedem Fall der Regelausstattung gemäß den Vorschriften der Fernmeldeordnung (FO) entsprechen. Daher weichen die technischen Möglichkeiten verschiedener Fabrikate kaum voneinander ab.

- Kauf

Bei kleineren Anlagen ist es in aller Regel zu empfehlen, die Anlage eher zu kaufen, als zu mieten, bei größeren Anlagen ist der Kauf oft eine zu hohe Investition.

- **Mieten**

Vorsicht ist geboten, wenn Sie eine Telefonanlage mieten wollen.

Mit manchmal sehr einseitigen Mietverträgen versuchen manche Telefonhersteller, ihre Kunden an sich zu ketten.

Wer eine Nebenstellen-Anlage mietet und vor Ablauf der vereinbarten Zehn-Jahresfrist aus dem Vertrag heraus will, muß eine an der Restlaufzeit orientierte Ablösesumme bezahlen - als Schadensersatz.

Ein Unternehmer aus Hessen wollte seine alte Anlage beim gleichen Vermieter gegen eine größere tauschen, dafür sollte er 33.012,- DM als Ablösesumme bezahlen. Hinzu kam, daß die Monatsmiete von 917,- DM für die Altanlage auf 1.537,- DM für die Neuanlage stieg.

So wie diesem Unternehmer geht es vielen, die wegen einer Geschäftsvergrößerung oder aus anderen Gründen ihre Anlage austauschen wollen, wenn die bisherige Konfiguration nicht mehr um weitere Amtsleitungen oder Nebenstellen erweitert werden kann.

Der Verband der Postbenutzer weist in einer Modellrechnung nach, daß für eine Mietanlage mindestens das 2,7-fache des Kaufpreises einschließlich der Finanzierungskosten aufgewendet werden muß. Deshalb amortisiert sich die Kaufanlage

---

Beim Kauf einer Reihenanlage müssen Sie ungefähr mit folgenden Kosten rechnen:

Anlagenart	**Kosten**
1 Amtsleitung	1 700,- DM
1 - 4 Nebenstellen	
Eine Nebenstelle	680,- DM
Summe zwischen	2 380,- und 4 420,- DM
2 - 3 Amtsleitungen	
erste Amtsleitung	2 900,- DM
jede weitere Amtsleitung	680,- DM
1 - 5 Nebenstellen	
Eine Nebenstelle	900,- DM
Summe zwischen	4 400,- und 8 760,- DM
3 - 6 Amtsleitungen	
erste Amtsleitung	5 400,- DM
jede weitere Amtsleitung	680,- DM
1 - 11 Nebenstellen	
Eine Nebenstelle	1 030,- DM
Summe zwischen	7 790,- und 20 130,- DM

im Vergleich zur Mietanlage (120 Monate Laufzeit) bereits nach 53 Monaten.

Zudem gibt es Mietverträge, die den Hersteller jederzeit berechtigen, durch einseitige Ansage die Mieten zu erhöhen. Diese Mietpreisklauseln nutzten die Hersteller in der Vergangenheit aus und erhöhten im Durchschnitt ihre Mieten jährlich um fast 10 Prozent.

Der in Offenbach ansässige Verband der Postbenutzer empfiehlt den Kauf einer Nebenstellenanlage. Manche Telefonfirmen sind aber auch bereit, alte Mietverträge anderer Telefonfirmen zu übernehmen.

- Leasing

Die Möglichkeit, Anlagen zu leasen bietet die Telefonindustrie selbst nicht an; dies ist jedoch über eine Leasinggesellschaft möglich.

Beim Leasingvertrag kann die Laufzeit individuell gewählt werden und bei einer Erweiterung wird nicht wie beim Mietvertrag üblich, eine Ablösesumme verlangt oder auf einer Vertragsverlängerung bestanden.

- Versicherung

Eine Schwachstromversicherung schützt Sie bei Schäden an der Telefonanlage vor unvorhersehbaren finanziellen Ausgaben.

Auch wenn Sie die Anlage gemietet haben und Schäden entstehen, haften Sie dafür (Paragraph 12 Abs. 6 Fernmeldeordnung).

Beim Leasing kann eine Schwachstromversicherung vom Leasinggeber verlangt werden.

Die Schwachstromversicherung tritt für Schäden ein, die verursacht wurden durch:

- Fahrlässigkeit, unsachgemäße Handhabung, Vorsatz Dritter
- Kurzschluß, Überspannung, Induktion
- Brand, Blitzschlag
- Wasser, Feuchtigkeit, Überschwemmung
- Einbruchdiebstahl, Diebstahl, Beraubung, Plünderung, Sabotage
- höhere Gewalt
- Konstruktions-, Material- oder Ausführungsfehler.

Kosten:

Die Kosten für die Schwachstromversicherung belaufen sich bei bis zu 10 Nebenstellen auf jährlich etwa 20 Prozent des Kaufpreises oder etwa 10 Prozent der Jahresmiete.

Was leistet eine Mailbox?

Eine neue Möglichkeit der Text-Kommunikation könnte den klassischen Fernschreiber, aber auch neue Techniken wie Bildschirmtext, in kurzer Zeit überrunden: die Mailbox.

Elektronische Briefkästen in Groß-Computern, die man mit Hilfe des eigenen Computers erreichen kann, haben mehr Vorteile als verwandte Techniken.

Die Möglichkeit, per Fernschreiber Texte rund um die Uhr und um die Welt versenden und empfangen zu können, ist eine zeitsparende und kostengünstige Kommunikationsform, die nicht zuletzt der kurzen Laufzeiten wegen, bei fast allen Branchen Anwendung findet.

Seit jener Zeit, in der die Fernschreiber zum erstenmal tickten, hat sich ungeachtet der technischen Weiterentwicklung prinzipiell an diesem System nichts geändert: Es ist grundsätzlich nur möglich, Nachrichten direkt an einen oder mehrere Teilnehmer zu versenden oder zu empfangen.

Das Deponieren von Informationen an einem zentralen Ort, um diese dann zeitversetzt abrufen zu können oder sie einer großen Anzahl Interessenten zugänglich zu machen, ist nicht möglich.

Elektronischer Briefkasten

Aus diesen Überlegungen heraus, gestützt durch die Entwicklung der heute leistungsfähigen Computertechnik, entstanden Ende der siebziger Jahre die ersten „Mailboxen", also elektronische Briefkästen, in denen Nachrichten abgelegt und abgerufen werden können. Ein Mailbox-System besteht in der Hauptsache aus einem besonderen Computer mit großer Speicherkapazität. In diesem Computer können für jeden angemeldeten Benutzer elektronische Fächer - „Briefkästen" - eingerichtet werden, aus dem der Benutzer über eine Postleitung mit Hilfe seines Computers jederzeit dort abgelegte Nachrichten abrufen kann.

Unter dem Begriff „Mailbox" rangieren drei verschiedene Sy-

Foto: CTK GmbH

Der Akustikkoppler ist das Gegenstück des Computers zum Telefonhörer.

steme: Hobby-Mailboxen für Computerfans, Mailboxsysteme in größeren Unternehmen, die nur intern zugänglich sind, und allgemein zugängliche, kommerziell orientierte Mailboxen.

In der Bundesrepublik werden zur Zeit drei bedeutende Systeme angeboten: TELEBOX, das Angebot der deutschen Bundespost und die Mailboxen der Betreiber Deutsche Mailbox GmbH und GeoNet Mailbox Systems GmbH.

Komfortabler Ersatz für Telex

Mailboxen erlauben mehr Nutzungsmöglichkeiten, als man zunächst vermutet. Über Mailboxen kann man direkt mit Geschäftspartnern kommunizieren, wobei auch Partner mit Teletex oder Telex angesprochen werden können. Wenn man über einen tragbaren Computer verfügt, kann man Nachrichten von jedem Telefon der Welt abrufen.

Weitere Dienstleistungen des Mailbox-Anbieters sind „schwarze Bretter", dort werden Service-Informationen oder Nachrichten für bestimmte Benutzergruppen allen zugänglich gemacht. Wenn besonders wichtige Nachrichten eingehen, kann der Nutzer telefonisch verständigt werden. Mailbox-Systeme vermitteln auch auf einfache Weise den Zugang zu Datenbanken, in denen für die Mailboxbesitzer nach Informationen gesucht wird. Darüberhinaus gibt es noch andere Zusatzleistungen, beispielsweise die Übersetzung von fremdsprachigen Texten oder die Einspeisung Ihrer Texte in Fotosatzsysteme zur Erstellung von druckfertigen Vorlagen.

Technische Voraussetzungen

Um eine Mailbox nutzen zu können, muß der eingesetzte Computer über eine „serielle Schnittstelle" – auch als V.24 oder RS 232-Schnittstelle bezeichnet – verfügen. Eine Schnittstelle (englisch „Interface") ist eine Übergabestelle von einem Gerät zum anderen. Zum Beispiel gibt es von der Zentraleinheit des Computers zum Drucker eine solche Übergabestelle. Die meisten Personal Computer verfügen auch über eine „serielle" Kommunikationsschnittstelle oder lassen sich zumindest leicht nachrüsten. Die Zusatzkosten belaufen sich auf DM 300,– bis DM 600,–.

Ein Kommunikationsprogramm muß diese Schnittstelle unterstützen. Theoretisch ginge es auch ohne Software-Unterstützung, aber dann fungiert der Computer als „dummes" Endgerät des Mailbox-Großrechners: Die mit der Tastatur eingegebenen Nachrichten werden zum Großrechner übertragen, ohne daß die Möglichkeit besteht, sie im eigenen Computer für Protokollzwecke oder spätere Bearbeitung zu speichern. Der Bedienerkomfort ist daher recht gering. Außerdem steigen die Verbindungsgebühren im Telefonnetz sowie die Gebühren für die Benutzung der Mailbox schnell an.

Ein gutes Kommunikationsprogramm kostet zwischen DM 600,– und DM 1.000,– und erfüllt viele Benutzerwünsche zur Vor- und Nachbereitung der Anfrage am PC. Sehr gute Kommunikationssoftware, die kaum noch Wünsche offenläßt, muß mit DM 1.000,– bis DM 2.000 bezahlt werden.

Neben Schnittstelle und Kommunikationsprogramm benötigt man noch ein Verbindungsgerät für eine der Postleitungen. Die billigste Aufschaltung in die Leitung ist mit einem Akustikkoppler möglich, der die digitalen Daten des Computers in analoge Signale umsetzt, sodaß sie über das normale Telefonnetz transportiert werden können. Akustikkoppler gibt es ab etwa DM 250,–.

Allerdings soll nicht verschwiegen werden, daß diese Methode der Datenfernübertragung am meisten störanfällig ist: Laute Umgebungsgeräusche oder Störungen in der Telefonleitung selbst führen häufig zu Fehlern in der Übertragung. Ein Akustikkoppler eignet sich daher für solche Benutzer, die nur unregelmäßig kleinere Datenmengen über kurze Entfernungen übertragen und keinen großen Wert auf die Zuverlässigkeit der Übertragung legen. Für einen Unternehmer, der ein Telex verschickt oder wichtige Informationen aus einer Datenbank abfragen will, dürfte die Arbeit mit einem Akustikkoppler auf Dauer unbefriedigend sein.

Eine komfortablere Lösung bringt der Einsatz eines „Modems“ der Bundespost, mit dem der Anschluß an das DATEX-P-Netz hergestellt wird. Ein Modem schaltet sich direkt auf elektrischem Weg in die Leitung und nicht akustisch über den Telefonhörer, wie der Akustikkoppler. Das DATEX-P-Netz ist ein von der Bundespost speziell für die Datenübertragung eingerichtetes Leitungsnetz. Die monatlichen Gebühren für das gemietete Modem richten sich nach der gewünschten Übertragungsgeschwindigkeit und der Art des Leitungsbetriebs und liegen zwischen DM 50,– und DM 300,–. Das DATEX-P-Netz fordert auch eine Teilnehmerkennung (Paßwort), dafür werden von der Post zusätzlich monatlich 15,– DM berechnet.

Hinzu kommen in jedem Fall die gebührenpflichtige Einrichtung eines persönlichen, nur über ein weiteres Paßwort zugänglichen Mailbox-Faches, die Gebühren für das benutzte Übertragungsnetz und die laufenden Gebühren für die Nutzung des Mailbox-Rechners.

Wer regelmäßig kurze Anfragen an das Mailbox-System schicken will, ist mit einem Modem gut bedient, da die Verbindungsgebühren von Datenvolumen und Verbindungszeit und nicht wie im Telefonnetz von der Entfernung abhängig sind. Außerdem ist kein extra Anschluß nötig, da sich das Modem bequem auf Telefonbetrieb umschalten läßt. Daher bietet sich diese Lösung für den Einsatz im modernen Büro an.

Wenn das Nutzungsvolumen und die Anforderungen an die Antwortzeiten des Systems noch größer sind, kommt ein Haupt-

Foto: Datentechnik

Über ein Modem (Modulator-Demodulator) kann der Computer an das Telefon- oder Datennetz angeschlossen werden.

anschluß an das DATEX-P-Netz in Frage. Neben der Auswahl aus verschiedenen Übertragungsgeschwindigkeiten ist auch ein Mehrkanal-Betrieb möglich. Über die verschiedenen Ausbaustufen und unterschiedlichen Gebührenklassen gibt die Bundespost Auskunft. Für kleine bis mittlere Unternehmen dürfte eine derartige Anlage in den meisten Fällen eine Nummer zu groß sein.

Teilnahme am Mailbox-System

Der Aufbau der Verbindung zu einer Mailbox ist sehr einfach: Zunächst wird die Telefon-Nummer der Mailbox über das Telefonnetz oder das Datex-P-Netz (eine Datenleitung der Post) gewählt. Zum Schutz vor unbefugtem Zugriff auf die in der Box abgelegten Daten ist nach erfolgter Verbindung eine Identifizierung durch ein Paßwort erforderlich. Nun kann man Daten an andere Postfachinhaber senden, sein eigenes Postfach auslesen oder einen anderen Service in Anspruch nehmen. Man kann ein Telex an Geschäftspartner schicken. Die Mailbox bietet „Schwarze Bretter“ mit aktuellen Informationen. Wer beispielsweise nur gelegentlich eine Datenbank benutzen will, kann dies kostengünstig über die Mailbox abwikkeln. Die Abrechnung erfolgt über den Mailbox-Betreiber zusammen mit den anderen Gebühren.

Informationen gibt es bei:

Deutsche Mailbox GmbH
Blücherstr. 11
2000 Hamburg 50
Tel.: 0 40/38 13 76

GeoNet Mailbox Systems GmbH
Solmser Str. 16
6419 Haunetal-Stärklos
Tel.: 0 66 73/12 25

Telebox
Deutsche Bundespost
Postfach 50 00
6100 Darmstadt
Tel. 0 61 51/83-4641

Wie sinnvoll ist heute Bildschirmtext ?

Wenn Sie sich heute für einen neuen Fernsehapparat interessieren, werden Sie meist auch mit dem Begriff „Bildschirmtext“ konfrontiert.

Das Bildschirmtext-System - kurz Btx genannt - ist ein neuer Informationsservice, den Sie mit Hilfe Ihres Fernsehapparats nutzen können. Für den, der nicht über einen Computer verfügt, ist Btx der billigste Einstieg in die Kommunikation mit Computern.

Die Idee zu Bildschirmtext stammt aus Großbritannien. Jedermann sollte nach Ansicht von Sam Fedida, einem englischen Postingenieur, Zugang zu Informationen aus Computern haben. Dazu verband Fedida das Telefon mit dem Fernsehgerät.

Die Daten aus Computern werden über die Telefonleitung übertragen und in Form von Texten oder einfachen Grafiken auf dem Bildschirm im Sinne einer „Bildschirmseite“ wiedergegeben.

Die jeweilige Seite wird dazu im Fernsehempfänger gespeichert und kann dann beliebig lange stehen bleiben.

Der „Fernseher am Draht“ stellt somit die neueste Entwicklung der Telekommunikation seit der Erfindung der Telegrafie von F.B.Morse im Jahre 1846 dar und könnte in absehbarer Zeit ein ähnlich wichtiges Kommunikationsmittel werden wie das Telefon.

In der Bundesrepublik wird diese Verbindung des Fernsehgerätes mit der Telefonleitung „Bildschirmtext“, abgekürzt Btx genannt.

Mit diesem neuen Dienst, der seit Mitte 1984 bundesweit von der Post angeboten wird, können Informationen über die Kombination von Telefon und Fernseh-Bildschirm abgerufen und verschickt werden.

Btx ist als Medium für den privaten Verbraucher angelegt.

Foto: Loewe Opta

Bildschirmtext ist für den Privathaushalt gedacht. Das Medium ermöglicht eine sehr kostengünstige Kommunikation mit Computern.

Er kann damit etwa
- Warenhausartikel bestellen
- sein Konto bei der Bank führen
- Reisen buchen
- Versicherungen abschließen

und einiges mehr.

Der eigentliche Vorteil liegt in den minimalen Geräteanforderungen für die Teilnahme am Btx-Dienst: Jeder Haushalt verfügt über einen Telefonanschluß und der vorhandene Farbfernseher kann häufig durch den Einbau eines Decoders „Btx-fähig" gemacht werden.

Für kleine bis mittlere Unternehmen wird Btx interessant, wenn genügend Privathaushalte Btx nutzen. Die „Gelben Seiten" des Telefonbuchs werden vielleicht in Zukunft durch einen Eintrag in einem Btx-Dienst ergänzt oder abgelöst. Dann würde es sich lohnen, Dienstleistungen oder Waren auf diese Weise anzubieten oder zumindest durch einen Adresseintrag auf das eigene Unternehmen hinzuweisen.

Kosten

Wenn Sie sich Btx ins Haus holen wollen, müssen Sie ähnlich wie beim Telefon einen Anschluß beantragen. Die Post installiert eine Btx-Anschlußbox, die den Fernsehempfänger oder den Computer mit dem Telefonanschluß verbindet. Neben einer einmaligen Anschlußgebühr von DM 65,– beträgt die monatliche Gebühr DM 8,–. In diesem Betrag ist die Miete für die Btx-Anschlußbox enthalten.

Die Nutzung des Btx-Dienstes wird zum Telefon-Nahtarif berechnet, das heißt also DM 0,23 für 8 beziehungsweise 12 Minuten Die Teilnahme an Btx ist somit genauso teuer wie das Telefonieren, es sei denn, man ruft kostenpflichtige Btx-Seiten ab.

Jeder Anbieter von Informationsseiten kann die Vergütung für den Abruf seiner Seiten selbst festlegen, allerdings nur in dem Bereich zwischen 1 Pfennig und DM 9,99 pro Seite. Dieser Betrag wird vor dem Abruf angekündigt, so daß man nicht ungewollt auf teure Seiten gelangen kann.

Wie nützlich sind Datenbanken ?

Der Wunsch, wichtige Informationen zu archivieren und auf diese an einem zentralen Ort zugreifen zu können, ließ bereits in der Antike große Bibliotheken entstehen. Die auf die heutigen Informationssuchenden herabstürzende Informationsflut ist so gewaltig, daß selbst ein Spezialist den Überblick über die ihm zur Verfügung stehenden Dokumentationen kaum mehr behalten kann.

Die Entwicklung der Computertechnik brachte in den letzten Jahren leistungsfähige Rechner großer Speicherkapazität hervor. Die technischen Voraussetzungen zu „elektronischen Bibliotheken" waren plötzlich vorhanden. Zudem wurden in den sechziger Jahren Programme entwickelt, die die Daten wie in einem riesigen Karteisystem verwalten können. Solche elektronischen Karteisysteme werden Datenbanken genannt.

Schließlich stehen auch die für die drahtgebundene Informationsübermittlung erforderlichen Techniken seit langem zur Verfügung. Datenbankbetreiber bieten heute weltweit hochverdichtete Sammlungen von Daten zu jeweils einem bestimmten Thema oder Sachgebieten an. Datenbanken stehen für nahezu alle Wissensgebiete zur Verfügung. Weltweit gibt es zur Zeit etwa 3.000 Datenbanken und jedes Jahr kommen mehrere Hundert hinzu. Ihre Stärke liegt zum einen in der großen Speicherkapazität (in einer Größenordnung von ungefähr 5.000 bis 400.000 Dokumenten) und zum anderen in der schnellen Verfügbarkeit der vom Benutzer benötigten Informationen. Auf den einzelnen „Karteikarten" dieser Systeme sind heute meist nur Informationen über einen Aufsatz oder ein Buch gespeichert. Mit Titelnachweis und „Abstract" entsprechen sie also einem elektronischen, kommentierten Bibliothekskatalog. Einige Datenbanken sind allerdings bereits Volltext-Datenbanken, die Textquelle selbst ist elektronisch verfügbar geworden.

Weltweit sind über 3.000 Datenbanken nutzbar. Vor allem für die Anwender in der BRD gibt es jedoch einige Hemmschwellen, die dem Gebrauch dieser elektronischen Bibliotheken im Wege stehen: Es gibt zuwenig deutsche Datenbanken, die Erstanmeldung ist zu aufwendig, die Nutzung zu teuer und teilweise zu umständlich.

Foto: IBM

Das Kernstück eines „Host"- Rechners besteht aus einer ganzen Batterie von mikroelektronischen Bausteinen.

Es gibt daneben auch schon Fakten-Datenbanken, die Wirtschafts- und Patentinformationen erschließen. Zum Beispiel werden alle Handelsregistereintragungen von den 440 Registergerichten in der Bundesrepublik und Berlin über eine Datenbank zur Verfügung gestellt.

Die Leistungsfähigkeit der verwendeten Zentralrechner („Host“ genannt) ermöglicht dem Benutzer, innerhalb von Minuten auf die gesuchten Informationen zugreifen zu können. Statt lange in einer Bibliothek zu suchen, kann dies in kurzer Zeit vom eigenen Schreibtisch aus geschehen.

Technische Voraussetzungen

Die Benutzung von Datenbanken verlangt folgende Voraussetzungen: Ein geeignetes Datenendgerät, zum Beispiel ein Personal Computer mit Kommunikationsschnittstelle und -programm. Ein Modem (Modulator-Demodulator) zum Anschluß des Computers an eine Leitung der Post, die zur Datenübermittlung erforderliche Leitung (Telefonleitung oder Anschluß an ein Datennetz) und schließlich die Genehmigungen der Post und der Datenbankbetreiber.

Nutzung einer Datenbank

Der Zugriff auf eine Datenbank geschieht in folgenden Schritten: Nach Anwahl des „Host“-Rechners über das Telefonnetz oder eines der Datennetze wird die Zugriffsberechtigung in Form von Passwörtern oder Geheimziffern eingegeben. Danach steht der Rechner zur Verfügung. Um Informationen zum gewünschten Thema zu bekommen, wird stichwortartig in einer einfachen Abfragesprache die Anfrage grob formuliert. Aus der gewonnenen Übersicht, ob überhaupt Informationen zum Thema vorhanden sind, lassen sich unter Einbeziehung logischer Verknüpfungen wie UND, ODER, UND NICHT usw. detaillierte Abfragen formulieren. Auf diese Weise kann man bis in die feinsten Verästelungen einer Datenbank vordringen; die Struktur der Dateien (elektronische „Karteien“) sieht schematisch dargestellt wie ein vielverzweigter Baum aus.

Die Ergebnisse der Datenbankabfrage können entweder direkt auf dem eigenen Rechner („Online“) oder beim Datenbankbetreiber („Offline“) ausgedruckt und von diesem zugeschickt werden. Wer sich die Daten per Post zusenden läßt, spart Verbindungszeit und damit Gebühren. Ein Nachteil sind jedoch die notwendigen Postlaufzeiten, so daß im Einzelfall entschieden werden muß, welche der beiden Möglichkeiten die sinnvollere ist. Die Preise für Datenbankbenutzung sind je nach Betreiber sehr unterschiedlich: Eine einstündige Recherche kostet von DM 40,– bis DM 300,–. Außerdem kommen noch Telefongebühren oder Gebühren für die Benutzung des Datennetzes und manchmal Grundgebühren für die Benutzung des „Host“-Rechners hinzu.

Wofür lohnt sich ein Textverarbeitungs-system?

Schreib- oder Textautomaten sind bereits Anfang der 70er Jahre zum Einsatz gekommen. Der Personal Computer (PC), durch den viele Leistungen der Groß-EDV für den Einzelanwender erschwinglich wurden, kam erst Ende der siebziger Jahre auf den Markt.

Heute steht dem Unternehmer ein ganzes Spektrum verschiedener Geräte zum Schreiben zur Verfügung: Speicherschreibmaschinen mit und ohne Bildschirm, Textsysteme (die längst mehr können, als nur Texte verarbeiten) und Personal Computer, die man mittels eines Textverarbeitungsprogramms zum Schreiben bringt.

Reine Textautomaten beherbergen in ihrem Innern ebenso elektronische Schaltungen und Programme wie ein Personal Computer. Der Unterschied liegt darin, daß der Textautomat auf den einen Zweck festgelegt ist, Texte zu verarbeiten. Der Benutzer hat eine eindeutige Maschine vor sich, in deren Inneres er nicht eingreifen kann.

Beim Personal Computer kann der Benutzer den Zweck der Maschine ändern, indem er verschiedene Programme benützt.

Die Frage, welcher Maschinentyp zur Unterstützung der Arbeitsabläufe in der Büroorganisation eingesetzt wird, sollte im Verhältnis von Kosten und Nutzen gesehen werden.

Gerade die Schreibarbeiten nehmen im Büroalltag einen Großteil der Arbeitszeit der Mitarbeiterinnen in Anspruch. Es ist daher nicht erstaunlich, daß es auf diesem Gebiet seit geraumer Zeit verschiedene Textverarbeitungsgeräte gibt, die eine wesentliche Erleichterung bringen. Der Unternehmer kann zwischen drei Möglichkeiten wählen:

- **Speicherschreibmaschinen**
- **Textautomaten**
- **Computer mit Textverarbeitungsprogrammen**

Foto: CPT GmbH

Textcomputer sollten heute mehr können als nur schreiben.

Für ein Drittel der Summe, die Sie heute in ein Computersystem investieren müssen, erhalten Sie eine Speicherschreibmaschine. Wie der Name es bereits andeutet, verfügen diese Geräte über einen Speicher, in dem geschriebener Text gespeichert werden kann. Daraus ergeben sich nicht nur beliebige Möglichkeiten zur Korrektur, sondern viele Vorteile zur Verarbeitung größerer Textmengen.

Wiederkehrende Texte können gespeichert und miteinander kombiniert werden.

Die Länge des speicherbaren Textes hängt vom Preis des Modells ab. Die meisten Speicherschreibmaschinen kosten 2000,- bis 5000,- DM.

Kleine Modelle besitzen einen „Phrasenspeicher", der nur Floskeln aufnehmen kann und daher für den praktischen Einsatz weniger in Frage kommen.

Mittlere Modelle können bis zu 32000 Zeichen, das sind rund 12 Schreibmaschinenseiten Text, in einen internen Speicher aufnehmen.

Große Modelle besitzen die Möglichkeit, einen externen Speicher - meistens eine „Floppy-Disk" - anzuschließen.

Mit den großen Maschinen lassen sich komplizierte Textverarbeitungsprobleme lösen. Die Speicherkapazität ist durch die Floppy-Disk nahezu unbegrenzt.

Textautomaten sind noch komfortabler als Speicherschreibmaschinen, weil sie von ausgefeilten Textverarbeitungsprogrammen gesteuert werden, die kaum noch Benutzerwünsche offenlassen. Allerdings sind diese Textsysteme auch erheblich teurer, so daß sie den Preis eines Personal Computers erreichen, ja sogar übertreffen.

Auf die Textverarbeitung und die sonstigen Möglichkeiten eines Computers wird im Kapitel „Was leistet ein Computer wirklich?" ausführlich eingegangen.

Lokale Netze ermöglichen ein „organisches" Wachstum von Computerlösungen. Je nach Bedarf werden immer mehr Computersysteme miteinander verbunden. Dies ist auch möglich, wenn die Systeme von verschiedenen Herstellern stammen und verschiedene Standards aufweisen.

Wann benötigt man ein „Lokales Netz"?

Ein Lokales Netz ist ein Kabelnetz, das voneinander unabhängige Computersysteme auf begrenztem Raum - beispielsweise innerhalb eines Firmengebäudes - miteinander verbindet. Die Gesamtlänge des Kabels reicht dabei von wenigen Metern bis rund 10 Kilometer.

Lokale Netze entstehen auf „organische" Weise: Zunächst werden einige, dann immer mehr Arbeitsplätze mit Personal Computern ausgerüstet. Wenn anschließend Daten gemeinsam benutzt werden müssen oder teure Peripheriegeräte (zum Beispiel ein Laserdrucker) von mehreren PC benutzt werden sollen oder, wenn in größeren Firmen die PC mit dem Großrechner verbunden werden, dann bietet sich ein Lokales Netz an. Die Möglichkeit zum organischen Wachstum der EDV-Installation und die gleichberechtigte Verbindung voneinander unabhängiger Geräte sind die entscheidenden Eigenschaften eines Lokalen Netzes.

Der Gegensatz dazu ist ein Mehrplatz-Computer, der eine Zentraleinheit und die Massenspeicher in einem Gerät zusammenfaßt. An diesem Mehrplatz-Computer werden Bildschirme mit Tastatur, sogenannte „Terminals" angeschlossen. Die Zahl der anschließbaren Bildschirmarbeitsplätze hängt von der Rechenkapazität des Computers ab. Es gibt PC an die mittels eines besonderen Programms (einem mehrplatzfähigen Betriebsystem) immerhin zwei bis drei Bildschirme angeschlossen werden können. Weit verbreitet sind Bürocomputer - Systeme der sogenannten „Mittleren Datentechnik" - die von unter zehn bis rund 30 Bildschirme unterstützen. An leistungsfähige Großcomputer können schließlich bis über tausend Terminals angeschlossen werden.

Für kleine bis mittlere Unternehmen kommen sowohl Bürocomputer als auch Lokale Netze in Frage. Bei der Anschaffung eines völlig neuen Computersystems mit wenigen Arbeitsplätzen wird beispielsweise der Bürocomputer die bessere und auch kostengünstigere Lösung sein.

Lokale Netze sind aus den Fortschritten in der Telekommunikationstechnik entstanden. Die verwendeten Kabel sind meist einem Fernsehkabel ähnlich, es sind „Koaxialkabel". Es gibt auch einfache Lokale Netze, die das Basismedium einer älteren Komunikationstechnik nutzen, das Telefonkabel. Über moderne, digitale Telefon-Nebenstellenanlagen kann so innerhalb des Hauses nicht nur gesprochene Information, sondern gleichzeitig auch Datenmaterial

Foto: SK-Net, Karlsruhe

Die Netzkarte, mit der das Computersystem nachgerüstet werden muß, und das Koaxialkabel sind die deutlich sichtbaren Bestandteile eines lokalen Netzes.

fließen. Einige Telefonhersteller sind deshalb im Netzmarkt Konkurrenten der Computerhersteller.

Außerhalb eines Privatgrundstücks hat in der Bundesrepublik wie beim Telefon lediglich die Bundespost das Recht Informationen elektronisch zu transportieren. Diese weiträumigen Netze – englisch mit „Wide Area Networks“ (WAN) bezeichnet – haben wegen anderer Erfordernisse auch andere Eigenschaften. Ein Lokales Netz sollte jedoch an die öffentlichen Netze der Bundespost anschließbar sein. Ein Kennzeichen dafür ist die „FTZ-Nummer“, die von der Bundespost an die Hersteller von Lokalen Netzen vergeben wird.

Diese typischen Eigenschaften grenzen ein Lokales Netz gegenüber anderen Netzen ab:

- es wird auf Privatgrund betrieben.
- es ist räumlich begrenzt, die Gesamtlänge des Netzes überschreitet selten 10 Kilometer.
- die Daten werden innerhalb des Netzes sehr schnell übertragen, mit bis zu 10 Millionen Bit pro Sekunde. Das bedeutet in manchen Netzen, daß der Zugriff auf entfernte Daten schneller von statten geht als auf die eigenen im PC gespeicherten Daten.

Das sind die Bestandteile eines Lokales Netzes:

- zunächst sind natürlich mehrere Computersysteme (zum Beispiel PC) vorhanden, die verbunden werden sollen.
- äußerlich sichtbar geschieht dies durch ein Kabel. Das Übertragungsmedium ist meist ein Koaxialkabel, das im Normalfall baumartig verlegt wird. Andere Medien sind zweiadrige Telefonkabel oder in Zukunft Glasfaserkabel, die mit Licht arbeiten.
- in jedes beteiligte Computersystem wird eine „Netzwerkkarte“ eingebaut, das ist eine mit elektronischen Bauteilen bestückte Platine, die die Verbindung zwischen Computer und Netz herstellt.
- ein PC oder ein anderes Computersystem fungiert als „Server“, dort wird die Verwaltung des Netzes erledigt. Ein Server verfügt meist über große Datenspeicher, in denen die gemeinsamen Daten zentral abgelegt werden.
- die „Netzwerk-Software“ – eine Sammlung von besonderen Programmen, mit denen der Anwender nicht direkt in Berührung kommt – steuert den Datenfluß im Netzwerk.

Kabel, Netzkarte und Netzsoftware können im Extremfall von verschiedenen Anbietern erworben und zusammen betrieben werden. Der EDV-Laie sollte allerdings die Kombination des Netzwerksystems einem kompetenten Computerhändler oder Systemhaus überlassen und das Netzwerk nur fertig installiert und als funktionierendes „Ganzes“ abnehmen.

Was hilft CAD beim Entwerfen und Konstruieren?

CAD, Computer Aided Design - das Entwerfen und Konstruieren am Bildschirm hat inzwischen wegen der rapiden Entwicklung auf dem Personal Computer Markt und preisgünstiger Software auch in mittelständischen Unternehmen und in den Freien Berufen Freunde gefunden.

Die naheliegende Unterstützungsmöglichkeit - das technische Zeichnen - ist inzwischen vielfältig ausgedehnt worden. Die vermehrten konstruktiven Möglichkeiten lassen nicht nur neue Ideen zu, sie erlauben auch eine größere Vielzahl von Prototypen, die früher wegen des erheblichen Aufwandes nicht erstellt werden konnten.

Die Verkürzung der Lebensdauer der Markterzeugnisse zwingt immer mehr Unternehmen dazu, Innovationen in kürzeren Zeiträumen durchzuführen. Da die Preisgestaltung nur selten Reserven zuläßt, bedeutet dies eine zusätzliche Rationalisierung bei den konstruktiven Aktivitäten. Das Entwerfen und Konstruieren am Bildschirm - zu Anfang ein teures Pilotprojekt in der amerikanischen Autoindustrie - zieht nun in die kleineren Büros ein.

Möglich wurde dies durch den Preisverfall bei den Computern, die zusammen mit einer immer leistungsfähigeren Software eine spürbar größere Anzahl von CAD-Arbeitsplätzen bewirkten.

Für andere ähnliche computerunterstützte Leistungen werden immer neue Wortschöpfungen bekannt. Dies sind neben dem CAP (= Computer Aided Planning) vor allem das CAM (= Computer Aided Manufacturing), das CAE (= Computer Aided Engineering) und schließlich als Verknüpfung der vorgenannten Prozesse das sogenannte CIM (= Computer Integrated Manufacturing). Allen gemeinsam ist die weitgehende Automatisierung von sich wiederholenden Prozessen, die zu Zeitersparnis und Leistungssteigerung gegenüber herkömmlicher Vorgehensweise führt.

Besondere Vorteile des CAD-Einsatzes

Die Praxis hat gezeigt und bestätigt immer wieder, daß Aufgabenstellungen meist unvollständig oder undeutlich sind. Neben fehlenden oder unklaren Angaben finden wir sehr oft auch widersprüchliche oder in anderer Weise falsche Informationen. Natürlich lassen sich durch eine sorgfältige und systematische Klärung der Aufgabe ein großer Teil der daraus resultierenden Probleme vermeiden. Aber auch die dann noch verbleibenden Korrekturzwänge führen vor allem bei konventionellen Konstruktionen zu einem erheblichen Mehraufwand und nicht selten zu Qualitätseinbußen. Hier schafft CAD ähnlich wie im normalen Büroalltag die computerunterstützte Textverarbeitung mächtige Vorteile in der Aufgabenabwicklung.

Es soll auch nicht verschwiegen werden, daß diese Vorteile erst nach der Überwindung einer Hürde erreicht werden können. Zunächst einmal muß der Benutzer des Systems mit seinen vielfältigen Bedienungsmöglichkeiten vertraut werden. Bei CAD übersteigt dies die Möglichkeiten einer Schreibmaschine oder eines konventionellen Zeichenstifts wesentlich. Die Kombination von beweglichen Eingabeinstrumenten (beispielsweise der „Maus“) und den funktional annähernd beliebig kombinierbaren Tasteneingaben schaffen einerseits eine Vielzahl neuer Freiheitsgrade, erfordern aber andererseits einen hohen Lernaufwand und Selbstdisziplin. CAD verändert jedoch – zweckmäßig genutzt – die gesamte Arbeitsorganisation.

CAD für jedermann

Wie die gesamte EDV, so ist bisher auch der CAD-Arbeitsplatz für finanzstarke, größere Unternehmen reserviert gewesen. Die Freiberufler oder mittelständische Unternehmen konnten bisher CAD nicht wirtschaftlich einsetzen.

Mit der raschen Entwicklung der Personal Computer, deren Leistungskraft heute schon die der Großrechner von vor 10 Jahren in vielen Merkmalen übertrifft, und die bereits weniger als ein Mittelklassewagen kosten, ist die Alternative CAD selbst für den freiberuflich tätigen Architekten oder Ingenieur interessant geworden.

Hauptanwendungsgebiete

Als wichtigste Branchen, bei denen CAD bereits am Arbeitsplatz eingesetzt wird, gelten die Kfz-Technik, die Fertigungsmittelproduktion, der Anlagenbau und das Bauwesen, der Bereich Papier- und Textilmaschinen, der Maschinenbau (Armaturen, Verpackungsmaschinen, Pumpenbau, Antriebstechnik) sowie schließlich die Elektronik (Schaltplanentwicklung). Der durchschnittliche Zeitgewinn in diesen Bereichen schwankt zwischen Faktor 3 (Kfz-Technik, Armaturenbau, Antriebstechnik) und einem Faktor 10 bis 20 (Papier- und Textilmaschinen, Elektronik). Im Bauwesen liegt die durchschnittliche Zeitersparnis bei Faktor 4.

Computeranwendung bei planenden und dispositiven Tätigkeiten wie das CAD sind relativ neu. Dort aber, wo sie eingesetzt werden, werden sie als neue Arbeitsmittel begriffen, die traditionelle Arbeitsgeräte ablösen. Der CAD-Einsatz allein bewirkt bei den Arbeitsinhalten keine revolutionären Veränderungen. Funktionen werden vom Mensch zur Maschine verlagert, dafür kommen neue Tätigkeiten wie etwa das Programmieren oder Programm generieren dazu. Bedroht sind allenfalls einfachere Tätigkeiten wie die reinen Ausführungsarbeiten beim technischen Zeichnen.

Kreativer Umgang mit CAD ist zwar möglich, wird aber bisher noch wenig praktiziert.

CAD-Einsatz ist grundsätzlich nicht an bestimmte Betriebsarten oder -größen gebunden, aber es lassen sich verschiedene betriebliche Grundmuster unterscheiden, die eine unterschiedliche CAD-Konfiguration erfordern. Auch dies ist ein Grund dafür, daß der Entscheidung für den CAD-Einsatz eine sorgfältige Projektstrategie, wie bei jeder Entscheidung mit beträchtlichen finanziellen oder organisatorischen Konsequenzen, vorausgehen sollte.

Auswirkungen auf die Arbeitssituation

Interessant ist die Veränderung der Bewertung spezieller CAD-Fähigkeiten. Ist vor der CAD-Installation für den Benutzer die Möglichkeit am wichtigsten, komplexe Funktionen aufzurufen, so nimmt nach der Installation die Fähigkeit den ersten Rang ein, Detail-Design-Funktionen aufzurufen. Nach mehrjähriger Benutzung schließlich wird die Datenbanknutzung als die wichtigste Eigenschaft eingeschätzt (Ergebnisse einer CAD-Benutzerumfrage in den USA 1984).

Die weit verbreitete These, daß CAD wie andere verbreitete Technologien zu einer Polarisierung der Qualifikationen führen könnte („Superspezialisten" und „Fußvolk") läßt sich nicht bestätigen. Die Verschiebung der Anforderungen betrifft im Prinzip jede Berufsgruppe. Zwar werden gewisse traditionelle Fähigkeiten und Ausbildungsanforderungen überflüssig (zum Beispiel das genaue manuelle Zeichnen), aber CAD vermag nicht bisheriges Können zu ersetzen. Vielmehr kommen die technischen Anforderungen zu den bisherigen Qualifikationsbedingungen hinzu.

Preisklassen

Allgemein unterscheidet man bei den CAD-Systemen zwischen drei Preisklassen. Dies sind (bezogen auf einen kompletten Arbeitsplatz = Hardware und Software) die Preisklasse bis 40 TDM, bis 100 TDM und bis 250 TDM. Allerdings sind durch die enormen Neuentwicklungen und Absatzsteigerungen im Mikrocomputerbereich seit 1985 schon wieder Preisreduktionen von bis zu 50% zu verzeichnen. Echte 3D-Konzepte liegen heute fast alle noch in der oberen Preisklasse, während die 2 1/2D-CAD-Lösung vorzugsweise in der mittleren Klasse zu finden ist. Die in der unteren Preisklasse vertretenen Systeme sind fast alle reine 2D-CAD-Systeme.

Die Vorteile beim Einstieg über die Low-Cost CAD-Systeme sind vor allem: Einfacher Einstieg, übersichtliche Technologie, weniger Schnittstellenprobleme. Die Nachteile liegen in der Systemvielfalt und in dem jungen Anbietermarkt. Damit verbunden sind nicht selten Serviceprobleme sowie derzeit noch die Schwierigkeit der Verbindung mehrerer Arbeitsplätze.

Auch bei den Plottern ist in letzter Zeit ein Preisverfall festzustellen, wenn auch nicht in dem Umfang wie bei den Computern selbst. Derzeit erhält man einen DIN A0-Plotter für rund 30 TDM, einen DIN A1-Plotter für 15–20 TDM und einen DIN A3-Plotter für circa 5 TDM. Vermutlich wird hier der Fortschritt in der Laserdrucktechnologie ebenfalls neue Dimensionen der Möglichkeiten bei gleichzeitig verringerten Preisen eröffnen.

Computer-ABC

Akustik-Koppler

Mit Hilfe des Akustik-Kopplers (und eines Modems) kann der Computer mit anderen EDV-Anlagen „telefonieren“. Der Akustik-Koppler ist sozusagen der „Telefonhörer“ des Computers. Dabei werden der Telefonhörer und der Koppler aufeinander gelegt, die Daten werden vom Koppler in Tonsignale verwandelt und in die Sprechmuschel gegeben bzw. als Tonsignale aus der Hörmuschel entnommen und in (analoge) Stromsignale zurückverwandelt. Danach werden die Daten über das Modem an den Computer weitergegeben.

Anwenderprogramme

Anwenderprogramme sind Programme für Zwecke des Anwenders. Sie dienen also bestimmten Aufgaben wie Textverarbeitung, Kalkulation, Finanzbuchhaltung usw. In den inneren Abläufen des Computers sind diese Programme der Betriebssoftware untergeordnet.

Arbeitsspeicher

Der Arbeitsspeicher ist der Hauptspeicher des Computers. Er besteht aus Halbleiterbauteilen (RAM-Bausteinen). Bevor der Mikrocomputer seine Arbeit beginnt, werden immer alle notwendigen Programme in den Arbeitsspeicher geladen. Dazu kommen dann die eingegebenen Daten. Es ist darauf zu achten, daß der Arbeitsspeicher eines Mikrocomputers genügend Fassungsvermögen für Programme und Daten hat.

ASCII

ASCII ist der amerikanische Norm-Code zur Übertragung von Daten. Durch den ASCII werden 128 Zeichen in einer bestimmten Reihenfolge festgelegt. Zeichen sind die Groß- und Kleinbuchstaben, die Ziffern (von 0 bis 9) und Sonderzeichen, sowie einige Steuerzeichen. Der ASCII kennt naturgemäß keine deutschen Sonderbuchstaben, wie die Umlaute ä, ö, usw., oder das „ß“. Besonders bei Textverarbeitungsprogrammen ist also darauf zu achten, daß sie über einen deutschen Zeichensatz verfügen.

BASIC

BASIC ist eine leicht zu erlernende und zu gebrauchende Programmiersprache, die durch die kleinen Mikrocomputer (zum Beispiel Homecomputer) sehr weit verbreitet wurde. Leider gibt es so viele verschiedene „Dialekte“, daß bei der Übertragung auf einen anderen Computer-Typ oft Änderungen im Programm nötig werden.

Betriebssoftware

Betriebssoftware, oder Systemsoftware, sind eine Anzahl von Programmen, die dazu dienen, die Ausführung der Anwenderprogramme im Computer zu verwalten. Kern dieser „Verwaltungs-Programme“ ist das Betriebssystem, das zum Beispiel die Ein- und Ausgabe der Daten aus dem Rechner und den Zugriff auf periphere Geräte (zum Beispiel das Disketten-Laufwerk) steuert.

Betriebssystem

Ein Betriebssystem ist ein „Verwaltungs-Programm“, das dazu dient, den Ablauf der Anwenderprogramme im Computer zu verwalten. Die gebräuchlichsten Betriebssysteme sind CP/M und MS-DOS. Darüberhinaus gibt es Betriebssysteme, die es ermöglichen, einen Mikrocomputer für mehrere Aufgaben und mehrere Personen (an mehreren Terminals) gleichzeitig nutzbar zu machen. Weit verbreitet sind MP/M, TurboDOS, XENIX, OASIS und UNIX.

Bildschirm

Der Bildschirm ist neben dem Drucker das „Sprachrohr“ des Computers. Der Bildschirm funktioniert im Prinzip wie ein Fernsehgerät, nur hat er keinen Empfangsteil für die Funkwellen des Fernsehens. Ein weiterer Unterschied zum Fernsehgerät ist die (teilweise) erhöhte Bildpunktzahl – so wird eine höhere Bildschärfe erreicht – und eine erhöhte Bildfrequenz – so wird das Bild flimmerfrei.

Bildschirmtext

Bildschirmtext, abgekürzt: Btx, ist das billigste Verfahren, um Informationen von Rechnern außer Haus abzurufen. Die Daten werden über die Telefonleitung übertragen und mit Hilfe eines Modems an das häusliche Fernsehgerät weitergegeben. Auf dem Bildschirm wird (sofern das Gerät mit einem Btx-Decoder ausgerüstet ist) die Information sichtbar. Das kann Text sein, oder grafische Darstellungen und Zahlen. Für bewegte Bilder wie beim Fernsehen reicht die Übertragungskapazität des Telefonkabels bei weitem nicht aus. Die Informationen werden von den Anbietern in Rechnern der Bundespost gespeichert oder von eigenen Rechnern über die Bundespostrechner weitergeleitet. So kann man schon heute bei einigen Banken sein Konto vom Wohnzimmer aus führen. In Verbindung mit einem Btx-fähigen Mikrocomputer sind anspruchsvollere Anwendungen möglich.

Bit

Bit ist ein verkürztes Wort aus Binary Digit, was übersetzt „binäre Ziffer“ bedeutet. In Bit wird die Menge der Information gemessen. Im Zusammenhang mit Computern werden die Datenmengen, die zum Beispiel der Arbeitsspeicher fassen kann, in „Byte“ angegeben (also etwa: wieviele Liter Wasser in einen Tank passen). Ein Byte entspricht einem Zeichen, zum Beispiel einem Groß- oder Kleinbuchstaben oder den Ziffern 0 bis 9. Die benötigte Informationsmenge für ein Zeichen in einem Mikrocomputer beträgt 8 Bit, daher: 1 Zeichen, d.h. 1 Byte = 8 Bit.

Bus

Ein Bus ist ein flaches Band von Leitungen (Datenleitungen und Steuerleitungen), über die Informationen übertragen werden. Busse gibt es innerhalb des Computers und sie führen über

Schnittstellen zu Geräten ausserhalb des Computers (zum Beispiel Drucker, Bildschirm, Diskettenlaufwerk, andere Computer).

Byte

siehe Bit

Cursor

Der Cursor ist eine Lichtmarkierung auf dem Bildschirm, die die Stelle anzeigt, an der gerade Daten eingegeben werden. Der Cursor kann durch Tasten zu jeder Stelle des Bildschirms bewegt werden, so können gezielt Daten eingegeben oder abgeändert werden.

Datensicherung

Damit Daten und Programme nicht durch Pannen verloren gehen, werden sie zur Sicherheit kopiert, d.h. ein zweites Mal (oder mehrmals) auf Disketten, Festplatten, oder Datenbändern (Streamertapes) abgespeichert.

Diskette

Eine Diskette ist eine Kunststoffscheibe mit einer Magnetbeschichtung, ähnlich wie ein Tonband. Der englische Begriff dafür heißt „Floppy Disk". Auf der Diskette können Daten und Programme aufgezeichnet werden. Sie ist also ein Speicher. Die Diskette bleibt immer in ihrer Schutzhülle. Damit die Daten und Programme gespeichert und abgerufen werden können, hat die Hülle eine Aussparung, die nicht berührt werden darf. Sonst könnten Daten vernichtet werden. Aus dem gleichen Grund ist die Diskette vor Gewalt-, Hitzeeinwirkung und magnetischen Einflüssen (magnetisierte Büroklammern!) zu schützen.

Diskettenlaufwerk

Ein Disketten-Laufwerk ist eine Art „Plattenspieler", in den Disketten seitlich eingeschoben werden, um dann Daten und Programme aufzuzeichnen oder „abzuspielen", d.h. zu lesen.

Drucker

Der Drucker (auf englisch, Printer) ist neben dem Bildschirm das zweite wichtige „Sprachrohr" des Computers. Man unterscheidet in der Hauptsache zwischen Matrixdrucker und Typenraddrucker. Der Matrixdrukker ist in der Regel billiger und schneller, hat jedoch den Nachteil der typischen „Computerschrift". Allerdings gibt es inzwischen Matrixdrucker, deren Schriftbild man fast nicht mehr von Schreibmaschinentypen unterscheiden kann. Der Typenraddrucker ist praktisch eine Typenrad-Schreibmaschine ohne Tastatur. Der Typenrad-Drucker ist teurer und langsamer, dafür bietet er den Vorteil eines sauberen Schriftbilds wie bei normalen Geschäftsbriefen.

Die Laser- und LED-Drucker sind inzwischen auf dem Vormarsch. Im Augenblick allerdings müssen die Vorteile, zum Beispiel fast Buchdruckqualität, noch teuer bezahlt werden. Laser- und LED-Drucker funktionieren im Prinzip wie moderne Kopierer. Ein Laser oder eine Zeile Lichtdioden (LED = Light Emitting Diodes) beschreibt zeilenweise eine Magnettrommel.

(Beim Kopierer wird eine bereits existierende Vorlage optisch auf die Trommel übertragen.) Elektrisch entgegengesetzt geladenes Pulver (der „Toner") wird über die Trommel auf das Papier gebrannt. Durchschläge sind hier nicht möglich, statt dessen können beliebig viele Kopien gezogen werden.

Festplatte

Die Festplatte ist die gebräuchlichste Form der Magnetplatte bei Mikrocomputern, sie ist fest in ein Gehäuse eingekapselt. Eine Magnetplatte ist eine magnetisch beschichtete Aluminiumscheibe, die in einem besonderen Laufwerk mit hoher Geschwindigkeit rotiert. Vorteile der Platte gegenüber der Diskette sind die hohe Kapazität (ab 10 Mega-Byte), die gut doppelt so hohe Zugriffsgeschwindigkeit und die höhere Datensicherheit durch die bessere Abschirmung von der Umwelt. Manche Festplatten werden auch Winchester-Platten genannt, das sind kompakte Platten mit 5 1/4 Zoll Durchmesser, wie sie meist in PC eingebaut werden. Es gibt auch Laufwerke, in denen die Platte getauscht werden kann, man spricht dann von Wechselplattenlaufwerken.

Floppy Disk

siehe Diskette

Hardware

Hardware sind alle mechanischen und elektronischen Bauteile eines Computers, also das, was man anfassen kann.

Hauptspeicher

siehe Arbeitsspeicher

Homecomputer

Ein Homecomputer, zu deutsch „Heimcomputer", ist ein preisgünstiger, kleiner Mikrocomputer für einfache Aufgaben (Spiele, private Buchführung etc.) im Haushalt, die wenig Speicherplatz (zur Zeit bis max. 128 KByte) benötigen. Die Grenzen zum Mikrocomputer für den professionellen Einsatz sind fließend.

Interface

Ein Interface, zu deutsch „Schnittstelle", ist die Nahtstelle zwischen Geräten zur Datenverarbeitung, zum Beispiel zwischen Rechner und Bildschirm, oder Rechner und Drucker oder Diskettenlaufwerk. Damit DV-Geräte von verschiedenen oder vom selben Hersteller miteinander arbeiten können, müssen sie ein genau passendes Interface haben.

KB

KB ist die Abkürzung für Kilo-Byte. Ein Kilo-Byte entspricht 1024 Byte. „Kilo" bedeutet in diesem Zusammenhang also nicht einfach „Tausend", sondern die Zahl Zwei zehnmal mit sich selbst multipliziert, was 1024 ergibt. Für die Praxis genügt - als Faustregel - das übliche Verständnis von Kilo = Tausend. Die nächsthöhere Maßeinheit ist MB = Mega-Byte, wobei „Mega" in ähnlicher Weise eine Million Byte bedeutet.

Kompatibilität

Mit Kompatibilität bezeichnet man die Eigenschaft der Verträglichkeit von Computern und Programmen. Die Kompatibilität von zum Beispiel Rechner zu Drucker, oder die Lauffähigkeit eines Programms auf einem fremden Computer wird oft versprochen, jedoch nicht so oft gehalten. Dann werden Anpassungsmaßnahmen notwendig, die nicht eingeplante Kosten verursachen.

Mehrplatzsystem

Ein Mehrplatz-System erlaubt den Anschluß mehrerer Bildschirme mit Tastatur an einen Computer. Es können also mehrere Benutzer gleichzeitig arbeiten.

Mikrocomputer

Ein Mikrocomputer ist ein Computer, dessen zentrale Recheneinheit, der Mikroprozessor, aus einem einzigen Chip besteht. Größere Computer haben mehrere Chips, die sich die Rechenaufgaben teilen und so die schnellere Verarbeitung einer größereren Menge von Daten ermöglichen.

Mikroprozessor

Der Mikroprozessor ist die zentrale Recheneinheit eines Computers, in der die Daten verarbeitet werden und der Programmablauf gesteuert wird. Bei kleinen Computern (Mikrocomputer) ist der Prozessor auf einem hochintegrierten Baustein (Chip) untergebracht, daher die Bezeichnung Mikro-Prozessor.

Modem

Der Modem ist ein Gerät, das dem Computer ermöglicht , mit anderen EDV-Anlagen zu „telefonieren". Im Modem werden die Computersignale in Signale umgewandelt, die in der Telefonleitung fließen können. Wenn man zusätzlich einen Akustik-Koppler einsetzt, ist die Datenübertragung über den Telefonhörer möglich, also ohne direkte Verdrahtung an die Telefonleitung.

Netzwerk

Ein Netzwerk ist ein Verbund von mehreren Computern. Netzwerkformen können Ringe, Sterne oder Ketten sein.

PC

siehe Personal Computer

Peripheriegeräte

Peripheriegeräte sind alle von außerhalb des Computer-Gehäuses an den Rechner angeschlossenen Geräte, wie Bildschirm, Drucker, Diskettenlaufwerk, Festplatte usw.

Personal Computer

Die Bezeichnung Personal Computer, kurz PC, meint Mikrocomputer höherer Preisklasse und Kapazität (zur Zeit ab 128 Kilo-Byte Arbeitsspeichergröße) die für den Einsatz am Arbeitsplatz gedacht sind.

Plotter

Ein Plotter ist ein computergesteuertes Zeichengerät, mit dem man Zeichnungen anfertigen kann.

Programm

Ein Programm ist eine Kette von Befehlen, eine Reihe von Anweisungen, mit denen auf einem Computer eine Aufgabe vollständig gelöst werden kann. Aufgaben sind zum Beispiel Texte korrigieren, Lohn und Gehalt berechnen usw. Ohne Programme arbeitet kein Computer. Programme sind etwas Nicht-Materielles, wie etwa eine Melodie. Sie werden auf Disketten oder Festplatten gespeichert und als Software bezeichnet.

Programmiersprache

Sprachen dienen der Verständigung. Sprachen, in denen man sich mit Computern verständigt, heißen Programmiersprachen. Auch die künstlichen Programmiersprachen haben einen – allerdings sehr kleinen – Wortschatz, mit dem Befehle ausgedrückt werden. Diese Worte und ihre Verwendungsart sind bei höheren Programmiersprachen der natürlichen Sprache (meist Englisch) angenähert, um die Arbeit der Menschen am Computer zu erleichtern. Solche Sprachen sind zum Beispiel BASIS, PASCAL, FORTRAN, COBOL oder C. Mit den Wörtern und den Satzbauregeln dieser Sprachen werden Programme geschrieben.

RAM

RAM ist die Abkürzung für Random Access Memory, was soviel wie frei zugänglicher Speicher bedeutet. Er ist der Arbeitsspeicher des Compters. Bevor der Mikrocomputer seine Arbeit beginnt, werden alle notwendigen Programme und Daten in den Arbeitsspeicher geladen. Es ist also darauf zu achten, daß der Arbeitsspeicher eines Mikrocomputers genügend Fassungsvermögen für die vorgesehenen Programme hat.

ROM

ROM ist die Abkürzung für Read Only Memory, was direkt übersetzt Nur-Lese-Speicher heißt. Aus diesem Speicher können nur Daten herausgelesen werden. Im ROM sind meist „Verwaltungs-Programme“ (Betriebssysteme) fest gespeichert, die zur Steuerung des Rechners dienen.

Schnittstelle

siehe Interface

Software

Software ist der englische Sammelbegriff für die Programme eines Computer-Systems, also das, was man nicht anfassen kann.

Speicher

Im Speicher eines Rechners werden Daten abgelegt („geschrieben") oder hervorgeholt („gelesen"). Wichtige Kennzeichen sind sein Fassungsvermögen, das in der Maßeinheit Byte angegeben wird, sowie die Zeit, die für Lesen und Schreiben im Speicher benötigt werden. Speicher innerhalb des Rechners bestehen meist aus hochintegrierten elektronischen Schaltungen (RAM, ROM). Speicher außerhalb der Zentraleinheit sind meist Massenspeicher, das sind bei Mikrocomputern in der Regel Platten, Disketten oder Bänder.

Systemsoftware

Systemsoftware oder auch Betriebssoftware sind eine Anzahl von Programmen, die dazu dienen, die Ausführung der Anwenderprogramme zu verwalten. Kern dieser „Programme" ist das Betriebssystem, das zum Beispiel die Ein- und Ausgabe der Daten aus dem Arbeitsspeicher und den Zugriff auf die peripheren Geräte (zum Beispiel Diskettenlaufwerk) steuert.

Terminal

Ein Terminal ist die Kombination von einer Tastatur und einem Bildschirm, um Daten ein- und ausgeben zu können.

Kapitel 5: „Die Marktdaten."

Hier finden Sie die wichtigsten Soft- und Hardwareanbieter für Ihre Branche.

Alle technischen Angaben in den Marktdaten sind von den jeweiligen Anbietern mitgeteilt worden. Deshalb übernimmt das CheckBuch keine Gewähr für Richtigkeit und Vollständigkeit der Angaben. Letzteres wäre schon wegen der Schnellebigkeit des Mikro-Computer-Marktes wenig sinnvoll. Das CheckBuch versucht vielmehr diejenigen Anbieter aufzuführen, die eine gewisse Marktdurchdringung und Kontinuität aufweisen können.

So nützen Sie das EDV-CheckBuch.

Aktivität	Zweck	Zeitaufwand
(Kap. 1) "Die Erfahrung der Kollegen", Kapitel 1 lesen.	Zur Themeneinstimmung nützlich.	1 Stunde
(Kap. 1) Die Selbstanalyse durchführen, Kapitel 1.	Vermittelt Ihnen das Wissen um Ihren Standort.	0,5 bis 2 Std.
▽ (Kap. 2) "Was leistet ein Computer wirklich?", Kapitel 2 lesen.	Verschafft Ihnen den unbedingt notwendigen Überblick.	2 bis 3 Std.
▽ (Kap. 3) "So finden Sie das richtige Computersystem.", Kapitel 3 lesen.	Brauchen Sie für die angemessene Nutzung der Checklisten.	2 bis 3 Std.
(Kap. 4) "Das steckt hinter den neuen Techniken.", Kapitel 4 lesen.	Dient zur Einordnung eines Computersystems in die Techniklandschaft.	2 bis 3 Std.
▽ (Kap. 5) Mit den Anbietern Kontakt aufnehmen, dazu nutzen Sie "Die Marktdaten", Kapitel 5.	Jetzt treten Sie mit Ihrem EDV-Projekt in die "heiße" Phase!	5 bis 20 Std.
Sie können noch weitere Informationen von außerhalb einholen, zum Beispiel bei Ihrem Verband und Ihrer Kammer.	Zusätzliche Informationen geben Ihnen mehr Übersicht über die Möglichkeiten und Risiken.	
◯ Bei großen Lösungen sollten Sie einen EDV-Berater hinzuziehen. Vergleichen Sie dazu die Ratschläge in Kapitel 3.	Beschleunigt die Auswahlentscheidung und verringert Ihr Risiko von Fehlentscheidungen.	5 bis 20 Std.
▽ ● (Kap. 6) Einsatz und Auswertung der Checklisten aus Kapitel 6.	Grundvoraussetzung für eine angemessene Entscheidung.	30 bis 60 Std. (bei Beratereinsatz ca. 1/4)

● Für Anwender in Zeitnot: Diese ▽ Schritte sind unbedingt erforderlich

Software

abacus computer GmbH
7015 Korntal 1

acadGraph GmbH
8000 München 90

ACS Systemberatung
GmbH
2000 Hamburg 36

ARCOS
Architektur Computer
Software GmbH
7000 Stuttgart

ASfA – Arbeitsgruppe
Software für Architekten
3301 Groß-Schwülper

BCS Büro Computer
Support GmbH
4030 Ratingen

Jürgen Bechmann
Ingenieur-Büro
8900 Augsburg

Dipl.-Ing.
H. G. Bochmann
6087 Büttelborn 3

Dipl.-Ing. Bott
Datensysteme GmbH
8759 Hösbach-Feldkahl

Computervision GmbH
8000 München 80

Cosoba GmbH
6100 Darmstadt

CSI Computer-Service
im Ingenieurbüro GmbH
4600 Dortmund

Cubulus GmbH
4000 Düsseldorf

DATEX
Digital Service GmbH
3352 Einbeck 1

Ingenieurgemeinschaft
Ing. Friedrich & Lochner
7000 Stuttgart 30

G & W Software
Entwicklung GmbH
8000 München 40

GEFOF Gesellschaft
für optimale Finanz-
planung mbH
8000 München 40

Gerkhardt Software
GmbH
6520 Worms

GIP Gesellschaft für
Informationsverarbeitung
i. d. Bauplanung
6000 Frankfurt am Main 1

I. Bauer Software
6148 Heppenheim

IBD GmbH Privates
Institut für Baubetriebs-
software + Datenverarb.
7500 Karlsruhe 1

IBM Deutschland GmbH
7000 Stuttgart 1

jm Software
Jürgen Manthey
7530 Pforzheim

Planungsbüro Kremp
7000 Stuttgart 1

Hier finden Sie ein alphabetisches Register der Software-Anbieter.

Die ausführlichen Listings sind anschließend nach Postleitzahlen geordnet.

Bitte versuchen Sie zunächst, Anbieter in Ihrer Region anzusprechen.

Micro Logic Gesellschaft für rechnergesteuerte Systeme mbH
8000 München 82

microway Konzelmann & Blind GmbH
7470 Albstadt 16

MURSCHALL-Software Service
4937 Lage

Ingenieurbüro und Softwarehaus Dipl.-Ing. Klaus Nagel
6108 Weiterstadt 3

Nemetschek GmbH
8000 München 80

NM-IDV
8000 München 71

Ordat Gesellschaft für Organisation u. Datenverarbeitung
6300 Gießen

Quadric Software
8000 München 80

RIB/RZB – Datenverarbeitung im Bauwesen GmbH
7000 Stuttgart 80

Schwörer Computer GmbH
7410 Reutlingen

Sidoun Software
7800 Freiburg i. Br.

Siemens AG
8000 München 83

Sinus Software GmbH
7260 Calw

Angela Wagner
6301 Fernwald-Steinbach

Zekodata GmbH
7980 Ravensburg

Anbieter:	**ACS Systemberatung GmbH** **Große Bleichen 30** **2000 Hamburg 36** **Tel. 040/340679**
Systempreis: (Hard- und Software zusammen)	ab 8500,– DM
Softwarepreis:	ab 3900,– DM
Einsatzhäufigkeit:	40
Referenzen:	
– Eigenvertrieb des Hardware-Herstellers?	–
– Vertriebspartner des Hardware-Herstellers (Exklusivvertrag)?	nein
– vom Hardware-Hersteller empfohlen (z. B. in empfohlener Software gelistet)?	ja (verschiedene)
– Anwenderreferenzen?	auf Anfrage
Programmteilpakete:	
– Bezeichnung:	Grundmodul ARCHIPAS AVA
– Preis:	3900,– DM
– Bezeichnung:	ARCHIPAS-AVA „ABRECHNUNG“
– Preis:	1100,– DM
– Bezeichnung:	ARCHIPAS-AVA „STAMMTEXTE“
– Preis:	1500,– DM
– Bezeichnung:	ARCHIPAS-AVA „STLB-AUSWAHLMODUS“
– Preis:	1500,– DM
– Bezeichnung:	ARCHIPAS-AVA „DA 20“
– Preis:	1000,– DM
– Bezeichnung:	MODUL ARCHIPAS-KPL (KOSTENPLANUNG)
– Preis:	2900,– DM
– Bezeichnung:	ARCHIPAS-KPL „OBJEKTDATEN“
– Preis:	1000,– DM
– Bezeichnung:	ARCHIPAS-KPL „ELEMENTE-KATALOG“
– Preis:	1100,– DM

– Bezeichnung:	MODUL ARCHIPAS-BER (MASSENERMITTLUNG)
– Preis:	2900,– DM
– Bezeichnung:	ARCHIPAS-BER „FORMELKATALOG“
– Preis:	1000,– DM

Grundforderungen des Anwenders:

– Das Programm entspricht den gesetzlichen Normen, insbesondere DIN 276 (Kosten), DIN 277 (Raumbuch), VOB (Verträge), HOAI (Projektabwicklung)	ja
– Nutzung des Standardleistungsbuchs sowie anderer Kataloge alternativ möglich	ja
– Integration der Einzelprogramme im Gesamtpaket	ja
– Dezentrales Konzept mit Zugriff auf alle Projektdaten intern und extern (z. B. von mehreren Arbeitsplätzen aus)	Netzwerkfähigkeit in Vorbereitung

Forderungen des Anwenders:

Projektabwicklung AVA:

– LV-Erstellung mit StLB/Projekt	ja
– Preisspiegel für wieviel Anbieter?	99 je LV/30 nebeneinander
– Massenermittlung mit Erhalt Rechengang	ja
– Auftrags-LV mit Fixierung	ja
– Baubuchhaltung	nein
– Projektdokumentation	ja

Flächen/Rauminhalte (DIN277):

– Raumprogramm	ja
– Raumflächen	ja
– Soll-/Ist-Vergleich	nein
– Raumblatt	geplant
– Raumbuch	geplant

Kosten:

– Kostenschätzung	ja
– Kostenberechnung	ja

– Kostenanschlag	ja
– Kostenkontrolle	ja
– Kostenfeststellung	ja
– Kostendokumentation	ja

CAD:

– Raumblatt	entfällt (Schnittstelle CAD-AVA in Arbeit)
– 2D-Darstellung	entfällt
– 3D-Darstellung	entfällt
– perspektivische Variationen	entfällt
– Zoomen (stetig)	entfällt
– Projektpläne	entfällt
– automatische Massenermittlung	entfällt

Büroorganisation:

– Standardtexte	eingeschränkt möglich
– Vertragstexte	eingeschränkt möglich
– individuelle Textverarbeitung	–
– Adreßverwaltung	–
– Terminplanung	–
– Honorarermittlung	–
– Projektkostenkontrolle	–
– Fibu	–
– Fakturieren	–

Bedienungsfreundlichkeit:

– Meldungen des Computerprogrammes in Deutsch?	ja
– „Menue"-Technik (Bedienerführung mit Inhaltsverzeichnissen)?	ja
– „Dialog"-Technik (Bedienerführung durch Dialog über Bildschirm)?	ja
– Plausibilitätsprüfungen bei der Dateneingabe?	ja
– „Hilfe-Taste"	ja
– Meldungen und Hinweise bei Bedienungsfehlern in Deutsch?	ja
– Handbuch in Deutsch?	ja
– Sind Voreinstellungen möglich? (büro- oder projektspezifisch; ggf. Anzahl der Merkmale)	ja

Branchenspezifische Hardware:

Drucker:

– Hersteller	(Matrix oder Laserdrucker mit IBM Zeichensatz)
– Typenbezeichnung	–
– Druckprinzip	–
– Druckgeschwindigkeit (Max.)	–
– Druckgeschwindigkeit bei Schönschrift	–
– Geräuschpegel	–
– Preis	–

Plotter:

– Hersteller	(entfällt)
– Typenbezeichnung	–
– DIN-Format	–
– Ansteuerbar durch Software	–
– Technik	–
– Preis	–

Software-Pflege:

– Kosten pro Monat?	1% der Lizenzgebühr
– Kosten von Programmanpassungen?	nach Aufwand
– Aufbau in selbständigen Programmteilen („Modulen“)?	ja

Schulung:

– Ort	ACS oder beim Anwender (nicht unbedingt erforderlich)
– Dauer	1–5 Tage
– Kosten	800,– DM/Tag + Reisekosten

Kundendienst:

– Zahl der Kundendienststellen für Hardware	keine Angabe
– Zahl der Kundendienststellen für Software	keine Angabe
– Reaktionszeit Hardware	keine Angabe
– Reaktionszeit Software	1 Tag
– Telefondienst („Hot-Line“)	ja
– Stundenlohn	in Wartung enthalten
– Nacht-/Feiertagszuschläge	keine Angabe
– Anfahrtspauschale	keine Angabe

Anbieter:	**ASfA** **Arbeitsgruppe Software für Architekten** **Eichenkampf 12** **3301 Gr. Schwülper** **Tel. 05303/5186** **Tel. 05303/4364**
Systempreis: (Hard- und Software zusammen)	ab 9500,– DM (Einplatzsystem)
Softwarepreis:	ab 5800,– DM (Grundmodule)
Einsatzhäufigkeit:	z. Zt. 25
Referenzen:	
– Eigenvertrieb des Hardware-Herstellers?	–
– Vertriebspartner des Hardware-Herstellers (Exklusivvertrag)?	nein, nur Direktvertrieb
– vom Hardware-Hersteller empfohlen (z. B. in empfohlener Software gelistet)?	nein, nur Direktvertrieb
– Anwenderreferenzen?	auf Anfrage
Programmteilpakete:	
– Bezeichnung:	HOAI, Phase 1–6 (Einplatzsyst.)
– Preis:	5800,– DM
– Bezeichnung:	HOAI, Phase 7 (Einplatzsyst.)
– Preis:	3000,– DM
– Bezeichnung:	HOAI, Phase 8 (Einplatzsyst.)
– Preis:	3500,– DM
– Bezeichnung:	HOAI, Phase 1–6 (Mehrplatzsyst.)
– Preis:	7000,– DM
– Bezeichnung:	HOAI, Phase 7 (Mehrplatzsyst.)
– Preis:	5000,– DM
– Bezeichnung:	HOAI, Phase 8 (Mehrplatzsyst.)
– Preis:	7000,– DM
– Bezeichnung:	–
– Preis:	–
– Bezeichnung:	–
– Preis:	–

– Bezeichnung:	–
– Preis:	–
– Bezeichnung:	–
– Preis:	–

Grundforderungen des Anwenders:

– Das Programm entspricht den gesetzlichen Normen, insbesondere DIN 276 (Kosten), DIN 277 (Raumbuch), VOB (Verträge), HOAI (Projektabwicklung)	ja
– Nutzung des Standardleistungsbuchs sowie anderer Kataloge alternativ möglich	ja (mit eigener Konvertierung) und eigenen Standardtexten des Anwenders gemischt
– Integration der Einzelprogramme im Gesamtpaket	ja, durchgängig mit Bauteil-Methode nach BRD-StLB
– Dezentrales Konzept mit Zugriff auf alle Projektdaten intern und extern (z. B. von mehreren Arbeitsplätzen aus)	ja (voll multiuser-fähig, nicht nur multitasking) DBL Data Business Language

Forderungen des Anwenders:

Projektabwicklung AVA:

– LV-Erstellung mit StLB/Projekt	ja (StLB mit eigenen Texten)
– Preisspiegel für wieviel Anbieter?	99, mit steigender Auswertung, Schwerpunkt Preisspiegel
– Massenermittlung mit Erhalt Rechengang	ja, gegeben
– Auftrags-LV mit Fixierung	gegeben
– Baubuchhaltung	ja
– Projektdokumentation	ja, mit Rückführung der Daten in die Vorplanung

Flächen/Rauminhalte (DIN277):

– Raumprogramm	ja
– Raumflächen	ja (mit CAD-Schnittstelle
– Soll-/Ist-Vergleich	ja
– Raumblatt	ja, Listfunktion
– Raumbuch	ja, Listfunktion

Kosten:

– Kostenschätzung	ja (gegeben)
– Kostenberechnung	ja (gegeben)
– Kostenanschlag	ja (gegeben)

– Kostenkontrolle	ja (gegeben)
– Kostenfeststellung	ja (gegeben)
– Kostendokumentation	ja (gegeben)

CAD:

– Raumblatt	Schnittstellen vorhanden für Fremdprogramm der GDS
– 2D-Darstellung	–
– 3D-Darstellung	–
– perspektivische Variationen	–
– Zoomen (stetig)	–
– Projektpläne	–
– automatische Massenermittlung	–

Büroorganisation:

– Standardtexte	nein, aber Standardprogramme einsetzbar
– Vertragstexte	ja, für AVA
– individuelle Textverarbeitung	ja, über Standardprogramme
– Adreßverwaltung	ja, über Standardprogramme
– Terminplanung	ja, über Standardprogramme
– Honorarermittlung	–
– Projektkostenkontrolle	–
– Fibu	Standardprogramm
– Fakturieren	–

Bedienungsfreundlichkeit:

– Meldungen des Computerprogrammes in Deutsch?	ja
– „Menue"-Technik (Bedienerführung mit Inhaltsverzeichnissen)?	Strukturiertes Menü mit integr. Hilfefunktion
– „Dialog"-Technik (Bedienerführung durch Dialog über Bildschirm)?	ja, durchgängig mit internationaler Befehlsführung
– Plausibilitätsprüfungen bei der Dateneingabe?	ja, Dateivergleich
– „Hilfe-Taste"	ja, in allen Modulen
– Meldungen und Hinweise bei Bedienungsfehlern in Deutsch?	ja, in allen Modulen
– Handbuch in Deutsch?	ja
– Sind Voreinstellungen möglich? (büro- oder projektspezifisch; ggf. Anzahl der Merkmale)	ja, nach Anforderung auch Verwendung von „Handdokumenten"

Postleitzahl
3301
Software

ASfA
Arbeitsgruppe

Branchenspezifische Hardware:

Drucker:

– Hersteller	je nach Anwenderwunsch
– Typenbezeichnung	–
– Druckprinzip	–
– Druckgeschwindigkeit (Max.)	–
– Druckgeschwindigkeit bei Schönschrift	–
– Geräuschpegel	–
– Preis	–

Plotter:

– Hersteller	je nach Anwenderwunsch
– Typenbezeichnung	–
– DIN-Format	–
– Ansteuerbar durch Software	–
– Technik	–
– Preis	–

Software-Pflege:

– Kosten pro Monat?	150,– bis 450,– DM/Arbeitsplatz, je nach Zahl der Arbeitsplätze
– Kosten von Programmanpassungen?	nach Angebot (zum großen Teil in SW-Pflege enthalten)
– Aufbau in selbständigen Programmteilen („Modulen“)?	ja, der HOAI folgend 1–9 mit gefüllten Datenbanken, z. B. Bauteildatei

Schulung:

– Ort	beim Anwender
– Daucr	nach Wunsch
– Kosten	1000,– DM/Tag (Einweisung im SW-Preis enthalten)

Kundendienst:

– Zahl der Kundendienststellen für Hardware	je nach Hardware
– Zahl der Kundendienststellen für Software	1
– Reaktionszeit Hardware	je nach Hardware
– Reaktionszeit Software	in normaler Büro-Zeit
– Telefondienst („Hot-Line“)	ja (Modem)
– Stundenlohn	100,– DM
– Nacht-/Feiertagszuschläge	bisher keine Erfordernis
– Anfahrtspauschale	bisher keine Erfordernis

Anbieter:	**DATEX** **Digital Service GmbH** **Rosental 1–3** **3352 Einbeck 1** **Tel. 05561/2097**
Systempreis: (Hard- und Software zusammen)	ARKEY 8500,– DM + MwSt. ARCON 32000,– DM + MwSt. (reine CAD-Pakete)
Softwarepreis:	ARKEY 7000,– DM ARCON 12700,– DM
Einsatzhäufigkeit:	350 bzw. 60
Referenzen:	
– Eigenvertrieb des Hardware-Herstellers?	ja
– Vertriebspartner des Hardware-Herstellers (Exklusivvertrag)?	nein
– vom Hardware-Hersteller empfohlen (z. B. in empfohlener Software gelistet)?	ja
– Anwenderreferenzen?	auf Anfrage
Programmteilpakete:	
– Bezeichnung:	ARKEY
– Preis:	7000,– DM
– Bezeichnung:	ARCON
– Preis:	12700,– DM
– Bezeichnung:	–
– Preis:	–
– Bezeichnung:	–
– Preis:	–
– Bezeichnung:	–
– Preis:	–
– Bezeichnung:	–
– Preis:	–
– Bezeichnung:	–
– Preis:	–
– Bezeichnung:	–
– Preis:	–
– Bezeichnung:	–
– Preis:	–

- Bezeichnung: –
- Preis: –

Grundforderungen des Anwenders:

- Das Programm entspricht den gesetzlichen Normen, insbesondere DIN 276 (Kosten), DIN 277 (Raumbuch), VOB (Verträge), HOAI (Projektabwicklung) –
- Nutzung des Standardleistungsbuchs sowie anderer Kataloge alternativ möglich –
- Integration der Einzelprogramme im Gesamtpaket –
- Dezentrales Konzept mit Zugriff auf alle Projektdaten intern und extern (z. B. von mehreren Arbeitsplätzen aus) –

Forderungen des Anwenders:

Projektabwicklung AVA:

- LV-Erstellung mit StLB/ Projekt –
- Preisspiegel für wieviel Anbieter? –
- Massenermittlung mit Erhalt Rechengang –
- Auftrags-LV mit Fixierung –
- Baubuchhaltung –
- Projektdokumentation –

Flächen/Rauminhalte (DIN277):

- Raumprogramm –
- Raumflächen –
- Soll-/Ist-Vergleich –
- Raumblatt –
- Raumbuch –

Kosten:

- Kostenschätzung –
- Kostenberechnung –
- Kostenanschlag –
- Kostenkontrolle –
- Kostenfeststellung –
- Kostendokumentation –

CAD:

– Raumblatt	ja
– 2D-Darstellung	ja
– 3D-Darstellung	ja
– perspektivische Variationen	ja
– Zoomen (stetig)	ja
– Projektpläne	ja
– automatische Massenermittlung	ja

Büroorganisation:

– Standardtexte	–
– Vertragstexte	–
– individuelle Textverarbeitung	–
– Adreßverwaltung	–
– Terminplanung	–
– Honorarermittlung	–
– Projektkostenkontrolle	–
– Fibu	–
– Fakturieren	–

Bedienungsfreundlichkeit:

– Meldungen des Computerprogrammes in Deutsch?	ja
– „Menue"-Technik (Bedienerführung mit Inhaltsverzeichnissen)?	GEM-Oberfläche
– „Dialog"-Technik (Bedienerführung durch Dialog über Bildschirm)?	ja
– Plausibilitätsprüfungen bei der Dateneingabe?	ja
– „Hilfe-Taste"	nein
– Meldungen und Hinweise bei Bedienungsfehlern in Deutsch?	ja
– Handbuch in Deutsch?	ja
– Sind Voreinstellungen möglich? (büro- oder projektspezifisch; ggf. Anzahl der Merkmale)	ja

Postleitzahl
3352
Software

DATEX
Digital Service

Branchenspezifische Hardware:

Drucker:

– Hersteller	keine Angabe
– Typenbezeichnung	–
– Druckprinzip	–
– Druckgeschwindigkeit (Max.)	–
– Druckgeschwindigkeit bei Schönschrift	–
– Geräuschpegel	–
– Preis	–

Plotter:

– Hersteller	–
– Typenbezeichnung	–
– DIN-Format	A3 bis A0
– Ansteuerbar durch Software	ja
– Technik	keine Angabe
– Preis	keine Angabe

Software-Pflege:

– Kosten pro Monat?	ARKEY 59,– DM ARCON 106, DM
– Kosten von Programmanpassungen?	keine Angabe
– Aufbau in selbständigen Programmteilen („Modulen“)?	–

Schulung:

– Ort	3352 Einbeck
– Dauer	2–3 Tage
– Kosten	760,– DM/Person

Kundendienst:

– Zahl der Kundendienststellen für Hardware	diverse
– Zahl der Kundendienststellen für Software	derzeit 2
– Reaktionszeit Hardware	maximal 24 Stunden, bei Systemausfall umgehend
– Reaktionszeit Software	maximal 24 Stunden, bei Systemausfall umgehend
– Telefondienst („Hot-Line“)	ja
– Stundenlohn	120,– DM
– Nacht-/Feiertagszuschläge	keine Angabe
– Anfahrtspauschale	ja

Anbieter:	**CUBULUS GmbH** **Cecilienallee 13** **4000 Düsseldorf** **Tel. 0211/434578**
Systempreis: (Hard- und Software zusammen)	keine Angabe
Softwarepreis:	ab 8500,– DM
Einsatzhäufigkeit:	CAD: 8000 weltweit AVA, Raumbuch: 50
Referenzen:	
– Eigenvertrieb des Hardware-Herstellers?	–
– Vertriebspartner des Hardware-Herstellers (Exklusivvertrag)?	ja (Tandon, IBM usw.)
– vom Hardware-Hersteller empfohlen (z. B. in empfohlener Software gelistet)?	keine Angabe
– Anwenderreferenzen?	auf Anfrage
Programmteilpakete:	
– Bezeichnung:	CIP-CAD
– Preis:	8530,– DM
– Bezeichnung:	CIP-Architektenmodul zu CIP-CAD
– Preis:	1500,– DM
– Bezeichnung:	CIP-Programmpaket 1 (Textverarb., Planungsbuch, Kostenerm.)
– Preis:	12500,– DM
– Bezeichnung:	CIP-Programmpaket 2 (Textverarb., AVA, Abrechnung)
– Preis:	8500,– DM
– Bezeichnung:	CIP-Programmpaket 3 (bestehend aus 1 und 2)
– Preis:	19800,– DM
– Bezeichnung:	CIP-Ausschreibung
– Preis:	8500,– DM
– Bezeichnung:	CIP-Terminplanung
– Preis:	2500,– DM
– Bezeichnung:	CIP-Planungskostenkontrolle
– Preis:	2500,– DM

CUBULUS
GmbH

– Bezeichnung:	–
– Preis:	–
– Bezeichnung:	–
– Preis:	–

Grundforderungen des Anwenders:

– Das Programm entspricht den gesetzlichen Normen, insbesondere DIN 276 (Kosten), DIN 277 (Raumbuch), VOB (Verträge), HOAI (Projektabwicklung)	ja
– Nutzung des Standardleistungsbuchs sowie anderer Kataloge alternativ möglich	ja
– Integration der Einzelprogramme im Gesamtpaket	ja
– Dezentrales Konzept mit Zugriff auf alle Projektdaten intern und extern (z. B. von mehreren Arbeitsplätzen aus)	bedingt (soweit bei PC möglich)

Forderungen des Anwenders:

Projektabwicklung AVA:

– LV-Erstellung mit StLB/Projekt	ja
– Preisspiegel für wieviel Anbieter?	ja
– Massenermittlung mit Erhalt Rechengang	ja
– Auftrags-LV mit Fixierung	ja
– Baubuchhaltung	ja
– Projektdokumentation	ja

Flächen/Rauminhalte (DIN277):

– Raumprogramm	ja
– Raumflächen	ja
– Soll-/Ist-Vergleich	ja
– Raumblatt	ja
– Raumbuch	ja

Kosten:

– Kostenschätzung	ja
– Kostenberechnung	ja
– Kostenanschlag	ja
– Kostenkontrolle	ja

– Kostenfeststellung	ja
– Kostendokumentation	ja

CAD:

– Raumblatt	ja
– 2D-Darstellung	ja (2½D-Modell mit 3D-Modul)
– 3D-Darstellung	ja
– perspektivische Variationen	ja
– Zoomen (stetig)	ja
– Projektpläne	ja
– automatische Massenermittlung	halbautomatisch

Büroorganisation:

– Standardtexte	ja
– Vertragstexte	ja
– individuelle Textverarbeitung	ja
– Adreßverwaltung	ja
– Terminplanung	ja
– Honorarermittlung	ja
– Projektkostenkontrolle	ja
– Fibu	nein
– Fakturieren	nein

Bedienungsfreundlichkeit:

– Meldungen des Computerprogrammes in Deutsch?	ja
– „Menue"-Technik (Bedienerführung mit Inhaltsverzeichnissen)?	ja
– „Dialog"-Technik (Bedienerführung durch Dialog über Bildschirm)?	ja
– Plausibilitätsprüfungen bei der Dateneingabe?	ja
– „Hilfe-Taste"	ja
– Meldungen und Hinweise bei Bedienungsfehlern in Deutsch?	ja
– Handbuch in Deutsch?	ja
– Sind Voreinstellungen möglich? (büro- oder projektspezifisch; ggf. Anzahl der Merkmale)	keine Angabe

Branchenspezifische Hardware:

Drucker:

– Hersteller	keine Angabe
– Typenbezeichnung	–
– Druckprinzip	–
– Druckgeschwindigkeit (Max.)	–
– Druckgeschwindigkeit bei Schönschrift	–
– Geräuschpegel	–
– Preis	–

Plotter:

– Hersteller	(Plotter von Calcomp, HP, Houston)
– Typenbezeichnung	–
– DIN-Format	–
– Ansteuerbar durch Software	–
– Technik	–
– Preis	–

Software-Pflege:

– Kosten pro Monat?	nach Programmumfang
– Kosten von Programmanpassungen?	nach Aufwand
– Aufbau in selbständigen Programmteilen („Modulen")?	ja

Schulung:

– Ort	Anbieter oder beim Kunden
– Daucr	keine Angabe
– Kosten	keine Angabe

Kundendienst:

– Zahl der Kundendienststellen für Hardware	je nach Hersteller
– Zahl der Kundendienststellen für Software	Frankfurt, Düsseldorf
– Reaktionszeit Hardware	je nach Hersteller
– Reaktionszeit Software	nach Vereinbarung
– Telefondienst („Hot-Line")	ja
– Stundenlohn	keine Angabe
– Nacht-/Feiertagszuschläge	keine Angabe
– Anfahrtspauschale	keine Angabe

Anbieter:	**BCS** **Büro Computer Support GmbH** **4030 Ratingen-Volsweg 36** **Tel. 02102/843555**
Systempreis: (Hard- und Software zusammen)	ab 4000,– DM
Softwarepreis:	ab 1000,– bis 9000,– DM
Einsatzhäufigkeit:	50
Referenzen:	
– Eigenvertrieb des Hardware-Herstellers?	–
– Vertriebspartner des Hardware-Herstellers (Exklusivvertrag)?	keine Angabe
– vom Hardware-Hersteller empfohlen (z. B. in empfohlener Software gelistet)?	keine Angabe
– Anwenderreferenzen?	auf Anfrage
Programmteilpakete:	
– Bezeichnung:	Ausschreibung mit LV zum Vertrag und Angebotssimulation
– Preis:	1930,– DM
– Bezeichnung:	Architektenverträge mit Texten und Briefen
– Preis:	430,– DM
– Bezeichnung:	Projektierung/Vorkalkulation
– Preis:	960,– DM
– Bezeichnung:	Kosten nach DIN 276
– Preis:	880,– DM
– Bezeichnung:	Angebotsprüfung und Preisspiegel
– Preis:	870,– DM
– Bezeichnung:	Massenberechung
– Preis:	780,– DM
– Bezeichnung:	Netzplan CPM
– Preis:	890,– DM
– Bezeichnung:	Objektkosten-Verwaltung Bauherren
– Preis:	830,– DM
– Bezeichnung:	Bauherren-Stammdaten
– Preis:	120,– DM

– Bezeichnung:	Bürokosten-Verwaltung Pers.
– Preis:	670,– DM
– Bezeichnung:	Unternehmer-Information, Adreßdruck
– Preis:	550,– DM
– Bezeichnung:	Positionskalkulation I
– Preis:	440,– DM

Grundforderungen des Anwenders:

– Das Programm entspricht den gesetzlichen Normen, insbesondere DIN 276 (Kosten), DIN 277 (Raumbuch), VOB (Verträge), HOAI (Projektabwicklung)	ja
– Nutzung des Standardleistungsbuchs sowie anderer Kataloge alternativ möglich	geplant
– Integration der Einzelprogramme im Gesamtpaket	ja
– Dezentrales Konzept mit Zugriff auf alle Projektdaten intern und extern (z. B. von mehreren Arbeitsplätzen aus)	ja

Forderungen des Anwenders:

Projektabwicklung AVA:

– LV-Erstellung mit StLB/Projekt	mit Projekt
– Preisspiegel für wieviel Anbieter?	n × 17
– Massenermittlung mit Erhalt Rechengang	ja
– Auftrags-LV mit Fixierung	ja
– Baubuchhaltung	ja
– Projektdokumentation	ja

Flächen/Rauminhalte (DIN277):

– Raumprogramm	keine Angabe
– Raumflächen	–
– Soll-/Ist-Vergleich	–
– Raumblatt	–
– Raumbuch	–

Kosten:

– Kostenschätzung	ja

– Kostenberechnung	ja
– Kostenanschlag	ja
– Kostenkontrolle	ja
– Kostenfeststellung	ja
– Kostendokumentation	ja

CAD:

– Raumblatt	CAD wird nicht angeboten
– 2D-Darstellung	–
– 3D-Darstellung	–
– perspektivische Variationen	
– Zoomen (stetig)	–
– Projektpläne	–
– automatische Massenermittlung	–

Büroorganisation:

– Standardtexte	ja
– Vertragstexte	ja
– individuelle Textverarbeitung	ja
– Adreßverwaltung	ja
– Terminplanung	ja
– Honorarermittlung	nein
– Projektkostenkontrolle	ja
– Fibu	ja
– Fakturieren	nein

Bedienungsfreundlichkeit:

– Meldungen des Computerprogrammes in Deutsch?	ja
– „Menue"-Technik (Bedienerführung mit Inhaltsverzeichnissen)?	ja
– „Dialog"-Technik (Bedienerführung durch Dialog über Bildschirm)?	ja
– Plausibilitätsprüfungen bei der Dateneingabe?	ja
– „Hilfe-Taste"	ja
– Meldungen und Hinweise bei Bedienungsfehlern in Deutsch?	ja
– Handbuch in Deutsch?	ja
– Sind Voreinstellungen möglich? (büro- oder projektspezifisch; ggf. Anzahl der Merkmale)	ja

Branchenspezifische Hardware:

Drucker:

– Hersteller	keine Angabe
– Typenbezeichnung	–
– Druckprinzip	–
– Druckgeschwindigkeit (Max.)	–
– Druckgeschwindigkeit bei Schönschrift	–
– Geräuschpegel	–
– Preis	–

Plotter:

– Hersteller	–
– Typenbezeichnung	–
– DIN-Format	–
– Ansteuerbar durch Software	–
– Technik	–
– Preis	–

Software-Pflege:

– Kosten pro Monat?	200,– DM/Jahr
– Kosten von Programmanpassungen?	nach Angebot
– Aufbau in selbständigen Programmteilen („Modulen")?	ja

Schulung:

– Ort	beliebig
– Dauer	beliebig
– Kosten	640,– DM/Tag

Kundendienst:

– Zahl der Kundendienststellen für Hardware	je nach Hardware
– Zahl der Kundendienststellen für Software	3
– Reaktionszeit Hardware	je nach Hardware
– Reaktionszeit Software	täglich
– Telefondienst („Hot-Line")	ja
– Stundenlohn	800,– DM/Tag
– Nacht-/Feiertagszuschläge	–
– Anfahrtspauschale	nach Kilometer

Anbieter:	**CSI Computerservice im Ingenieurbüro GmbH Hamburger Straße 55 4600 Dortmund 1 Tel. 0231/527987**
Systempreis: (Hard- und Software zusammen)	ab 13000,– DM
Softwarepreis:	ab 3000,– DM
Einsatzhäufigkeit:	über 100
Referenzen:	
– Eigenvertrieb des Hardware-Herstellers?	–
– Vertriebspartner des Hardware-Herstellers (Exklusivvertrag)?	ja
– vom Hardware-Hersteller empfohlen (z. B. in empfohlener Software gelistet)?	keine Angabe
– Anwenderreferenzen?	auf Anfrage
Programmteilpakete:	
– Bezeichnung: – Preis:	CS-LISA (Ausschreibung) 3000,– DM
– Bezeichnung: – Preis:	CS-LIPS (Preisspiegel) 1800,– DM
– Bezeichnung: – Preis:	CS-ALBA (Abrechnung) 3400,– DM
– Bezeichnung: – Preis:	CS-BAKO (Baukostenermittlung) 2400,– DM
– Bezeichnung: – Preis:	CS-TINA (Textverarbeitung) 1800,– DM
– Bezeichnung: – Preis:	CS-WONG (Wohn- und Nutzflächenberechnung) 1800,– DM
– Bezeichnung: – Preis:	CS-PLAN (Architektur-3D-CAD-Programm) 19000,– DM
– Bezeichnung: – Preis:	

Postleitzahl

4600

Software

CSI
Computerservice

- Bezeichnung:
- Preis:

- Bezeichnung:
- Preis:

Grundforderungen des Anwenders:

– Das Programm entspricht den gesetzlichen Normen, insbesondere DIN 276 (Kosten), DIN 277 (Raumbuch), VOB (Verträge), HOAI (Projektabwicklung)	ja
– Nutzung des Standardleistungsbuchs sowie anderer Kataloge alternativ möglich	ja
– Integration der Einzelprogramme im Gesamtpaket	ja
– Dezentrales Konzept mit Zugriff auf alle Projektdaten intern und extern (z. B. von mehreren Arbeitsplätzen aus)	ja

Forderungen des Anwenders:

Projektabwicklung AVA:

– LV-Erstellung mit StLB/Projekt	ja
– Preisspiegel für wieviel Anbieter?	bis 100
– Massenermittlung mit Erhalt Rechengang	ja
– Auftrags-LV mit Fixierung	ja
– Baubuchhaltung	ja
– Projektdokumentation	ja

Flächen/Rauminhalte (DIN277):

– Raumprogramm	ja
– Raumflächen	ja
– Soll-/Ist-Vergleich	ja
– Raumblatt	ja
– Raumbuch	ja

Kosten:

– Kostenschätzung	ja
– Kostenberechnung	ja
– Kostenanschlag	ja
– Kostenkontrolle	ja

– Kostenfeststellung	ja
– Kostendokumentation	nein

CAD:

– Raumblatt	ja
– 2D-Darstellung	ja
– 3D-Darstellung	ja
– perspektivische Variationen	ja
– Zoomen (stetig)	ja
– Projektpläne	ja
– automatische Massenermittlung	ja

Büroorganisation:

– Standardtexte	ja
– Vertragstexte	ja
– individuelle Textverarbeitung	ja
– Adreßverwaltung	ja
– Terminplanung	ja
– Honorarermittlung	keine Angabe
– Projektkostenkontrolle	keine Angabe
– Fibu	ja
– Fakturieren	ja

Bedienungsfreundlichkeit:

– Meldungen des Computerprogrammes in Deutsch?	ja
– „Menue"-Technik (Bedienerführung mit Inhaltsverzeichnissen)?	ja
– „Dialog"-Technik (Bedienerführung durch Dialog über Bildschirm)?	ja
– Plausibilitätsprüfungen bei der Dateneingabe?	ja
– „Hilfe-Taste"	nein
– Meldungen und Hinweise bei Bedienungsfehlern in Deutsch?	ja
– Handbuch in Deutsch?	ja
– Sind Voreinstellungen möglich? (büro- oder projektspezifisch; ggf. Anzahl der Merkmale)	nein

CSI
Computerservice

Branchenspezifische Hardware:

Drucker:

– Hersteller	NEC
– Typenbezeichnung	P6–660
– Druckprinzip	Matrix-Drucker
– Druckgeschwindigkeit (Max.)	220 Zeichen/Sek.
– Druckgeschwindigkeit bei Schönschrift	60 Zeichen/Sek.
– Geräuschpegel	keine Angabe
– Preis	2034,– DM

Plotter:

– Hersteller	keine Angabe
– Typenbezeichnung	keine Angabe
– DIN-Format	ab DIN A3 aufwärts
– Ansteuerbar durch Software	ja
– Technik	keine Angabe
– Preis	ab 14000,– DM für DIN A1

Software-Pflege:

– Kosten pro Monat?	1% pro Monat
– Kosten von Programmanpassungen?	nach Absprache
– Aufbau in selbständigen Programmteilen („Modulen“)?	keine Angabe

Schulung:

– Ort	beim Kunden
– Dauer	nach Absprache
– Kosten	880,– DM pro Tag zzgl. Spesen

Kundendienst:

– Zahl der Kundendienststellen für Hardware	je nach Hardware
– Zahl der Kundendienststellen für Software	keine Angabe
– Reaktionszeit Hardware	je nach Hardware
– Reaktionszeit Software	keine Angabe
– Telefondienst („Hot-Line“)	keine Angabe
– Stundenlohn	keine Angabe
– Nacht-/Feiertagszuschläge	keine Angabe
– Anfahrtspauschale	keine Angabe

Anbieter:	**Murschall Software-Service** **Jutta Murschall** **Langhansweg 7** **4937 Lage** **Tel. 05232/66289**
Systempreis: (Hard- und Software zusammen)	keine Angabe
Softwarepreis:	ab 5900,– DM
Einsatzhäufigkeit:	auf Anfrage
Referenzen:	
– Eigenvertrieb des Hardware-Herstellers?	–
– Vertriebspartner des Hardware-Herstellers (Exklusivvertrag)?	ja (Wang)
– vom Hardware-Hersteller empfohlen (z. B. in empfohlener Software gelistet)?	keine Angabe
– Anwenderreferenzen?	auf Anfrage
Programmteilpakete:	
– Bezeichnung: – Preis:	Basis-Programm + AVA 6500,– DM
– Bezeichnung: – Preis:	Bauantrag 3900,– DM
– Bezeichnung: – Preis:	Gesamt-Paket 9900,– DM
– Bezeichnung: – Preis:	
– Bezeichnung: – Preis:	
– Bezeichnung: – Preis:	
– Bezeichnung: – Preis:	
– Bezeichnung: – Preis:	
– Bezeichnung: – Preis:	
– Bezeichnung: – Preis:	

MURSCHALL
Software-Service

Grundforderungen des Anwenders:

– Das Programm entspricht den gesetzlichen Normen, insbesondere DIN 276 (Kosten), DIN 277 (Raumbuch), VOB (Verträge), HOAI (Projektabwicklung)	ja
– Nutzung des Standardleistungsbuchs sowie anderer Kataloge alternativ möglich	freie Texte
– Integration der Einzelprogramme im Gesamtpaket	ja
– Dezentrales Konzept mit Zugriff auf alle Projektdaten intern und extern (z. B. von mehreren Arbeitsplätzen aus)	möglich, auch als XENIX-Version

Forderungen des Anwenders:

Projektabwicklung AVA:

– LV-Erstellung mit StLB/Projekt	nein
– Preisspiegel für wieviel Anbieter?	max. 20
– Massenermittlung mit Erhalt Rechengang	ja
– Auftrags-LV mit Fixierung	ja
– Baubuchhaltung	ja
– Projektdokumentation	ja

Flächen/Rauminhalte (DIN277):

– Raumprogramm	ja
– Raumflächen	ja
– Soll-/Ist-Vergleich	ja
– Raumblatt	ja
– Raumbuch	ja

Kosten:

– Kostenschätzung	ja
– Kostenberechnung	ja
– Kostenanschlag	ja
– Kostenkontrolle	ja
– Kostenfeststellung	ja
– Kostendokumentation	ja

– Kostenberechnung	ja (DIN 276 + BKB)
– Kostenanschlag	ja (DIN 276)
– Kostenkontrolle	ja
– Kostenfeststellung	ja (DIN 276)
– Kostendokumentation	keine Angabe

CAD:

– Raumblatt	nein
– 2D-Darstellung	ja
– 3D-Darstellung	ja
– perspektivische Variationen	ja
– Zoomen (stetig)	ja
– Projektpläne	ja
– automatische Massenermittlung	halbautomatisch

Büroorganisation:

– Standardtexte	ja
– Vertragstexte	ja
– individuelle Textverarbeitung	ja
– Adreßverwaltung	ja
– Terminplanung	Programm Super Projekt +
– Honorarermittlung	ja
– Projektkostenkontrolle	ja
– Fibu	nein
– Fakturieren	nein

Bedienungsfreundlichkeit:

– Meldungen des Computerprogrammes in Deutsch?	ja
– „Menue“-Technik (Bedienerführung mit Inhaltsverzeichnissen)?	ja
– „Dialog“-Technik (Bedienerführung durch Dialog über Bildschirm)?	ja
– Plausibilitätsprüfungen bei der Dateneingabe?	wo möglich
– „Hilfe-Taste“	ja
– Meldungen und Hinweise bei Bedienungsfehlern in Deutsch?	ja
– Handbuch in Deutsch?	ja
– Sind Voreinstellungen möglich? (büro- oder projektspezifisch; ggf. Anzahl der Merkmale)	ja

Branchenspezifische Hardware:

Drucker:

– Hersteller	NEC, Oki, Panasonic, Epson usw.
– Typenbezeichnung	keine Angabe
– Druckprinzip	keine Angabe
– Druckgeschwindigkeit (Max.)	keine Angabe
– Druckgeschwindigkeit bei Schönschrift	keine Angabe
– Geräuschpegel	keine Angabe
– Preis	ab circa 800,– DM

Plotter:

– Hersteller	keine Angabe
– Typenbezeichnung	keine Angabe
– DIN-Format	keine Angabe
– Ansteuerbar durch Software	ja
– Technik	keine Angabe
– Preis	ab circa 3000,– DM (DIN A3)

Software-Pflege:

– Kosten pro Monat?	1. Jahr kostenlos, danach 5% vom Kaufpreis/Jahr
– Kosten von Programm-anpassungen?	90,– DM/Stunde
– Aufbau in selbständigen Programmteilen („Modulen“)?	ja

Schulung:

– Ort	beim Kunden
– Dauer	1 Tag
– Kosten	kostenlos

Kundendienst:

– Zahl der Kundendienststellen für Hardware	abhängig von Hardware-Hersteller
– Zahl der Kundendienststellen für Software	4
– Reaktionszeit Hardware	abhängig vom Hardware-Hersteller
– Reaktionszeit Software	keine Angabe
– Telefondienst („Hot-Line“)	ja
– Stundenlohn	140,– DM außer Haus
– Nacht-/Feiertagszuschläge	keine
– Anfahrtspauschale	keine

Anbieter:	**Dipl.-Ing. H.-G. Bochmann** **Bei der Neumühle 5** **6087 Büttelborn 3** **Tel. 06152/81413**
Systempreis: (Hard- und Software zusammen)	keine Angabe
Softwarepreis:	2500,– DM
Einsatzhäufigkeit:	circa 20

Referenzen:

– Eigenvertrieb des Hardware-Herstellers?	–
– Vertriebspartner des Hardware-Herstellers (Exklusivvertrag)?	nein
– vom Hardware-Hersteller empfohlen (z. B. in empfohlener Software gelistet)?	nein
– Anwenderreferenzen?	auf Anfrage

Programmteilpakete:

– Bezeichnung: – Preis:	d Ausschreibung 2500,– DM
– Bezeichnung: – Preis:	d Vertrag 2650,– DM
– Bezeichnung: – Preis:	– –
– Bezeichnung: – Preis:	– –
– Bezeichnung: – Preis:	– –
– Bezeichnung: – Preis:	– –
– Bezeichnung: – Preis:	– –
– Bezeichnung: – Preis:	– –
– Bezeichnung: – Preis:	– –
– Bezeichnung: – Preis:	– –

Bochmann

Grundforderungen des Anwenders:

– Das Programm entspricht den gesetzlichen Normen, insbesondere DIN 276 (Kosten), DIN 277 (Raumbuch), VOB (Verträge), HOAI (Projektabwicklung)	keine Angabe
– Nutzung des Standardleistungsbuchs sowie anderer Kataloge alternativ möglich	ja
– Integration der Einzelprogramme im Gesamtpaket	ja
– Dezentrales Konzept mit Zugriff auf alle Projektdaten intern und extern (z. B. von mehreren Arbeitsplätzen aus)	ja

Forderungen des Anwenders:

Projektabwicklung AVA:

– LV-Erstellung mit StLB/Projekt	ja
– Preisspiegel für wieviel Anbieter?	5
– Massenermittlung mit Erhalt Rechengang	keine Angabe
– Auftrags-LV mit Fixierung	keine Angabe
– Baubuchhaltung	keine Angabe
– Projektdokumentation	keine Angabe

Flächen/Rauminhalte (DIN277):

– Raumprogramm	keine Angabe
– Raumflächen	keine Angabe
– Soll-/Ist-Vergleich	keine Angabe
– Raumblatt	keine Angabe
– Raumbuch	keine Angabe

Kosten:

– Kostenschätzung	ja
– Kostenberechnung	ja
– Kostenanschlag	ja
– Kostenkontrolle	nein
– Kostenfeststellung	nein
– Kostendokumentation	nein

CAD:

– Raumblatt	kein CAD-Modul in Angebot
– 2D-Darstellung	–
– 3D-Darstellung	–
– perspektivische Variationen	–
– Zoomen (stetig)	–
– Projektpläne	–
– automatische Massenermittlung	–

Büroorganisation:

– Standardtexte	ja
– Vertragstexte	ja
– individuelle Textverarbeitung	ja
– Adreßverwaltung	ja
– Terminplanung	nein
– Honorarermittlung	nein
– Projektkostenkontrolle	nein
– Fibu	nein
– Fakturieren	nein

Bedienungsfreundlichkeit:

– Meldungen des Computerprogrammes in Deutsch?	ja
– „Menue“-Technik (Bedienerführung mit Inhaltsverzeichnissen)?	ja
– „Dialog“-Technik (Bedienerführung durch Dialog über Bildschirm)?	keine Angabe
– Plausibilitätsprüfungen bei der Dateneingabe?	ja
– „Hilfe-Taste“	ja
– Meldungen und Hinweise bei Bedienungsfehlern in Deutsch?	ja
– Handbuch in Deutsch?	ja
– Sind Voreinstellungen möglich? (büro- oder projektspezifisch; ggf. Anzahl der Merkmale)	ja

Branchenspezifische Hardware:

Drucker:

– Hersteller	Hewlett Packard
– Typenbezeichnung	HP-Laserjet
– Druckprinzip	Laserdrucker
– Druckgeschwindigkeit (Max.)	keine Angabe
– Druckgeschwindigkeit bei Schönschrift	keine Angabe
– Geräuschpegel	keine Angabe
– Preis	keine Angabe

Plotter:

– Hersteller	entfällt
– Typenbezeichnung	–
– DIN-Format	–
– Ansteuerbar durch Software	–
– Technik	–
– Preis	–

Software-Pflege:

– Kosten pro Monat?	800,– DM/Jahr
– Kosten von Programmanpassungen?	nach Aufwand
– Aufbau in selbständigen Programmteilen („Modulen“)?	ja

Schulung:

– Ort	beim Kunden
– Dauer	nach Vereinbarung
– Kosten	1000,– DM/Tag

Kundendienst:

– Zahl der Kundendienststellen für Hardware	je nach Hardwareanbieter
– Zahl der Kundendienststellen für Software	keine Angabe
– Reaktionszeit Hardware	je nach Hardware
– Reaktionszeit Software	schnellstmöglich
– Telefondienst („Hot-Line“)	nein
– Stundenlohn	nach Vereinbarung
– Nacht-/Feiertagszuschläge	–
– Anfahrtspauschale	0,60 DM/km

CAD:

– Raumblatt	CAD nicht im Angebot
– 2D-Darstellung	–
– 3D-Darstellung	–
– perspektivische Variationen	–
– Zoomen (stetig)	–
– Projektpläne	–
– automatische Massenermittlung	–

Büroorganisation:

– Standardtexte	ja
– Vertragstexte	ja
– individuelle Textverarbeitung	ja
– Adreßverwaltung	ja
– Terminplanung	ja
– Honorarermittlung	nein
– Projektkostenkontrolle	ja
– Fibu	ja
– Fakturieren	nein

Bedienungsfreundlichkeit:

– Meldungen des Computerprogrammes in Deutsch?	ja
– „Menue"-Technik (Bedienerführung mit Inhaltsverzeichnissen)?	ja
– „Dialog"-Technik (Bedienerführung durch Dialog über Bildschirm)?	ja
– Plausibilitätsprüfungen bei der Dateneingabe?	ja
– „Hilfe-Taste"	nein
– Meldungen und Hinweise bei Bedienungsfehlern in Deutsch?	ja
– Handbuch in Deutsch?	ja
– Sind Voreinstellungen möglich? (büro- oder projektspezifisch; ggf. Anzahl der Merkmale)	ja

Branchenspezifische Hardware:

Drucker:

– Hersteller	keine Angabe
– Typenbezeichnung	–
– Druckprinzip	–
– Druckgeschwindigkeit (Max.)	–
– Druckgeschwindigkeit bei Schönschrift	–
– Geräuschpegel	–
– Preis	–

Plotter:

– Hersteller	entfällt
– Typenbezeichnung	–
– DIN-Format	–
– Ansteuerbar durch Software	–
– Technik	–
– Preis	–

Software-Pflege:

– Kosten pro Monat?	kostenlos
– Kosten von Programmanpassungen?	600,– DM/Tag
– Aufbau in selbständigen Programmteilen („Modulen“)?	ja

Schulung:

– Ort	beim Kunden
– Dauer	nach Bedarf
– Kosten	600,– DM pro Tag

Kundendienst:

– Zahl der Kundendienststellen für Hardware	1
– Zahl der Kundendienststellen für Software	1
– Reaktionszeit Hardware	48 Std.
– Reaktionszeit Software	48 Std.
– Telefondienst („Hot-Line“)	ja
– Stundenlohn	600,– DM/Tag
– Nacht-/Feiertagszuschläge	–
– Anfahrtspauschale	–

Anbieter:	**Ingenieurbüro/ Systemhaus Nagel Dipl.-Ing. Klaus Nagel Grundweg 32c 6108 Weitersadt 3 Tel. 06150/40151**
Systempreis: (Hard- und Software zusammen)	ab 13000,– DM
Softwarepreis:	ab circa 5000,– DM
Einsatzhäufigkeit:	keine Angabe
Referenzen:	
– Eigenvertrieb des Hardware-Herstellers?	–
– Vertriebspartner des Hardware-Herstellers (Exklusivvertrag)?	nein
– vom Hardware-Hersteller empfohlen (z. B. in empfohlener Software gelistet)?	ja (verschiedene Hersteller)
– Anwenderreferenzen?	auf Anfrage
Programmteilpakete:	
– Bezeichnung:	Architec (= Grundpaket)
– Preis:	4824,– DM netto
– Bezeichnung:	Projekt-Kosten-Verwaltung
– Preis:	1990,– DM netto
– Bezeichnung:	Kosten-Plan
– Preis:	2490,– DM netto
– Bezeichnung:	Kostenermittlung nach DIN 276
– Preis:	1490,– DM netto
– Bezeichnung:	Quick-Text
– Preis:	788,60 DM netto
– Bezeichnung:	Wärmeschutz nach DIN 4108
– Preis:	1227,– DM netto
– Bezeichnung:	Einnahme-Überschuß-Rechnung
– Preis:	1250,– DM netto
– Bezeichnung:	–
– Preis:	–
– Bezeichnung:	–
– Preis:	–

Systemhaus Nagel
Ingenieurbüro

– Bezeichnung:	–
– Preis:	–

Grundforderungen des Anwenders:

– Das Programm entspricht den gesetzlichen Normen, insbesondere DIN 276 (Kosten), DIN 277 (Raumbuch), VOB (Verträge), HOAI (Projektabwicklung)	ja
– Nutzung des Standardleistungsbuchs sowie anderer Kataloge alternativ möglich	ja
– Integration der Einzelprogramme im Gesamtpaket	ja
– Dezentrales Konzept mit Zugriff auf alle Projektdaten intern und extern (z. B. von mehreren Arbeitsplätzen aus)	nur Einzel-Arbeitsplatzanwendung

Forderungen des Anwenders:

Projektabwicklung AVA:

– LV-Erstellung mit StLB/Projekt	nein
– Preisspiegel für wieviel Anbieter?	15
– Massenermittlung mit Erhalt Rechengang	ja
– Auftrags-LV mit Fixierung	ja
– Baubuchhaltung	ja
– Projektdokumentation	ja

Flächen/Rauminhalte (DIN277):

– Raumprogramm	nein
– Raumflächen	nein
– Soll-/Ist-Vergleich	nein
– Raumblatt	nein
– Raumbuch	nein

Kosten:

– Kostenschätzung	ja
– Kostenberechnung	ja
– Kostenanschlag	ja
– Kostenkontrolle	ja
– Kostenfeststellung	ja
– Kostendokumentation	ja

CAD:

– Raumblatt	kein CAD im Angebot
– 2D-Darstellung	–
– 3D-Darstellung	–
– perspektivische Variationen	–
– Zoomen (stetig)	–
– Projektpläne	–
– automatische Massenermittlung	–

Büroorganisation:

– Standardtexte	optional
– Vertragstexte	optional
– individuelle Textverarbeitung	optional
– Adreßverwaltung	optional
– Terminplanung	keine Angabe
– Honorarermittlung	in Vorbereitung
– Projektkostenkontrolle	in Vorbereitung
– Fibu	nein
– Fakturieren	nein

Bedienungsfreundlichkeit:

– Meldungen des Computerprogrammes in Deutsch?	ja
– „Menue"-Technik (Bedienerführung mit Inhaltsverzeichnissen)?	ja
– „Dialog"-Technik (Bedienerführung durch Dialog über Bildschirm)?	ja
– Plausibilitätsprüfungen bei der Dateneingabe?	ja
– „Hilfe-Taste"	keine Angabe
– Meldungen und Hinweise bei Bedienungsfehlern in Deutsch?	ja
– Handbuch in Deutsch?	ja
– Sind Voreinstellungen möglich? (büro- oder projektspezifisch; ggf. Anzahl der Merkmale)	ja

Systemhaus Nagel
Ingenieurbüro

Branchenspezifische Hardware:

Drucker:

– Hersteller	keine Angabe
– Typenbezeichnung	–
– Druckprinzip	–
– Druckgeschwindigkeit (Max.)	–
– Druckgeschwindigkeit bei Schönschrift	–
– Geräuschpegel	–
– Preis	–

Plotter:

– Hersteller	entfällt
– Typenbezeichnung	–
– DIN-Format	–
– Ansteuerbar durch Software	–
– Technik	–
– Preis	–

Software-Pflege: 2 Jahre Gewährleistung, kostenlos

– Kosten pro Monat?	
– Kosten von Programmanpassungen?	nach Aufwand
– Aufbau in selbständigen Programmteilen („Modulen")?	ja

Schulung:

– Ort	beim Anbieter
– Dauer	1 Tag
– Kosten	kostenlos

Kundendienst:

– Zahl der Kundendienststellen für Hardware	nach Hersteller unterschiedlich
– Zahl der Kundendienststellen für Software	2
– Reaktionszeit Hardware	nach Hersteller unterschiedlich
– Reaktionszeit Software	sofort
– Telefondienst („Hot-Line")	ja
– Stundenlohn	100,– DM
– Nacht-/Feiertagszuschläge	keine Angabe
– Anfahrtspauschale	0,50 DM/km

Anbieter:	**I. Bauer Software** **Essigkammweg 8** **6148 Heppenheim** **Tel. 06252/5091-93**
Systempreis: (Hard- und Software zusammen)	keine Angabe
Softwarepreis:	7800,– DM zuzügl. MwSt.
Einsatzhäufigkeit:	rund 40
Referenzen:	
– Eigenvertrieb des Hardware-Herstellers?	–
– Vertriebspartner des Hardware-Herstellers (Exklusivvertrag)?	keine Angabe
– vom Hardware-Hersteller empfohlen (z. B. in empfohlener Software gelistet)?	keine Angabe
– Anwenderreferenzen?	auf Anfrage
Programmteilpakete:	
– Bezeichnung:	PRG (1) Abrechnung von Hochbauten nach DIN 276
– Preis:	1800,– DM (2000,– DM)* zuzügl. MwSt.
– Bezeichnung:	PRG (2) Kostenüberwachung/-Feststellung
– Preis:	1200,– DM zuzügl. MwSt.
– Bezeichnung:	PRG (3) Katalogisierung von Baukosten
– Preis:	300,– DM zuzügl. MwSt.
– Bezeichnung:	PRG (4) Ermittlungen für die Kostenschätzung
– Preis:	900,– DM (1100,– DM)* zuzügl. MwSt.
– Bezeichnung:	PRG (5) Adressenverwaltung
– Preis:	500,– DM (700,– DM)* zuzügl. MwSt.
– Bezeichnung:	PRG (6) Adressenverwaltung mit Erweiterung
– Preis:	300,– DM (700,– DM)* zuzügl. MwSt.
– Bezeichnung:	PRG (7) Bürointerne Aufwandsermittlung

– Preis:	800,– DM (1000,– DM)* zuzügl. MwSt.
– Bezeichnung:	PRG (8) Liquiditätsüberwachungsprogramm
– Preis:	1200,– DM zuzügl. MwSt.
– Bezeichnung:	PRG (9) Einnahme-Überschuß-Rechnung
– Preis:	800,– DM zuzügl. MwSt.

* Preis bei Einzelinstallation

Grundforderungen des Anwenders:

– Das Programm entspricht den gesetzlichen Normen, insbesondere DIN 276 (Kosten), DIN 277 (Raumbuch), VOB (Verträge), HOAI (Projektabwicklung)	ja
– Nutzung des Standardleistungsbuchs sowie anderer Kataloge alternativ möglich	in Vorbereitung
– Integration der Einzelprogramme im Gesamtpaket	keine Angabe
– Dezentrales Konzept mit Zugriff auf alle Projektdaten intern und extern (z. B. von mehreren Arbeitsplätzen aus)	nein

Forderungen des Anwenders:

Projektabwicklung AVA:

– LV-Erstellung mit StLB/Projekt	ja
– Preisspiegel für wieviel Anbieter?	99
– Massenermittlung mit Erhalt Rechengang	ja
– Auftrags-LV mit Fixierung	ja
– Baubuchhaltung	nein
– Projektdokumentation	nein

Flächen/Rauminhalte (DIN277):

– Raumprogramm	nein
– Raumflächen	ja
– Soll-/Ist-Vergleich	nein
– Raumblatt	nein
– Raumbuch	nein

Kosten:

– Kostenschätzung	ja
– Kostenberechnung	ja
– Kostenanschlag	ja
– Kostenkontrolle	ja
– Kostenfeststellung	ja
– Kostendokumentation	ja

CAD:

– Raumblatt	kein CAD im Angebot
– 2D-Darstellung	–
– 3D-Darstellung	–
– perspektivische Variationen	–
– Zoomen (stetig)	–
– Projektpläne	–
– automatische Massenermittlung	–

Büroorganisation:

– Standardtexte	mit Standardprogramm
– Vertragstexte	mit Standardprogramm
– individuelle Textverarbeitung	mit Standardprogramm
– Adreßverwaltung	ja
– Terminplanung	in Vorbereitung
– Honorarermittlung	nein
– Projektkostenkontrolle	ja
– Fibu	Einnahme-Überschuß
– Fakturieren	nein

Bedienungsfreundlichkeit:

– Meldungen des Computerprogrammes in Deutsch?	ja
– „Menue“-Technik (Bedienerführung mit Inhaltsverzeichnissen)?	ja
– „Dialog“-Technik (Bedienerführung durch Dialog über Bildschirm)?	ja
– Plausibilitätsprüfungen bei der Dateneingabe?	ja
– „Hilfe-Taste“	nein
– Meldungen und Hinweise bei Bedienungsfehlern in Deutsch?	ja
– Handbuch in Deutsch?	ja

I. Bauer
Software

– Sind Voreinstellungen möglich? (büro- oder projektspezifisch; ggf. Anzahl der Merkmale)	ja

Branchenspezifische Hardware:

Drucker:

– Hersteller	keine Angabe
– Typenbezeichnung	–
– Druckprinzip	–
– Druckgeschwindigkeit (Max.)	–
– Druckgeschwindigkeit bei Schönschrift	–
– Geräuschpegel	–
– Preis	–

Plotter:

– Hersteller	entfällt
– Typenbezeichnung	–
– DIN-Format	–
– Ansteuerbar durch Software	–
– Technik	–
– Preis	–

Software-Pflege:

– Kosten pro Monat?	neue Versionen ca. 15% des urspr. Kaufpreises
– Kosten von Programmanpassungen?	ab 650,– DM
– Aufbau in selbständigen Programmteilen („Modulen")?	ja

Schulung:

– Ort	6148 Heppenheim/Bergstraße
– Dauer	1 Tag
– Kosten	500,– DM (max. 6 Personen)

Kundendienst:

– Zahl der Kundendienststellen für Hardware	Fachhändler
– Zahl der Kundendienststellen für Software	1
– Reaktionszeit Hardware	keine Angabe
– Reaktionszeit Software	24 Std.
– Telefondienst („Hot-Line")	ja
– Stundenlohn	ab 100,– DM
– Nacht-/Feiertagszuschläge	100%
– Anfahrtspauschale	auf Nachweis

Anbieter:	**Ordat Gesellschaft für Organisation und Datenverarbeitung mbH & Co. KG Rathenaustraße 1 6300 Gießen Tel. 0641/7941-0**
Systempreis: (Hard- und Software zusammen)	ab 50000,– DM
Softwarepreis:	CAD-Star 18750,– DM CAD-ArchStar 37500,– DM
Einsatzhäufigkeit:	circa 350 europaweit
Referenzen:	
– Eigenvertrieb des Hardware-Herstellers?	–
– Vertriebspartner des Hardware-Herstellers (Exklusivvertrag)?	ja
– vom Hardware-Hersteller empfohlen (z. B. in empfohlener Software gelistet)?	ja
– Anwenderreferenzen?	auf Anfrage
Programmteilpakete:	
– Bezeichnung:	CAD-Star, Interaktive 2D/3D Zeichnungs- und Entwurfs-Software
– Preis:	18750,– DM
– Bezeichnung:	CAD-ArchStar (wie CAD-Star, zusätzlich Erstellung von Massenberechnungen, Leistungsverzeichnissen, Dokumenten Schriftverkehr)
– Preis:	37500,– DM
– Bezeichnung:	–
– Preis:	–
– Bezeichnung:	–
– Preis:	–
– Bezeichnung:	–
– Preis:	–
– Bezeichnung:	–
– Preis:	–
– Bezeichnung:	–
– Preis:	–

– Bezeichnung:	–
– Preis:	–
– Bezeichnung:	–
– Preis:	–
– Bezeichnung:	–
– Preis:	–

Grundforderungen des Anwenders:

– Das Programm entspricht den gesetzlichen Normen, insbesondere DIN 276 (Kosten), DIN 277 (Raumbuch), VOB (Verträge), HOAI (Projektabwicklung)	ja
– Nutzung des Standardleistungsbuchs sowie anderer Kataloge alternativ möglich	ja
– Integration der Einzelprogramme im Gesamtpaket	ja
– Dezentrales Konzept mit Zugriff auf alle Projektdaten intern und extern (z. B. von mehreren Arbeitsplätzen aus)	ja, im Netzwerk (SRM, LAN)

Forderungen des Anwenders:

Projektabwicklung AVA:

– LV-Erstellung mit StLB/Projekt	ja
– Preisspiegel für wieviel Anbieter?	ohne Begrenzung
– Massenermittlung mit Erhalt Rechengang	ja
– Auftrags-LV mit Fixierung	ja
– Baubuchhaltung	ja
– Projektdokumentation	ja

Flächen/Rauminhalte (DIN277):

– Raumprogramm	ja
– Raumflächen	ja
– Soll-/Ist-Vergleich	ja
– Raumblatt	ja
– Raumbuch	ja

Kosten:

– Kostenschätzung	ja
– Kostenberechnung	ja

– Kostenanschlag	ja
– Kostenkontrolle	ja
– Kostenfeststellung	ja
– Kostendokumentation	ja

CAD:

– Raumblatt	ja
– 2D-Darstellung	ja
– 3D-Darstellung	ja
– perspektivische Variationen	ja
– Zoomen (stetig)	ja
– Projektpläne	ja
– automatische Massenermittlung	ja

Büroorganisation:

– Standardtexte	ja
– Vertragstexte	ja
– individuelle Textverarbeitung	ja
– Adreßverwaltung	ja
– Terminplanung	nein
– Honorarermittlung	ja
– Projektkostenkontrolle	ja
– Fibu	nein
– Fakturieren	nein

Bedienungsfreundlichkeit:

– Meldungen des Computerprogrammes in Deutsch?	ja
– „Menue"-Technik (Bedienerführung mit Inhaltsverzeichnissen)?	ja
– „Dialog"-Technik (Bedienerführung durch Dialog über Bildschirm)?	ja
– Plausibilitätsprüfungen bei der Dateneingabe?	ja
– „Hilfe-Taste"	nein
– Meldungen und Hinweise bei Bedienungsfehlern in Deutsch?	ja
– Handbuch in Deutsch?	ja
– Sind Voreinstellungen möglich? (büro- oder projektspezifisch; ggf. Anzahl der Merkmale)	ja

Branchenspezifische Hardware:

Drucker:

– Hersteller	Hewlett-Packard
– Typenbezeichnung	HP-Laserjet
– Druckprinzip	Laserdruck
– Druckgeschwindigkeit (Max.)	8 Seiten/Minute
– Druckgeschwindigkeit bei Schönschrift	8 Seiten/Minute
– Geräuschpegel	nahezu lautlos
– Preis	ab 5748,– DM

Plotter:

– Hersteller	Hewlett-Packard
– Typenbezeichnung	7550
– DIN-Format	A3
– Ansteuerbar durch Software	ja
– Technik	Vektorplotter
– Preis	9895,– DM

Software-Pflege:

– Kosten pro Monat?	1 Prozent pro Monat
– Kosten von Programmanpassungen?	in Software-Pflege enthalten
– Aufbau in selbständigen Programmteilen („Modulen")?	keine Angabe

Schulung:

– Ort	Gießen (auf Wunsch vor Ort)
– Dauer	je nach Programm-Modul
– Kosten	im Softwarepreis inbegriffen (darüber hinaus 128,– DM/Std.)

Kundendienst:

– Zahl der Kundendienststellen für Hardware	16
– Zahl der Kundendienststellen für Software	3
– Reaktionszeit Hardware	je nach Wartungsvertrag ab minimal vier Stunden
– Reaktionszeit Software	24 Stunden
– Telefondienst („Hot-Line")	ja
– Stundenlohn	je nach Wartungsvertrag
– Nacht-/Feiertagszuschläge	ja nach Wartungsvertrag
– Anfahrtspauschale	je nach Wartungsvertrag

Anbieter:	**Datenverarbeitung Bauwesen** **Angela Wagner** **Ruhberg 1** **6301 Fernwald 1** **Tel. 06404/3020**	Postleitzahl **6301** Software Angela Wagner Bauwesen
Systempreis: (Hard- und Software zusammen)	ab 65000,– DM für CAD-System	
Softwarepreis:	ab 23000,– DM für CAD-System	
Einsatzhäufigkeit:	2000, weltweit	
Referenzen:		
– Eigenvertrieb des Hardware-Herstellers?	–	
– Vertriebspartner des Hardware-Herstellers (Exklusivvertrag)?	ja (Hewlett Packard)	
– vom Hardware-Hersteller empfohlen (z. B. in empfohlener Software gelistet)?	ja	
– Anwenderreferenzen?	auf Anfrage	
Programmteilpakete:		
– Bezeichnung: – Preis:	keine Angabe –	
– Bezeichnung: – Preis:	– –	
– Bezeichnung: – Preis:	– –	
– Bezeichnung: – Preis:	– –	
– Bezeichnung: – Preis:	– –	
– Bezeichnung: – Preis:	– –	
– Bezeichnung: – Preis:	– –	
– Bezeichnung: – Preis:	– –	
– Bezeichnung: – Preis:	– –	
– Bezeichnung: – Preis:	– –	

Postleitzahl

6301

Software

Angela Wagner
Bauwesen

Grundforderungen des Anwenders:

– Das Programm entspricht den gesetzlichen Normen, insbesondere DIN 276 (Kosten), DIN 277 (Raumbuch), VOB (Verträge), HOAI (Projektabwicklung)	nur CAD-Programm, jedoch Übernahme der Werte aus Zeichnung möglich
– Nutzung des Standardleistungsbuchs sowie anderer Kataloge alternativ möglich	–
– Integration der Einzelprogramme im Gesamtpaket	–
– Dezentrales Konzept mit Zugriff auf alle Projektdaten intern und extern (z. B. von mehreren Arbeitsplätzen aus)	–

Forderungen des Anwenders:

Projektabwicklung AVA:

– LV-Erstellung mit StLB/Projekt	–
– Preisspiegel für wieviel Anbieter?	–
– Massenermittlung mit Erhalt Rechengang	–
– Auftrags-LV mit Fixierung	–
– Baubuchhaltung	–
– Projektdokumentation	–

Flächen/Rauminhalte (DIN 277):

– Raumprogramm	–
– Raumflächen	–
– Soll-/Ist-Vergleich	–
– Raumblatt	–
– Raumbuch	–

Kosten:

– Kostenschätzung	–
– Kostenberechnung	–
– Kostenanschlag	–
– Kostenkontrolle	–
– Kostenfeststellung	–
– Kostendokumentation	–

CAD:

– Raumblatt	ja
– 2D-Darstellung	ja
– 3D-Darstellung	ja
– perspektivische Variationen	ja
– Zoomen (stetig)	ja
– Projektpläne	ja
– automatische Massenermittlung	ja

Büroorganisation:

– Standardtexte	mit Standardprogramm
– Vertragstexte	mit Standardprogramm
– individuelle Textverarbeitung	mit Standardprogramm
– Adreßverwaltung	mit Standardprogramm
– Terminplanung	keine Angabe
– Honorarermittlung	keine Angabe
– Projektkostenkontrolle	keine Angabe
– Fibu	möglich
– Fakturieren	keine Angabe

Bedienungsfreundlichkeit:

– Meldungen des Computerprogrammes in Deutsch?	ja
– „Menue"-Technik (Bedienerführung mit Inhaltsverzeichnissen)?	ja
– „Dialog"-Technik (Bedienerführung durch Dialog über Bildschirm)?	ja
– Plausibilitätsprüfungen bei der Dateneingabe?	ja
– „Hilfe-Taste"	ja
– Meldungen und Hinweise bei Bedienungsfehlern in Deutsch?	keine Angabe
– Handbuch in Deutsch?	ja
– Sind Voreinstellungen möglich? (büro- oder projektspezifisch; ggf. Anzahl der Merkmale)	ja, unbegrenzt

Branchenspezifische Hardware:

Drucker:

– Hersteller	keine Angabe
– Typenbezeichnung	–
– Druckprinzip	–
– Druckgeschwindigkeit (Max.)	–
– Druckgeschwindigkeit bei Schönschrift	–
– Geräuschpegel	–
– Preis	–

Plotter:

– Hersteller	keine Angabe
– Typenbezeichnung	keine Angabe
– DIN-Format	A4 bis A0 (endlos)
– Ansteuerbar durch Software	ja
– Technik	Rollenplotter
– Preis	17500,– bis 34000,– DM

Software-Pflege:

– Kosten pro Monat?	abhängig von den Anforderungen des Anwenders
– Kosten von Programmanpassungen?	auf Anfrage
– Aufbau in selbständigen Programmteilen („Modulen“)?	ja

Schulung:

– Ort	nach Kundenwunsch
– Dauer	Einführungstraining 5 Tage
– Kosten	6000,– DM für 5 Tage Tagespauschale 1400,– bis 1700,– DM

Kundendienst:

– Zahl der Kundendienststellen für Hardware	Hardwareservice durch Hewlett Packard
– Zahl der Kundendienststellen für Software	keine Angabe
– Reaktionszeit Hardware	keine Angabe
– Reaktionszeit Software	je nach Wartungsvertrag, ab 3 Stunden
– Telefondienst („Hot-Line“)	ja
– Stundenlohn	keine Angabe
– Nacht-/Feiertagszuschläge	keine Angabe
– Anfahrtspauschale	keine Angabe

Anbieter:	**Gerkhardt Software GmbH** **Dr. Ernst Kilb Weg 13** **6520 Worms** **Tel. 06241/45620**
Systempreis: (Hard- und Software zusammen)	20000,– DM bis 80000,– DM
Softwarepreis:	5000,– DM bis 40000,– DM
Einsatzhäufigkeit:	320 (Europa 685)
Referenzen:	
– Eigenvertrieb des Hardware-Herstellers?	–
– Vertriebspartner des Hardware-Herstellers (Exklusivvertrag)?	ja
– vom Hardware-Hersteller empfohlen (z. B. in empfohlener Software gelistet)?	ja
– Anwenderreferenzen?	auf Anfrage
Programmteilpakete:	
– Bezeichnung: – Preis:	Architektur Anfang 1 21950,– DM
– Bezeichnung: – Preis:	Architektur Anfang 2 25650,– DM
– Bezeichnung: – Preis:	Architektur komplett 40850,– DM
– Bezeichnung: – Preis:	Architektur + Statik 55050,– DM
– Bezeichnung: – Preis:	– –
– Bezeichnung: – Preis:	– –
– Bezeichnung: – Preis:	– –
– Bezeichnung: – Preis:	– –
– Bezeichnung: – Preis:	– –
– Bezeichnung: – Preis:	– –

Postleitzahl

6520

Software

Gerkhardt
Software

Grundforderungen des Anwenders:

– Das Programm entspricht den gesetzlichen Normen, insbesondere DIN 276 (Kosten), DIN 277 (Raumbuch), VOB (Verträge), HOAI (Projektabwicklung)	ja
– Nutzung des Standardleistungsbuchs sowie anderer Kataloge alternativ möglich	ja
– Integration der Einzelprogramme im Gesamtpaket	ja
– Dezentrales Konzept mit Zugriff auf alle Projektdaten intern und extern (z. B. von mehreren Arbeitsplätzen aus)	ja

Forderungen des Anwenders:

Projektabwicklung AVA:

– LV-Erstellung mit StLB/Projekt	ja
– Preisspiegel für wieviel Anbieter?	50
– Massenermittlung mit Erhalt Rechengang	ja
– Auftrags-LV mit Fixierung	ja
– Baubuchhaltung	ja
– Projektdokumentation	ja

Flächen/Rauminhalte (DIN277):

– Raumprogramm	ja
– Raumflächen	ja
– Soll-/Ist-Vergleich	nein
– Raumblatt	ja
– Raumbuch	ja

Kosten:

– Kostenschätzung	ja
– Kostenberechnung	ja
– Kostenanschlag	ja
– Kostenkontrolle	ja
– Kostenfeststellung	ja
– Kostendokumentation	ja

CAD:

– Raumblatt	ja
– 2D-Darstellung	ja
– 3D-Darstellung	ja
– perspektivische Variationen	ja
– Zoomen (stetig)	ja
– Projektpläne	ja
– automatische Massenermittlung	ja

Büroorganisation:

– Standardtexte	ja
– Vertragstexte	ja
– individuelle Textverarbeitung	ja (Zusatzmodul)
– Adreßverwaltung	ja (Zusatzmodul)
– Terminplanung	nein
– Honorarermittlung	nein
– Projektkostenkontrolle	ja
– Fibu	nein
– Fakturieren	nein

Bedienungsfreundlichkeit:

– Meldungen des Computerprogrammes in Deutsch?	ja
– „Menue"-Technik (Bedienerführung mit Inhaltsverzeichnissen)?	ja
– „Dialog"-Technik (Bedienerführung durch Dialog über Bildschirm)?	ja
– Plausibilitätsprüfungen bei der Dateneingabe?	ja (sofern möglich!)
– „Hilfe-Taste"	ja
– Meldungen und Hinweise bei Bedienungsfehlern in Deutsch?	ja
– Handbuch in Deutsch?	ja
– Sind Voreinstellungen möglich? (büro- oder projektspezifisch; ggf. Anzahl der Merkmale)	ja

Branchenspezifische Hardware:

Drucker:

– Hersteller	keine Angabe
– Typenbezeichnung	–
– Druckprinzip	–
– Druckgeschwindigkeit (Max.)	–
– Druckgeschwindigkeit bei Schönschrift	–
– Geräuschpegel	–
– Preis	1200,– DM bis 4000,– DM

Plotter:

– Hersteller	Benson, HP, Watanabe, Houston, Calcomp u. a.
– Typenbezeichnung	keine Angabe
– DIN-Format	keine Angabe
– Ansteuerbar durch Software	keine Angabe
– Technik	keine Angabe
– Preis	3000,– DM bis 25000,– DM

Software-Pflege:

– Kosten pro Monat?	je nach Umfang ab 100,– DM
– Kosten von Programmanpassungen?	Stunde 120,– DM, Tag 850,– DM
– Aufbau in selbständigen Programmteilen („Modulen")?	ja

Schulung:

– Ort	in allen 14 Verkaufsstellen in Deutschland
– Dauer	2 Tage
– Kosten	1200,– DM

Kundendienst:

– Zahl der Kundendienststellen für Hardware	14
– Zahl der Kundendienststellen für Software	14
– Reaktionszeit Hardware	keine Angabe
– Reaktionszeit Software	keine Angabe
– Telefondienst („Hot-Line")	ja
– Stundenlohn	ca. 120,– DM
– Nacht-/Feiertagszuschläge	keine Angabe
– Anfahrtspauschale	keine Angabe

Anbieter:	**arcos** **Architektur Computer** **Software GmbH** **Holzstraße 19** **7000 Stuttgart 1** **Tel. 0711/242209**
Systempreis: (Hard- und Software zusammen)	je nach Hardware
Softwarepreis:	ab 4900,– DM
Einsatzhäufigkeit:	circa 160
Referenzen:	
– Eigenvertrieb des Hardware-Herstellers?	–
– Vertriebspartner des Hardware-Herstellers (Exklusivvertrag)?	keine Angabe
– vom Hardware-Hersteller empfohlen (z. B. in empfohlener Software gelistet)?	ja (Siemens, Nixdorf)
– Anwenderreferenzen?	auf Anfrage
Programmteilpakete:	
– Bezeichnung:	arcos/B-01 Stufe 1 Ausschreibung bis Preisspiegel
– Preis:	4900,– DM
– Bezeichnung:	arcos/B-01 Stufe 2 Projektsteuerung/Kostenverfolgung
– Preis:	2900,– DM
– Bezeichnung:	arcos/B-01 Stufe 3 Massenberechnung nach REB 23.003
– Preis:	2500,– DM
– Bezeichnung:	arcos/B-01 Stufe 4 StLB-Verarbeitung
– Preis:	1500,– DM
– Bezeichnung:	arcos/B-02 Stufe 1 Bauabrechnung
– Preis:	5450,– DM
– Bezeichnung:	arcos/B-02 Stufe 2 Baukontenbuchhaltung
– Preis:	2750,– DM
– Bezeichnung:	–
– Preis:	–

arcos
Architektur

– Bezeichnung:	–
– Preis:	–
– Bezeichnung:	–
– Preis:	–
– Bezeichnung:	–
– Preis:	–

Grundforderungen des Anwenders:

– Das Programm entspricht den gesetzlichen Normen, insbesondere DIN 276 (Kosten), DIN 277 (Raumbuch), VOB (Verträge), HOAI (Projektabwicklung)	ja, und anderen
– Nutzung des Standardleistungsbuchs sowie anderer Kataloge alternativ möglich	ja (StLB, StLK, Datanorm)
– Integration der Einzelprogramme im Gesamtpaket	ja (mit Gewährleistung eines variablen Datenzugriffs
– Dezentrales Konzept mit Zugriff auf alle Projektdaten intern und extern (z. B. von mehreren Arbeitsplätzen aus)	ja (Programm läuft auf DOS als Einplatz-, auf UNIX als Mehrplatzversion)

Forderungen des Anwenders:

Projektabwicklung AVA:

– LV-Erstellung mit StLB/Projekt	ja
– Preisspiegel für wieviel Anbieter?	20 standardmäßig
– Massenermittlung mit Erhalt Rechengang	ja
– Auftrags-LV mit Fixierung	ja
– Baubuchhaltung	ja
– Projektdokumentation	ja

Flächen/Rauminhalte (DIN277):

– Raumprogramm	ja
– Raumflächen	ja
– Soll-/Ist-Vergleich	keine Angabe
– Raumblatt	nein
– Raumbuch	möglich

Kosten:

– Kostenschätzung	ja
– Kostenberechnung	ja

– Kostenanschlag	ja
– Kostenkontrolle	ja
– Kostenfeststellung	ja
– Kostendokumentation	ja

CAD:

– Raumblatt	CAD als Fremdangebot möglich
– 2D-Darstellung	–
– 3D-Darstellung	–
– perspektivische Variationen	–
– Zoomen (stetig)	–
– Projektpläne	–
– automatische Massenermittlung	–

Büroorganisation:

– Standardtexte	ja
– Vertragstexte	ja
– individuelle Textverarbeitung	ja
– Adreßverwaltung	ja
– Terminplanung	ja, einschl. Balkenplan
– Honorarermittlung	über Standardprogramme
– Projektkostenkontrolle	ja
– Fibu	nein
– Fakturieren	nein

Bedienungsfreundlichkeit:

– Meldungen des Computerprogrammes in Deutsch?	ja
– „Menue"-Technik (Bedienerführung mit Inhaltsverzeichnissen)?	ja
– „Dialog"-Technik (Bedienerführung durch Dialog über Bildschirm)?	ja
– Plausibilitätsprüfungen bei der Dateneingabe?	ja
– „Hilfe-Taste"	ja
– Meldungen und Hinweise bei Bedienungsfehlern in Deutsch?	ja
– Handbuch in Deutsch?	ja
– Sind Voreinstellungen möglich? (büro- oder projektspezifisch; ggf. Anzahl der Merkmale)	ja

Branchenspezifische Hardware:

Drucker:

– Hersteller	keine Angabe
– Typenbezeichnung	–
– Druckprinzip	–
– Druckgeschwindigkeit (Max.)	–
– Druckgeschwindigkeit bei Schönschrift	–
– Geräuschpegel	–
– Preis	–

Plotter:

– Hersteller	entfällt
– Typenbezeichnung	–
– DIN-Format	–
– Ansteuerbar durch Software	–
– Technik	–
– Preis	–

Software-Pflege:

– Kosten pro Monat?	1%/Monat
– Kosten von Programm-anpassungen?	keine für DOS und UNIX-Maschinen
– Aufbau in selbständigen Programmteilen („Modulen")?	ja

Schulung:

– Ort	nach Wahl des Kunden
– Dauer	nach Wahl des Kunden
– Kosten	880,– DM/Tag

Kundendienst:

– Zahl der Kundendienststellen für Hardware	je nach Wahl der Hardware
– Zahl der Kundendienststellen für Software	Hot-Line über Stuttgart
– Reaktionszeit Hardware	je nach Wartungsvertrag
– Reaktionszeit Software	sofort
– Telefondienst („Hot-Line")	ja
– Stundenlohn	110,– DM, wenn kein Wartungsvertrag
– Nacht-/Feiertagszuschläge	keine
– Anfahrtspauschale	nach Entfernung

Anbieter:	**Dipl.-Inge. J. Friedrich und N. Lochner Gemeinschaft beratender Ingenieure Grazer Straße 4A 7000 Stuttgart 30 Tel. 0711/858705**
Systempreis: (Hard- und Software zusammen)	circa 14000,– DM
Softwarepreis:	2900,– DM Grundversion 9500,– DM Gesamtpaketpreis
Einsatzhäufigkeit:	10

Referenzen:

– Eigenvertrieb des Hardware-Herstellers?	–
– Vertriebspartner des Hardware-Herstellers (Exklusivvertrag)?	keine Angabe
– vom Hardware-Hersteller empfohlen (z. B. in empfohlener Software gelistet)?	keine Angabe
– Anwenderreferenzen?	auf Anfrage

Programmteilpakete:

– Bezeichnung:	Ausschreibung/Erstellung von Leistungsverzeichnissen (LV)
– Preis:	2900,– DM
– Bezeichnung:	Massenermittlung
– Preis:	2300,– DM
– Bezeichnung:	Preisspiegel/Preisvergleich
– Preis:	1100,– DM
– Bezeichnung:	Kostenschätzung/ Kostenkalkulation
– Preis:	1700,– DM
– Bezeichnung:	Auftragsabwicklung/ Auftragsverwaltung
– Preis:	2200,– DM
– Bezeichnung:	Terminplanung/ Terminüberwachung
– Preis:	1800,– DM
– Bezeichnung:	Gesamtpaketpreis
– Preis:	9500,– DM

– Bezeichnung:	–
– Preis:	–
– Bezeichnung:	–
– Preis:	–
– Bezeichnung:	–
– Preis:	–

Grundforderungen des Anwenders:

– Das Programm entspricht den gesetzlichen Normen, insbesondere DIN 276 (Kosten), DIN 277 (Raumbuch), VOB (Verträge), HOAI (Projektabwicklung)	ja
– Nutzung des Standardleistungsbuchs sowie anderer Kataloge alternativ möglich	ja
– Integration der Einzelprogramme im Gesamtpaket	ja
– Dezentrales Konzept mit Zugriff auf alle Projektdaten intern und extern (z. B. von mehreren Arbeitsplätzen aus)	keine Angabe

Forderungen des Anwenders:

Projektabwicklung AVA:

– LV-Erstellung mit StLB/Projekt	ja
– Preisspiegel für wieviel Anbieter?	keine Angabe
– Massenermittlung mit Erhalt Rechengang	ja
– Auftrags-LV mit Fixierung	ja
– Baubuchhaltung	keine Angabe
– Projektdokumentation	keine Angabe

Flächen/Rauminhalte (DIN277):

– Raumprogramm	keine Angabe
– Raumflächen	keine Angabe
– Soll-/Ist-Vergleich	keine Angabe
– Raumblatt	keine Angabe
– Raumbuch	keine Angabe

Kosten:

– Kostenschätzung	ja
– Kostenberechnung	ja

– Kostenanschlag	ja
– Kostenkontrolle	ja
– Kostenfeststellung	ja
– Kostendokumentation	ja

CAD:

– Raumblatt	kein CAD im Angebot
– 2D-Darstellung	–
– 3D-Darstellung	–
– perspektivische Variationen	–
– Zoomen (stetig)	–
– Projektpläne	–
– automatische Massenermittlung	–

Büroorganisation:

– Standardtexte	ja
– Vertragstexte	ja
– individuelle Textverarbeitung	ja
– Adreßverwaltung	ja
– Terminplanung	ja
– Honorarermittlung	keine Angabe
– Projektkostenkontrolle	ja
– Fibu	ja
– Fakturieren	keine Angabe

Bedienungsfreundlichkeit:

– Meldungen des Computerprogrammes in Deutsch?	ja
– „Menue"-Technik (Bedienerführung mit Inhaltsverzeichnissen)?	ja
– „Dialog"-Technik (Bedienerführung durch Dialog über Bildschirm)?	ja
– Plausibilitätsprüfungen bei der Dateneingabe?	ja
– „Hilfe-Taste"	ja
– Meldungen und Hinweise bei Bedienungsfehlern in Deutsch?	ja
– Handbuch in Deutsch?	ja
– Sind Voreinstellungen möglich? (büro- oder projektspezifisch; ggf. Anzahl der Merkmale)	ja

Branchenspezifische Hardware:

Drucker:

– Hersteller	keine Angabe
– Typenbezeichnung	–
– Druckprinzip	–
– Druckgeschwindigkeit (Max.)	–
– Druckgeschwindigkeit bei Schönschrift	–
– Geräuschpegel	–
– Preis	–

Plotter:

– Hersteller	entfällt
– Typenbezeichnung	–
– DIN-Format	–
– Ansteuerbar durch Software	–
– Technik	–
– Preis	–

Software-Pflege:

– Kosten pro Monat?	5%/Jahr
– Kosten von Programm-anpassungen?	nach Aufwand
– Aufbau in selbständigen Programmteilen („Modulen")?	ja

Schulung:

– Ort	keine Angabe
– Dauer	keine Angabe
– Kosten	keine Angabe

Kundendienst:

– Zahl der Kundendienststellen für Hardwarc	je nach Hardware
– Zahl der Kundendienststellen für Software	keine Angabe
– Reaktionszeit Hardware	je nach Hardware
– Reaktionszeit Software	kurzfristig
– Telefondienst („Hot-Line")	ja
– Stundenlohn	keine Angabe
– Nacht-/Feiertagszuschläge	keine Angabe
– Anfahrtspauschale	keine Angabe

Anbieter:	**IBM Deutschland GmbH** **Postfach 80 08 80** **7000 Stuttgart 80** **Tel. 0711/785-0**	Postleitzahl **7000** Software IBM Deutschland
Systempreis: (Hard- und Software zusammen)	ab 18750,– DM incl. Drucker und Betriebssystemsoftware	
Softwarepreis:	11950,– DM	
Einsatzhäufigkeit:	über 200	
Referenzen:		
– Eigenvertrieb des Hardware-Herstellers?	ja	
– Vertriebspartner des Hardware-Herstellers (Exklusivvertrag)?	–	
– vom Hardware-Hersteller empfohlen (z. B. in empfohlener Software gelistet)?	–	
– Anwenderreferenzen?	auf Anfrage	
Programmteilpakete:		
– Bezeichnung: – Preis:	Ausschreibung und Vergabe von Bauleistungen 11950,– DM	
– Bezeichnung: – Preis:	– –	
– Bezeichnung: – Preis:	– –	
– Bezeichnung: – Preis:	– –	
– Bezeichnung: – Preis:	– –	
– Bezeichnung: – Preis:	– –	
– Bezeichnung: – Preis:	– –	
– Bezeichnung: – Preis:	– –	
– Bezeichnung: – Preis:	– –	
– Bezeichnung: – Preis:	– –	

Grundforderungen des Anwenders:

– Das Programm entspricht den gesetzlichen Normen, insbesondere DIN 276 (Kosten), DIN 277 (Raumbuch), VOB (Verträge), HOAI (Projektabwicklung)	ja (DIN 276 ist integriert; GAEB-gerechter Aufbau der Leistungsverzeichnisse)
– Nutzung des Standardleistungsbuchs sowie anderer Kataloge alternativ möglich	ja (STLB, STLK, STLK-W)
– Integration der Einzelprogramme im Gesamtpaket	ja
– Dezentrales Konzept mit Zugriff auf alle Projektdaten intern und extern (z. B. von mehreren Arbeitsplätzen aus)	keine Angabe

Forderungen des Anwenders:

Projektabwicklung AVA:

– LV-Erstellung mit StLB/Projekt	ja
– Preisspiegel für wieviel Anbieter?	96
– Massenermittlung mit Erhalt Rechengang	nein
– Auftrags-LV mit Fixierung	ja
– Baubuchhaltung	nein
– Projektdokumentation	nein

Flächen/Rauminhalte (DIN 277):

– Raumprogramm	in Verbindung mit IDEALOG der Firma RIB/RZB, Stuttgart
– Raumflächen	–
– Soll-/Ist-Vergleich	–
– Raumblatt	–
– Raumbuch	–

Kosten:

– Kostenschätzung	keine Angabe
– Kostenberechnung	keine Angabe
– Kostenanschlag	nach DIN 276 oder frei
– Kostenkontrolle	keine Angabe
– Kostenfeststellung	keine Angabe
– Kostendokumentation	keine Angabe

CAD:

– Raumblatt	Schnittstelle zu RIBCON der der Firma RIB/RZB, Stuttgart
– 2D-Darstellung	–
– 3D-Darstellung	–
– perspektivische Variationen	–
– Zoomen (stetig)	–
– Projektpläne	–
– automatische Massenermittlung	–

Büroorganisation:

– Standardtexte	über Standardsoftware
– Vertragstexte	über Standardsoftware
– individuelle Textverarbeitung	über Standardsoftware
– Adreßverwaltung	über Standardsoftware
– Terminplanung	Programm von RIB/RZB
– Honorarermittlung	Programm von RIB/KZB
– Projektkostenkontrolle	Programm von RIB/RZB
– Fibu	über Standardsoftware
– Fakturieren	über Standardsoftware

Bedienungsfreundlichkeit:

– Meldungen des Computerprogrammes in Deutsch?	ja
– „Menue"-Technik (Bedienerführung mit Inhaltsverzeichnissen)?	ja
– „Dialog"-Technik (Bedienerführung durch Dialog über Bildschirm)?	ja
– Plausibilitätsprüfungen bei der Dateneingabe?	ja
– „Hilfe-Taste"	ja, in jedem Feld
– Meldungen und Hinweise bei Bedienungsfehlern in Deutsch?	ja
– Handbuch in Deutsch?	ja
– Sind Voreinstellungen möglich? (büro- oder projektspezifisch; ggf. Anzahl der Merkmale)	ja, beides

Branchenspezifische Hardware:

Drucker:

– Hersteller	keine Angabe
– Typenbezeichnung	–
– Druckprinzip	–
– Druckgeschwindigkeit (Max.)	–
– Druckgeschwindigkeit bei Schönschrift	–
– Geräuschpegel	–
– Preis	–

Plotter:

– Hersteller	keine Angabe
– Typenbezeichnung	–
– DIN-Format	–
– Ansteuerbar durch Software	–
– Technik	–
– Preis	–

Software-Pflege:

– Kosten pro Monat?	50,– DM (durch Firma RIB/RZB, Stuttgart)
– Kosten von Programmanpassungen?	keine Angabe
– Aufbau in selbständigen Programmteilen („Modulen“)?	keine Angabe

Schulung:

– Ort	nach Vereinbarung
– Dauer	nach Vereinbarung
– Kosten	nach Vereinbarung

Kundendienst:

– Zahl der Kundendienststellen für Hardware	ca. 450 (jeder IBM PC Händler)
– Zahl der Kundendienststellen für Software	ca. 20 (jeder autorisierte Anwendungshändler für Architekten)
– Reaktionszeit Hardware	keine Angabe
– Reaktionszeit Software	keine Angabe
– Telefondienst („Hot-Line“)	ja
– Stundenlohn	pauschal im Wartungspreis enthalten
– Nacht-/Feiertagszuschläge	keine Angabe
– Anfahrtspauschale	keine Angabe

Anbieter:	**Planungsbüro KREMP** **Dipl.-Ing. Christoph Kremp** **Feuerleinstraße 4** **7000 Stuttgart 1** **Tel. 0711/220192**
Systempreis:	ab 4900,– DM (AVA) ab 7800,– DM (AVA + CAD)
(Hard- und Software zusammen)	
Softwarepreis:	AVA ab 900,– bis 5400,– DM CAD ab 1400,– bis 13000,– DM
Einsatzhäufigkeit:	Architek (AVA) 70 AutoCAD (CAD) 70000 (weltweit)
Referenzen:	
– Eigenvertrieb des Hardware-Herstellers?	–
– Vertriebspartner des Hardware-Herstellers (Exklusivvertrag)?	ja
– vom Hardware-Hersteller empfohlen (z. B. in empfohlener Software gelistet)?	ja
– Anwenderreferenzen?	auf Anfrage
Programmteilpakete:	
– Bezeichnung: – Preis:	Architek (AVA) ab 900,– bis 5400,– DM
– Bezeichnung: – Preis:	AutoCAD (CAD) ab 1400,– bis 13000,– DM
– Bezeichnung: – Preis:	Word-Perfect (Textverarbeitung) 1700,– DM
– Bezeichnung: – Preis:	Word (Textverarbeitung) 1700,– DM
– Bezeichnung: – Preis:	Fibu ab 398,– DM
– Bezeichnung: – Preis:	CAD-Optionen ab 400,– bis 30000,– DM
– Bezeichnung: – Preis:	CAD Autosketch (Einstiegspaket) 290,– DM

– Bezeichnung:	–
– Preis:	–
– Bezeichnung:	–
– Preis:	–
– Bezeichnung:	–
– Preis:	–

Grundforderungen des Anwenders:

– Das Programm entspricht den gesetzlichen Normen, insbesondere DIN 276 (Kosten), DIN 277 (Raumbuch), VOB (Verträge), HOAI (Projektabwicklung)	ja (ohne DIN 277)
– Nutzung des Standardleistungsbuchs sowie anderer Kataloge alternativ möglich	ja (StLB)
– Integration der Einzelprogramme im Gesamtpaket	ja
– Dezentrales Konzept mit Zugriff auf alle Projektdaten intern und extern (z. B. von mehreren Arbeitsplätzen aus)	nein

Forderungen des Anwenders:

Projektabwicklung AVA:

– LV-Erstellung mit StLB/Projekt	ja
– Preisspiegel für wieviel Anbieter?	15/30/45/60/...
– Massenermittlung mit Erhalt Rechengang	ja (ab I/88)
– Auftrags-LV mit Fixierung	ja (ab IV/87)
– Baubuchhaltung	ja (ab IV/87)
– Projektdokumentation	keine Angabe

Flächen/Rauminhalte (DIN277):

– Raumprogramm	ja (ab I/88)
– Raumflächen	ja (ab I/88)
– Soll-/Ist-Vergleich	ja (ab I/88)
– Raumblatt	ja (ab I/88)
– Raumbuch	ja (ab I/88)

Kosten:

– Kostenschätzung	ja (ab IV/87)
– Kostenberechnung	ja (ab IV/87)

– Kostenanschlag	ja (ab IV/87)
– Kostenkontrolle	ja (ab IV/87)
– Kostenfeststellung	ja (ab IV/87)
– Kostendokumentation	ja (ab IV/87)

CAD:

– Raumblatt	ja
– 2D-Darstellung	ja
– 3D-Darstellung	ja
– perspektivische Variationen	ja
– Zoomen (stetig)	ja
– Projektpläne	ja
– automatische Massenermittlung	ja

Büroorganisation:

– Standardtexte	ja
– Vertragstexte	ja
– individuelle Textverarbeitung	ja
– Adreßverwaltung	ja
– Terminplanung	ja (ab II/88)
– Honorarermittlung	ja (ab II/88)
– Projektkostenkontrolle	ja (ab II/88)
– Fibu	ja
– Fakturieren	ja

Bedienungsfreundlichkeit:

– Meldungen des Computerprogrammes in Deutsch?	ja
– „Menue"-Technik (Bedienerführung mit Inhaltsverzeichnissen)?	ja
– „Dialog"-Technik (Bedienerführung durch Dialog über Bildschirm)?	ja
– Plausibilitätsprüfungen bei der Dateneingabe?	ja
– „Hilfe-Taste"	ja
– Meldungen und Hinweise bei Bedienungsfehlern in Deutsch?	ja
– Handbuch in Deutsch?	ja
– Sind Voreinstellungen möglich? (büro- oder projektspezifisch; ggf. Anzahl der Merkmale)	ja

KREMP
Planungsbüro

Branchenspezifische Hardware:

Drucker:

– Hersteller	NEC
– Typenbezeichnung	P6-660/P7-770
– Druckprinzip	Matrix, 24 Nadeln
– Druckgeschwindigkeit (Max.)	216 Zeichen/Sek.
– Druckgeschwindigkeit bei Schönschrift	60 Zeichen/Sek.
– Geräuschpegel	56/53 dBA
– Preis	1480,– DM

Plotter:

– Hersteller	keine Angabe
– Typenbezeichnung	keine Angabe
– DIN-Format	A4 bis A0
– Ansteuerbar durch Software	ja
– Technik	A3 Flachbettplotter A0 Trommelplotter
– Preis	ab 3200,– DM bis 33000,– DM

Software-Pflege:

– Kosten pro Monat?	keine Angabe
– Kosten von Programmanpassungen?	nach Aufwand 70,– bis 210,– DM/Std.
– Aufbau in selbständigen Programmteilen („Modulen")?	ja

Schulung:

– Ort	nach Wunsch beim Kunden
– Dauer	nach Wunsch
– Kosten	70,– bis 210,– DM/Std.

Kundendienst:

– Zahl der Kundendienststellen für Hardware	je nach Hardware-Hersteller
– Zahl der Kundendienststellen für Software	je nach Software-Hersteller
– Reaktionszeit Hardware	ab 24 Std.
– Reaktionszeit Software	ab 24 Std.
– Telefondienst („Hot-Line")	10 – 12 + 14 – 16; Mo – Fr
– Stundenlohn	70,– bis 210,– DM/Std.
– Nacht-/Feiertagszuschläge	keine Angabe
– Anfahrtspauschale	Kilometerpauschale

Anbieter:	**RIB/RZB Datenverarbeitung im Bauwesen GmbH Albstadtweg 3 7000 Stuttgart 80 Tel. 0711/7873-0**
Systempreis: (Hard- und Software zusammen)	IDEALOG – AVA Einstiegspaket mit IBM/2-30 circa 19000,– DM
Softwarepreis:	ab 11950,– DM (AVA-Grundpaket)
Einsatzhäufigkeit:	IDEALOG (AVA) circa 500; RIBCON (CAD) circa 120
Referenzen:	
– Eigenvertrieb des Hardware-Herstellers?	ja, IBM vertreibt AVA, Siemens vertreibt CAD + AVA
– Vertriebspartner des Hardware-Herstellers (Exklusivvertrag)?	ja
– vom Hardware-Hersteller empfohlen (z. B. in empfohlener Software gelistet)?	ja (IBM, Siemens, Apollo)
– Anwenderreferenzen?	auf Anfrage
Programmteilpakete:	
– Bezeichnung:	IDEALOG-Bauabrechnung
– Preis:	6120,– DM
– Bezeichnung:	IDEALOG-Kostenplanung und -überwachung
– Preis:	3960,–
– Bezeichnung:	IDEALOG-Terminplanung
– Preis:	ab 7680,– DM
– Bezeichnung:	RIBCON (2D/3D-Volumenmodell-CAD-System)
– Preis:	40800,– DM
– Bezeichnung:	CADMEN (Mengen aus CAD an AVA)
– Preis:	18000,– DM
– Bezeichnung:	–
– Preis:	–
– Bezeichnung:	–
– Preis:	–
– Bezeichnung:	–
– Preis:	–

– Bezeichnung:	–
– Preis:	–
– Bezeichnung:	–
– Preis:	–

Grundforderungen des Anwenders:

– Das Programm entspricht den gesetzlichen Normen, insbesondere DIN 276 (Kosten), DIN 277 (Raumbuch), VOB (Verträge), HOAI (Projektabwicklung)	ja (und zusätzlich den Datenaustausch – Regeln des GAEB)
– Nutzung des Standardleistungsbuchs sowie anderer Kataloge alternativ möglich	ja (auch gemischt (Freitext, StLB, StLK, Objekt-LV, Mutter-LV etc.) in einem Objekt
– Integration der Einzelprogramme im Gesamtpaket	ja (im „IDEALOG“ = Integriertes System für Architekten und Ingenieure)
– Dezentrales Konzept mit Zugriff auf alle Projektdaten intern und extern (z. B. von mehreren Arbeitsplätzen aus)	ja

Forderungen des Anwenders:

Projektabwicklung AVA:

– LV-Erstellung mit StLB/Projekt	ja
– Preisspiegel für wieviel Anbieter?	96
– Massenermittlung mit Erhalt Rechengang	ja
– Auftrags-LV mit Fixierung	ja
– Baubuchhaltung	Kostenüberwachung
– Projektdokumentation	ja

Flächen/Rauminhalte (DIN 277):

– Raumprogramm	ja (im Modul „Raumbuch“)
– Raumflächen	ja
– Soll-/Ist-Vergleich	ja
– Raumblatt	ja
– Raumbuch	ja

Kosten:

– Kostenschätzung	ja (zusätzlich über Kostenelemente nach DIN 276 oder BKB-BW und Verbindung zum Raumbuch

– Kostenberechnung	ja
– Kostenanschlag	ja
– Kostenkontrolle	ja
– Kostenfeststellung	ja
– Kostendokumentation	ja

CAD:

– Raumblatt	ja (aus 3D-Volumenmodell)
– 2D-Darstellung	ja
– 3D-Darstellung	ja
– perspektivische Variationen	ja
– Zoomen (stetig)	ja (mit spezieller Hardware)
– Projektpläne	ja
– automatische Massenermittlung	soweit sinnvoll machbar

Büroorganisation:

– Standardtexte	nein
– Vertragstexte	nein
– individuelle Textverarbeitung	Standard-Programme
– Adreßverwaltung	Standard-Programme
– Terminplanung	ja
– Honorarermittlung	ja (mit BABSY in Vorbereitung)
– Projektkostenkontrolle	ja (mit BABSY in Vorbereitung)
– Fibu	nein
– Fakturieren	nein

Bedienungsfreundlichkeit:

– Meldungen des Computerprogrammes in Deutsch?	ja
– „Menue"-Technik (Bedienerführung mit Inhaltsverzeichnissen)?	ja
– „Dialog"-Technik (Bedienerführung durch Dialog über Bildschirm)?	ja
– Plausibilitätsprüfungen bei der Dateneingabe?	teilweise
– „Hilfe-Taste"	ja (feldbezogen)
– Meldungen und Hinweise bei Bedienungsfehlern in Deutsch?	ja
– Handbuch in Deutsch?	ja
– Sind Voreinstellungen möglich? (büro- oder projektspezifisch; ggf. Anzahl der Merkmale)	ja (Merkmale je nach Modul und Aufgabe unterschiedlich)

Branchenspezifische Hardware:

Drucker:

– Hersteller	IBM
– Typenbezeichnung	Grafik 2
– Druckprinzip	Matrix/Nadel
– Druckgeschwindigkeit (Max.)	200 Zeichen/Sekunde
– Druckgeschwindigkeit bei Schönschrift	40 Zeichen/Sekunde
– Geräuschpegel	59 dB (A)
– Preis	1560,– DM

Plotter:

– Hersteller	Benson
– Typenbezeichnung	–
– DIN-Format	A0
– Ansteuerbar durch Software	ja
– Technik	Walze, Stift
– Preis	circa 32000,– DM

Software-Pflege:

– Kosten pro Monat?	circa 0,8% der Software-Lizenz
– Kosten von Programmanpassungen?	auf Anfrage
– Aufbau in selbständigen Programmteilen („Modulen")?	ja

Schulung:

– Ort	Stuttgart (für RIBCON, CAD)
– Dauer	4 Tage (für RIBCON, CAD)
– Kosten	2100,– DM (für RIBCON, CAD)

Kundendienst:

– Zahl der Kundendienststellen für Hardware	je nach Hardware
– Zahl der Kundendienststellen für Software	4
– Reaktionszeit Hardware	je nach Hardware
– Reaktionszeit Software	je nach Fehlerart ab 1 Tag
– Telefondienst („Hot-Line")	ja
– Stundenlohn	keine Angabe
– Nacht-/Feiertagszuschläge	keine Angabe
– Anfahrtspauschale	keine Angabe

Anbieter:	**abacus computer gmbh** **Weilimdorfer Straße 47** **7015 Korntal 1** **Tel. 0711/831003**
Systempreis: (Hard- und Software zusammen)	17540,– DM
Softwarepreis:	11700,– DM einschließlich Textverarbeitung
Einsatzhäufigkeit:	circa 500
Referenzen:	
– Eigenvertrieb des Hardware-Herstellers?	–
– Vertriebspartner des Hardware-Herstellers (Exklusivvertrag)?	ja
– vom Hardware-Hersteller empfohlen (z. B. in empfohlener Software gelistet)?	ja
– Anwenderreferenzen?	auf Anfrage
Programmteilpakete:	
– Bezeichnung:	*ALFA – Ausschreibung universell sowohl für StLB, STLK und eigene Texte
– Preis:	3900,– DM
– Bezeichnung:	*ANNA – Angebotsnachrechnung und Preisspiegel
– Preis:	2600,– DM
– Bezeichnung:	*AIDA – Auftrags-LV, Auftragsabwicklung
– Preis:	2800,– DM
– Bezeichnung:	*TEXT – Textverarbeitung mit Rechenfunktion
– Preis:	2600,– DM
– Bezeichnung:	AMOR – Massenermittlung nach REB
– Preis:	2200,– DM
– Bezeichnung:	AKKU – Preisdatenbank
– Preis:	1900,– DM
– Bezeichnung:	AKOS – Kostenschätzung nach DIN 276
– Preis:	1900,– DM
– Bezeichnung:	ASPE – Kostenschätzung nach Projekten
– Preis:	1300,– DM

– Bezeichnung:	ANET – Balkenplan, Terminplan, Netzplan
– Preis:	2800,– DM
– Bezeichnung:	
– Preis:	
	* = in Grundausstattung

Grundforderungen des Anwenders:

– Das Programm entspricht den gesetzlichen Normen, insbesondere DIN 276 (Kosten), DIN 277 (Raumbuch), VOB (Verträge), HOAI (Projektabwicklung)	keine Angabe
– Nutzung des Standardleistungsbuchs sowie anderer Kataloge alternativ möglich	ja
– Integration der Einzelprogramme im Gesamtpaket	ja
– Dezentrales Konzept mit Zugriff auf alle Projektdaten intern und extern (z. B. von mehreren Arbeitsplätzen aus)	ja

Forderungen des Anwenders:

Projektabwicklung AVA:

– LV-Erstellung mit StLB/Projekt	ja
– Preisspiegel für wieviel Anbieter?	42
– Massenermittlung mit Erhalt Rechengang	ja
– Auftrags-LV mit Fixierung	ja
– Baubuchhaltung	ja
– Projektdokumentation	mit Text

Flächen/Rauminhalte (DIN277):

– Raumprogramm	keine Angabe
– Raumflächen	mit CAD
– Soll-/Ist-Vergleich	keine Angabe
– Raumblatt	mit Text
– Raumbuch	mit Text

Kosten:

– Kostenschätzung	ja
– Kostenberechnung	ja
– Kostenanschlag	ja

– Kostenkontrolle	ja
– Kostenfeststellung	ja
– Kostendokumentation	ja

CAD:

– Raumblatt	keine Angabe
– 2D-Darstellung	ja
– 3D-Darstellung	keine Angabe
– perspektivische Variationen	ja
– Zoomen (stetig)	ja
– Projektpläne	ja
– automatische Massenermittlung	ja

Büroorganisation:

– Standardtexte	ja
– Vertragstexte	ja
– individuelle Textverarbeitung	ja
– Adreßverwaltung	ja
– Terminplanung	ja
– Honorarermittlung	ja
– Projektkostenkontrolle	ja
– Fibu	ja
– Fakturieren	mit Textverarbeitung, da Rechenfunktionen im Programm enthalten

Bedienungsfreundlichkeit:

– Meldungen des Computerprogrammes in Deutsch?	ja
– „Menue“-Technik (Bedienerführung mit Inhaltsverzeichnissen)?	ja
– „Dialog“-Technik (Bedienerführung durch Dialog über Bildschirm)?	keine Angabe
– Plausibilitätsprüfungen bei der Dateneingabe?	ja
– „Hilfe-Taste“	ja
– Meldungen und Hinweise bei Bedienungsfehlern in Deutsch?	ja
– Handbuch in Deutsch?	ja
– Sind Voreinstellungen möglich? (büro- oder projektspezifisch; ggf. Anzahl der Merkmale)	ja

Branchenspezifische Hardware:

Drucker:

– Hersteller	NEC
– Typenbezeichnung	P7
– Druckprinzip	Matrix (24-Nadel)
– Druckgeschwindigkeit (Max.)	216 Zeichen/Sekunde
– Druckgeschwindigkeit bei Schönschrift	72 Zeichen/Sekunde
– Geräuschpegel	53 dB (A)
– Preis	2340,– DM

Plotter:

– Hersteller	keine Angabe
– Typenbezeichnung	keine Angabe
– DIN-Format	A3/A1/A0
– Ansteuerbar durch Software	ja
– Technik	Einzelblatt
– Preis	A3: 2900,–DM/A1: 19950,–DM A0: 27950,– DM

Software-Pflege:

– Kosten pro Monat?	0,8%
– Kosten von Programm-anpassungen?	nach Aufwand
– Aufbau in selbständigen Programmteilen („Modulen“)?	ja

Schulung:

– Ort	7015 Korntal
– Dauer	1 Tag
– Kosten	375,– DM

Kundendienst:

– Zahl der Kundendienststellen für Hardware	11
– Zahl der Kundendienststellen für Software	3
– Reaktionszeit Hardware	4 Stunden
– Reaktionszeit Software	sofort
– Telefondienst („Hot-Line“)	ja
– Stundenlohn	75,– DM Software, 130,– DM Hardware
– Nacht-/Feiertagszuschläge	keine Angabe
– Anfahrtspauschale	keine Angabe

Anbieter:	**SINUS SOFTWARE GMBH** **Bautechnische Datensysteme** **Lederstraße 17** **7260 Calw** **Tel. 07051/30820**
Systempreis: (Hard- und Software zusammen)	ab 41 000,– DM bis 151 000,– DM
Softwarepreis:	ab 8000,– DM bis 60 000,– DM
Einsatzhäufigkeit:	21
Referenzen:	
– Eigenvertrieb des Hardware-Herstellers?	–
– Vertriebspartner des Hardware-Herstellers (Exklusivvertrag)?	ja
– vom Hardware-Hersteller empfohlen (z. B. in empfohlener Software gelistet)?	ja
– Anwenderreferenzen?	auf Anfrage
Programmteilpakete:	
– Bezeichnung:	Arcus-Z (2D-Zeichnen)
– Preis:	8000,– DM
– Bezeichnung:	Arcus-G (funktionsunterstützte Grundrißerstellung
– Preis:	22 000,– DM
– Bezeichnung:	Arcus-R (autom. Schnitte, Ansichten, Perspektiven)
– Preis:	27 000,– DM
– Bezeichnung:	Arcus-M (autom. Massenermittlung, Kalkulation)
– Preis:	9000,– DM
– Bezeichnung:	Gesamtpaket Arcus Z + G + R + M
– Preis:	60 000,– DM
– Bezeichnung:	–
– Preis:	–
– Bezeichnung:	–
– Preis:	–

Postleitzahl
7260
Software

SINUS
Datensysteme

– Bezeichnung:	–
– Preis:	–
– Bezeichnung:	–
– Preis:	–
– Bezeichnung:	–
– Preis:	–

Grundforderungen des Anwenders:

– Das Programm entspricht den gesetzlichen Normen, insbesondere DIN 276 (Kosten), DIN 277 (Raumbuch), VOB (Verträge), HOAI (Projektabwicklung)	ja
– Nutzung des Standardleistungsbuchs sowie anderer Kataloge alternativ möglich	Schnittstelle zu AVA
– Integration der Einzelprogramme im Gesamtpaket	ja
– Dezentrales Konzept mit Zugriff auf alle Projektdaten intern und extern (z. B. von mehreren Arbeitsplätzen aus)	Vernetzung von grafischen Arbeitsplätzen mit gemeinsamer Datenbank und Plotter

Forderungen des Anwenders:

Projektabwicklung AVA:

– LV-Erstellung mit StLB/Projekt	(reines CAD-Paket)
– Preisspiegel für wieviel Anbieter?	–
– Massenermittlung mit Erhalt Rechengang	–
– Auftrags-LV mit Fixierung	–
– Baubuchhaltung	–
– Projektdokumentation	–

Flächen/Rauminhalte (DIN 277):

– Raumprogramm	in CAD-Software Arcus-M
– Raumflächen	in CAD-Software Arcus-M
– Soll-/Ist-Vergleich	in CAD-Software Arcus-M
– Raumblatt	in CAD-Software Arcus-M
– Raumbuch	in CAD-Software Arcus-M

Kosten:

– Kostenschätzung	in Arcus-M
– Kostenberechnung	in Arcus-M

– Kostenanschlag	in Arcus-M
– Kostenkontrolle	–
– Kostenfeststellung	–
– Kostendokumentation	–

CAD:

– Raumblatt	ja (Arcus Z, G, R, M)
– 2D-Darstellung	ja (Arcus Z, G, R, M)
– 3D-Darstellung	ja (Arcus Z, G, R, M)
– perspektivische Variationen	ja (Arcus Z, G, R, M)
– Zoomen (stetig)	ja (Arcus Z, G, R, M)
– Projektpläne	ja (Arcus Z, G, R, M)
– automatische Massenermittlung	ja

Büroorganisation:

– Standardtexte	(entfällt, da reines CAD-Paket)
– Vertragstexte	–
– individuelle Textverarbeitung	–
– Adreßverwaltung	–
– Terminplanung	–
– Honorarermittlung	–
– Projektkostenkontrolle	–
– Fibu	–
– Fakturieren	–

Bedienungsfreundlichkeit:

– Meldungen des Computerprogrammes in Deutsch?	ja
– „Menue"-Technik (Bedienerführung mit Inhaltsverzeichnissen)?	ja
– „Dialog"-Technik (Bedienerführung durch Dialog über Bildschirm)?	ja
– Plausibilitätsprüfungen bei der Dateneingabe?	ja
– „Hilfe-Taste"	nein
– Meldungen und Hinweise bei Bedienungsfehlern in Deutsch?	ja
– Handbuch in Deutsch?	ja
– Sind Voreinstellungen möglich? (büro- oder projektspezifisch; ggf. Anzahl der Merkmale)	ja

Postleitzahl
7260
Software

SINUS
Datensysteme

Branchenspezifische Hardware:

Drucker:

– Hersteller	HP
– Typenbezeichnung	HP 2225 AB
– Druckprinzip	Tintenstrahl
– Druckgeschwindigkeit (Max.)	keine Angabe
– Druckgeschwindigkeit bei Schönschrift	keine Angabe
– Geräuschpegel	keine Angabe
– Preis	1282,– DM

Plotter:

– Hersteller	Hewlett Packard
– Typenbezeichnung	HP 7475 A (A) bis HP 7596 A (A)
– DIN-Format	A3 bis A0
– Ansteuerbar durch Software	ja
– Technik	keine Angabe
– Preis	4806,– DM bis 35 998,– DM

Software-Pflege:

– Kosten pro Monat?	1%
– Kosten von Programmanpassungen?	nach Absprache
– Aufbau in selbständigen Programmteilen („Modulen")?	ja

Schulung:

– Ort	beim Kunden
– Dauer	2 Tage
– Kosten	in Lizenzgebühr enthalten

Kundendienst:

– Zahl der Kundendienststellen für Hardware	13
– Zahl der Kundendienststellen für Software	1
– Reaktionszeit Hardware	1 Tag
– Reaktionszeit Software	2 Std.
– Telefondienst („Hot-Line")	ja
– Stundenlohn	keine Angabe
– Nacht-/Feiertagszuschläge	keine Angabe
– Anfahrtspauschale	Kilometerpauschale

Anbieter:	**Schwörer Computer** **Aulberstraße 7** **7410 Reutlingen** **Tel. 07121/310601**
Systempreis: (Hard- und Software zusammen)	Programmsystem ICOS ab 85000,– DM
Softwarepreis:	35000,– DM
Einsatzhäufigkeit:	ab Oktober 1987
Referenzen:	
– Eigenvertrieb des Hardware-Herstellers?	–
– Vertriebspartner des Hardware-Herstellers (Exklusivvertrag)?	nein
– vom Hardware-Hersteller empfohlen (z. B. in empfohlener Software gelistet)?	ja
– Anwenderreferenzen?	–
Programmteilpakete:	
– Bezeichnung: – Preis:	2D + 3D + Datenblätter 35000,– DM
– Bezeichnung: – Preis:	2D 10000,– DM
– Bezeichnung: – Preis:	2D + Datenblätter 17000,– DM
– Bezeichnung: – Preis:	2D + 3D 30000,– DM
– Bezeichnung: – Preis:	Aufrüstung Datenblätter 8000,– DM
– Bezeichnung: – Preis:	Aufrüstung 3D 25000,– DM
– Bezeichnung: – Preis:	Schnittstelle zu AVA-Programmen auf Anfrage
– Bezeichnung: – Preis:	– –
– Bezeichnung: – Preis:	– –
– Bezeichnung: – Preis:	– –

Postleitzahl

7410

Software

Schwörer Computer

Grundforderungen des Anwenders:

– Das Programm entspricht den gesetzlichen Normen, insbesondere DIN 276 (Kosten), DIN 277 (Raumbuch), VOB (Verträge), HOAI (Projektabwicklung)	reines CAD-Paket
– Nutzung des Standardleistungsbuchs sowie anderer Kataloge alternativ möglich	–
– Integration der Einzelprogramme im Gesamtpaket	ja
– Dezentrales Konzept mit Zugriff auf alle Projektdaten intern und extern (z. B. von mehreren Arbeitsplätzen aus)	ja

Forderungen des Anwenders:

Projektabwicklung AVA:

– LV-Erstellung mit StLB/Projekt	reines CAD-Paket
– Preisspiegel für wieviel Anbieter?	–
– Massenermittlung mit Erhalt Rechengang	–
– Auftrags-LV mit Fixierung	–
– Baubuchhaltung	–
– Projektdokumentation	–

Flächen/Rauminhalte (DIN277):

– Raumprogramm	–
– Raumflächen	–
– Soll-/Ist-Vergleich	–
– Raumblatt	–
– Raumbuch	–

Kosten:

– Kostenschätzung	–
– Kostenberechnung	–
– Kostenanschlag	–
– Kostenkontrolle	–
– Kostenfeststellung	–
– Kostendokumentation	–

CAD:

– Raumblatt	ja
– 2D-Darstellung	ja
– 3D-Darstellung	ja
– perspektivische Variationen	ja
– Zoomen (stetig)	ja
– Projektpläne	ja
– automatische Massenermittlung	ja

Büroorganisation:

– Standardtexte	nein, reines CAD-Paket
– Vertragstexte	–
– individuelle Textverarbeitung	–
– Adreßverwaltung	–
– Terminplanung	–
– Honorarermittlung	–
– Projektkostenkontrolle	–
– Fibu	–
– Fakturieren	–

Bedienungsfreundlichkeit:

– Meldungen des Computerprogrammes in Deutsch?	ja
– „Menue"-Technik (Bedienerführung mit Inhaltsverzeichnissen)?	ja
– „Dialog"-Technik (Bedienerführung durch Dialog über Bildschirm)?	ja
– Plausibilitätsprüfungen bei der Dateneingabe?	ja
– „Hilfe-Taste"	ja
– Meldungen und Hinweise bei Bedienungsfehlern in Deutsch?	ja
– Handbuch in Deutsch?	ja
– Sind Voreinstellungen möglich? (büro- oder projektspezifisch; ggf. Anzahl der Merkmale)	ja

Branchenspezifische Hardware:

Drucker:

– Hersteller	keine Angabe
– Typenbezeichnung	–
– Druckprinzip	–
– Druckgeschwindigkeit (Max.)	–
– Druckgeschwindigkeit bei Schönschrift	–
– Geräuschpegel	–
– Preis	–

Plotter:

– Hersteller	keine Angabe
– Typenbezeichnung	–
– DIN-Format	–
– Ansteuerbar durch Software	–
– Technik	–
– Preis	–

Software-Pflege:

– Kosten pro Monat?	1%/Monat vom Software-Preis
– Kosten von Programmanpassungen?	auf Anfrage
– Aufbau in selbständigen Programmteilen („Modulen")?	ja

Schulung:

– Ort	Reutlingen oder beim Kunden
– Dauer	1–4 Tage
– Kosten	auf Anfrage

Kundendienst:

– Zahl der Kundendienststellen für Hardware	je nach Hardware-Hersteller
– Zahl der Kundendienststellen für Software	Reutlingen
– Reaktionszeit Hardware	je nach Hardware-Hersteller
– Reaktionszeit Software	72 Std.
– Telefondienst („Hot-Line")	ja
– Stundenlohn	auf Anfrage
– Nacht-/Feiertagszuschläge	auf Anfrage
– Anfahrtspauschale	auf Anfrage

Anbieter:	**microway** **Konzelmann + Blind GmbH** **Dobelwiesenstraße 20** **7470 Albstadt 16 (Laufen)** **Tel. 07435/1015**
Systempreis: (Hard- und Software zusammen)	19000,– DM bis 210000,– DM
Softwarepreis:	7000,– DM bis 59000,– DM
Einsatzhäufigkeit:	über 200
Referenzen:	
– Eigenvertrieb des Hardware-Herstellers?	–
– Vertriebspartner des Hardware-Herstellers (Exklusivvertrag)?	ja
– vom Hardware-Hersteller empfohlen (z. B. in empfohlener Software gelistet)?	ja
– Anwenderreferenzen?	auf Anfrage
Programmteilpakete:	
– Bezeichnung: – Preis:	Archpac 2000 – Basis (AVA) 7000,– DM
– Bezeichnung: – Preis:	Archpac 2000 – Menge 2500,– DM
– Bezeichnung: – Preis:	Archpac 2000 – Kost 4500,– DM
– Bezeichnung: – Preis:	Archpac 2000 – Kontroll 2500,– DM
– Bezeichnung: – Preis:	Archpac 2000 – Raumbuch 5500,– DM
– Bezeichnung: – Preis:	Drawbase 2D + 3D (CAD) 15900,– DM
– Bezeichnung: – Preis:	Drawpac I 2D (CAD) 25000,– DM
– Bezeichnung: – Preis:	Drawpac II 2D (CAD) 39800,– DM
– Bezeichnung: – Preis:	Drawpac I 2D + 3D 39900,– DM
– Bezeichnung: – Preis:	Drawpac II 2D + 3D 49900,– DM

Postleitzahl
7470
Software

MICROWAY
Konzelmann

Grundforderungen des Anwenders:

– Das Programm entspricht den gesetzlichen Normen, insbesondere DIN 276 (Kosten), DIN 277 (Raumbuch), VOB (Verträge), HOAI (Projektabwicklung)	ja
– Nutzung des Standardleistungsbuchs sowie anderer Kataloge alternativ möglich	ja
– Integration der Einzelprogramme im Gesamtpaket	ja
– Dezentrales Konzept mit Zugriff auf alle Projektdaten intern und extern (z. B. von mehreren Arbeitsplätzen aus)	ja

Forderungen des Anwenders:

Projektabwicklung AVA:

– LV-Erstellung mit StLB/Projekt	ja
– Preisspiegel für wieviel Anbieter?	für 26 Anbieter
– Massenermittlung mit Erhalt Rechengang	ja (+ Dokumentationsplan)
– Auftrags-LV mit Fixierung	ja
– Baubuchhaltung	in Vorbereitung
– Projektdokumentation	ja

Flächen/Rauminhalte (DIN 277):

– Raumprogramm	in Vorbereitung
– Raumflächen	in Vorbereitung
– Soll-/Ist-Vergleich	in Vorbereitung
– Raumblatt	in Vorbereitung
– Raumbuch	in Vorbereitung

Kosten:

– Kostenschätzung	ja
– Kostenberechnung	ja
– Kostenanschlag	ja
– Kostenkontrolle	ja
– Kostenfeststellung	ja
– Kostendokumentation	ja

CAD:

– Raumblatt	ja
– 2D-Darstellung	ja
– 3D-Darstellung	ja
– perspektivische Variationen	ja
– Zoomen (stetig)	ja
– Projektpläne	ja
– automatische Massenermittlung	ja

Büroorganisation:

– Standardtexte	ja
– Vertragstexte	ja
– individuelle Textverarbeitung	ja
– Adreßverwaltung	ja
– Terminplanung	in Vorbereitung
– Honorarermittlung	in Vorbereitung
– Projektkostenkontrolle	ja
– Fibu	nein
– Fakturieren	nein

Bedienungsfreundlichkeit:

– Meldungen des Computerprogrammes in Deutsch?	ja
– „Menue"-Technik (Bedienerführung mit Inhaltsverzeichnissen)?	ja
– „Dialog"-Technik (Bedienerführung durch Dialog über Bildschirm)?	ja
– Plausibilitätsprüfungen bei der Dateneingabe?	ja
– „Hilfe-Taste"	ja
– Meldungen und Hinweise bei Bedienungsfehlern in Deutsch?	ja
– Handbuch in Deutsch?	ja
– Sind Voreinstellungen möglich? (büro- oder projektspezifisch; ggf. Anzahl der Merkmale)	ja

MICROWAY
Konzelmann

Branchenspezifische Hardware:

Drucker:

– Hersteller	NEC
– Typenbezeichnung	Pinwriter P5
– Druckprinzip	Nadeldrucker
– Druckgeschwindigkeit (Max.)	264 Zeichen/Sek.
– Druckgeschwindigkeit bei Schönschrift	88 Zeichen/Sek.
– Geräuschpegel	47 dB (A)
– Preis	4000,– DM

Plotter:

– Hersteller	–
– Typenbezeichnung	–
– DIN-Format	DIN A4 – DIN A0 endlos
– Ansteuerbar durch Software	ja
– Technik	Trommelplotter
– Preis	4000,– DM bis 36000,– DM

Software-Pflege:

– Kosten pro Monat?	15,– DM bis 240,– DM/Paket
– Kosten von Programmanpassungen?	1200,– DM pro Tag
– Aufbau in selbständigen Programmteilen („Modulen“)?	ja

Schulung:

– Ort	Albstadt oder beim Kunden
– Dauer	1–5 Tage
– Kosten	450,– DM bis 1200,– DM pro Tag

Kundendienst:

– Zahl der Kundendienststellen für Hardware	16
– Zahl der Kundendienststellen für Software	2
– Reaktionszeit Hardware	4 Stunden/24 Stunden
– Reaktionszeit Software	4 Stunden/24 Stunden
– Telefondienst („Hot-Line“)	ja
– Stundenlohn	150,– DM
– Nacht-/Feiertagszuschläge	keine Angabe
– Anfahrtspauschale	keine Angabe

Anbieter:	**IBD-GmbH** **Durlacher Allee 21** **7500 Karlsruhe 1** **Tel. 0721/694812**
Systempreis: (Hard- und Software zusammen)	keine Angabe
Softwarepreis:	2500,– DM bis 20000,– DM
Einsatzhäufigkeit:	200
Referenzen:	
– Eigenvertrieb des Hardware-Herstellers?	–
– Vertriebspartner des Hardware-Herstellers (Exklusivvertrag)?	nein
– vom Hardware-Hersteller empfohlen (z. B. in empfohlener Software gelistet)?	ja
– Anwenderreferenzen?	auf Anfrage
Programmteilpakete:	
– Bezeichnung: – Preis:	keine Angabe –
– Bezeichnung: – Preis:	– –
– Bezeichnung: – Preis:	– –
– Bezeichnung: – Preis:	– –
– Bezeichnung: – Preis:	– –
– Bezeichnung: – Preis:	– –
– Bezeichnung: – Preis:	– –
– Bezeichnung: – Preis:	– –
– Bezeichnung: – Preis:	– –
– Bezeichnung: – Preis:	– –

Postleitzahl
7500
Software

IBD
Karlsruhe

Grundforderungen des Anwenders:

– Das Programm entspricht den gesetzlichen Normen, insbesondere DIN 276 (Kosten), DIN 277 (Raumbuch), VOB (Verträge), HOAI (Projektabwicklung)	ja
– Nutzung des Standardleistungsbuchs sowie anderer Kataloge alternativ möglich	ja
– Integration der Einzelprogramme im Gesamtpaket	ja
– Dezentrales Konzept mit Zugriff auf alle Projektdaten intern und extern (z. B. von mehreren Arbeitsplätzen aus)	ja

Forderungen des Anwenders:

Projektabwicklung AVA:

– LV-Erstellung mit StLB/Projekt	keine Angabe
– Preisspiegel für wieviel Anbieter?	15
– Massenermittlung mit Erhalt Rechengang	ja
– Auftrags-LV mit Fixierung	ja
– Baubuchhaltung	ja
– Projektdokumentation	ja

Flächen/Rauminhalte (DIN277):

– Raumprogramm	nein
– Raumflächen	nein
– Soll-/Ist-Vergleich	nein
– Raumblatt	nein
– Raumbuch	nein

Kosten:

– Kostenschätzung	ja
– Kostenberechnung	ja
– Kostenanschlag	ja
– Kostenkontrolle	ja
– Kostenfeststellung	ja
– Kostendokumentation	ja

CAD:

– Raumblatt	keine Angabe
– 2D-Darstellung	ja
– 3D-Darstellung	ja
– perspektivische Variationen	keine Angabe
– Zoomen (stetig)	keine Angabe
– Projektpläne	keine Angabe
– automatische Massenermittlung	ja

Büroorganisation:

– Standardtexte	ja
– Vertragstexte	ja
– individuelle Textverarbeitung	ja
– Adreßverwaltung	ja
– Terminplanung	ja
– Honorarermittlung	nein
– Projektkostenkontrolle	ja
– Fibu	ja
– Fakturieren	ja

Bedienungsfreundlichkeit:

– Meldungen des Computerprogrammes in Deutsch?	ja
– „Menue"-Technik (Bedienerführung mit Inhaltsverzeichnissen)?	ja
– „Dialog"-Technik (Bedienerführung durch Dialog über Bildschirm)?	ja
– Plausibilitätsprüfungen bei der Dateneingabe?	ja
– „Hilfe-Taste"	ja
– Meldungen und Hinweise bei Bedienungsfehlern in Deutsch?	ja
– Handbuch in Deutsch?	ja
– Sind Voreinstellungen möglich? (büro- oder projektspezifisch; ggf. Anzahl der Merkmale)	ja

IBD
Karlsruhe

Branchenspezifische Hardware:

Drucker:

– Hersteller	keine Angabe
– Typenbezeichnung	–
– Druckprinzip	–
– Druckgeschwindigkeit (Max.)	–
– Druckgeschwindigkeit bei Schönschrift	–
– Geräuschpegel	–
– Preis	–

Plotter:

– Hersteller	keine Angabe
– Typenbezeichnung	–
– DIN-Format	–
– Ansteuerbar durch Software	–
– Technik	–
– Preis	–

Software-Pflege:

– Kosten pro Monat?	0,8% pro Monat
– Kosten von Programmanpassungen?	nach Aufwand
– Aufbau in selbständigen Programmteilen („Modulen")?	ja

Schulung:

– Ort	beim Kunden
– Dauer	nach Erfordernis
– Kosten	keine Angabe

Kundendienst:

– Zahl der Kundendienststellen für Hardware	je nach Hardwareanbieter
– Zahl der Kundendienststellen für Software	6
– Reaktionszeit Hardware	je nach Hardwareanbieter
– Reaktionszeit Software	24 Stunden
– Telefondienst („Hot-Line")	ja
– Stundenlohn	keine Angabe
– Nacht-/Feiertagszuschläge	keine Angabe
– Anfahrtspauschale	keine Angabe

Anbieter:	**jm Software Jürgen Manthey Am Waisenhausplatz 26 7530 Pforzheim Tel. 07231/35154**	Postleitzahl **7530** Software jm Software Manthey
Systempreis: (Hard- und Software zusammen)	ab 18300,– DM incl. MwSt.	
Softwarepreis:	9800,– DM incl. MwSt. (AVA-Lösung)	
Einsatzhäufigkeit:	15 (seit 1986)	
Referenzen:		
– Eigenvertrieb des Hardware-Herstellers?	–	
– Vertriebspartner des Hardware-Herstellers (Exklusivvertrag)?	keine Angabe	
– vom Hardware-Hersteller empfohlen (z. B. in empfohlener Software gelistet)?	keine Angabe	
– Anwenderreferenzen?	auf Anfrage	
Programmteilpakete:		
– Bezeichnung:	Arche-Ausschreibung, Vergabe, Abrechnung	
– Preis:	9800,– DM incl. MwSt.	
– Bezeichnung:	3D – CAD	
– Preis:	keine Angabe	
– Bezeichnung:	Adreßverwaltung – Anbindung an Arche	
– Preis:	750,– DM + MwSt.	
– Bezeichnung:	–	
– Preis:	–	
– Bezeichnung:	–	
– Preis:	–	
– Bezeichnung:	–	
– Preis:	–	
– Bezeichnung:	–	
– Preis:	–	
– Bezeichnung:	–	
– Preis:	–	
– Bezeichnung:	–	
– Preis:	–	

jm Software
Manthey

– Bezeichnung:	–
– Preis:	–

Grundforderungen des Anwenders:

– Das Programm entspricht den gesetzlichen Normen, insbesondere DIN 276 (Kosten), DIN 277 (Raumbuch), VOB (Verträge), HOAI (Projektabwicklung)	keine Angabe
– Nutzung des Standardleistungsbuchs sowie anderer Kataloge alternativ möglich	ja
– Integration der Einzelprogramme im Gesamtpaket	ja
– Dezentrales Konzept mit Zugriff auf alle Projektdaten intern und extern (z. B. von mehreren Arbeitsplätzen aus)	ja

Forderungen des Anwenders:

Projektabwicklung AVA:

– LV-Erstellung mit StLB/Projekt	ja
– Preisspiegel für wieviel Anbieter?	max. 80 Bieter pro LV
– Massenermittlung mit Erhalt Rechengang	ja
– Auftrags-LV mit Fixierung	ja
– Baubuchhaltung	nein
– Projektdokumentation	ja

Flächen/Rauminhalte (DIN277):

– Raumprogramm	keine Angabe
– Raumflächen	keine Angabe
– Soll-/Ist-Vergleich	keine Angabe
– Raumblatt	keine Angabe
– Raumbuch	keine Angabe

Kosten:

– Kostenschätzung	ja
– Kostenberechnung	ja
– Kostenanschlag	ja
– Kostenkontrolle	ja
– Kostenfeststellung	ja
– Kostendokumentation	ja

CAD:

– Raumblatt	keine Angabe
– 2D-Darstellung	keine Angabe
– 3D-Darstellung	ja, echte 3D-CAD
– perspektivische Variationen	ja
– Zoomen (stetig)	ja
– Projektpläne	keine Angabe
– automatische Massenermittlung	keine Angabe

Büroorganisation:

– Standardtexte	ja
– Vertragstexte	ja
– individuelle Textverarbeitung	ja
– Adreßverwaltung	ja
– Terminplanung	auf Anfrage
– Honorarermittlung	auf Anfrage
– Projektkostenkontrolle	auf Anfrage
– Fibu	auf Anfrage
– Fakturieren	auf Anfrage

Bedienungsfreundlichkeit:

– Meldungen des Computerprogrammes in Deutsch?	ja
– „Menue"-Technik (Bedienerführung mit Inhaltsverzeichnissen)?	ja
– „Dialog"-Technik (Bedienerführung durch Dialog über Bildschirm)?	keine Angabe
– Plausibilitätsprüfungen bei der Dateneingabe?	ja
– „Hilfe-Taste"	ja
– Meldungen und Hinweise bei Bedienungsfehlern in Deutsch?	ja
– Handbuch in Deutsch?	ja
– Sind Voreinstellungen möglich? (büro- oder projektspezifisch; ggf. Anzahl der Merkmale)	ja

Postleitzahl
7530
Software

jm Software
Manthey

Branchenspezifische Hardware:

Drucker:

– Hersteller	Epson
– Typenbezeichnung	LQ 800
– Druckprinzip	Matrixdrucker
– Druckgeschwindigkeit (Max.)	keine Angabe
– Druckgeschwindigkeit bei Schönschrift	keine Angabe
– Geräuschpegel	keine Angabe
– Preis	auf Anfrage

Plotter:

– Hersteller	keine Angabe
– Typenbezeichnung	–
– DIN-Format	–
– Ansteuerbar durch Software	–
– Technik	–
– Preis	–

Software-Pflege:

– Kosten pro Monat?	98,– DM incl. MwSt.
– Kosten von Programmanpassungen?	je nach Aufwand
– Aufbau in selbständigen Programmteilen („Modulen")?	ja

Schulung:

– Ort	jm-Software; auf Wunsch beim Kunden
– Dauer	1 Tag
– Kosten	750,– DM pro Tag und MwSt.

Kundendienst:

– Zahl der Kundendienststellen für Hardware	je nach Hardware-Anbieter
– Zahl der Kundendienststellen für Software	auf Anfrage
– Reaktionszeit Hardware	48 Std. durch jm-Software
– Reaktionszeit Software	48 Std. durch jm-Software
– Telefondienst („Hot-Line")	gegen Gebühr, 6 Wochen
– Stundenlohn	46,– DM zzgl. MwSt.
– Nacht-/Feiertagszuschläge	20,– DM zzgl. MwSt.
– Anfahrtspauschale	1,– DM/km

Anbieter:	**Software Sidoun** **Fabrikstraße 22** **7800 Freiburg** **Tel. 0761/381695**	Postleitzahl **7800** Software Sidoun
Systempreis: (Hard- und Software zusammen)	kein Hardware-Verkauf	
Softwarepreis:	Programmpaket Sidoun 2 13950,– DM	
Einsatzhäufigkeit:	180	
Referenzen:		
– Eigenvertrieb des Hardware-Herstellers?	–	
– Vertriebspartner des Hardware-Herstellers (Exklusivvertrag)?	keine Angabe	
– vom Hardware-Hersteller empfohlen (z. B. in empfohlener Software gelistet)?	keine Angabe	
– Anwenderreferenzen?	auf Anfrage	
Programmteilpakete:		
– Bezeichnung: – Preis:	Ausschreibung incl. Massenermittlung 6200,– DM	
– Bezeichnung: – Preis:	Preisspiegel, Auftrags-LV. 2800,– DM	
– Bezeichnung: – Preis:	Baubuch, Kostenabrechnung 2600,– DM	
– Bezeichnung: – Preis:	Berechnungen nach DIN 276 + 277/283 2800,– DM	
– Bezeichnung: – Preis:	Text- und Adressenverwaltung 1200,– DM	
– Bezeichnung: – Preis:	Dateiverwaltung für Festplatten-Computer 1200,– DM	
– Bezeichnung: – Preis:	Raumbuch 2600,– DM	
– Bezeichnung: – Preis:	Kostenschätzung nach Unterelementen 3600,– DM	

– Bezeichnung:	Finanzbuchhaltung
– Preis:	1200,– DM
– Bezeichnung:	Preisdatei-Verwaltung
– Preis:	1200,– DM
– Bezeichnung:	CAD-Anschluß
– Preis:	1200,– DM

Grundforderungen des Anwenders:

– Das Programm entspricht den gesetzlichen Normen, insbesondere DIN 276 (Kosten), DIN 277 (Raumbuch), VOB (Verträge), HOAI (Projektabwicklung)	ja
– Nutzung des Standardleistungsbuchs sowie anderer Kataloge alternativ möglich	ja (StLB oder freie Texte)
– Integration der Einzelprogramme im Gesamtpaket	ja
– Dezentrales Konzept mit Zugriff auf alle Projektdaten intern und extern (z. B. von mehreren Arbeitsplätzen aus)	ja

Forderungen des Anwenders:

Projektabwicklung AVA:	mit Datenübergabe zu CAD
– LV-Erstellung mit StLB/Projekt	ja
– Preisspiegel für wieviel Anbieter?	30
– Massenermittlung mit Erhalt Rechengang	ja
– Auftrags-LV mit Fixierung	ja
– Baubuchhaltung	ja
– Projektdokumentation	ja

Flächen/Rauminhalte (DIN277):

– Raumprogramm	ja
– Raumflächen	ja
– Soll-/Ist-Vergleich	ja
– Raumblatt	ja
– Raumbuch	ja

Kosten:

– Kostenschätzung	ja
– Kostenberechnung	ja

– Kostenanschlag	ja
– Kostenkontrolle	ja
– Kostenfeststellung	ja
– Kostendokumentation	ja

CAD:

– Raumblatt	kein CAD im Angebot
– 2D-Darstellung	–
– 3D-Darstellung	–
– perspektivische Variationen	–
– Zoomen (stetig)	–
– Projektpläne	–
– automatische Massenermittlung	–

Büroorganisation:

– Standardtexte	ja
– Vertragstexte	ja
– individuelle Textverarbeitung	ja
– Adreßverwaltung	ja
– Terminplanung	ja
– Honorarermittlung	nein
– Projektkostenkontrolle	nein
– Fibu	ja
– Fakturieren	ja

Bedienungsfreundlichkeit:

– Meldungen des Computerprogrammes in Deutsch?	ja
– „Menue“-Technik (Bedienerführung mit Inhaltsverzeichnissen)?	ja
– „Dialog“-Technik (Bedienerführung durch Dialog über Bildschirm)?	ja
– Plausibilitätsprüfungen bei der Dateneingabe?	ja
– „Hilfe-Taste“	ja, kontextsensitive Hilfe
– Meldungen und Hinweise bei Bedienungsfehlern in Deutsch?	ja
– Handbuch in Deutsch?	ja
– Sind Voreinstellungen möglich? (büro- oder projektspezifisch; ggf. Anzahl der Merkmale)	ja

Branchenspezifische Hardware:

Drucker:

– Hersteller	kein Hardware-Verkauf
– Typenbezeichnung	–
– Druckprinzip	–
– Druckgeschwindigkeit (Max.)	–
– Druckgeschwindigkeit bei Schönschrift	–
– Geräuschpegel	–
– Preis	–

Plotter:

– Hersteller	kein Hardware-Verkauf
– Typenbezeichnung	–
– DIN-Format	–
– Ansteuerbar durch Software	–
– Technik	–
– Preis	–

Software-Pflege:

– Kosten pro Monat?	6 Monate kostenlos, Wartungsvertrag oder Update
– Kosten von Programmanpassungen?	90,– DM/Std.
– Aufbau in selbständigen Programmteilen („Modulen“)?	ja

Schulung:

– Ort	beim Kunden
– Dauer	nach Absprache
– Kosten	860,– DM/Tag (Anfahrt, Spesen incl.)

Kundendienst:

– Zahl der Kundendienststellen für Hardware	je nach Hardware-Anbieter
– Zahl der Kundendienststellen für Software	7
– Reaktionszeit Hardware	je nach Hardware-Anbieter
– Reaktionszeit Software	sofort
– Telefondienst („Hot-Line“)	täglich 9 – 17 Uhr
– Stundenlohn	90,– DM
– Nacht-/Feiertagszuschläge	keine Angabe
– Anfahrtspauschale	nach Vereinbarung

Anbieter:	**ZEKODATA GmbH** **Zeit- u. Kostenkontrolle** **in Bauplanungsbüros** **Raueneggstr. 1/1** **7980 Ravensburg** **Tel. (0751) 2048**
Systempreis: (Hard- und Software zusammen)	ab 31100,– bis ca. 70000,– DM
Softwarepreis:	keine Angabe
Einsatzhäufigkeit:	circa 50

Referenzen:

– Eigenvertrieb des Hardware-Herstellers?	–
– Vertriebspartner des Hardware-Herstellers (Exklusivvertrag)?	keine Angabe
– vom Hardware-Hersteller empfohlen (z.B. in empfohlener Software gelistet)?	keine Angabe
– Anwenderreferenzen?	auf Anfrage

Programmteilpakete:

– Bezeichnung: – Preis:	Adressenverwaltung 1000,– DM
– Bezeichnung: – Preis:	Berichtswesen 2700,– DM
– Bezeichnung: – Preis:	Planungskostenauswertung 3000,– DM
– Bezeichnung: – Preis:	Nebenkostenerfassung 1800,– DM
– Bezeichnung: – Preis:	Terminplanung 2500,– DM
– Bezeichnung: – Preis:	Mengenberechnung 3100,– DM
– Bezeichnung: – Preis:	Ausschreibung-Vergabe-Abrechnung 5900,– DM
– Bezeichnung: – Preis:	Baukostenverwaltung 2700,– DM
– Bezeichnung: – Preis:	Baukosten DIN 276 2000,– DM

Zekodata
Kostenkontrolle

– Bezeichnung:	CAD-ICOS-Gesamtsystem
– Preis:	35000,– DM

Grundforderungen des Anwenders:

– Das Programm entspricht den gesetzlichen Normen, insbesondere DIN 276 (Kosten), DIN 277 (Raumbuch), VOB (Verträge), HOAI (Projektabwicklung)	ja
– Nutzung des Standardleistungsbuchs sowie anderer Kataloge alternativ möglich	ja
– Integration der Einzelprogramme im Gesamtpaket	ja
– Dezentrales Konzept mit Zugriff auf alle Projektdaten intern und extern (z. B. von mehreren Arbeitsplätzen aus)	ja

Forderungen des Anwenders:

Projektabwicklung AVA:

– LV-Erstellung mit StLB/Projekt	ja
– Preisspiegel für wieviel Anbieter?	99
– Massenermittlung mit Erhalt Rechengang	ja
– Auftrags-LV mit Fixierung	ja
– Baubuchhaltung	ja
– Projektdokumentation	ja

Flächen/Rauminhalte (DIN 277):

– Raumprogramm	ja
– Raumflächen	ja
– Soll-/Ist-Vergleich	nein
– Raumblatt	ja
– Raumbuch	ja

Kosten:

– Kostenschätzung	ja
– Kostenberechnung	ja
– Kostenanschlag	ja
– Kostenkontrolle	ja
– Kostenfeststellung	ja
– Kostendokumentation	ja

CAD:

– Raumblatt	keine Angabe
– 2D-Darstellung	ja
– 3D-Darstellung	ja
– perspektivische Variationen	z. Zt. nur Isometrische Darstellung, Perspektive in Vorbereitung
– Zoomen (stetig)	ja
– Projektpläne	keine Angabe
– automatische Massenermittlung	ja

Büroorganisation:

– Standardtexte	nur CAD-Paket
– Vertragstexte	–
– individuelle Textverarbeitung	–
– Adreßverwaltung	–
– Terminplanung	–
– Honorarermittlung	–
– Projektkostenkontrolle	–
– Fibu	–
– Fakturieren	–

Bedienungsfreundlichkeit:

– Meldungen des Computerprogrammes in Deutsch?	ja
– „Menue"-Technik (Bedienerführung mit Inhaltsverzeichnissen)?	Menueführung über Digitizer
– „Dialog"-Technik (Bedienerführung durch Dialog über Bildschirm)?	ja
– Plausibilitätsprüfungen bei der Dateneingabe?	ja
– „Hilfe-Taste"	ja
– Meldungen und Hinweise bei Bedienungsfehlern in Deutsch?	ja
– Handbuch in Deutsch?	ja
– Sind Voreinstellungen möglich? (büro- oder projektspezifisch; ggf. Anzahl der Merkmale)	ja, Anzahl unbegrenzt

acadGraph
CADSTUDIO

Branchenspezifische Hardware:

Drucker:

– Hersteller	keine Angabe
– Typenbezeichnung	–
– Druckprinzip	–
– Druckgeschwindigkeit (Max.)	–
– Druckgeschwindigkeit bei Schönschrift	–
– Geräuschpegel	–
– Preis	2000,– DM bis 10000,– DM

Plotter:

– Hersteller	keine Angabe
– Typenbezeichnung	keine Angabe
– DIN-Format	unterstützt werden alle gängigen Plotter von A3 bis A0
– Ansteuerbar durch Software	ja
– Technik	Flachbett- oder Trommel- auch Endlosrollenplotter werden unterstützt
– Preis	2000,– DM bis 25000,– DM

Software-Pflege:

– Kosten pro Monat?	1% des Softwarepreises je Monat
– Kosten von Programmanpassungen?	1950,– DM
– Aufbau in selbständigen Programmteilen („Modulen")?	ja

Schulung:

– Ort	München
– Dauer	3 Tage
– Kosten	825,– DM

Kundendienst:

– Zahl der Kundendienststellen für Hardware	17
– Zahl der Kundendienststellen für Software	2
– Reaktionszeit Hardware	gemäß Wartungsvertrag
– Reaktionszeit Software	gemäß Wartungsvertrag
– Telefondienst („Hot-Line")	14.00 – 17.00 Uhr
– Stundenlohn	160,– DM
– Nacht-/Feiertagszuschläge	ja
– Anfahrtspauschale	nach Aufwand

Anbieter:	**Computervision GmbH** **Berg-am-Laim-Straße 47** **8000 München 80** **Tel. 089/4161-0**	Postleitzahl **8000** Software Computervision
Systempreis: (Hard- und Software zusammen)	69500,– DM	
Softwarepreis:	35000,– DM	
Einsatzhäufigkeit:	20	
Referenzen:		
– Eigenvertrieb des Hardware-Herstellers?	–	
– Vertriebspartner des Hardware-Herstellers (Exklusivvertrag)?	keine Angabe	
– vom Hardware-Hersteller empfohlen (z. B. in empfohlener Software gelistet)?	keine Angabe	
– Anwenderreferenzen?	auf Anfrage	
Programmteilpakete:		
– Bezeichnung: – Preis:	PA Design Software 20000,– DM	
– Bezeichnung: – Preis:	PA Advanced Drafting Software 18000,– DM	
– Bezeichnung: – Preis:	PA Design + Advanced Drafting Software 35000,– DM	
– Bezeichnung: – Preis:	– –	
– Bezeichnung: – Preis:	– –	
– Bezeichnung: – Preis:	– –	
– Bezeichnung: – Preis:	– –	
– Bezeichnung: – Preis:	– –	
– Bezeichnung: – Preis:	– –	
– Bezeichnung: – Preis:	– –	

Computervision

Grundforderungen des Anwenders:

– Das Programm entspricht den gesetzlichen Normen, insbesondere DIN 276 (Kosten), DIN 277 (Raumbuch), VOB (Verträge), HOAI (Projektabwicklung)	nur CAD-Paket
– Nutzung des Standardleistungsbuchs sowie anderer Kataloge alternativ möglich	–
– Integration der Einzelprogramme im Gesamtpaket	keine Angabe
– Dezentrales Konzept mit Zugriff auf alle Projektdaten intern und extern (z. B. von mehreren Arbeitsplätzen aus)	nein

Forderungen des Anwenders:

Projektabwicklung AVA:

– LV-Erstellung mit StLB/Projekt	nur CAD-Paket
– Preisspiegel für wieviel Anbieter?	–
– Massenermittlung mit Erhalt Rechengang	–
– Auftrags-LV mit Fixierung	–
– Baubuchhaltung	–
– Projektdokumentation	–

Flächen/Rauminhalte (DIN 277):

– Raumprogramm	nur CAD-Paket
– Raumflächen	–
– Soll-/Ist-Vergleich	–
– Raumblatt	–
– Raumbuch	–

Kosten:

– Kostenschätzung	nur CAD-Paket
– Kostenberechnung	–
– Kostenanschlag	–
– Kostenkontrolle	–
– Kostenfeststellung	–
– Kostendokumentation	–

CAD:

– Raumblatt	keine Angabe
– 2D-Darstellung	ja
– 3D-Darstellung	ja
– perspektivische Variationen	ja
– Zoomen (stetig)	ja
– Projektpläne	ja
– automatische Massenermittlung	ja

Büroorganisation:

– Standardtexte	nur CAD-Paket
– Vertragstexte	–
– individuelle Textverarbeitung	–
– Adreßverwaltung	–
– Terminplanung	–
– Honorarermittlung	–
– Projektkostenkontrolle	–
– Fibu	–
– Fakturieren	–

Bedienungsfreundlichkeit:

– Meldungen des Computerprogrammes in Deutsch?	ja
– „Menue"-Technik (Bedienerführung mit Inhaltsverzeichnissen)?	ja
– „Dialog"-Technik (Bedienerführung durch Dialog über Bildschirm)?	ja
– Plausibilitätsprüfungen bei der Dateneingabe?	ja
– „Hilfe-Taste"	ja
– Meldungen und Hinweise bei Bedienungsfehlern in Deutsch?	ja
– Handbuch in Deutsch?	ja
– Sind Voreinstellungen möglich? (büro- oder projektspezifisch; ggf. Anzahl der Merkmale)	ja

Postleitzahl
8000
Software

Computervision

Branchenspezifische Hardware:

Drucker:

– Hersteller	keine Angabe
– Typenbezeichnung	–
– Druckprinzip	–
– Druckgeschwindigkeit (Max.)	–
– Druckgeschwindigkeit bei Schönschrift	–
– Geräuschpegel	–
– Preis	–

Plotter:

– Hersteller	keine Angabe
– Typenbezeichnung	–
– DIN-Format	–
– Ansteuerbar durch Software	–
– Technik	–
– Preis	–

Software-Pflege:

– Kosten pro Monat?	keine Angabe
– Kosten von Programm-anpassungen?	keine Angabe
– Aufbau in selbständigen Programmteilen („Modulen")?	keine Angabe

Schulung:

– Ort	München, Düsseldorf
– Dauer	2, 3 und 5 Tage
– Kosten	780,– DM / 1170,– DM / 3500,– DM

Kundendienst:

– Zahl der Kundendienststellen für Hardware	jeder CV-Händler
– Zahl der Kundendienststellen für Software	jeder CV-Händler
– Reaktionszeit Hardware	1 Woche
– Reaktionszeit Software	4 Stunden
– Telefondienst („Hot-Line")	ja
– Stundenlohn	keine Angabe
– Nacht-/Feiertagszuschläge	keine Angabe
– Anfahrtspauschale	Kilometerpauschale

Anbieter:	**GEFOF Gesellschaft für optimale Finanzplanung mbH Schleißheimer Straße 141 8000 München 40 Tel. 0 89/30625-0**	
Systempreis: (Hard- und Software zusammen)	ab 18000,– DM + MwSt.	
Softwarepreis:	ab 3890,– DM bis 9960,– DM + MwSt.	
Einsatzhäufigkeit:	circa 30	

Referenzen:

– Eigenvertrieb des Hardware-Herstellers?	–
– Vertriebspartner des Hardware-Herstellers (Exklusivvertrag)?	nein
– vom Hardware-Hersteller empfohlen (z. B. in empfohlener Software gelistet)?	nein, über ausgewählte Hardwarehändler
– Anwenderreferenzen?	auf Anfrage

Programmteilpakete:

– Bezeichnung:	Gesamtpaket
– Preis:	9960,– DM
– Bezeichnung:	Basispaket mit Testprogramm + Adreßdatei
– Preis:	3890,– DM
– Bezeichnung:	Mengenermittlung vor Baubeginn
– Preis:	990,– DM
– Bezeichnung:	Raumbuch, Kostenschätzung, Kostenkontrolle
– Preis:	4460,– DM
– Bezeichnung:	Baubuchhaltung, Formularwesen
– Preis:	1990,– DM
– Bezeichnung:	Normpositionskataloge für 20 Gewerke (ähnlich Standardleistungsbuch)
– Preis:	3480,– DM
– Bezeichnung:	–
– Preis:	–

GEFOF
Finanzplanung

– Bezeichnung:	–
– Preis:	–
– Bezeichnung:	–
– Preis:	–
– Bezeichnung:	–
– Preis:	–

Grundforderungen des Anwenders:

– Das Programm entspricht den gesetzlichen Normen, insbesondere DIN 276 (Kosten), DIN 277 (Raumbuch), VOB (Verträge), HOAI (Projektabwicklung)	ja
– Nutzung des Standardleistungsbuchs sowie anderer Kataloge alternativ möglich	ja
– Integration der Einzelprogramme im Gesamtpaket	ja
– Dezentrales Konzept mit Zugriff auf alle Projektdaten intern und extern (z. B. von mehreren Arbeitsplätzen aus)	nein

Forderungen des Anwenders:

Projektabwicklung AVA:

– LV-Erstellung mit StLB/Projekt	ja
– Preisspiegel für wieviel Anbieter?	18
– Massenermittlung mit Erhalt Rechengang	ja
– Auftrags-LV mit Fixierung	ja
– Baubuchhaltung	ja
– Projektdokumentation	nein

Flächen/Rauminhalte (DIN277):

– Raumprogramm	ja
– Raumflächen	ja
– Soll-/Ist-Vergleich	ja
– Raumblatt	ja
– Raumbuch	nein

Kosten:

– Kostenschätzung	ja
– Kostenberechnung	ja

– Kostenanschlag	ja
– Kostenkontrolle	ja
– Kostenfeststellung	ja
– Kostendokumentation	ja

CAD:

– Raumblatt	kein CAD im Angebot
– 2D-Darstellung	–
– 3D-Darstellung	–
– perspektivische Variationen	–
– Zoomen (stetig)	–
– Projektpläne	–
– automatische Massenermittlung	–

Büroorganisation:

– Standardtexte	nein
– Vertragstexte	ja
– individuelle Textverarbeitung	ja
– Adreßverwaltung	ja
– Terminplanung	nein
– Honorarermittlung	nein
– Projektkostenkontrolle	nein
– Fibu	nein
– Fakturieren	nein

Bedienungsfreundlichkeit:

– Meldungen des Computerprogrammes in Deutsch?	ja
– „Menue"-Technik (Bedienerführung mit Inhaltsverzeichnissen)?	ja
– „Dialog"-Technik (Bedienerführung durch Dialog über Bildschirm)?	ja
– Plausibilitätsprüfungen bei der Dateneingabe?	ja
– „Hilfe-Taste"	ja
– Meldungen und Hinweise bei Bedienungsfehlern in Deutsch?	ja
– Handbuch in Deutsch?	ja
– Sind Voreinstellungen möglich? (büro- oder projektspezifisch; ggf. Anzahl der Merkmale)	ja

Branchenspezifische Hardware:

Drucker:

– Hersteller	keine Angabe
– Typenbezeichnung	–
– Druckprinzip	–
– Druckgeschwindigkeit (Max.)	–
– Druckgeschwindigkeit bei Schönschrift	–
– Geräuschpegel	–
– Preis	–

Plotter:

– Hersteller	entfällt
– Typenbezeichnung	–
– DIN-Format	–
– Ansteuerbar durch Software	–
– Technik	–
– Preis	–

Software-Pflege:

– Kosten pro Monat?	1% der Kaufsumme
– Kosten von Programmanpassungen?	nach Anfall
– Aufbau in selbständigen Programmteilen („Modulen“)?	ja

Schulung:

– Ort	zentral oder beim Anwender
– Dauer	1 Tag
– Kosten	280,– DM/Teilnehmer oder 95,– DM/Stunde (Anzahl der Teilnehmer beliebig)

Kundendienst:

– Zahl der Kundendienststellen für Hardware	je nach Hardware-Anbieter
– Zahl der Kundendienststellen für Software	1
– Reaktionszeit Hardware	je nach Hardware-Anbieter
– Reaktionszeit Software	ja nach Wartungsvertrag
– Telefondienst („Hot-Line“)	ja
– Stundenlohn	95,– DM
– Nacht-/Feiertagszuschläge	25%/100%
– Anfahrtspauschale	nach Entfernung

Anbieter:	**G + W Software Entwicklung** **Josephsplatz 4** **8000 München 40** **Tel. 089/2725100**
Systempreis: (Hard- und Software zusammen)	ab circa 14000,– DM
Softwarepreis:	ab 7200,– DM
Einsatzhäufigkeit:	circa 550
Referenzen:	
– Eigenvertrieb des Hardware-Herstellers?	–
– Vertriebspartner des Hardware-Herstellers (Exklusivvertrag)?	nein
– vom Hardware-Hersteller empfohlen (z. B. in empfohlener Software gelistet)?	ja (z. B. Olympia)
– Anwenderreferenzen?	auf Anfrage
Programmteilpakete:	
– Bezeichnung:	AVA 1 + INFOTEX (Grundmodul)
– Preis:	7200,– DM
– Bezeichnung:	AVA 2 Mengenermittlung
– Preis:	2500,– DM
– Bezeichnung:	AVA 3 Projektüberwachung
– Preis:	2500,– DM
– Bezeichnung:	AVA 4 Kostenermittlung nach DIN 276
– Preis:	2500,– DM
– Bezeichnung:	PLAN 1 Kostenermittlung nach Gebäude-Elementen
– Preis:	3500,– DM
– Bezeichnung:	PLAN 2 Raumbuch
– Preis:	3000,– DM
– Bezeichnung:	PLAN 3 Schnittstelle CAD
– Preis:	1500,– DM
– Bezeichnung:	PLAN 4 Schnittstelle GAEB
– Preis:	1000,– DM
– Bezeichnung:	ZtK Zeit- und Kostenkontrolle
– Preis:	4500,– DM

Postleitzahl
8000
Software

G+W
Entwicklung

– Bezeichnung:	FIBU Finanzbuchhaltung für freie Berufe
– Preis:	1200,– DM

Grundforderungen des Anwenders:

– Das Programm entspricht den gesetzlichen Normen, insbesondere DIN 276 (Kosten), DIN 277 (Raumbuch), VOB (Verträge), HOAI (Projektabwicklung)	ja
– Nutzung des Standardleistungsbuchs sowie anderer Kataloge alternativ möglich	ja
– Integration der Einzelprogramme im Gesamtpaket	ja
– Dezentrales Konzept mit Zugriff auf alle Projektdaten intern und extern (z. B. von mehreren Arbeitsplätzen aus)	ja

Forderungen des Anwenders:

Projektabwicklung AVA:

– LV-Erstellung mit StLB/Projekt	ja
– Preisspiegel für wieviel Anbieter?	50
– Massenermittlung mit Erhalt Rechengang	ja
– Auftrags-LV mit Fixierung	ja
– Baubuchhaltung	ja
– Projektdokumentation	ja

Flächen/Rauminhalte (DIN277):

– Raumprogramm	ja
– Raumflächen	ja
– Soll-/Ist-Vergleich	ja
– Raumblatt	ja
– Raumbuch	ja

Kosten:

– Kostenschätzung	ja
– Kostenberechnung	ja
– Kostenanschlag	ja
– Kostenkontrolle	ja
– Kostenfeststellung	ja
– Kostendokumentation	ja

CAD:

– Raumblatt	kein CAD im Angebot
– 2D-Darstellung	–
– 3D-Darstellung	–
– perspektivische Variationen	–
– Zoomen (stetig)	–
– Projektpläne	–
– automatische Massenermittlung	–

Büroorganisation:

– Standardtexte	ja
– Vertragstexte	ja
– individuelle Textverarbeitung	ja
– Adreßverwaltung	ja
– Terminplanung	ja (Zusatz-Programm)
– Honorarermittlung	ja
– Projektkostenkontrolle	ja
– Fibu	ja
– Fakturieren	ja

Bedienungsfreundlichkeit:

– Meldungen des Computerprogrammes in Deutsch?	ja
– „Menue"-Technik (Bedienerführung mit Inhaltsverzeichnissen)?	ja
– „Dialog"-Technik (Bedienerführung durch Dialog über Bildschirm)?	ja
– Plausibilitätsprüfungen bei der Dateneingabe?	ja
– „Hilfe-Taste"	ja
– Meldungen und Hinweise bei Bedienungsfehlern in Deutsch?	ja
– Handbuch in Deutsch?	ja
– Sind Voreinstellungen möglich? (büro- oder projektspezifisch; ggf. Anzahl der Merkmale)	ja

Branchenspezifische Hardware:

Drucker:

– Hersteller	keine Angabe
– Typenbezeichnung	–
– Druckprinzip	–
– Druckgeschwindigkeit (Max.)	–
– Druckgeschwindigkeit bei Schönschrift	–
– Geräuschpegel	–
– Preis	–

Plotter:

– Hersteller	entfällt
– Typenbezeichnung	–
– DIN-Format	–
– Ansteuerbar durch Software	–
– Technik	–
– Preis	–

Software-Pflege:

– Kosten pro Monat?	im Kaufpreis enthalten
– Kosten von Programmanpassungen?	nach Zeitaufwand
– Aufbau in selbständigen Programmteilen („Modulen“)?	ja

Schulung:

– Ort	beim Anwender
– Dauer	1 Tag
– Kosten	780,– DM

Kundendienst:

– Zahl der Kundendienststellen für Hardware	je nach Hardware-Anbieter
– Zahl der Kundendienststellen für Software	10 Stützpunkte in der BRD
– Reaktionszeit Hardware	je nach Hardware-Anbieter
– Reaktionszeit Software	keine Angabe
– Telefondienst („Hot-Line“)	ja
– Stundenlohn	85,– DM
– Nacht-/Feiertagszuschläge	keine Angabe
– Anfahrtspauschale	im Tagessatz enthalten

Anbieter:	**Micro Logic** **Ges. f. rechnergesteuerte** **Systeme mbH** **Halfingerstraße 47** **8000 München 82** **Tel. 089/423049**	Postleitzahl **8000** Software Micro Logic
Systempreis: (Hard- und Software zusammen)	ab 20000,– DM	
Softwarepreis:	ab 12000,– DM	
Einsatzhäufigkeit:	30	
Referenzen:		
– Eigenvertrieb des Hardware-Herstellers?	ja	
– Vertriebspartner des Hardware-Herstellers (Exklusivvertrag)?	ja	
– vom Hardware-Hersteller empfohlen (z. B. in empfohlener Software gelistet)?	nein	
– Anwenderreferenzen?	auf Anfrage	
Programmteilpakete:		
– Bezeichnung: – Preis:	R1 Raumbuch 12000,– DM	
– Bezeichnung: – Preis:	ArchiCAD 16500,– DM	
– Bezeichnung: – Preis:	B1 komplettes Schreibsystem keine Angabe	
– Bezeichnung: – Preis:	B0 Kurz-, Langtext-, Formatdruck keine Angabe	
– Bezeichnung: – Preis:	BU Buchhaltung mit Bilanz und GV keine Angabe	
– Bezeichnung: – Preis:	– –	
– Bezeichnung: – Preis:	– –	
– Bezeichnung: – Preis:	– –	
– Bezeichnung: – Preis:	– –	

Micro Logic

– Bezeichnung:	–
– Preis:	–

Grundforderungen des Anwenders:

– Das Programm entspricht den gesetzlichen Normen, insbesondere DIN 276 (Kosten), DIN 277 (Raumbuch), VOB (Verträge), HOAI (Projektabwicklung)	ja
– Nutzung des Standardleistungsbuchs sowie anderer Kataloge alternativ möglich	ja
– Integration der Einzelprogramme im Gesamtpaket	ja
– Dezentrales Konzept mit Zugriff auf alle Projektdaten intern und extern (z. B. von mehreren Arbeitsplätzen aus)	ja (über Theos '86)

Forderungen des Anwenders:

Projektabwicklung AVA:

– LV-Erstellung mit StLB/ Projekt	ja
– Preisspiegel für wieviel Anbieter?	beliebig
– Massenermittlung mit Erhalt Rechengang	ja
– Auftrags-LV mit Fixierung	ja
– Baubuchhaltung	ja
– Projektdokumentation	ja

Flächen/Rauminhalte (DIN277):

– Raumprogramm	ja
– Raumflächen	ja
– Soll-/Ist-Vergleich	ja
– Raumblatt	ja
– Raumbuch	ja

Kosten:

– Kostenschätzung	ja (bei Pflege der Preisdatei im Raumbuch)
– Kostenberechnung	ja „
– Kostenanschlag	ja „
– Kostenkontrolle	ja „
– Kostenfeststellung	ja „
– Kostendokumentation	ja „

CAD:

– Raumblatt	(über ArchiCAD) keine Angabe
– 2D-Darstellung	keine Angabe
– 3D-Darstellung	keine Angabe
– perspektivische Variationen	keine Angabe
– Zoomen (stetig)	keine Angabe
– Projektpläne	keine Angabe
– automatische Massenermittlung	keine Angabe

Büroorganisation:

– Standardtexte	ja
– Vertragstexte	ja
– individuelle Textverarbeitung	ja
– Adreßverwaltung	ja
– Terminplanung	ja
– Honorarermittlung	ja (nach DIN oder individuell)
– Projektkostenkontrolle	ja
– Fibu	ja
– Fakturieren	ja

Bedienungsfreundlichkeit:

– Meldungen des Computerprogrammes in Deutsch?	ja
– „Menue"-Technik (Bedienerführung mit Inhaltsverzeichnissen)?	ja, ergänzbar durch Funktionstasten-Bedienung
– „Dialog"-Technik (Bedienerführung durch Dialog über Bildschirm)?	wo erforderlich ja
– Plausibilitätsprüfungen bei der Dateneingabe?	möglich durch Eingabe entsprechender Masken
– „Hilfe-Taste"	ja
– Meldungen und Hinweise bei Bedienungsfehlern in Deutsch?	ja
– Handbuch in Deutsch?	ja
– Sind Voreinstellungen möglich? (büro- oder projektspezifisch; ggf. Anzahl der Merkmale)	ja, beliebig viele

Branchenspezifische Hardware:

Drucker:

– Hersteller	NEC
– Typenbezeichnung	NEC P 5
– Druckprinzip	Nadeldruck (14 Nadeln)
– Druckgeschwindigkeit (Max.)	280 Zeichen/Sekunde
– Druckgeschwindigkeit bei Schönschrift	80 Zeichen/Sekunde
– Geräuschpegel	keine Angabe
– Preis	3445,– DM

Plotter:

– Hersteller	keine Angabe
– Typenbezeichnung	–
– DIN-Format	–
– Ansteuerbar durch Software	–
– Technik	–
– Preis	–

Software-Pflege:

– Kosten pro Monat?	200,– DM (Option)
– Kosten von Programmanpassungen?	je nach Wartungsvertrag
– Aufbau in selbständigen Programmteilen („Modulen")?	ja

Schulung:

– Ort	beim Kunden
– Dauer	1 Tag
– Kosten	keine

Kundendienst:

– Zahl der Kundendienststellen für Hardware	je nach Hardware-Anbieter
– Zahl der Kundendienststellen für Software	1
– Reaktionszeit Hardware	1 Tag
– Reaktionszeit Software	1 Tag
– Telefondienst („Hot-Line")	ja (bisher kostenlos)
– Stundenlohn	150,– DM
– Nacht-/Feiertagszuschläge	keine
– Anfahrtspauschale	Verhandlungssache

Anbieter:	**Nemetschek Programmsystem GmbH** **Dingolfinger Straße 2** **8000 München 80** **Tel. 089/405064**
Systempreis: (Hard- und Software zusammen)	ab 40000,– DM
Softwarepreis:	ab 14700,– DM
Einsatzhäufigkeit:	350

Referenzen:

– Eigenvertrieb des Hardware-Herstellers?	–
– Vertriebspartner des Hardware-Herstellers (Exklusivvertrag)?	keine Angabe
– vom Hardware-Hersteller empfohlen (z.B. in empfohlener Software gelistet)?	ja (Olivetti, IBM, Siemens, Apollo Domain)
– Anwenderreferenzen?	auf Anfrage

Programmteilpakete:

– Bezeichnung:	Allplan Grundmodul
– Preis:	14700,– DM
– Bezeichnung:	Erweiterungsmodul, „Architektur Massenermittlung“
– Preis:	9800,– DM
– Bezeichnung:	Erweiterungsmodul „Architektur 3D“
– Preis:	5880,– DM
– Bezeichnung:	Erweiterungsmodul „Treppenkonstruktion“
– Preis:	2940,– DM
– Bezeichnung:	Symbolbibliothek Architektur
– Preis:	980,– DM
– Bezeichnung:	Erweiterungsmodul „Variantenkonstruktion“
– Preis:	3920,– DM
– Bezeichnung:	–
– Preis:	–
– Bezeichnung:	–
– Preis:	–

Nemetschek
Programmsystem

– Bezeichnung:	–
– Preis:	–
– Bezeichnung:	–
– Preis:	–

Grundforderungen des Anwenders:

– Das Programm entspricht den gesetzlichen Normen, insbesondere DIN 276 (Kosten), DIN 277 (Raumbuch), VOB (Verträge), HOAI (Projektabwicklung)	(reines CAD-Angebot)
– Nutzung des Standardleistungsbuchs sowie anderer Kataloge alternativ möglich	–
– Integration der Einzelprogramme im Gesamtpaket	–
– Dezentrales Konzept mit Zugriff auf alle Projektdaten intern und extern (z. B. von mehreren Arbeitsplätzen aus)	–

Forderungen des Anwenders:

Projektabwicklung AVA:

– LV-Erstellung mit StLB/Projekt	reines CAD-Angebot
– Preisspiegel für wieviel Anbieter?	–
– Massenermittlung mit Erhalt Rechengang	–
– Auftrags-LV mit Fixierung	–
– Baubuchhaltung	–
– Projektdokumentation	–

Flächen/Rauminhalte (DIN277):

– Raumprogramm	reines CAD-Angebot
– Raumflächen	–
– Soll-/Ist-Vergleich	–
– Raumblatt	–
– Raumbuch	–

Kosten:

– Kostenschätzung	reines CAD-Angebot
– Kostenberechnung	–
– Kostenanschlag	–

– Kostenkontrolle	–
– Kostenfeststellung	–
– Kostendokumentation	–

CAD:

– Raumblatt	ja
– 2D-Darstellung	ja
– 3D-Darstellung	ja
– perspektivische Variationen	ja
– Zoomen (stetig)	ja
– Projektpläne	ja
– automatische Massenermittlung	ja

Büroorganisation:

– Standardtexte	reines CAD-Angebot
– Vertragstexte	–
– individuelle Textverarbeitung	–
– Adreßverwaltung	–
– Terminplanung	–
– Honorarermittlung	–
– Projektkostenkontrolle	–
– Fibu	–
– Fakturieren	–

Bedienungsfreundlichkeit:

– Meldungen des Computerprogrammes in Deutsch?	ja
– „Menue"-Technik (Bedienerführung mit Inhaltsverzeichnissen)?	ja
– „Dialog"-Technik (Bedienerführung durch Dialog über Bildschirm)?	ja
– Plausibilitätsprüfungen bei der Dateneingabe?	ja
– „Hilfe-Taste"	in Vorbereitung
– Meldungen und Hinweise bei Bedienungsfehlern in Deutsch?	ja
– Handbuch in Deutsch?	ja
– Sind Voreinstellungen möglich? (büro- oder projektspezifisch; ggf. Anzahl der Merkmale)	ja

Branchenspezifische Hardware:

Drucker:

– Hersteller	Epson, NEC oder Hewlett Packard
– Typenbezeichnung	z. B. FX-800, NEC P6, HP Laserjet
– Druckprinzip	Matrixdrucker, Laserdrucker
– Druckgeschwindigkeit (Max.)	bis 160 Zeichen/Sekunde
– Druckgeschwindigkeit bei Schönschrift	geräteabhängig
– Geräuschpegel	geräteabhängig
– Preis	ab 1100,– DM

Plotter:

– Hersteller	keine Angabe
– Typenbezeichnung	keine Angabe
– DIN-Format	bis DIN A0
– Ansteuerbar durch Software	ja
– Technik	Trommelplotter
– Preis	von 2750,– DM bis 25242,– DM

Software-Pflege:

– Kosten pro Monat?	kostenlos
– Kosten von Programmanpassungen?	auf Anfrage
– Aufbau in selbständigen Programmteilen („Modulen“)?	ja

Schulung:

– Ort	München und andere Orte auf Anfrage
– Dauer	ab 1 Tag
– Kosten	ab 490,– DM

Kundendienst:

– Zahl der Kundendienststellen für Hardware	jeder beliebige Hardware-Händler
– Zahl der Kundendienststellen für Software	12
– Reaktionszeit Hardware	nach Hersteller
– Reaktionszeit Software	sofort
– Telefondienst („Hot-Line“)	vorhanden
– Stundenlohn	–
– Nacht-/Feiertagszuschläge	–
– Anfahrtspauschale	–

Anbieter:	**NM-IDV** **Josef Niedermair München** **Becker-Gundahl-Straße 3** **8000 München 71** **Tel. 089/781262**
Systempreis: (Hard- und Software zusammen)	ab circa 15000,– DM
Softwarepreis:	ab 4000,– DM bis circa 38000,– DM
Einsatzhäufigkeit:	keine Angabe
Referenzen:	
– Eigenvertrieb des Hardware-Herstellers?	–
– Vertriebspartner des Hardware-Herstellers (Exklusivvertrag)?	nein
– vom Hardware-Hersteller empfohlen (z. B. in empfohlener Software gelistet)?	nein
– Anwenderreferenzen?	auf Anfrage
Programmteilpakete:	
– Bezeichnung:	DATALINE/DIV-System 1, Basis-Modul
– Preis:	circa 4000,– DM
– Bezeichnung:	Datenverbund je Modul-Element
– Preis:	circa 4000,– DM
– Bezeichnung:	Bearbeitung von Ausschreibungen
– Preis:	circa 4000,– DM
– Bezeichnung:	Relationale Datenbank
– Preis:	circa 2500,– DM
– Bezeichnung:	Bauhaupt- und Baunebengewerbeverbund
– Preis:	4000,– DM
– Bezeichnung:	Multi DATALINE/DIV
– Preis:	ab 25000,– DM je Modul
– Bezeichnung:	Multi-Prozeßführung
– Preis:	ab circa 14000,– DM
– Bezeichnung:	Multi-Datenbankführung
– Preis:	ab circa 14000,– DM

Postleitzahl

8000

Software

NM-IDV
Josef Niedermair

– Bezeichnung:	–
– Preis:	–
– Bezeichnung:	–
– Preis:	–

Grundforderungen des Anwenders:

– Das Programm entspricht den gesetzlichen Normen, insbesondere DIN 276 (Kosten), DIN 277 (Raumbuch), VOB (Verträge), HOAI (Projektabwicklung)	das Programm wird darauf abgestimmt
– Nutzung des Standardleistungsbuchs sowie anderer Kataloge alternativ möglich	bei Bedarf
– Integration der Einzelprogramme im Gesamtpaket	vorgesehen
– Dezentrales Konzept mit Zugriff auf alle Projektdaten intern und extern (z. B. von mehreren Arbeitsplätzen aus)	vorgesehen

Forderungen des Anwenders:

Projektabwicklung AVA:

– LV-Erstellung mit StLB/Projekt	geplant
– Preisspiegel für wieviel Anbieter?	je nach Bedarf
– Massenermittlung mit Erhalt Rechengang	geplant
– Auftrags-LV mit Fixierung	geplant
– Baubuchhaltung	geplant
– Projektdokumentation	Netzplan und Leistungsrechnung

Flächen/Rauminhalte (DIN 277):

– Raumprogramm	je nach Bedarf
– Raumflächen	je nach Bedarf
– Soll-/Ist-Vergleich	je nach Bedarf
– Raumblatt	je nach Bedarf
– Raumbuch	je nach Bedarf

Kosten:

– Kostenschätzung	je nach Bedarf
– Kostenberechnung	je nach Bedarf
– Kostenanschlag	je nach Bedarf

– Kostenkontrolle	je nach Bedarf
– Kostenfeststellung	je nach Bedarf
– Kostendokumentation	je nach Bedarf

CAD:

– Raumblatt	je nach Bedarf
– 2D-Darstellung	je nach Bedarf
– 3D-Darstellung	je nach Bedarf
– perspektivische Variationen	je nach Bedarf
– Zoomen (stetig)	je nach Bedarf
– Projektpläne	je nach Bedarf
– automatische Massenermittlung	je nach Bedarf

Büroorganisation:

– Standardtexte	je nach Bedarf
– Vertragstexte	je nach Bedarf
– individuelle Textverarbeitung	je nach Bedarf
– Adreßverwaltung	je nach Bedarf
– Terminplanung	je nach Bedarf
– Honorarermittlung	je nach Bedarf
– Projektkostenkontrolle	je nach Bedarf
– Fibu	je nach Bedarf
– Fakturieren	je nach Bedarf

Bedienungsfreundlichkeit:

– Meldungen des Computerprogrammes in Deutsch?	ja
– „Menue"-Technik (Bedienerführung mit Inhaltsverzeichnissen)?	ja
– „Dialog"-Technik (Bedienerführung durch Dialog über Bildschirm)?	ja
– Plausibilitätsprüfungen bei der Dateneingabe?	ja
– „Hilfe-Taste"	im Menue
– Meldungen und Hinweise bei Bedienungsfehlern in Deutsch?	ja
– Handbuch in Deutsch?	ja
– Sind Voreinstellungen möglich? (büro- oder projektspezifisch; ggf. Anzahl der Merkmale)	je nach Bedarf

NM-IDV
Josef Niedermair

Branchenspezifische Hardware:

Drucker:

– Hersteller	keine Angabe
– Typenbezeichnung	–
– Druckprinzip	–
– Druckgeschwindigkeit (Max.)	–
– Druckgeschwindigkeit bei Schönschrift	–
– Geräuschpegel	–
– Preis	–

Plotter:

– Hersteller	keine Angabe
– Typenbezeichnung	–
– DIN-Format	–
– Ansteuerbar durch Software	–
– Technik	–
– Preis	–

Software-Pflege:

– Kosten pro Monat?	circa 45 – 50% von monatlicher Nutzungslizenzgebühr
– Kosten von Programmanpassungen?	circa 200% vom monatlicher Nutzungslizenzgebühr
– Aufbau in selbständigen Programmteilen („Modulen“)?	ja

Schulung:

– Ort	München oder beim Kunden
– Dauer	1 Woche
– Kosten	5000,– DM/Woche

Kundendienst:

– Zahl der Kundendienststellen für Hardware	48 Olympia-Kundendienststellen
– Zahl der Kundendienststellen für Software	1
– Reaktionszeit Hardware	1 bis 2 Tage
– Reaktionszeit Software	1 bis 2 Tage
– Telefondienst („Hot-Line“)	ja
– Stundenlohn	280,– DM
– Nacht-/Feiertagszuschläge	100%
– Anfahrtspauschale	200,– DM

Anbieter:	**Quadric Software GmbH** **Merzstraße 12** **8000 München 80** **Tel. 089/982143**
Systempreis: (Hard- und Software zusammen)	ab 6000,– DM
Softwarepreis:	ab 2000,– DM
Einsatzhäufigkeit:	circa 100
Referenzen:	
– Eigenvertrieb des Hardware-Herstellers?	–
– Vertriebspartner des Hardware-Herstellers (Exklusivvertrag)?	keine Angabe
– vom Hardware-Hersteller empfohlen (z. B. in empfohlener Software gelistet)?	ja
– Anwenderreferenzen?	auf Anfrage
Programmteilpakete:	
– Bezeichnung: – Preis:	Grundmodul 2000,– DM
– Bezeichnung: – Preis:	Ausschreibung nach DIN-StLB 1500,– DM
– Bezeichnung: – Preis:	Mengen- und Flächenermittlung 1500,– DM
– Bezeichnung: – Preis:	Kostenschätzung 1000,– DM
– Bezeichnung: – Preis:	Vergabe 1500,– DM
– Bezeichnung: – Preis:	Abrechnung 1500,– DM
– Bezeichnung: – Preis:	Elementdatenbank 800,– DM
– Bezeichnung: – Preis:	Raumdatenbuch 700,– DM
– Bezeichnung: – Preis:	Auto-LV 1000,– DM
– Bezeichnung: – Preis:	– –

Grundforderungen des Anwenders:

– Das Programm entspricht den gesetzlichen Normen, insbesondere DIN 276 (Kosten), DIN 277 (Raumbuch), VOB (Verträge), HOAI (Projektabwicklung)	ja, VOB (Verträge) und HOAI (Projektabwicklung) ab Frühjahr 1988
– Nutzung des Standardleistungsbuchs sowie anderer Kataloge alternativ möglich	ja
– Integration der Einzelprogramme im Gesamtpaket	ja
– Dezentrales Konzept mit Zugriff auf alle Projektdaten intern und extern (z. B. von mehreren Arbeitsplätzen aus)	ja

Forderungen des Anwenders:

Projektabwicklung AVA:

– LV-Erstellung mit StLB/Projekt	ja
– Preisspiegel für wieviel Anbieter?	insges. 99; 7 gleichwertig
– Massenermittlung mit Erhalt Rechengang	ja
– Auftrags-LV mit Fixierung	ja
– Baubuchhaltung	ja
– Projektdokumentation	ja

Flächen/Rauminhalte (DIN277):

– Raumprogramm	ja
– Raumflächen	ja
– Soll-/Ist-Vergleich	ja
– Raumblatt	ja
– Raumbuch	ja

Kosten:

– Kostenschätzung	ja
– Kostenberechnung	ja
– Kostenanschlag	ja
– Kostenkontrolle	ja
– Kostenfeststellung	ja
– Kostendokumentation	ja

CAD:

– Raumblatt	kein CAD im Angebot
– 2D-Darstellung	–
– 3D-Darstellung	–
– perspektivische Variationen	–
– Zoomen (stetig)	–
– Projektpläne	–
– automatische Massenermittlung	–

Büroorganisation:

– Standardtexte	ja
– Vertragstexte	ja
– individuelle Textverarbeitung	ja
– Adreßverwaltung	ja
– Terminplanung	ab Frühjahr 1988
– Honorarermittlung	ab Frühjahr 1988
– Projektkostenkontrolle	ab Frühjahr 1988
– Fibu	keine Angabe
– Fakturieren	keine Angabe

Bedienungsfreundlichkeit:

– Meldungen des Computerprogrammes in Deutsch?	ja
– „Menue"-Technik (Bedienerführung mit Inhaltsverzeichnissen)?	ja
– „Dialog"-Technik (Bedienerführung durch Dialog über Bildschirm)?	ja
– Plausibilitätsprüfungen bei der Dateneingabe?	ja
– „Hilfe-Taste"	ja
– Meldungen und Hinweise bei Bedienungsfehlern in Deutsch?	ja
– Handbuch in Deutsch?	ja
– Sind Voreinstellungen möglich? (büro- oder projektspezifisch; ggf. Anzahl der Merkmale)	ja

Branchenspezifische Hardware:

Drucker:

– Hersteller	keine Angabe
– Typenbezeichnung	–
– Druckprinzip	–
– Druckgeschwindigkeit (Max.)	–
– Druckgeschwindigkeit bei Schönschrift	–
– Geräuschpegel	–
– Preis	–

Plotter:

– Hersteller	entfällt
– Typenbezeichnung	–
– DIN-Format	–
– Ansteuerbar durch Software	–
– Technik	–
– Preis	–

Software-Pflege:

– Kosten pro Monat?	1% des Kaufpreises
– Kosten von Programm-anpassungen?	120,– DM/Stunde
– Aufbau in selbständigen Programmteilen („Modulen")?	ja

Schulung:

– Ort	nach Absprache
– Dauer	1 Tag
– Kosten	800,– DM/Tag plus Spesen

Kundendienst:

– Zahl der Kundendienststellen für Hardware	je nach Hardware-Anbieter
– Zahl der Kundendienststellen für Software	30
– Reaktionszeit Hardware	je nach Hardware-Anbieter
– Reaktionszeit Software	sofort
– Telefondienst („Hot-Line")	ja
– Stundenlohn	keine Angabe
– Nacht-/Feiertagszuschläge	keine Angabe
– Anfahrtspauschale	keine Angabe

Anbieter:	**Siemens AG** **Unternehmensbereich** **K.-Technik** **Abt. V312** **Otto-Hahn-Ring 6** **8000 München 83** **Tel. 089/636-0**
Systempreis: (Hard- und Software zusammen)	keine Angabe
Softwarepreis:	SIBAU-CAD 58800,– DM SIBAU-AVA 51150,– DM
Einsatzhäufigkeit:	auf Anfrage
Referenzen:	
– Eigenvertrieb des Hardware-Herstellers?	ja
– Vertriebspartner des Hardware-Herstellers (Exklusivvertrag)?	–
– vom Hardware-Hersteller empfohlen (z. B. in empfohlener Software gelistet)?	–
– Anwenderreferenzen?	auf Anfrage
Programmteilpakete:	
– Bezeichnung:	SIBAU-CAD 1 (Konstruktion 2D/3D
– Preis:	40800,– DM
– Bezeichnung:	SIBAU-CAD 2 (Mengenermittlung)
– Preis:	18000,– DM
– Bezeichnung:	SIBAU-AVA 1.1 (Ausschreibung, Vergabe)
– Preis:	15950,– DM
– Bezeichnung:	SIBAU-AVA 1.2 (Bauabrechnung)
– Preis:	8100,– DM
– Bezeichnung:	SIBAU-AVA 1.3 (Datenträgeraustausch DA 20)
– Preis:	2200,–
– Bezeichnung:	SIBAU-AVA 2.1 (Mengenermittlung, Schnittstelle zu CAD 2)
– Preis:	3300,– DM
– Bezeichnung:	SIBAU-AVA 2.2 (Kostenanschlag mit Preisdatei)
– Preis:	4600,– DM

Postleitzahl
8000
Software

Siemens AG
K.-Technik

– Bezeichnung:	SIBAU-AVA 2.3 (Kostenplanung)
– Preis:	5200,– DM
– Bezeichnung:	SIBAU-AVA 2.4 (LV aus Kostenplanung)
– Preis:	6600,– DM
– Bezeichnung:	SIBAU-AVA 2.5 (Kostenüberwachung)
– Preis:	6600,– DM

Grundforderungen des Anwenders:

– Das Programm entspricht den gesetzlichen Normen, insbesondere DIN 276 (Kosten), DIN 277 (Raumbuch), VOB (Verträge), HOAI (Projektabwicklung)	ja, weitestgehend
– Nutzung des Standardleistungsbuchs sowie anderer Kataloge alternativ möglich	ja
– Integration der Einzelprogramme im Gesamtpaket	ja
– Dezentrales Konzept mit Zugriff auf alle Projektdaten intern und extern (z. B. von mehreren Arbeitsplätzen aus)	ja

Forderungen des Anwenders:

Projektabwicklung AVA:

– LV-Erstellung mit StLB/Projekt	ja
– Preisspiegel für wieviel Anbieter?	96
– Massenermittlung mit Erhalt Rechengang	ja
– Auftrags-LV mit Fixierung	ja
– Baubuchhaltung	ja (Vermittlungssoftware)
– Projektdokumentation	ja (HIT 3)

Flächen/Rauminhalte (DIN277):

– Raumprogramm	ja
– Raumflächen	ja
– Soll-/Ist-Vergleich	ja (Vermittlungssoftware)
– Raumblatt	ja
– Raumbuch	ja

Kosten:

– Kostenschätzung	in Realisierung

– Kostenberechnung	ja
– Kostenanschlag	ja
– Kostenkontrolle	ja
– Kostenfeststellung	ja
– Kostendokumentation	ja

CAD:

– Raumblatt	ja
– 2D-Darstellung	ja
– 3D-Darstellung	ja
– perspektivische Variationen	ja
– Zoomen (stetig)	ja
– Projektpläne	ja
– automatische Massenermittlung	ja

Büroorganisation:

– Standardtexte	ja (mit Standardprogramm, z. B. HIT 3)
– Vertragstexte	ja
– individuelle Textverarbeitung	ja
– Adreßverwaltung	ja
– Terminplanung	ja (z. B. SIPRO-X, SINET)
– Honorarermittlung	nein
– Projektkostenkontrolle	ja
– Fibu	ja (Vermittlungssoftware)
– Fakturieren	ja

Bedienungsfreundlichkeit:

– Meldungen des Computerprogrammes in Deutsch?	ja
– „Menue"-Technik (Bedienerführung mit Inhaltsverzeichnissen)?	ja
– „Dialog"-Technik (Bedienerführung durch Dialog über Bildschirm)?	ja
– Plausibilitätsprüfungen bei der Dateneingabe?	ja
– „Hilfe-Taste"	ja
– Meldungen und Hinweise bei Bedienungsfehlern in Deutsch?	ja
– Handbuch in Deutsch?	ja
– Sind Voreinstellungen möglich? (büro- oder projektspezifisch; ggf. Anzahl der Merkmale)	ja

Branchenspezifische Hardware:

Drucker:

– Hersteller	Siemens AG
– Typenbezeichnung	z. B. 9001, 9013, 9022, 3352
– Druckprinzip	Nadeldrucker, Tintenstrahldrucker
– Druckgeschwindigkeit (Max.)	150 Zeichen/Sekunde
– Druckgeschwindigkeit bei Schönschrift	keine Angabe
– Geräuschpegel	bis 60 dB (A)
– Preis	ab 2000,– DM

Plotter:

– Hersteller	z. B. Siemens, HP, Benson, Calcomp, GFI
– Typenbezeichnung	keine Angabe
– DIN-Format	keine Angabe
– Ansteuerbar durch Software	ja
– Technik	Trommel, Flachbett
– Preis	auf Anfrage

Software-Pflege:

– Kosten pro Monat?	auf Anfrage
– Kosten von Programmanpassungen?	auf Anfrage
– Aufbau in selbständigen Programmteilen („Modulen“)?	ja

Schulung:

– Ort	Siemens AG, München-Perlach
– Dauer	AVA: 3 Tage CAD: 2 bis 10 Tage
– Kosten	450,– DM/Tag

Kundendienst:

– Zahl der Kundendienststellen für Hardware	Zweigniederlassungen und Technische Büros der Siemens AG
– Zahl der Kundendienststellen für Software	Zweigniederlassungen und Technische Büros der Siemens AG
– Reaktionszeit Hardware	auf Anfrage
– Reaktionszeit Software	auf Anfrage
– Telefondienst („Hot-Line“)	auf Anfrage
– Stundenlohn	auf Anfrage
– Nacht-/Feiertagszuschläge	auf Anfrage
– Anfahrtspauschale	auf Anfrage

Anbieter:	**Dipl.-Ing. Bott** **Datensysteme GmbH** **Schimborner Straße 62** **8759 Hösbach-Feldkahl** **Tel. 06024/3101**
Systempreis:	ab 93000,– DM Vollsystem ab 35000,– DM AVA-System
(Hard- und Software zusammen)	
Softwarepreis:	ab 15000,– DM
Einsatzhäufigkeit:	70
Referenzen:	
– Eigenvertrieb des Hardware-Herstellers?	–
– Vertriebspartner des Hardware-Herstellers (Exklusivvertrag)?	keine Angabe
– vom Hardware-Hersteller empfohlen (z. B. in empfohlener Software gelistet)?	keine Angabe
– Anwenderreferenzen?	auf Anfrage
Programmteilpakete:	
– Bezeichnung:	keine Angabe
– Preis:	–
– Bezeichnung:	–
– Preis:	–
– Bezeichnung:	–
– Preis:	–
– Bezeichnung:	–
– Preis:	–
– Bezeichnung:	–
– Preis:	–
– Bezeichnung:	–
– Preis:	–
– Bezeichnung:	–
– Preis:	–
– Bezeichnung:	–
– Preis:	–
– Bezeichnung:	–
– Preis:	–

– Bezeichnung:	–
– Preis:	–

Grundforderungen des Anwenders:

– Das Programm entspricht den gesetzlichen Normen, insbesondere DIN 276 (Kosten), DIN 277 (Raumbuch), VOB (Verträge), HOAI (Projektabwicklung)	ja
– Nutzung des Standardleistungsbuchs sowie anderer Kataloge alternativ möglich	ja
– Integration der Einzelprogramme im Gesamtpaket	ja
– Dezentrales Konzept mit Zugriff auf alle Projektdaten intern und extern (z. B. von mehreren Arbeitsplätzen aus)	ja

Forderungen des Anwenders:

Projektabwicklung AVA:

– LV-Erstellung mit StLB/Projekt	ja
– Preisspiegel für wieviel Anbieter?	beliebig viele
– Massenermittlung mit Erhalt Rechengang	vollautomatisch
– Auftrags-LV mit Fixierung	ja
– Baubuchhaltung	ja
– Projektdokumentation	ja

Flächen/Rauminhalte (DIN 277):

– Raumprogramm	ja
– Raumflächen	ja
– Soll-/Ist-Vergleich	ja
– Raumblatt	ja
– Raumbuch	ja

Kosten:

– Kostenschätzung	ja
– Kostenberechnung	ja
– Kostenanschlag	ja
– Kostenkontrolle	ja
– Kostenfeststellung	ja
– Kostendokumentation	ja

Dipl.-Ing. Bott
Datensysteme

CAD:

– Raumblatt	ja
– 2D-Darstellung	ja
– 3D-Darstellung	ja
– perspektivische Variationen	ja
– Zoomen (stetig)	ja
– Projektpläne	ja
– automatische Massenermittlung	ja

Büroorganisation:

– Standardtexte	ja
– Vertragstexte	ja
– individuelle Textverarbeitung	ja
– Adreßverwaltung	ja
– Terminplanung	ja
– Honorarermittlung	nein
– Projektkostenkontrolle	ja
– Fibu	nein
– Fakturieren	nein

Bedienungsfreundlichkeit:

– Meldungen des Computerprogrammes in Deutsch?	
– „Menue"-Technik (Bedienerführung mit Inhaltsverzeichnissen)?	ja
– „Dialog"-Technik (Bedienerführung durch Dialog über Bildschirm)?	ja
– Plausibilitätsprüfungen bei der Dateneingabe?	ja
– „Hilfe-Taste"	ja
– Meldungen und Hinweise bei Bedienungsfehlern in Deutsch?	ja
– Handbuch in Deutsch?	ja
– Sind Voreinstellungen möglich? (büro- oder projektspezifisch; ggf. Anzahl der Merkmale)	ja

Branchenspezifische Hardware:

Drucker:

– Hersteller	NEC
– Typenbezeichnung	P 6
– Druckprinzip	24 Nadeln
– Druckgeschwindigkeit (Max.)	216 Zeichen/Sekunde
– Druckgeschwindigkeit bei Schönschrift	72 Zeichen/Sekunde
– Geräuschpegel	56 dB (A), 53 dB (A)
– Preis	2240,– DM

Plotter:

– Hersteller	z. B. Hewlett Packard, Calcomp, Houston
– Typenbezeichnung	keine Angabe
– DIN-Format	A3 bis A0
– Ansteuerbar durch Software	ja
– Technik	verschiedene
– Preis	ab 5000,– DM

Software-Pflege:

– Kosten pro Monat?	350,– DM bis 750,– DM
– Kosten von Programm-anpassungen?	keine zusätzlichen
– Aufbau in selbständigen Programmteilen („Modulen")?	ja

Schulung:

– Ort	Hösbach
– Dauer	1 Woche
– Kosten	keine zusätzlichen

Kundendienst:

– Zahl der Kundendienststellen für Hardware	je nach Hardwareanbieter
– Zahl der Kundendienststellen für Software	1
– Reaktionszeit Hardware	24 Stunden
– Reaktionszeit Software	telefonische Beratung
– Telefondienst („Hot-Line")	ja
– Stundenlohn	keine Angabe
– Nacht-/Feiertagszuschläge	keine Angabe
– Anfahrtspauschale	keine Angabe

Anbieter:	**Ingenieurbüro Jürgen Bechmann Morellstraße 24 8900 Augsburg Tel. 0821/573603**
Systempreis: (Hard- und Software zusammen)	keine Angabe
Softwarepreis:	von 5800,– DM bis circa 16000,– DM
Einsatzhäufigkeit:	circa 200
Referenzen:	
– Eigenvertrieb des Hardware-Herstellers?	–
– Vertriebspartner des Hardware-Herstellers (Exklusivvertrag)?	ja, ohne Exclusivvertrag
– vom Hardware-Hersteller empfohlen (z. B. in empfohlener Software gelistet)?	ja
– Anwenderreferenzen?	auf Anfrage
Programmteilpakete:	
– Bezeichnung:	AVA
– Preis:	5800,– DM
– Bezeichnung:	Kostenüberwachung
– Preis:	2500,– DM
– Bezeichnung:	Massenberechnung Hochbau/Tiefbau/Elling
– Preis:	1500,– DM; 2500,– DM; 1500,– DM
– Bezeichnung:	Objektüberwachung
– Preis:	2800,– DM
– Bezeichnung:	Wohnflächenberechnung
– Preis:	1100,– DM
– Bezeichnung:	Honorarüberwachung/ Bürokalkulation
– Preis:	1100,– DM
– Bezeichnung:	Projektverwaltung/ Finanzplanung
– Preis:	3500,– DM
– Bezeichnung:	Standardbriefe/Aktennotizen
– Preis:	1200,– DM

Postleitzahl
8900
Software

Bechmann
Ingenieurbüro

– Bezeichnung:	Raumbuch
– Preis:	2500,– DM
– Bezeichnung:	–
– Preis:	–

Grundforderungen des Anwenders:

– Das Programm entspricht den gesetzlichen Normen, insbesondere DIN 276 (Kosten), DIN 277 (Raumbuch), VOB (Verträge), HOAI (Projektabwicklung)	ja
– Nutzung des Standardleistungsbuchs sowie anderer Kataloge alternativ möglich	ja
– Integration der Einzelprogramme im Gesamtpaket	ja
– Dezentrales Konzept mit Zugriff auf alle Projektdaten intern und extern (z. B. von mehreren Arbeitsplätzen aus)	ja

Forderungen des Anwenders:

Projektabwicklung AVA:

– LV-Erstellung mit StLB/Projekt	ja
– Preisspiegel für wieviel Anbieter?	20
– Massenermittlung mit Erhalt Rechengang	ja
– Auftrags-LV mit Fixierung	ja
– Baubuchhaltung	ja
– Projektdokumentation	ja

Flächen/Rauminhalte (DIN277):

– Raumprogramm	ja
– Raumflächen	ja
– Soll-/Ist-Vergleich	ja
– Raumblatt	ja
– Raumbuch	ja

Kosten:

– Kostenschätzung	ja
– Kostenberechnung	ja
– Kostenanschlag	ja

– Kostenkontrolle	ja
– Kostenfeststellung	ja
– Kostendokumentation	ja

CAD:

– Raumblatt	kein CAD im Angebot
– 2D-Darstellung	–
– 3D-Darstellung	–
– perspektivische Variationen	–
– Zoomen (stetig)	–
– Projektpläne	–
– automatische Massenermittlung	–

Büroorganisation:

– Standardtexte	ja
– Vertragstexte	ja
– individuelle Textverarbeitung	ja
– Adreßverwaltung	ja
– Terminplanung	nein
– Honorarermittlung	nein
– Projektkostenkontrolle	ja
– Fibu	nein
– Fakturieren	nein

Bedienungsfreundlichkeit:

– Meldungen des Computerprogrammes in Deutsch?	ja
– „Menue“-Technik (Bedienerführung mit Inhaltsverzeichnissen)?	ja
– „Dialog“-Technik (Bedienerführung durch Dialog über Bildschirm)?	ja
– Plausibilitätsprüfungen bei der Dateneingabe?	ja
– „Hilfe-Taste“	ja
– Meldungen und Hinweise bei Bedienungsfehlern in Deutsch?	ja
– Handbuch in Deutsch?	ja
– Sind Voreinstellungen möglich? (büro- oder projektspezifisch; ggf. Anzahl der Merkmale)	ja

Branchenspezifische Hardware:

Drucker:

– Hersteller	keine Angabe
– Typenbezeichnung	–
– Druckprinzip	–
– Druckgeschwindigkeit (Max.)	–
– Druckgeschwindigkeit bei Schönschrift	–
– Geräuschpegel	–
– Preis	–

Plotter:

– Hersteller	entfällt
– Typenbezeichnung	–
– DIN-Format	–
– Ansteuerbar durch Software	–
– Technik	–
– Preis	–

Software-Pflege:

– Kosten pro Monat?	0,8%
– Kosten von Programmanpassungen?	nach Aufwand
– Aufbau in selbständigen Programmteilen („Modulen")?	ja

Schulung:

– Ort	beim Anwender
– Dauer	lt. Vereinbarung
– Kosten	700,– DM bis 900,– DM

Kundendienst:

– Zahl der Kundendienststellen für Hardware	je nach Hardware-Anbieter
– Zahl der Kundendienststellen für Software	12
– Reaktionszeit Hardware	je nach Hardware-Anbieter
– Reaktionszeit Software	sofort
– Telefondienst („Hot-Line")	ja
– Stundenlohn	keine Angabe
– Nacht-/Feiertagszuschläge	keine Angabe
– Anfahrtspauschale	keine Angabe

Hardware

Ein Hinweis zu den Mehrplatzsystemen:

Sehen Sie nicht allein auf den Preis. Beurteilen Sie darüberhinaus die Leistungsfähigkeit. Ein erster Hinweis darauf ist die Zahl der anschließbaren Arbeitsplätze

Anbieter:	**Apple Computer GmbH** **Ingolstädter Straße 20** **8000 München 45** **Tel. 089/35034-0**
Hardware-Gesamtpreis: (Zentraleinheit mit Bildschirm und Tastatur; ohne MwSt.)	7807,02 DM
Typenbezeichnung:	Macintosh SE
– Prozessortyp	MC 68000
– Taktgeschwindigkeit	7,8336 MHz Systemtakt
– Prozessorarchitektur	32 Bit (internes Datenformat)
– Busarchitektur	16 Bit
Name des Betriebssystems:	Macintosh Operating System
Ausbaufähigkeit des Rechners:	
– Arbeitsspeicher (in Kilo-Byte, KB oder Mega-Byte, MB)	von 1 MB bis 4 MB
– Anzahl der Disketten-laufwerke	2
– Diskettendurchmesser (in Zoll)	3,5
– Speichervolumen der Disketten (KB/MB)	800 KB
– Anzahl der Plattenlaufwerke	1 (optional)
– Art der Platten (Fest- oder Wechselplatte)	Festplatte
– Speichervolumen der Platten	20 MB bis 80 MB
– Anschluß einer Magnetband-kassette zur Datensicherung (Streamtertape- oder Cartridge-Lösung)	ja
– Zahl der freien Steck-kartenplätze	1
– Anschlußmöglichkeit für weitere Peripheriegeräte	ja
– Zahl der parallelen Schnitt-stellen	–
– Zahl der seriellen Schnitt-stellen	2

– ist ein Netzwerk installierbar?	ja
– Bezeichnung	Apple Talk
– Art der Kabelverbindung	zweiadriges Kabel
– Kosten für die Verbindung der ersten 2 Arbeitsplätze	circa 100,– DM/Arbeitsplatz

Möglichkeiten zur Fernkommunikation:

– Fähigkeit zum Telex/Teletex	ja
– FTZ-Nummer	A 301 200 U, mit Lampenmodul
– Datenfernverarbeitung mit entfernt stehenden Systemen	ja (Terminalemulation)

Sicherung der gespeicherten Daten:

– durchschnittliche Kopierzeit pro Diskette (mit Sicherungsprogramm von der vollen Platte herunter)	800 KB in 1 Minute
– durchschnittliche Kopierzeit mit Magnetbandkassette (von der vollen Platte herunter)	circa 20 Minuten

Bildschirm:

– Darstellungsfarbe	schwarzweiß
– Bildschirmdurchmesser (in Zoll)	9
– schwenkbar/kippbar	nein
– Auflösung in Bildpunkten	512 × 342
– Bildfrequenz (Halbbilder pro Sekunde)	60 Hz
– Höhe der Zeichen (mm)	verschieden, ab 1 mm

Anbieter:	**ATARI Corp. (Deutschland) GmbH Frankfurter Straße 89 – 91 6096 Raunheim**
Hardware-Gesamtpreis: (Zentraleinheit mit Bildschirm und Tastatur; ohne MwSt.)	ab 2628,07 DM
Typenbezeichnung:	1040 STF
– Prozessortyp	Motorola 68000
– Taktgeschwindigkeit	8 MHz
– Prozessorarchitektur	16/32 Bit
– Busarchitektur	16 Bit
Name des Betriebssystems:	TOS
Ausbaufähigkeit des Rechners:	
– Arbeitsspeicher (in Kilo-Byte, KB oder Mega-Byte, MB)	1 MB bis 2 MB
– Anzahl der Disketten-laufwerke	1 intern, 1 extern
– Diskettendurchmesser (in Zoll)	3,5
– Speichervolumen der Disketten (KB/MB)	720 KB (360 KB)
– Anzahl der Plattenlaufwerke	1
– Art der Platten (Fest- oder Wechselplatte)	Festplatte
– Speichervolumen der Platten	20 MB
– Anschluß einer Magnetband-kassette zur Datensicherung (Streamtertape- oder Cartridge-Lösung)	nein
– Zahl der freien Steck-kartenplätze	keine
– Anschlußmöglichkeit für weitere Peripheriegeräte	ja
– Zahl der parallelen Schnitt-stellen	1
– Zahl der seriellen Schnitt-stellen	1

– ist ein Netzwerk installierbar?	verschiedene Lösungen (Zubehörhandel)
– Bezeichnung	–
– Art der Kabelverbindung	–
– Kosten für die Verbindung der ersten 2 Arbeitsplätze	–

Möglichkeiten zur Fernkommunikation:

– Fähigkeit zum Telex/Teletex	ja
– FTZ-Nummer	A 302 238 V
– Datenfernverarbeitung mit entfernt stehenden Systemen	ja (asynchron)

Sicherung der gespeicherten Daten:

– durchschnittliche Kopierzeit pro Diskette (mit Sicherungsprogramm von der vollen Platte herunter)	720 KB in circa 3 Min.
– durchschnittliche Kopierzeit mit Magnetbandkassette (von der vollen Platte herunter)	–

Bildschirm:

– Darstellungsfarbe	schwarzweiß
– Bildschirmdurchmesser (in Zoll)	12
– schwenkbar/kippbar	nein
– Auflösung in Bildpunkten	640 × 400
– Bildfrequenz (Halbbilder pro Sekunde)	71,2 Hz
– Höhe der Zeichen (mm)	ab circa 3 mm beliebig darstellbar, je nach Software

Anbieter:	**BULL AG** **Theodor-Heuss-Straße 60 – 66** **5000 Köln 90 (Porz-Eil)** **Tel. 02203/305-0**
Hardware-Gesamtpreis: (Zentraleinheit mit Bildschirm und Tastatur; ohne MwSt.)	keine Angabe
Typenbezeichnung:	BULL MICRAL 40
– Prozessortyp	INTEL 80286
– Taktgeschwindigkeit	8 oder 6 MHz (umschaltbar)
– Prozessorarchitektur	keine Angabe
– Busarchitektur	keine Angabe
Name des Betriebssystems:	MS-DOS, PROLOGUE, XENIX
Ausbaufähigkeit des Rechners:	
– Arbeitsspeicher (in Kilo-Byte, KB oder Mega-Byte, MB)	von 640 KB bis 1,640 MB
– Anzahl der Diskettenlaufwerke	1
– Diskettendurchmesser (in Zoll)	$5^1/_4$
– Speichervolumen der Disketten (KB/MB)	1,2 MB
– Anzahl der Plattenlaufwerke	1
– Art der Platten (Fest- oder Wechselplatte)	Festplatte
– Speichervolumen der Platten	20 MB
– Anschluß einer Magnetbandkassette zur Datensicherung (Streamtertape- oder Cartridge-Lösung)	ja (Streamterape mit 20 MB)
– Zahl der freien Steckkartenplätze	keine Angabe
– Anschlußmöglichkeit für weitere Peripheriegeräte	ja
– Zahl der parallelen Schnittstellen	1
– Zahl der seriellen Schnittstellen	2

– ist ein Netzwerk installierbar?	ja
– Bezeichnung	MICRAL-NET A/B
– Art der Kabelverbindung	TWISTED-PAIR, KOAXIAL-Kabel, Glasfaser-Kabel
– Kosten für die Verbindung der ersten 2 Arbeitsplätze	circa 500,– DM

Möglichkeiten zur Fernkommunikation:

– Fähigkeit zum Telex/Teletex	ja
– FTZ-Nummer	ja
– Datenfernverarbeitung mit entfernt stehenden Systemen	ja

Sicherung der gespeicherten Daten:

– durchschnittliche Kopierzeit pro Diskette (mit Sicherungsprogramm von der vollen Platte herunter)	–
– durchschnittliche Kopierzeit mit Magnetbandkassette (von der vollen Platte herunter)	20 MB in 20 Min.

Bildschirm:

– Darstellungsfarbe	bernstein, grün
– Bildschirmdurchmesser (in Zoll)	14
– schwenkbar/kippbar	ja
– Auflösung in Bildpunkten	720 × 350
– Bildfrequenz (Halbbilder pro Sekunde)	60 Hz
– Höhe der Zeichen (mm)	keine Angabe

Anbieter:	**Canon Rechner Deutschland GmbH Postfach 8033 München-Martinsried Tel. 089/85 70 01-0**
Hardware-Gesamtpreis: (Zentraleinheit mit Bildschirm und Tastatur; ohne MwSt.)	3320,– DM
Typenbezeichnung:	A-200II
– Prozessortyp	8086
– Taktgeschwindigkeit	7,159 oder 4,77 MHz
– Prozessorarchitektur	keine Angabe
– Busarchitektur	keine Angabe
Name des Betriebssystems:	MS-DOS 2.11
Ausbaufähigkeit des Rechners:	
– Arbeitsspeicher (in Kilo-Byte, KB oder Mega-Byte, MB)	von 256 KB bis 640 KB
– Anzahl der Diskettenlaufwerke	2
– Diskettendurchmesser (in Zoll)	5¼
– Speichervolumen der Disketten (KB/MB)	360 KB
– Anzahl der Plattenlaufwerke	1
– Art der Platten (Fest- oder Wechselplatte)	Festplatte
– Speichervolumen der Platten	20 MB
– Anschluß einer Magnetbandkassette zur Datensicherung (Streamtertape- oder Cartridge-Lösung)	nein
– Zahl der freien Steckkartenplätze	5
– Anschlußmöglichkeit für weitere Peripheriegeräte	ja
– Zahl der parallelen Schnittstellen	1
– Zahl der seriellen Schnittstellen	1

– ist ein Netzwerk installierbar?	ja
– Bezeichnung	Fremdsoftware
– Art der Kabelverbindung	keine Angabe
– Kosten für die Verbindung der ersten 2 Arbeitsplätze	keine Angabe

Möglichkeiten zur Fernkommunikation:

– Fähigkeit zum Telex/Teletex	ja
– FTZ-Nummer	ja
– Datenfernverarbeitung mit entfernt stehenden Systemen	ja

Sicherung der gespeicherten Daten:

– durchschnittliche Kopierzeit pro Diskette (mit Sicherungsprogramm von der vollen Platte herunter)	keine Angabe
– durchschnittliche Kopierzeit mit Magnetbandkassette (von der vollen Platte herunter)	–

Bildschirm:

– Darstellungsfarbe	monochrom oder farbig
– Bildschirmdurchmesser (in Zoll)	12 bzw. 14
– schwenkbar/kippbar	ja
– Auflösung in Bildpunkten	320 × 200 bzw. 640 × 200
– Bildfrequenz (Halbbilder pro Sekunde)	keine Angabe
– Höhe der Zeichen (mm)	keine Angabe

Anbieter:	**Commodore Büromaschinen GmbH Lyoner Straße 38 6000 Frankfurt 71 Tel. 069/6638-0**
Hardware-Gesamtpreis: (Zentraleinheit mit Bildschirm und Tastatur; ohne MwSt.)	keine Angabe
Typenbezeichnung:	PC 40/40 AT
– Prozessortyp	80286
– Taktgeschwindigkeit	10 MHz oder 6 MHz
– Prozessorarchitektur	keine Angabe
– Busarchitektur	keine Angabe
Name des Betriebssystems:	MS-DOS 3.2
Ausbaufähigkeit des Rechners:	
– Arbeitsspeicher (in Kilo-Byte, KB oder Mega-Byte, MB)	von 1024 KB bis 16384 KB
– Anzahl der Diskettenlaufwerke	1
– Diskettendurchmesser (in Zoll)	5¼
– Speichervolumen der Disketten (KB/MB)	1,2 MB
– Anzahl der Plattenlaufwerke	1
– Art der Platten (Fest- oder Wechselplatte)	Festplatte
– Speichervolumen der Platten	40 MB formatiert
– Anschluß einer Magnetbandkassette zur Datensicherung (Streamtertape- oder Cartridge-Lösung)	ja
– Zahl der freien Steckkartenplätze	6
– Anschlußmöglichkeit für weitere Peripheriegeräte	ja
– Zahl der parallelen Schnittstellen	1
– Zahl der seriellen Schnittstellen	1

– ist ein Netzwerk installierbar?	ja
– Bezeichnung	verschiedene, z. B. Novell-Netze
– Art der Kabelverbindung	keine Angabe
– Kosten für die Verbindung der ersten 2 Arbeitsplätze	keine Angabe

Möglichkeiten zur Fernkommunikation:

– Fähigkeit zum Telex/Teletex	über Modem, Teletexbox
– FTZ-Nummer	04362 D
– Datenfernverarbeitung mit entfernt stehenden Systemen	ja

Sicherung der gespeicherten Daten:

– durchschnittliche Kopierzeit pro Diskette (mit Sicherungsprogramm von der vollen Platte herunter)	keine Angabe
– durchschnittliche Kopierzeit mit Magnetbandkassette (von der vollen Platte herunter)	keine Angabe

Bildschirm:

– Darstellungsfarbe	monochrom
– Bildschirmdurchmesser (in Zoll)	14
– schwenkbar/kippbar	ja
– Auflösung in Bildpunkten	738 × 384
– Bildfrequenz (Halbbilder pro Sekunde)	50 – 60 Vollbilder
– Höhe der Zeichen (mm)	keine Angabe

Anbieter:	**CPT Text-Computer GmbH Kölner Straße 35 5000 Köln 90 Tel. 02203/102-0**
Hardware-Gesamtpreis: (Zentraleinheit mit Bildschirm und Tastatur; ohne MwSt.)	15980,– DM
Typenbezeichnung:	PHOENIX MEGA
– Prozessortyp	INTEL 80286
– Taktgeschwindigkeit	8 MHz
– Prozessorarchitektur	keine Angabe
– Busarchitektur	keine Angabe
Name des Betriebssystems:	MS-DOS 3.2 + CPT-eigenes
Ausbaufähigkeit des Rechners:	
– Arbeitsspeicher (in Kilo-Byte, KB oder Mega-Byte, MB)	bis 1 MB
– Anzahl der Diskettenlaufwerke	2
– Diskettendurchmesser (in Zoll)	5¼ und 3½
– Speichervolumen der Disketten (KB/MB)	1,2 MB und 720 KB im DOS-Format 632 KB im CPT-Format
– Anzahl der Plattenlaufwerke	1
– Art der Platten (Fest- oder Wechselplatte)	Festplatte
– Speichervolumen der Platten	20 MB oder 40 MB
– Anschluß einer Magnetbandkassette zur Datensicherung (Streamtertape- oder Cartridge-Lösung)	ja (Streamer mit 20 MB)
– Zahl der freien Steckkartenplätze	6 AT-Kompatible und 2 XT-Kompatible
– Anschlußmöglichkeit für weitere Peripheriegeräte	ja
– Zahl der parallelen Schnittstellen	1
– Zahl der seriellen Schnittstellen	1

– ist ein Netzwerk installierbar?	ja
– Bezeichnung	VIANET, NOVELLNET, ODS (Beispiele)
– Art der Kabelverbindung	zweiadriges Kabel
– Kosten für die Verbindung der ersten 2 Arbeitsplätze	3450,– DM

Möglichkeiten zur Fernkommunikation:

– Fähigkeit zum Telex/Teletex	ja
– FTZ-Nummer	nein
– Datenfernverarbeitung mit entfernt stehenden Systemen	ja

Sicherung der gespeicherten Daten:

– durchschnittliche Kopierzeit pro Diskette (mit Sicherungsprogramm von der vollen Platte herunter)	keine Angabe
– durchschnittliche Kopierzeit mit Magnetbandkassette (von der vollen Platte herunter)	keine Angabe

Bildschirm:

– Darstellungsfarbe	schwarzweiß
– Bildschirmdurchmesser (in Zoll)	14
– schwenkbar/kippbar	ja
– Auflösung in Bildpunkten	1440 × 1296
– Bildfrequenz (Halbbilder pro Sekunde)	75 Hz
– Höhe der Zeichen (mm)	2,8 mm

Anbieter:	**CTM Computertechnik Müller GmbH Max-Stromeyer-Straße 37 7750 Konstanz Tel. 07531/802-0**
Hardware-Gesamtpreis: (Zentraleinheit mit Bildschirm und Tastatur; ohne MwSt.)	keine Angabe
Typenbezeichnung:	
– Prozessortyp	MC 68000
– Taktgeschwindigkeit	keine Angabe
– Prozessorarchitektur	32 Bit
– Busarchitektur	16 Bit
Name des Betriebssystems:	CTM ITOS, MS-DOS
Ausbaufähigkeit des Rechners:	
– Arbeitsspeicher (in Kilo-Byte, KB oder Mega-Byte, MB)	von 1 MB bis 3 MB
– Anzahl der Disketten-laufwerke	bis zu 3
– Diskettendurchmesser (in Zoll)	5¼ oder 8
– Speichervolumen der Disketten (KB/MB)	1,2 MB (formatiert)
– Anzahl der Plattenlaufwerke	bis zu 3
– Art der Platten (Fest- oder Wechselplatte)	Festplatten
– Speichervolumen der Platten	von 20 bis 150 MB
– Anschluß einer Magnetband-kassette zur Datensicherung (Streamtertape- oder Cartridge-Lösung)	ja (Streamer mit 45 MB, 60 oder 150 MB
– Zahl der freien Steck-kartenplätze	4
– Anschlußmöglichkeit für weitere Peripheriegeräte	ja
– Zahl der parallelen Schnitt-stellen	3
– Zahl der seriellen Schnitt-stellen	3

– ist ein Netzwerk installierbar?	
– Bezeichnung	CTM Multinet
– Art der Kabelverbindung	zweiadriges Kabel, abgesichert
– Kosten für die Verbindung der ersten 2 Arbeitsplätze	keine Angabe

Möglichkeiten zur Fernkommunikation:

– Fähigkeit zum Telex/Teletex	ja
– FTZ-Nummer	ja
– Datenfernverarbeitung mit entfernt stehenden Systemen	ja

Sicherung der gespeicherten Daten:

– durchschnittliche Kopierzeit pro Diskette (mit Sicherungsprogramm von der vollen Platte herunter)	keine Angabe
– durchschnittliche Kopierzeit mit Magnetbandkassette (von der vollen Platte herunter)	45 MB in 11 Min.

Bildschirm:

– Darstellungsfarbe	grün oder schwarzweiß
– Bildschirmdurchmesser (in Zoll)	12
– schwenkbar/kippbar	ja
– Auflösung in Bildpunkten	400 × 800
– Bildfrequenz (Halbbilder pro Sekunde)	75 Hz
– Höhe der Zeichen (mm)	3,5 mm

Anbieter:	**Hewlett-Packard GmbH** **Hewlett-Packard-Straße** **6380 Bad Homburg** **Tel. 06172/400-0**
Hardware-Gesamtpreis: (Zentraleinheit mit Bildschirm und Tastatur; ohne MwSt.)	ab circa 8800,– DM
Typenbezeichnung:	keine Angabe
– Prozessortyp	Intel 80286
– Taktgeschwindigkeit	8 MHz
– Prozessorarchitektur	keine Angabe
– Busarchitektur	keine Angabe
Name des Betriebssystems:	MS-DOS 3.2
Ausbaufähigkeit des Rechners:	
– Arbeitsspeicher (in Kilo-Byte, KB oder Mega-Byte, MB)	von 256 KB bis 3,64 MB
– Anzahl der Diskettenlaufwerke	1 (2)
– Diskettendurchmesser (in Zoll)	5¼
– Speichervolumen der Disketten (KB/MB)	1,2 MB (360 KB)
– Anzahl der Plattenlaufwerke	1
– Art der Platten (Fest- oder Wechselplatte)	Festplatte
– Speichervolumen der Platten	20 MB oder 40 MB
– Anschluß einer Magnetbandkassette zur Datensicherung (Streamtertape- oder Cartridge-Lösung)	ja
– Zahl der freien Steckkartenplätze	7
– Anschlußmöglichkeit für weitere Peripheriegeräte	ja
– Zahl der parallelen Schnittstellen	1
– Zahl der seriellen Schnittstellen	1

– ist ein Netzwerk installierbar?	ja
– Bezeichnung	verschiedene (Drittanbieter)
– Art der Kabelverbindung	keine Angabe
– Kosten für die Verbindung der ersten 2 Arbeitsplätze	keine Angabe

Möglichkeiten zur Fernkommunikation:

– Fähigkeit zum Telex/Teletex	ja
– FTZ-Nummer	04647 D
– Datenfernverarbeitung mit entfernt stehenden Systemen	ja

Sicherung der gespeicherten Daten:

– durchschnittliche Kopierzeit pro Diskette (mit Sicherungsprogramm von der vollen Platte herunter)	1,2 MB in max. 2 Min.
– durchschnittliche Kopierzeit mit Magnetbandkassette (von der vollen Platte herunter)	1 MB in 2 Min.

Bildschirm:

– Darstellungsfarbe	monochrom oder farbig
– Bildschirmdurchmesser (in Zoll)	12 (bzw. 13)
– schwenkbar/kippbar	ja
– Auflösung in Bildpunkten	640 × 400 (bzw. 640 × 350)
– Bildfrequenz (Halbbilder pro Sekunde)	50 Hz (bzw. 60 Hz)
– Höhe der Zeichen (mm)	keine Angabe

Anbieter:	**IBM Deutschland GmbH** **Pascalstraße 100** **7000 Stuttgart 80** **Tel. 0711/6695-428**
Hardware-Gesamtpreis: (Zentraleinheit mit Bildschirm und Tastatur; ohne MwSt.)	5479,– DM
Typenbezeichnung:	IBM Personal System/2, Modell 30
– Prozessortyp	8086
– Taktgeschwindigkeit	8 MHz
– Prozessorarchitektur	20 Bit Adreß
– Busarchitektur	16 Bit Daten
Name des Betriebssystems:	IBM Betriebssystem DOS 3.3
Ausbaufähigkeit des Rechners:	
– Arbeitsspeicher (in Kilo-Byte, KB oder Mega-Byte, MB)	von 640 KB bis 2,6 MB
– Anzahl der Diskettenlaufwerke	1
– Diskettendurchmesser (in Zoll)	3,5
– Speichervolumen der Disketten (KB/MB)	720 KB
– Anzahl der Plattenlaufwerke	1
– Art der Platten (Fest- oder Wechselplatte)	Festplatte
– Speichervolumen der Platten	20 MB
– Anschluß einer Magnetbandkassette zur Datensicherung (Streamtertape- oder Cartridge-Lösung)	keine Angabe
– Zahl der freien Steckkartenplätze	3
– Anschlußmöglichkeit für weitere Peripheriegeräte	ja
– Zahl der parallelen Schnittstellen	1
– Zahl der seriellen Schnittstellen	1

– ist ein Netzwerk installierbar?	ja
– Bezeichnung	IBM Netzwerk
– Art der Kabelverbindung	z. B. Basisband Twinax, Breitband Koax oder Token Ring Verkabelungssystem
– Kosten für die Verbindung der ersten 2 Arbeitsplätze	keine Angabe

Möglichkeiten zur Fernkommunikation:

– Fähigkeit zum Telex/Teletex	ja
– FTZ-Nummer	A 302020V
– Datenfernverarbeitung mit entfernt stehenden Systemen	ja

Sicherung der gespeicherten Daten:

– durchschnittliche Kopierzeit pro Diskette (mit Sicherungsprogramm von der vollen Platte herunter)	720 KB in knapp 1 Minute
– durchschnittliche Kopierzeit mit Magnetbandkassette (von der vollen Platte herunter)	keine Angabe

Bildschirm:

– Darstellungsfarbe	schwarzweiß
– Bildschirmdurchmesser (in Zoll)	12
– schwenkbar/kippbar	ja
– Auflösung in Bildpunkten	720 × 400 (bzw. 640 × 480)
– Bildfrequenz (Halbbilder pro Sekunde)	60 Hz bis 70 Hz
– Höhe der Zeichen (mm)	keine Angabe

Anbieter:	**ICL Deutschland GmbH** **Marienstraße 10** **8500 Nürnberg 1** **Tel. 0911/2001-0**
Hardware-Gesamtpreis: (Zentraleinheit mit Bildschirm und Tastatur; ohne MwSt.)	11570,– DM
Typenbezeichnung:	DRS PWS
– Prozessortyp	Intel 80286
– Taktgeschwindigkeit	8 MHz
– Prozessorarchitektur	16 Bit
– Busarchitektur	vgl. IBM AT/XT
Name des Betriebssystems:	MS-DOS 4.0
Ausbaufähigkeit des Rechners:	
– Arbeitsspeicher (in Kilo-Byte, KB oder Mega-Byte, MB)	von 1 MB bis 4 MB
– Anzahl der Diskettenlaufwerke	3 (max.)
– Diskettendurchmesser (in Zoll)	5¼ oder 3½
– Speichervolumen der Disketten (KB/MB)	360 KB bzw. 1,2 MB bzw. 720 KB
– Anzahl der Plattenlaufwerke	2 (max.)
– Art der Platten (Fest- oder Wechselplatte)	Festplatten
– Speichervolumen der Platten	20 MB oder 45 MB
– Anschluß einer Magnetbandkassette zur Datensicherung (Streamtertape- oder Cartridge-Lösung)	ja (Streamer mit 55 MB)
– Zahl der freien Steckkartenplätze	4 AT-Kompatible, 2 XT-Kompatible
– Anschlußmöglichkeit für weitere Peripheriegeräte	ja
– Zahl der parallelen Schnittstellen	1
– Zahl der seriellen Schnittstellen	1

– ist ein Netzwerk installierbar?	ja
– Bezeichnung	Microlan 2
– Art der Kabelverbindung	zweiadriges Kabel
– Kosten für die Verbindung der ersten 2 Arbeitsplätze	2200,– DM

Möglichkeiten zur Fernkommunikation:

– Fähigkeit zum Telex/Teletex	ja
– FTZ-Nummer	C-195/87
– Datenfernverarbeitung mit entfernt stehenden Systemen	ja

Sicherung der gespeicherten Daten:

– durchschnittliche Kopierzeit pro Diskette (mit Sicherungsprogramm von der vollen Platte herunter)	–
– durchschnittliche Kopierzeit mit Magnetbandkassette (von der vollen Platte herunter)	5 MB in 1 Minute

Bildschirm:

– Darstellungsfarbe	farbig
– Bildschirmdurchmesser (in Zoll)	14
– schwenkbar/kippbar	ja
– Auflösung in Bildpunkten	640 × 400
– Bildfrequenz (Halbbilder pro Sekunde)	70,1 Hz
– Höhe der Zeichen (mm)	keine Angabe

Anbieter:	**Logical Machine Deutschland GmbH Frankfurter Straße 462 5000 Köln 90 Tel. 02203/28081**
Hardware-Gesamtpreis: (Zentraleinheit mit Bildschirm und Tastatur; ohne MwSt.)	keine Angabe
Typenbezeichnung:	LOMAC 1117
– Prozessortyp	80286
– Taktgeschwindigkeit	6/10 MHz
– Prozessorarchitektur	16 Bit
– Busarchitektur	IBM-Bus
Name des Betriebssystems:	MS-DOS 3.2 und DIPLOMAT
Ausbaufähigkeit des Rechners:	
– Arbeitsspeicher (in Kilo-Byte, KB oder Mega-Byte, MB)	von 512 KB bis 640 KB
– Anzahl der Diskettenlaufwerke	1
– Diskettendurchmesser (in Zoll)	$5^1/_4$
– Speichervolumen der Disketten (KB/MB)	1,2 MB oder 360 KB
– Anzahl der Plattenlaufwerke	1
– Art der Platten (Fest- oder Wechselplatte)	Festplatte
– Speichervolumen der Platten	20 MB
– Anschluß einer Magnetbandkassette zur Datensicherung (Streamtertape- oder Cartridge-Lösung)	ja
– Zahl der freien Steckkartenplätze	4
– Anschlußmöglichkeit für weitere Peripheriegeräte	ja
– Zahl der parallelen Schnittstellen	2
– Zahl der seriellen Schnittstellen	1

– ist ein Netzwerk installierbar?	ja
– Bezeichnung	DIPLOMAT mit bis zu 24 Arbeitsplätzen
– Art der Kabelverbindung	dreiadriges Datenkabel 24 V
– Kosten für die Verbindung der ersten 2 Arbeitsplätze	nach Aufwand

Möglichkeiten zur Fernkommunikation:

– Fähigkeit zum Telex/Teletex	ja
– FTZ-Nummer	02786 D (DeTeWe-Box)
– Datenfernverarbeitung mit entfernt stehenden Systemen	ja

Sicherung der gespeicherten Daten:

– durchschnittliche Kopierzeit pro Diskette (mit Sicherungsprogramm von der vollen Platte herunter)	360 KB in 0,5 Min.
– durchschnittliche Kopierzeit mit Magnetbandkassette (von der vollen Platte herunter)	5 MB in 1 Minute

Bildschirm:

– Darstellungsfarbe	bernstein
– Bildschirmdurchmesser (in Zoll)	14
– schwenkbar/kippbar	ja
– Auflösung in Bildpunkten	720 × 348
– Bildfrequenz (Halbbilder pro Sekunde)	60 Hz
– Höhe der Zeichen (mm)	5

Anbieter:	**M.A.I. Deutschland GmbH** **Hahnstraße 31–35** **6000 Frankfurt 71** **Tel. 069/6691-0**
Hardware-Gesamtpreis: (Zentraleinheit mit Bildschirm und Tastatur; ohne MwSt.)	ab 7546,– DM
Typenbezeichnung:	DS-520
– Prozessortyp	Intel 8088
– Taktgeschwindigkeit	4.77 MHz
– Prozessorarchitektur	keine Angabe
– Busarchitektur	Systembus
Name des Betriebssystems:	MS-DOS 3.1
Ausbaufähigkeit des Rechners:	
– Arbeitsspeicher (in Kilo-Byte, KB oder Mega-Byte, MB)	256 KB bis 768 KB
– Anzahl der Diskettenlaufwerke	1
– Diskettendurchmesser (in Zoll)	5¼
– Speichervolumen der Disketten (KB/MB)	360 KB
– Anzahl der Plattenlaufwerke	1
– Art der Platten (Fest- oder Wechselplatte)	Festplatte
– Speichervolumen der Platten	20 MB
– Anschluß einer Magnetbandkassette zur Datensicherung (Streamtertape- oder Cartridge-Lösung)	nein
– Zahl der freien Steckkartenplätze	2
– Anschlußmöglichkeit für weitere Peripheriegeräte	ja
– Zahl der parallelen Schnittstellen	1
– Zahl der seriellen Schnittstellen	2

– ist ein Netzwerk installierbar?	ja, von Drittanbietern
– Bezeichnung	keine Angabe
– Art der Kabelverbindung	keine Angabe
– Kosten für die Verbindung der ersten 2 Arbeitsplätze	keine Angabe

Möglichkeiten zur Fernkommunikation:

– Fähigkeit zum Telex/Teletex	ja, von Drittanbietern
– FTZ-Nummer	C-096/86
– Datenfernverarbeitung mit entfernt stehenden Systemen	ja, von Drittanbietern

Sicherung der gespeicherten Daten:

– durchschnittliche Kopierzeit pro Diskette (mit Sicherungsprogramm von der vollen Platte herunter)	360 KB in 5 Min.
– durchschnittliche Kopierzeit mit Magnetbandkassette (von der vollen Platte herunter)	–

Bildschirm:

– Darstellungsfarbe	grün (oder auch farbig)
– Bildschirmdurchmesser (in Zoll)	14
– schwenkbar/kippbar	ja
– Auflösung in Bildpunkten	720 × 350
– Bildfrequenz (Halbbilder pro Sekunde)	50 Hz
– Höhe der Zeichen (mm)	keine Angabe

Anbieter:	**Philips Kommunikations Industrie AG** **Weidenauer Straße 211 – 213** **5900 Siegen** **Tel. 0271/404-0**
Hardware-Gesamtpreis: (Zentraleinheit mit Bildschirm und Tastatur; ohne MwSt.)	ab 4680,– DM
Typenbezeichnung:	keine Angabe
– Prozessortyp	8088
– Taktgeschwindigkeit	4,77 MHz
– Prozessorarchitektur	keine Angabe
– Busarchitektur	XT-Bus
Name des Betriebssystems:	MS-DOS 3.1
Ausbaufähigkeit des Rechners:	
– Arbeitsspeicher (in Kilo-Byte, KB oder Mega-Byte, MB)	640 KB bis 1 MB
– Anzahl der Disketten-laufwerke	1
– Diskettendurchmesser (in Zoll)	5¼
– Speichervolumen der Disketten (KB/MB)	360 KB
– Anzahl der Plattenlaufwerke	1
– Art der Platten (Fest- oder Wechselplatte)	Festplatte
– Speichervolumen der Platten	20 MB
– Anschluß einer Magnetband-kassette zur Datensicherung (Streamtertape- oder Cartridge-Lösung)	ja (20 MB)
– Zahl der freien Steck-kartenplätze	5
– Anschlußmöglichkeit für weitere Peripheriegeräte	ja
– Zahl der parallelen Schnitt-stellen	2
– Zahl der seriellen Schnitt-stellen	2

– ist ein Netzwerk installierbar?	ja
– Bezeichnung	Novell NetWare
– Art der Kabelverbindung	Koaxialkabel, 75 Ω
– Kosten für die Verbindung der ersten 2 Arbeitsplätze	7100,– DM

Möglichkeiten zur Fernkommunikation:

– Fähigkeit zum Telex/Teletex	ja
– FTZ-Nummer	03873 D
– Datenfernverarbeitung mit entfernt stehenden Systemen	ja (verschiedene Terminalemulationen)

Sicherung der gespeicherten Daten:

– durchschnittliche Kopierzeit pro Diskette (mit Sicherungsprogramm von der vollen Platte herunter)	250 Kilobit pro Sekunde
– durchschnittliche Kopierzeit mit Magnetbandkassette (von der vollen Platte herunter)	45 MB in 9 Min.

Bildschirm:

– Darstellungsfarbe	grün
– Bildschirmdurchmesser (in Zoll)	12
– schwenkbar/kippbar	ja
– Auflösung in Bildpunkten	640 × 200 (bzw. 400)
– Bildfrequenz (Halbbilder pro Sekunde)	60 Hz
– Höhe der Zeichen (mm)	keine Angabe

Anbieter:	**Schneider Rundfunkwerke AG** **Silvastraße 1** **8939 Türkheim** **Tel. 08245/51-0**
Hardware-Gesamtpreis: (Zentraleinheit mit Bildschirm und Tastatur; ohne MwSt.)	2999,– DM
Typenbezeichnung:	PC 1512 (MM, HD20)
– Prozessortyp	Intel 8086
– Taktgeschwindigkeit	8 MHz
– Prozessorarchitektur	16 Bit
– Busarchitektur	8/16 Bit
Name des Betriebssystems:	MS-DOS 3.2, DOS Plus mit GEM
Ausbaufähigkeit des Rechners:	
– Arbeitsspeicher (in Kilo-Byte, KB oder Mega-Byte, MB)	512 KB bis 640 KB
– Anzahl der Disketten-laufwerke	1
– Diskettendurchmesser (in Zoll)	$5^1/_4$
– Speichervolumen der Disketten (KB/MB)	360 KB
– Anzahl der Plattenlaufwerke	1
– Art der Platten (Fest- oder Wechselplatte)	Festplatte
– Speichervolumen der Platten	20 MB
– Anschluß einer Magnetband-kassette zur Datensicherung (Streamtertape- oder Cartridge-Lösung)	optional
– Zahl der freien Steck-kartenplätze	3
– Anschlußmöglichkeit für weitere Peripheriegeräte	ja
– Zahl der parallelen Schnitt-stellen	1
– Zahl der seriellen Schnitt-stellen	1

– ist ein Netzwerk installierbar?	ja (von Drittanbietern)
– Bezeichnung	keine Angabe
– Art der Kabelverbindung	keine Angabe
– Kosten für die Verbindung der ersten 2 Arbeitsplätze	keine Angabe

Möglichkeiten zur Fernkommunikation:

– Fähigkeit zum Telex/Teletex	ja
– FTZ-Nummer	ja
– Datenfernverarbeitung mit entfernt stehenden Systemen	ja

Sicherung der gespeicherten Daten:

– durchschnittliche Kopierzeit pro Diskette (mit Sicherungsprogramm von der vollen Platte herunter)	keine Angabe
– durchschnittliche Kopierzeit mit Magnetbandkassette (von der vollen Platte herunter)	keine Angabe

Bildschirm:

– Darstellungsfarbe	schwarzweiß
– Bildschirmdurchmesser (in Zoll)	13
– schwenkbar/kippbar	ja
– Auflösung in Bildpunkten	640 × 200
– Bildfrequenz (Halbbilder pro Sekunde)	60 Hz
– Höhe der Zeichen (mm)	6

Anbieter:	**Tandon** **Wächtersbacher Straße 59 – 61** **6000 Frankfurt 61** **Tel. 069/4209930**
Hardware-Gesamtpreis:	5697,37 DM
(Zentraleinheit mit Bildschirm und Tastatur; ohne MwSt.)	
Typenbezeichnung:	PCA 20
– Prozessortyp	Intel 80286
– Taktgeschwindigkeit	6/8 MHz schaltbar
– Prozessorarchitektur	16 Bit
– Busarchitektur	6 Bit
Name des Betriebssystems:	MS-DOS
Ausbaufähigkeit des Rechners:	
– Arbeitsspeicher (in Kilo-Byte, KB oder Mega-Byte, MB)	von 1 MB bis 16 MB
– Anzahl der Diskettenlaufwerke	1
– Diskettendurchmesser (in Zoll)	5¼″
– Speichervolumen der Disketten (KB/MB)	1,2 MB
– Anzahl der Plattenlaufwerke	1
– Art der Platten (Fest- oder Wechselplatte)	Festplatte
– Speichervolumen der Platten	20 MB
– Anschluß einer Magnetbandkassette zur Datensicherung (Streamtertape- oder Cartridge-Lösung)	möglich
– Zahl der freien Steckkartenplätze	6
– Anschlußmöglichkeit für weitere Peripheriegeräte	ja
– Zahl der parallelen Schnittstellen	1
– Zahl der seriellen Schnittstellen	1

– ist ein Netzwerk installierbar?	ja
– Bezeichnung	Novell
– Art der Kabelverbindung	keine Angabe
– Kosten für die Verbindung der ersten 2 Arbeitsplätze	keine Angabe

Möglichkeiten zur Fernkommunikation:

– Fähigkeit zum Telex/Teletex	ja
– FTZ-Nummer	A 301078 U
– Datenfernverarbeitung mit entfernt stehenden Systemen	möglich

Sicherung der gespeicherten Daten:

– durchschnittliche Kopierzeit pro Diskette (mit Sicherungsprogramm von der vollen Platte herunter)	1,2 MB in rund 90 Sekunden
– durchschnittliche Kopierzeit mit Magnetbandkassette (von der vollen Platte herunter)	(Genoa-Streamer)

Bildschirm:

– Darstellungsfarbe	grün oder bernstein
– Bildschirmdurchmesser (in Zoll)	14
– schwenkbar/kippbar	ja
– Auflösung in Bildpunkten	720 × 348
– Bildfrequenz (Halbbilder pro Sekunde)	keine Angabe
– Höhe der Zeichen (mm)	abhängig vom Zeichensatz

Anbieter:	**Toshiba Europa (I. E.) GmbH** **Hammer Landstraße 115** **4040 Neuß 1** **Tel. 02101/1580**
Hardware-Gesamtpreis: (Zentraleinheit mit Bildschirm und Tastatur; ohne MwSt.)	9980,– DM
Typenbezeichnung:	T 3100 (tragbares Modell)
– Prozessortyp	80286-2
– Taktgeschwindigkeit	8 MHz
– Prozessorarchitektur	keine Angabe
– Busarchitektur	keine Angabe
Name des Betriebssystems:	MS-DOS 3.2
Ausbaufähigkeit des Rechners:	
– Arbeitsspeicher (in Kilo-Byte, KB oder Mega-Byte, MB)	von 640 KB bis 2,6 MB
– Anzahl der Diskettenlaufwerke	1
– Diskettendurchmesser (in Zoll)	3,5″
– Speichervolumen der Disketten (KB/MB)	
– Anzahl der Plattenlaufwerke	1
– Art der Platten (Fest- oder Wechselplatte)	Festplatte
– Speichervolumen der Platten	20 MB
– Anschluß einer Magnetbandkassette zur Datensicherung (Streamtertape- oder Cartridge-Lösung)	ja
– Zahl der freien Steckkartenplätze	über Erweiterungsbox 5
– Anschlußmöglichkeit für weitere Peripheriegeräte	ja
– Zahl der parallelen Schnittstellen	1
– Zahl der seriellen Schnittstellen	1

– ist ein Netzwerk installierbar?	
– Bezeichnung	Novell (Token Ring) o. a.
– Art der Kabelverbindung	je nach Netz
– Kosten für die Verbindung der ersten 2 Arbeitsplätze	300,– DM bis 25000,– DM

Möglichkeiten zur Fernkommunikation:

– Fähigkeit zum Telex/Teletex	ja
– FTZ-Nummer	ZA 301167 U
– Datenfernverarbeitung mit entfernt stehenden Systemen	ja

Sicherung der gespeicherten Daten:

– durchschnittliche Kopierzeit pro Diskette (mit Sicherungsprogramm von der vollen Platte herunter)	keine Angabe
– durchschnittliche Kopierzeit mit Magnetbandkassette (von der vollen Platte herunter)	keine Angabe

Bildschirm:

– Darstellungsfarbe	rot-orange (Plasmabildschirm)
– Bildschirmdurchmesser (in Zoll)	9,5
– schwenkbar/kippbar	kippbar, superflach
– Auflösung in Bildpunkten	320 × 200
– Bildfrequenz (Halbbilder pro Sekunde)	keine Angabe
– Höhe der Zeichen (mm)	0,58 mm

Anbieter:	**Unisys Deutschland GmbH** **Finkenweg** **6231 Sulzbach/Taunus** **Tel. 06196/700-0**
Hardware-Gesamtpreis: (Zentraleinheit mit Bildschirm und Tastatur; ohne MwSt.)	8330,– DM
Typenbezeichnung:	PC Mikro IT
– Prozessortyp	Intel 80286
– Taktgeschwindigkeit	8 MHz ohne Leertakt
– Prozessorarchitektur	16 Bit intern / 16 Bit I/O-Bus
– Busarchitektur	3 × 16 Bit, 2× 8 Bit
Name des Betriebssystems:	MS-DOS 3.2, Xenix V (optional)
Ausbaufähigkeit des Rechners:	
– Arbeitsspeicher (in Kilo-Byte, KB oder Mega-Byte, MB)	von 512 KB bis 3,5 MB
– Anzahl der Diskettenlaufwerke	1
– Diskettendurchmesser (in Zoll)	5¼″
– Speichervolumen der Disketten (KB/MB)	1,2 MB oder 360 KB
– Anzahl der Plattenlaufwerke	1
– Art der Platten (Fest- oder Wechselplatte)	Festplatte
– Speichervolumen der Platten	20 MB
– Anschluß einer Magnetbandkassette zur Datensicherung (Streamtertape- oder Cartridge-Lösung)	ja
– Zahl der freien Steckkartenplätze	3
– Anschlußmöglichkeit für weitere Peripheriegeräte	ja
– Zahl der parallelen Schnittstellen	1
– Zahl der seriellen Schnittstellen	1

– ist ein Netzwerk installierbar?	ja
– Bezeichnung	Unisys Usernet
– Art der Kabelverbindung	zweiadriges oder Koaxialkabel
– Kosten für die Verbindung der ersten 2 Arbeitsplätze	18350,– DM

Möglichkeiten zur Fernkommunikation:

– Fähigkeit zum Telex/Teletex	ja
– FTZ-Nummer	03873 D
– Datenfernverarbeitung mit entfernt stehenden Systemen	ja (Unisys und IBM)

Sicherung der gespeicherten Daten:

– durchschnittliche Kopierzeit pro Diskette (mit Sicherungsprogramm von der vollen Platte herunter)	1,2 MB in 3 Min.
– durchschnittliche Kopierzeit mit Magnetbandkassette (von der vollen Platte herunter)	20 MB in 6 Min.

Bildschirm:

– Darstellungsfarbe	grün oder bernstein
– Bildschirmdurchmesser (in Zoll)	12 oder 14
– schwenkbar/kippbar	(optional)
– Auflösung in Bildpunkten	720 × 350
– Bildfrequenz (Halbbilder pro Sekunde)	50 Hz
– Höhe der Zeichen (mm)	4,23 mm

Anbieter:	**Zenith data systems GmbH** **Robert-Bosch-Straße 32 – 38** **6072 Dreieich-Sprendlingen** **Tel. 06103/3905-0**
Hardware-Gesamtpreis: (Zentraleinheit mit Bildschirm und Tastatur; ohne MwSt.)	ab 1453,51 DM
Typenbezeichnung:	2 CF-148-20
– Prozessortyp	Intel 8088
– Taktgeschwindigkeit	8 MHz oder 4,77 MHz
– Prozessorarchitektur	16 Bit
– Busarchitektur	8 Bit
Name des Betriebssystems:	MS-DOS 3.2
Ausbaufähigkeit des Rechners:	
– Arbeitsspeicher (in Kilo-Byte, KB oder Mega-Byte, MB)	512 KB bis 640 KB
– Anzahl der Diskettenlaufwerke	1
– Diskettendurchmesser (in Zoll)	5¼″
– Speichervolumen der Disketten (KB/MB)	360 KB
– Anzahl der Plattenlaufwerke	1
– Art der Platten (Fest- oder Wechselplatte)	Festplatte
– Speichervolumen der Platten	20 MB
– Anschluß einer Magnetbandkassette zur Datensicherung (Streamtertape- oder Cartridge-Lösung)	keine Angabe
– Zahl der freien Steckkartenplätze	1½
– Anschlußmöglichkeit für weitere Peripheriegeräte	ja
– Zahl der parallelen Schnittstellen	1
– Zahl der seriellen Schnittstellen	1

– ist ein Netzwerk installierbar?	ja
– Bezeichnung	3COM
– Art der Kabelverbindung	keine Angabe
– Kosten für die Verbindung der ersten 2 Arbeitsplätze	keine Angabe

Möglichkeiten zur Fernkommunikation:

– Fähigkeit zum Telex/Teletex	ja
– FTZ-Nummer	nein
– Datenfernverarbeitung mit entfernt stehenden Systemen	ja

Sicherung der gespeicherten Daten:

– durchschnittliche Kopierzeit pro Diskette (mit Sicherungsprogramm von der vollen Platte herunter)	10 – 13 Minuten für 20 MB Platte
– durchschnittliche Kopierzeit mit Magnetbandkassette (von der vollen Platte herunter)	–

Bildschirm:

– Darstellungsfarbe	bernstein oder grün
– Bildschirmdurchmesser (in Zoll)	12
– schwenkbar/kippbar	optional
– Auflösung in Bildpunkten	640 × 200
– Bildfrequenz (Halbbilder pro Sekunde)	50 Hz
– Höhe der Zeichen (mm)	keine Angabe

Anbieter:	**Bull AG** **Theodor-Heuss-Straße 60 – 65** **5000 Köln 90 (Porz-Eil)** **Tel. 0 22 03/30 50**
Hardware-Gesamtpreis:	circa 50 000,– DM
für Einstiegskonfiguration (Zentraleinheit, 2 Bildschirmarbeitsplätze; ohne MwSt.)	
Typenbezeichnung:	Bull Questar 700
– Prozessortyp	Motorola MC 68020
– Prozessorarchitektur	32 Bit
Name des Betriebssystems:	Spix 30/DSX (basierend auf Unix V.2.2)
– ist das Betriebssystem echt mehrplatzfähig (d. h. mehrere Benutzer gleichzeitig können jeweils mehrere Aufgaben auf dem System laufen lassen)?	ja
Ausbaufähigkeit des Rechners:	
– Arbeitsspeicher (in Kilo-Byte, KB oder Mega-Byte, MB)	von 4 MB bis 8 MB
– maximale Anzahl der Bildschirmarbeitsplätze	32
– Anzahl der Drucker (zusätzlich zu maximaler Zahl der Bildschirme)	32
– Anzahl der Diskettenlaufwerke	1
– Diskettendurchmesser (in Zoll)	5¼
– Speichervolumen der Disketten (KB/MB)	1,2 MB
– Anzahl der Plattenlaufwerke	3 (max.)
– Art der Platten (Fest- oder Wechselplatte)	Festplatten
– Speichervolumen der Platten	70 MB oder 190 MB
– Anschluß einer Magnetbandkassette zur Datensicherung (Streamertape- oder Cartridge-Lösung)	ja (Cartridge-Streamer)

Ein Hinweis zu den Mehrplatzsystemen:

Sehen Sie nicht allein auf den Preis. Beurteilen Sie darüberhinaus die Leistungsfähigkeit. Ein erster Hinweis darauf ist die Zahl der anschließbaren Arbeitsplätze

– Anschlußmöglichkeit für weitere Peripheriegeräte	ja
– Zahl der parallelen Schnittstellen	0
– Zahl der seriellen Schnittstellen	bis 32 DÜ-Leitungen (V.24)

Möglichkeiten zur Fernkommunikation:

– Fähigkeit zum Telex/Teletex	ja
– FTZ-Nummer	vorhanden
– Datenfernverarbeitung mit entfernt stehenden Systemen	ja (XLS)
– Anschluß an lokale Netzwerke	ja (Ethernet)

Sicherung der gespeicherten Daten:

– durchschnittliche Kopierzeit mit Magnetbandstation (von der vollen Platte herunter)	60 MB in 15 Min.

Bildschirm(e):

– Darstellungsfarbe	schwarzweiß, bernstein, grün
– Bildschirmdurchmesser (in Zoll)	12 oder 14
– schwenkbar/kippbar	ja
– Auflösung in Bildpunkten	350 × 800
– Bildfrequenz (Halbbilder pro Sekunde)	70 Hz (Vollbild)
– Höhe der Zeichen (mm)	4,2 mm oder 6,8 mm

Anbieter:	**CPT Textcomputer GmbH Kölner Straße 35 5000 Köln 90 Tel. 02203/103-0**
Hardware-Gesamtpreis:	16500,– DM
für Einstiegskonfiguration (Zentraleinheit, 2 Bildschirm-arbeitsplätze; ohne MwSt.)	
Typenbezeichnung:	Phoenix Grafik
– Prozessortyp	Intel-8086
– Prozessorarchitektur	keine Angabe
Name des Betriebssystems:	CPT-eigen
– ist das Betriebssystem echt mehrplatzfähig (d. h. mehrere Benutzer gleichzeitig können jeweils mehrere Aufgaben auf dem System laufen lassen)?	ja
Ausbaufähigkeit des Rechners:	
– Arbeitsspeicher (in Kilo-Byte, KB oder Mega-Byte, MB)	512 KB
– maximale Anzahl der Bildschirmarbeitsplätze	4
– Anzahl der Drucker (zusätzlich zu maximaler Zahl der Bildschirme)	2
– Anzahl der Diskettenlaufwerke	2
– Diskettendurchmesser (in Zoll)	8
– Speichervolumen der Disketten (KB/MB)	1,2 MB oder 300 KB
– Anzahl der Plattenlaufwerke	1
– Art der Platten (Fest- oder Wechselplatte)	Festplatte
– Speichervolumen der Platten	30 MB
– Anschluß einer Magnetbandkassette zur Datensicherung (Streamertape- oder Cartridge-Lösung)	nein

– Anschlußmöglichkeit für weitere Peripheriegeräte	ja
– Zahl der parallelen Schnittstellen	2
– Zahl der seriellen Schnittstellen	2

Möglichkeiten zur Fernkommunikation:

– Fähigkeit zum Telex/Teletex	ja
– FTZ-Nummer	A 505 066 U
– Datenfernverarbeitung mit entfernt stehenden Systemen	ja
– Anschluß an lokale Netzwerke	ja

Sicherung der gespeicherten Daten:

– durchschnittliche Kopierzeit mit Magnetbandstation (von der vollen Platte herunter)	keine Angabe

Bildschirm(e):

– Darstellungsfarbe	schwarzweiß
– Bildschirmdurchmesser (in Zoll)	(DIN A4-Bildsch.)
– schwenkbar/kippbar	ja
– Auflösung in Bildpunkten	768 × 1024
– Bildfrequenz (Halbbilder pro Sekunde)	60 – 80 Hz
– Höhe der Zeichen (mm)	3 mm

Anbieter:	**CTM Computertechnik Müller GmbH Max-Stromeyer-Straße 37 7750 Konstanz Tel. 07531/802-0**
Hardware-Gesamtpreis: für Einstiegskonfiguration (Zentraleinheit, 2 Bildschirmarbeitsplätze; ohne MwSt.)	keine Angabe
Typenbezeichnung:	
– Prozessortyp	MC 68.020
– Prozessorarchitektur	32 Bit
Name des Betriebssystems:	
– ist das Betriebssystem echt mehrplatzfähig (d. h. mehrere Benutzer gleichzeitig können jeweils mehrere Aufgaben auf dem System laufen lassen)?	ja
Ausbaufähigkeit des Rechners:	
– Arbeitsspeicher (in Kilo-Byte, KB oder Mega-Byte, MB)	von 1 MB bis 3 MB
– maximale Anzahl der Bildschirmarbeitsplätze	15
– Anzahl der Drucker (zusätzlich zu maximaler Zahl der Bildschirme)	pro Arbeitsplatz max. 2
– Anzahl der Diskettenlaufwerke	bis 3
– Diskettendurchmesser (in Zoll)	5¼ und 8
– Speichervolumen der Disketten (KB/MB)	1,2 MB (formatiert)
– Anzahl der Plattenlaufwerke	bis zu 3
– Art der Platten (Fest- oder Wechselplatte)	Festplatten
– Speichervolumen der Platten	20 MB bis 300 MB
– Anschluß einer Magnetbandkassette zur Datensicherung (Streamertape- oder Cartridge-Lösung)	ja (Streamertape mit 45 MB bis 150 MB)

– Anschlußmöglichkeit für weitere Peripheriegeräte	ja
– Zahl der parallelen Schnittstellen	3
– Zahl der seriellen Schnittstellen	3

Möglichkeiten zur Fernkommunikation:

– Fähigkeit zum Telex/Teletex	ja
– FTZ-Nummer	ja
– Datenfernverarbeitung mit entfernt stehenden Systemen	ja
– Anschluß an lokale Netzwerke	ja

Sicherung der gespeicherten Daten:

– durchschnittliche Kopierzeit mit Magnetbandstation (von der vollen Platte herunter)	45 MB in 11 Min.

Bildschirm(e):

– Darstellungsfarbe	grün oder schwarzweiß
– Bildschirmdurchmesser (in Zoll)	12
– schwenkbar/kippbar	ja
– Auflösung in Bildpunkten	400 × 800
– Bildfrequenz (Halbbilder pro Sekunde)	75 Hz
– Höhe der Zeichen (mm)	3,5 mm

Anbieter:	**Fortune Systems GmbH** **Frankfurter Straße 63 – 69** **6236 Eschborn** **Tel. 06196/47005**
Hardware-Gesamtpreis: für Einstiegskonfiguration (Zentraleinheit, 2 Bildschirmarbeitsplätze; ohne MwSt.)	19900,– DM
Typenbezeichnung:	PS 20
– Prozessortyp	MC 68000
– Prozessorarchitektur	32 Bit intern, 16 Bit extern
Name des Betriebssystems:	FOR: PRO, UNIX
– ist das Betriebssystem echt mehrplatzfähig (d. h. mehrere Benutzer gleichzeitig können jeweils mehrere Aufgaben auf dem System laufen lassen)?	ja
Ausbaufähigkeit des Rechners:	
– Arbeitsspeicher (in Kilo-Byte, KB oder Mega-Byte, MB)	bis 512 KB
– maximale Anzahl der Bildschirmarbeitsplätze	16 (max. 24 V.24-Anschlüsse)
– Anzahl der Drucker (zusätzlich zu maximaler Zahl der Bildschirme)	8 (max. 24 V.24-Anschlüsse)
– Anzahl der Diskettenlaufwerke	1
– Diskettendurchmesser (in Zoll)	5¼
– Speichervolumen der Disketten (KB/MB)	800 KB
– Anzahl der Plattenlaufwerke	3 (max.)
– Art der Platten (Fest- oder Wechselplatte)	Festplatten
– Speichervolumen der Platten	20 MB bis 145 MB
– Anschluß einer Magnetbandkassette zur Datensicherung (Streamertape- oder Cartridge-Lösung)	ja (mit 20 MB oder 60 MB)

– Anschlußmöglichkeit für weitere Peripheriegeräte	ja
– Zahl der parallelen Schnittstellen	keine Angabe
– Zahl der seriellen Schnittstellen	max. 24 V.24-Anschlüsse

Möglichkeiten zur Fernkommunikation:

– Fähigkeit zum Telex/Teletex	ja
– FTZ-Nummer	03099 D
– Datenfernverarbeitung mit entfernt stehenden Systemen	ja
– Anschluß an lokale Netzwerke	ja

Sicherung der gespeicherten Daten:

– durchschnittliche Kopierzeit mit Magnetbandstation (von der vollen Platte herunter)	keine Angabe

Bildschirm(e):

– Darstellungsfarbe	bernstein oder grün
– Bildschirmdurchmesser (in Zoll)	14
– schwenkbar/kippbar	ja
– Auflösung in Bildpunkten	14 × 10 pro Zeichen
– Bildfrequenz (Halbbilder pro Sekunde)	60 Hz oder 72 Hz
– Höhe der Zeichen (mm)	nach DIN 66234/T1

Anbieter:	**Hewlett-Packard GmbH** **Hewlett-Packard-Straße** **6380 Bad Homburg** **Tel. 06172/400-0**
Hardware-Gesamtpreis:	keine Angabe
für Einstiegskonfiguration (Zentraleinheit, 2 Bildschirm-arbeitsplätze; ohne MwSt.)	
Typenbezeichnung:	HP 9000, Serie 300, Modell 310
– Prozessortyp	MC 68010
– Prozessorarchitektur	32 Bit
Name des Betriebssystems:	HP-UX
– ist das Betriebssystem echt mehrplatzfähig (d. h. mehrere Benutzer gleichzeitig können jeweils mehrere Aufgaben auf dem System laufen lassen)?	ja
Ausbaufähigkeit des Rechners:	
– Arbeitsspeicher (in Kilo-Byte, KB oder Mega-Byte, MB)	von 1 MB bis 7,5 MB
– maximale Anzahl der Bildschirmarbeitsplätze	16 (empfohlener Praxiswert)
– Anzahl der Drucker (zusätzlich zu maximaler Zahl der Bildschirme)	unbegrenzt
– Anzahl der Diskettenlaufwerke	unbegrenzt
– Diskettendurchmesser (in Zoll)	$3^1/_2$, $5^1/_4$
– Speichervolumen der Disketten (KB/MB)	270 KB bis 788 KB
– Anzahl der Plattenlaufwerke	unbegrenzt
– Art der Platten (Fest- oder Wechselplatte)	Fest- und Wechselplatten
– Speichervolumen der Platten	bis 571 MB
– Anschluß einer Magnetbandkassette zur Datensicherung (Streamertape- oder Cartridge-Lösung)	ja

– Anschlußmöglichkeit für weitere Peripheriegeräte	ja
– Zahl der parallelen Schnittstellen	beliebig (mit Expanderboxen)
– Zahl der seriellen Schnittstellen	beliebig (mit Expanderboxen)

Möglichkeiten zur Fernkommunikation:

– Fähigkeit zum Telex/Teletex	keine Angabe
– FTZ-Nummer	C-165/85
– Datenfernverarbeitung mit entfernt stehenden Systemen	ja (X.25 über 233.4)
– Anschluß an lokale Netzwerke	ja

Sicherung der gespeicherten Daten:

– durchschnittliche Kopierzeit mit Magnetbandstation (von der vollen Platte herunter)	keine Angabe

Bildschirm(e):

– Darstellungsfarbe	grün, bernstein, schwarzweiß oder farbig
– Bildschirmdurchmesser (in Zoll)	12, 16, 17, 19
– schwenkbar/kippbar	ja (nicht bei 19 Zoll)
– Auflösung in Bildpunkten	512 × 400 (bis 1280 × 1024)
– Bildfrequenz (Halbbilder pro Sekunde)	60 Hz
– Höhe der Zeichen (mm)	keine Angabe

Anbieter:	**IBM Deutschland GmbH** **Pascalstraße 100** **7000 Stuttgart 80** **Tel. 0711/6695-428**
Hardware-Gesamtpreis:	26700,– DM
für Einstiegskonfiguration (Zentraleinheit, 2 Bildschirmarbeitsplätze; ohne MwSt.)	
Typenbezeichnung:	IBM /36
– Prozessortyp	IBM 5364
– Prozessorarchitektur	IBM S/36
Name des Betriebssystems:	SSP
– ist das Betriebssystem echt mehrplatzfähig (d. h. mehrere Benutzer gleichzeitig können jeweils mehrere Aufgaben auf dem System laufen lassen)?	ja
Ausbaufähigkeit des Rechners:	
– Arbeitsspeicher (in Kilo-Byte, KB oder Mega-Byte, MB)	von 256 KB bis 1024 KB
– maximale Anzahl der Bildschirmarbeitsplätze	16 lokal, 64 über DFV
– Anzahl der Drucker (zusätzlich zu maximaler Zahl der Bildschirme)	Bildschirme + Drucker beliebig kombinierbar
– Anzahl der Diskettenlaufwerke	1
– Diskettendurchmesser (in Zoll)	$5^1/_4$
– Speichervolumen der Disketten (KB/MB)	1,2 MB
– Anzahl der Plattenlaufwerke	1 oder 2
– Art der Platten (Fest- oder Wechselplatte)	Festplatten
– Speichervolumen der Platten	40 – 130 MB
– Anschluß einer Magnetbandkassette zur Datensicherung (Streamertape- oder Cartridge-Lösung)	ja

– Anschlußmöglichkeit für weitere Peripheriegeräte	ja
– Zahl der parallelen Schnittstellen	1
– Zahl der seriellen Schnittstellen	1

Möglichkeiten zur Fernkommunikation:

– Fähigkeit zum Telex/Teletex	ja
– FTZ-Nummer	FTZ 04585D
– Datenfernverarbeitung mit entfernt stehenden Systemen	ja
– Anschluß an lokale Netzwerke	ja

Sicherung der gespeicherten Daten:

– durchschnittliche Kopierzeit mit Magnetbandstation (von der vollen Platte herunter)	3 MB in 1 Minute

Bildschirm(e):

– Darstellungsfarbe	aus 7 Farben wählbar
– Bildschirmdurchmesser (in Zoll)	14
– schwenkbar/kippbar	ja
– Auflösung in Bildpunkten	720 × 400 (bis 1188 × 504)
– Bildfrequenz (Halbbilder pro Sekunde)	60 bis 64,75 Bilder/sek.
– Höhe der Zeichen (mm)	2,6 bis 3,7 mm

Anbieter:	**ICL International Computers GmbH** **Marienstraße 10** **8500 Nürnberg 10** **Tel. 0911/2001-0**
Hardware-Gesamtpreis:	21800,– DM
für Einstiegskonfiguration (Zentraleinheit, 2 Bildschirmarbeitsplätze; ohne MwSt.)	
Typenbezeichnung:	DRS 300
– Prozessortyp	Intel 80286/80287
– Prozessorarchitektur	32 Bit intern, 16 Bit extern
Name des Betriebssystems:	CDOS 5.1, DRS NX (Unix 5.2)
– ist das Betriebssystem echt mehrplatzfähig (d. h. mehrere Benutzer gleichzeitig können jeweils mehrere Aufgaben auf dem System laufen lassen)?	ja
Ausbaufähigkeit des Rechners:	
– Arbeitsspeicher (in Kilo-Byte, KB oder Mega-Byte, MB)	von 1 MB bis 8 MB
– maximale Anzahl der Bildschirmarbeitsplätze	8, über Netzwerk mehr
– Anzahl der Drucker (zusätzlich zu maximaler Zahl der Bildschirme)	9
– Anzahl der Diskettenlaufwerke	1
– Diskettendurchmesser (in Zoll)	5¼
– Speichervolumen der Disketten (KB/MB)	760 KB
– Anzahl der Plattenlaufwerke	max. 7
– Art der Platten (Fest- oder Wechselplatte)	Festplatten
– Speichervolumen der Platten	45 MB bis 90 MB
– Anschluß einer Magnetbandkassette zur Datensicherung (Streamertape- oder Cartridge-Lösung)	ja (45 MB)

– Anschlußmöglichkeit für weitere Peripheriegeräte	ja
– Zahl der parallelen Schnittstellen	4
– Zahl der seriellen Schnittstellen	4

Möglichkeiten zur Fernkommunikation:

– Fähigkeit zum Telex/Teletex	Teletex
– FTZ-Nummer	vorhanden
– Datenfernverarbeitung mit entfernt stehenden Systemen	ja (mit ICL, IBM, Siemens, DEC)
– Anschluß an lokale Netzwerke	ja

Sicherung der gespeicherten Daten:

– durchschnittliche Kopierzeit mit Magnetbandstation (von der vollen Platte herunter)	45 MB in 20 Min.

Bildschirm(e):

– Darstellungsfarbe	8 Farben möglich
– Bildschirmdurchmesser (in Zoll)	14
– schwenkbar/kippbar	ja
– Auflösung in Bildpunkten	640 × 400
– Bildfrequenz (Halbbilder pro Sekunde)	60 Hz
– Höhe der Zeichen (mm)	keine Angabe

Anbieter:	**Logical Machine Deutschland GmbH Frankfurter Straße 462 5000 Köln 90 Tel. 02203/28081-86**
Hardware-Gesamtpreis:	auf Anfrage
für Einstiegskonfiguration (Zentraleinheit, 2 Bildschirmarbeitsplätze; ohne MwSt.)	
Typenbezeichnung:	LOMAC 2221
– Prozessortyp	80286
– Prozessorarchitektur	16 Bit
Name des Betriebssystems:	Diplomat
– ist das Betriebssystem echt mehrplatzfähig (d. h. mehrere Benutzer gleichzeitig können jeweils mehrere Aufgaben auf dem System laufen lassen)?	ja
Ausbaufähigkeit des Rechners:	
– Arbeitsspeicher (in Kilo-Byte, KB oder Mega-Byte, MB)	von 512 KB bis 640 KB
– maximale Anzahl der Bildschirmarbeitsplätze	4
– Anzahl der Drucker (zusätzlich zu maximaler Zahl der Bildschirme)	4
– Anzahl der Diskettenlaufwerke	1
– Diskettendurchmesser (in Zoll)	$5^1/_4$
– Speichervolumen der Disketten (KB/MB)	1,2 MB oder 360 KB
– Anzahl der Plattenlaufwerke	1
– Art der Platten (Fest- oder Wechselplatte)	Festplatte
– Speichervolumen der Platten	40 MB
– Anschluß einer Magnetbandkassette zur Datensicherung (Streamertape- oder Cartridge-Lösung)	ja

– Anschlußmöglichkeit für weitere Peripheriegeräte	
– Zahl der parallelen Schnittstellen	2
– Zahl der seriellen Schnittstellen	1

Möglichkeiten zur Fernkommunikation:

– Fähigkeit zum Telex/Teletex	ja
– FTZ-Nummer	mit DeTeWe-Box 02876D
– Datenfernverarbeitung mit entfernt stehenden Systemen	ja
– Anschluß an lokale Netzwerke	ja

Sicherung der gespeicherten Daten:

– durchschnittliche Kopierzeit mit Magnetbandstation (von der vollen Platte herunter)	5 MB in 1 Minute

Bildschirm(e):

– Darstellungsfarbe	bernstein
– Bildschirmdurchmesser (in Zoll)	14
– schwenkbar/kippbar	ja
– Auflösung in Bildpunkten	720 × 348
– Bildfrequenz (Halbbilder pro Sekunde)	60 Hz
– Höhe der Zeichen (mm)	5

Anbieter:	**M.A.I. Deutschland GmbH** **Hahnstraße 31 – 35** **6000 Frankfurt 71** **Tel. 069/6691-0**
Hardware-Gesamtpreis:	14867,– DM
für Einstiegskonfiguration (Zentraleinheit, 2 Bildschirm-arbeitsplätze; ohne MwSt.)	
Typenbezeichnung:	MAI 1500
– Prozessortyp	Intel 80286
– Prozessorarchitektur	32 Bit intern, 16 Bit extern
Name des Betriebssystems:	BOSS/IX
– ist das Betriebssystem echt mehrplatzfähig (d. h. mehrere Benutzer gleichzeitig können jeweils mehrere Aufgaben auf dem System laufen lassen)?	ja
Ausbaufähigkeit des Rechners:	
– Arbeitsspeicher (in Kilo-Byte, KB oder Mega-Byte, MB)	bis 640 KB
– maximale Anzahl der Bildschirmarbeitsplätze	6
– Anzahl der Drucker (zusätzlich zu maximaler Zahl der Bildschirme)	2
– Anzahl der Diskettenlaufwerke	1
– Diskettendurchmesser (in Zoll)	5¼
– Speichervolumen der Disketten (KB/MB)	360 KB oder 1,2 MB
– Anzahl der Plattenlaufwerke	1
– Art der Platten (Fest- oder Wechselplatte)	Festplatte
– Speichervolumen der Platten	20 MB
– Anschluß einer Magnetbandkassette zur Datensicherung (Streamertape- oder Cartridge-Lösung)	ja

– Anschlußmöglichkeit für weitere Peripheriegeräte	ja
– Zahl der parallelen Schnittstellen	1
– Zahl der seriellen Schnittstellen	5

Möglichkeiten zur Fernkommunikation:

– Fähigkeit zum Telex/Teletex	ja, nicht von MAI erhältlich
– FTZ-Nummer	C-335/86
– Datenfernverarbeitung mit entfernt stehenden Systemen	nein
– Anschluß an lokale Netzwerke	nein

Sicherung der gespeicherten Daten:

– durchschnittliche Kopierzeit mit Magnetbandstation (von der vollen Platte herunter)	keine Angabe

Bildschirm(e):

– Darstellungsfarbe	grün oder farbig
– Bildschirmdurchmesser (in Zoll)	14
– schwenkbar/kippbar	ja
– Auflösung in Bildpunkten	720 × 350
– Bildfrequenz (Halbbilder pro Sekunde)	50 Hz
– Höhe der Zeichen (mm)	keine Angabe

Anbieter:	**Mannesmann Kienzle GmbH** **Heinrich-Hertz-Straße** **7730 Villingen-Schwenningen** **Tel. 07721/67-1**
Hardware-Gesamtpreis:	35300,– DM
für Einstiegskonfiguration (Zentraleinheit, 2 Bildschirmarbeitsplätze; ohne MwSt.)	
Typenbezeichnung:	Kienzle MCS 9145
– Prozessortyp	Kienzle 16-Bit-Rechner
– Prozessorarchitektur	16 Bit
Name des Betriebssystems:	MTOS
– ist das Betriebssystem echt mehrplatzfähig (d. h. mehrere Benutzer gleichzeitig können jeweils mehrere Aufgaben auf dem System laufen lassen)?	ja (mit File- u. Record-Locking)
Ausbaufähigkeit des Rechners:	
– Arbeitsspeicher (in Kilo-Byte, KB oder Mega-Byte, MB)	von 512 KB bis 4,096 MB
– maximale Anzahl der Bildschirmarbeitsplätze	50
– Anzahl der Drucker (zusätzlich zu maximaler Zahl der Bildschirme)	15
– Anzahl der Diskettenlaufwerke	1
– Diskettendurchmesser (in Zoll)	5¼ oder 8
– Speichervolumen der Disketten (KB/MB)	1,6 MB
– Anzahl der Plattenlaufwerke	2
– Art der Platten (Fest- oder Wechselplatte)	Festplatte
– Speichervolumen der Platten	bis 280 MB
– Anschluß einer Magnetbandkassette zur Datensicherung (Streamertape- oder Cartridge-Lösung)	ja

– Anschlußmöglichkeit für weitere Peripheriegeräte	ja
– Zahl der parallelen Schnittstellen	keine Angabe
– Zahl der seriellen Schnittstellen	65

Möglichkeiten zur Fernkommunikation:

– Fähigkeit zum Telex/Teletex	ja
– FTZ-Nummer	C-070/83; 0-2857/D
– Datenfernverarbeitung mit entfernt stehenden Systemen	ja
– Anschluß an lokale Netzwerke	ja (KIDAN)

Sicherung der gespeicherten Daten:

– durchschnittliche Kopierzeit mit Magnetbandstation (von der vollen Platte herunter)	5 MB in 1 Minute

Bildschirm(e):

– Darstellungsfarbe	grün
– Bildschirmdurchmesser (in Zoll)	12
– schwenkbar/kippbar	ja
– Auflösung in Bildpunkten	720 × 400
– Bildfrequenz (Halbbilder pro Sekunde)	60 Hz bis 70 Hz
– Höhe der Zeichen (mm)	3,2 mm

Anbieter:	**Nixdorf Computer AG** **Fürstenallee** **4790 Paderborn** **Tel. 05251/15-0**
Hardware-Gesamtpreis:	13437,– DM
für Einstiegskonfiguration (Zentraleinheit, 2 Bildschirm-arbeitsplätze; ohne MwSt.)	
Typenbezeichnung:	keine Angabe
– Prozessortyp	Intel 80286
– Prozessorarchitektur	
Name des Betriebssystems:	Xenix, Xenix V
– ist das Betriebssystem echt mehrplatzfähig (d. h. mehrere Benutzer gleichzeitig können jeweils mehrere Aufgaben auf dem System laufen lassen)?	keine Angabe
Ausbaufähigkeit des Rechners:	
– Arbeitsspeicher (in Kilo-Byte, KB oder Mega-Byte, MB)	von 640 KB bis 4 MB
– maximale Anzahl der Bildschirmarbeitsplätze	2
– Anzahl der Drucker (zusätzlich zu maximaler Zahl der Bildschirme)	2
– Anzahl der Diskettenlaufwerke	max. 4
– Diskettendurchmesser (in Zoll)	$5^1/_4$
– Speichervolumen der Disketten (KB/MB)	360 KB oder 1,2 MB
– Anzahl der Plattenlaufwerke	max. 2
– Art der Platten (Fest- oder Wechselplatte)	Festplatten
– Speichervolumen der Platten	32 MB bis 64 MB
– Anschluß einer Magnetbandkassette zur Datensicherung (Streamertape- oder Cartridge-Lösung)	ja

– Anschlußmöglichkeit für weitere Peripheriegeräte	ja
– Zahl der parallelen Schnittstellen	Centronics
– Zahl der seriellen Schnittstellen	V.24

Möglichkeiten zur Fernkommunikation:

– Fähigkeit zum Telex/Teletex	ja
– FTZ-Nummer	keine Angabe
– Datenfernverarbeitung mit entfernt stehenden Systemen	ja
– Anschluß an lokale Netzwerke	ja

Sicherung der gespeicherten Daten:

– durchschnittliche Kopierzeit mit Magnetbandstation (von der vollen Platte herunter)	20 MB in 8 Minuten

Bildschirm(e):

– Darstellungsfarbe	bernstein
– Bildschirmdurchmesser (in Zoll)	12, 14
– schwenkbar/kippbar	ja
– Auflösung in Bildpunkten	720 × 348
– Bildfrequenz (Halbbilder pro Sekunde)	50/60 Hz
– Höhe der Zeichen (mm)	keine Angabe

Anbieter:	**Deutsche Olivetti GmbH** **Lyoner Straße 34** **6000 Frankfurt 71** **Tel. 069/6692-1**
Hardware-Gesamtpreis:	27700,– DM
für Einstiegskonfiguration (Zentraleinheit, 2 Bildschirmarbeitsplätze; ohne MwSt.)	
Typenbezeichnung:	M 54
– Prozessortyp	Zilog Z8001B
– Prozessorarchitektur	16 Bit
Name des Betriebssystems:	MOS
– ist das Betriebssystem echt mehrplatzfähig (d. h. mehrere Benutzer gleichzeitig können jeweils mehrere Aufgaben auf dem System laufen lassen)?	ja
Ausbaufähigkeit des Rechners:	
– Arbeitsspeicher (in Kilo-Byte, KB oder Mega-Byte, MB)	von 2 MB bis 8 MB
– maximale Anzahl der Bildschirmarbeitsplätze	6
– Anzahl der Drucker (zusätzlich zu maximaler Zahl der Bildschirme)	1 Systemdrucker + diverse Arbeitsplatzdrucker
– Anzahl der Diskettenlaufwerke	1
– Diskettendurchmesser (in Zoll)	5¼
– Speichervolumen der Disketten (KB/MB)	1 MB
– Anzahl der Plattenlaufwerke	1
– Art der Platten (Fest- oder Wechselplatte)	Festplatte
– Speichervolumen der Platten	65 MB
– Anschluß einer Magnetbandkassette zur Datensicherung (Streamertape- oder Cartridge-Lösung)	ja (Streamertape mit 45 oder 60 MB)

– Anschlußmöglichkeit für weitere Peripheriegeräte	ja
– Zahl der parallelen Schnittstellen	1
– Zahl der seriellen Schnittstellen	bis 13

Möglichkeiten zur Fernkommunikation:

– Fähigkeit zum Telex/Teletex	ja
– FTZ-Nummer	03896D
– Datenfernverarbeitung mit entfernt stehenden Systemen	ja
– Anschluß an lokale Netzwerke	ja

Sicherung der gespeicherten Daten:

– durchschnittliche Kopierzeit mit Magnetbandstation (von der vollen Platte herunter)	40 MB in 7 Minuten

Bildschirm(e):

– Darstellungsfarbe	schwarzweiß
– Bildschirmdurchmesser (in Zoll)	15
– schwenkbar/kippbar	ja
– Auflösung in Bildpunkten	640 × 400
– Bildfrequenz (Halbbilder pro Sekunde)	60 Hz
– Höhe der Zeichen (mm)	3,3 mm

Anbieter:	**Philips Kommunikations Industrie AG 5900 Siegen Tel. 0271/404-0**
Hardware-Gesamtpreis: für Einstiegskonfiguration (Zentraleinheit, 2 Bildschirmarbeitsplätze; ohne MwSt.)	25000,– DM
Typenbezeichnung:	P 3800 – 061 KM
– Prozessortyp	IPAX 186
– Prozessorarchitektur	16 Bit
Name des Betriebssystems:	Turb Dos
– ist das Betriebssystem echt mehrplatzfähig (d. h. mehrere Benutzer gleichzeitig können jeweils mehrere Aufgaben auf dem System laufen lassen)?	ja
Ausbaufähigkeit des Rechners:	
– Arbeitsspeicher (in Kilo-Byte, KB oder Mega-Byte, MB)	1024 KB bis 4608 KB
– maximale Anzahl der Bildschirmarbeitsplätze	8
– Anzahl der Drucker (zusätzlich zu maximaler Zahl der Bildschirme)	10
– Anzahl der Diskettenlaufwerke	2
– Diskettendurchmesser (in Zoll)	5¼
– Speichervolumen der Disketten (KB/MB)	632 KB
– Anzahl der Plattenlaufwerke	2
– Art der Platten (Fest- oder Wechselplatte)	Festplatten
– Speichervolumen der Platten	20 MB bis 70 MB
– Anschluß einer Magnetbandkassette zur Datensicherung (Streamertape- oder Cartridge-Lösung)	ja (40 MB)

– Anschlußmöglichkeit für weitere Peripheriegeräte	ja
– Zahl der parallelen Schnittstellen	0
– Zahl der seriellen Schnittstellen	2 bis 20

Möglichkeiten zur Fernkommunikation:

– Fähigkeit zum Telex/Teletex	ja
– FTZ-Nummer	ja
– Datenfernverarbeitung mit entfernt stehenden Systemen	ja
– Anschluß an lokale Netzwerke	ja

Sicherung der gespeicherten Daten:

– durchschnittliche Kopierzeit mit Magnetbandstation (von der vollen Platte herunter)	20 MB in 10 Minuten

Bildschirm(e):

– Darstellungsfarbe	bernstein, schwarzweiß
– Bildschirmdurchmesser (in Zoll)	9; 15
– schwenkbar/kippbar	kippbar
– Auflösung in Bildpunkten	720 × 375; 720 × 400
– Bildfrequenz (Halbbilder pro Sekunde)	60 Hz; 70 Hz
– Höhe der Zeichen (mm)	4,5

Anbieter:	**Toshiba Europa (I. E.) GmbH** **Hammer Landstraße 115** **4040 Neuß 1** **Tel. 02101/1580**
Hardware-Gesamtpreis:	14000,– DM
für Einstiegskonfiguration (Zentraleinheit, 2 Bildschirmarbeitsplätze; ohne MwSt.)	
Typenbezeichnung:	T 3500
– Prozessortyp	80286
– Prozessorarchitektur	16 Bit
Name des Betriebssystems:	XENIX System V
– ist das Betriebssystem echt mehrplatzfähig (d. h. mehrere Benutzer gleichzeitig können jeweils mehrere Aufgaben auf dem System laufen lassen)?	ja
Ausbaufähigkeit des Rechners:	
– Arbeitsspeicher (in Kilo-Byte, KB oder Mega-Byte, MB)	von 512 KB bis 16 MB
– maximale Anzahl der Bildschirmarbeitsplätze	3
– Anzahl der Drucker (zusätzlich zu maximaler Zahl der Bildschirme)	2
– Anzahl der Diskettenlaufwerke	1
– Diskettendurchmesser (in Zoll)	5¼
– Speichervolumen der Disketten (KB/MB)	1,2 MB/360 KB
– Anzahl der Plattenlaufwerke	1
– Art der Platten (Fest- oder Wechselplatte)	Festplatte
– Speichervolumen der Platten	bis 68 MB
– Anschluß einer Magnetbandkassette zur Datensicherung (Streamertape- oder Cartridge-Lösung)	keine Angabe

– Anschlußmöglichkeit für weitere Peripheriegeräte	ja
– Zahl der parallelen Schnittstellen	2
– Zahl der seriellen Schnittstellen	2

Möglichkeiten zur Fernkommunikation:

– Fähigkeit zum Telex/Teletex	ja
– FTZ-Nummer	nein
– Datenfernverarbeitung mit entfernt stehenden Systemen	ja
– Anschluß an lokale Netzwerke	ja

Sicherung der gespeicherten Daten:

– durchschnittliche Kopierzeit mit Magnetbandstation (von der vollen Platte herunter)	keine Angabe

Bildschirm(e):

– Darstellungsfarbe	schwarzweiß
– Bildschirmdurchmesser (in Zoll)	12
– schwenkbar/kippbar	ja
– Auflösung in Bildpunkten	640 × 200
– Bildfrequenz (Halbbilder pro Sekunde)	keine Angabe
– Höhe der Zeichen (mm)	ca. 6 mm

Anbieter:	**Unisys Deutschland GmbH** **Finkenweg** **6231 Sulzbach/Taunus** **Tel. 06196/700-0**
Hardware-Gesamtpreis:	13920,– DM
für Einstiegskonfiguration (Zentraleinheit, 2 Bildschirm-arbeitsplätze; ohne MwSt.)	
Typenbezeichnung:	PC MIKRO IT
– Prozessortyp	Intel 80286
– Prozessorarchitektur	16 Bit
Name des Betriebssystems:	XENIX V
– ist das Betriebssystem echt mehrplatzfähig (d. h. mehrere Benutzer gleichzeitig können jeweils mehrere Aufgaben auf dem System laufen lassen)?	ja
Ausbaufähigkeit des Rechners:	
– Arbeitsspeicher (in Kilo-Byte, KB oder Mega-Byte, MB)	512 KB bis 3,5 MB
– maximale Anzahl der Bildschirmarbeitsplätze	5
– Anzahl der Drucker (zusätzlich zu maximaler Zahl der Bildschirme)	3
– Anzahl der Diskettenlaufwerke	1
– Diskettendurchmesser (in Zoll)	5¼
– Speichervolumen der Disketten (KB/MB)	1,2 MB / 360 KB
– Anzahl der Plattenlaufwerke	1
– Art der Platten (Fest- oder Wechselplatte)	Festplatte
– Speichervolumen der Platten	20 MB bis 40 MB
– Anschluß einer Magnetbandkassette zur Datensicherung (Streamertape- oder Cartridge-Lösung)	nein

– Anschlußmöglichkeit für weitere Peripheriegeräte	ja
– Zahl der parallelen Schnittstellen	1
– Zahl der seriellen Schnittstellen	1

Möglichkeiten zur Fernkommunikation:

– Fähigkeit zum Telex/Teletex	ja
– FTZ-Nummer	03873D; 03637 D; 03636 D
– Datenfernverarbeitung mit entfernt stehenden Systemen	ja (Unisys und IBM)
– Anschluß an lokale Netzwerke	ja (USERNET)

Sicherung der gespeicherten Daten:

– durchschnittliche Kopierzeit mit Magnetbandstation (von der vollen Platte herunter)	20 MB in 6 Minuten

Bildschirm(e):

– Darstellungsfarbe	grün oder bernstein
– Bildschirmdurchmesser (in Zoll)	12; 14
– schwenkbar/kippbar	optional
– Auflösung in Bildpunkten	720 × 350
– Bildfrequenz (Halbbilder pro Sekunde)	50 Hz
– Höhe der Zeichen (mm)	4,23 mm

Kapitel 6: „Die Checklisten."

Nr. 1, Selbsttest
Nr. 2, Eckdaten des Architekturbüros
Nr. 3, Arbeitsplatzanalyse
Nr. 4, Grundforderungen
Nr. 5, Preisspiegel
Nr. 6, Vorauswahl
Nr. 7, SoftwareCheck
Nr. 8, HardwareCheck
Nr. 9, Auswertung der Angebote
Nr. 10, Vergleich von Kosten und Nutzen
Nr. 11, Fragen zur Finanzierung/Abschreibung
Nr. 12, Fragen zum Vertrag

Sie können die Checklisten so durcharbeiten, wie es im folgenden Ablaufthema „So verwenden Sie die Checklisten", vorgeschlagen wird.

Für eilige Leser ist eine – allerdings weniger zuverlässige – Möglichkeit zur Auswahl vorgesehen.

So nützen Sie das EDV-CheckBuch.

Aktivität	Zweck	Zeitaufwand
(Kap. 1) "Die Erfahrung der Kollegen", Kapitel 1 lesen.	Zur Themeneinstimmung nützlich.	1 Stunde
(Kap. 1) Die Selbstanalyse durchführen, Kapitel 1.	Vermittelt Ihnen das Wissen um Ihren Standort.	0,5 bis 2 Std.
▽ (Kap. 2) "Was leistet ein Computer wirklich?", Kapitel 2 lesen.	Verschafft Ihnen den unbedingt notwendigen Überblick.	2 bis 3 Std.
▽ (Kap. 3) "So finden Sie das richtige Computersystem.", Kapitel 3 lesen.	Brauchen Sie für die angemessene Nutzung der Checklisten.	2 bis 3 Std.
(Kap. 4) "Das steckt hinter den neuen Techniken.", Kapitel 4 lesen.	Dient zur Einordnung eines Computersystems in die Techniklandschaft.	2 bis 3 Std.
▽ (Kap. 5) Mit den Anbietern Kontakt aufnehmen, dazu nutzen Sie "Die Marktdaten", Kapitel 5.	Jetzt treten Sie mit Ihrem EDV-Projekt in die "heiße" Phase!	5 bis 20 Std.
Sie können noch weitere Informationen von außerhalb einholen, zum Beispiel bei Ihrem Verband und Ihrer Kammer.	Zusätzliche Informationen geben Ihnen mehr Übersicht über die Möglichkeiten und Risiken.	
○ Bei großen Lösungen sollten Sie einen EDV-Berater hinzuziehen. Vergleichen Sie dazu die Ratschläge in Kapitel 3.	Beschleunigt die Auswahlentscheidung und verringert Ihr Risiko von Fehlentscheidungen.	5 bis 20 Std.
▽ ● (Kap. 6) Einsatz und Auswertung der Checklisten aus Kapitel 6.	Grundvoraussetzung für eine angemessene Entscheidung.	30 bis 60 Std. (bei Beratereinsatz ca. 1/4)

● Für Anwender in Zeitnot: Diese ▽ Schritte sind unbedingt erforderlich

So verwenden Sie die Checklisten.

Dieses Ablaufsystem zeigt die sinnvolle Reihenfolge der "Checklisten-Analyse" und gibt für den "Eiligen" eine noch mögliche (wenn auch weniger zuverlässige) Entscheidungsfindungsstrategie an (Gestrichelte Linie).

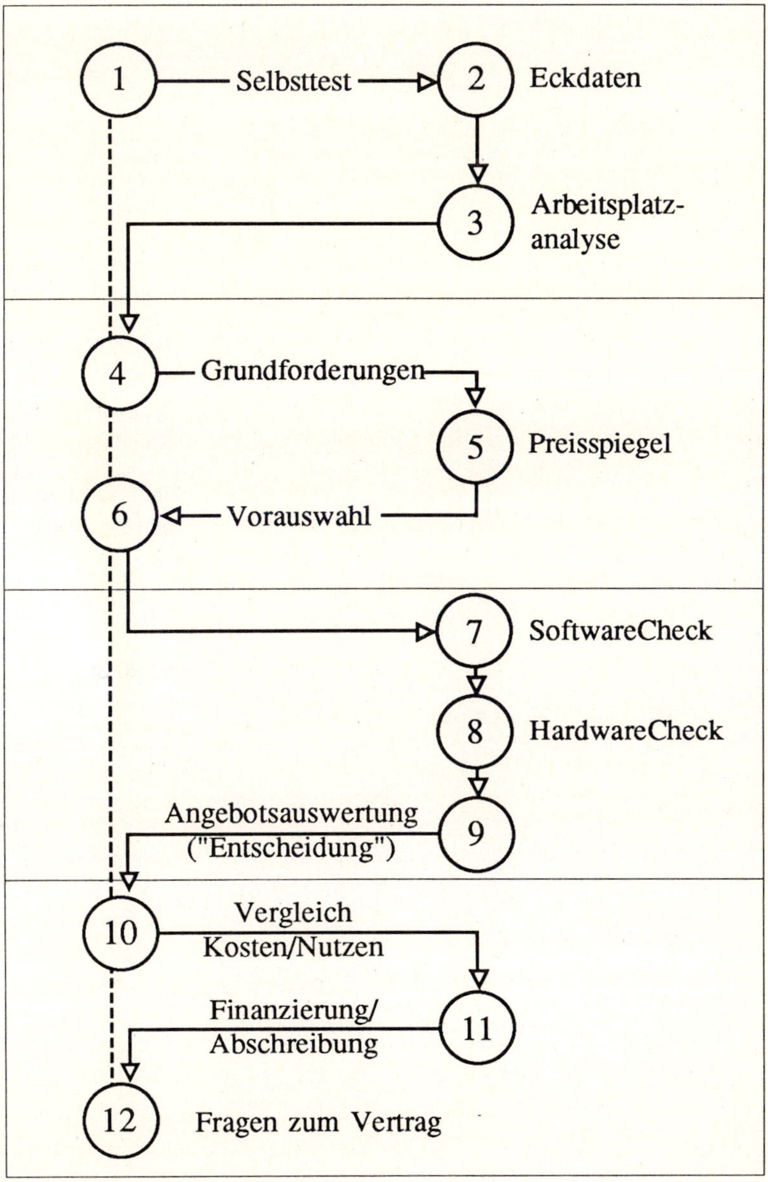

BÜROANALYSE

GROBAUSWAHL

SYSTEM-
ENTSCHEIDUNG

ABWICKLUNG,
ERWERB

Selbsttest

Bereich	Anmerkungen	Zahl der Punkte
1. Projektabwicklung: Konstruktion		
Entwurf		
Ausführungsplanung		
Detailpläne		
perspektivische Variationen		
Projektpläne (Haustechnik)		
Sonstiges		

Die Arbeitsgrundlage zu Ihrem Selbsttest finden Sie in den nebenstehenden Spalten. Hier können Sie Ihre Notizen eintragen. Bewerten Sie die Problempunkte mit ein bis fünf Punkten:

1= optimal gelöst
2= gut gelöst
3= Verbesserungs-potential
4= unbefriedigend gelöst
5= Problem/Engpaß
0= trifft nicht zu

EDV-CheckBuch für Architekten

Bereich	Anmerkungen	Zahl der Punkte
2. Raumbuch		
Flächen/Rauminhaltsermittlung nach DIN 277		
Raumprogramm (Soll)		
Raumflächen (Ist)		
Soll-/Istvergleich		
Raumblätter		
Raumbuch		

Selbsttest

Die Arbeitsgrundlage zu Ihrem Selbsttest finden Sie in den nebenstehenden Spalten. Hier können Sie Ihre Notizen eintragen. Bewerten Sie die Problempunkte mit ein bis fünf Punkten:

1= optimal gelöst
2= gut gelöst
3= Verbesserungs-potential
4= unbefriedigend gelöst
5= Problem/Engpaß
0= trifft nicht zu

Selbsttest

Bereich	Anmerkungen	Zahl der Punkte
3. Projektabwicklung: AVA		
LV-Erstellung und -Änderung		
Massenermittlung		
Angebotskontrolle		
Preisspiegel		
Auftrags-LV		
Baubuchhaltung		

Die Arbeitsgrundlage zu Ihrem Selbsttest finden Sie in den nebenstehenden Spalten. Hier können Sie Ihre Notizen eintragen. Bewerten Sie die Problempunkte mit ein bis fünf Punkten:

1= optimal gelöst
2= gut gelöst
3= Verbesserungspotential
4= unbefriedigend gelöst
5= Problem/Engpaß
0= trifft nicht zu

Bereich	Anmerkungen	Zahl der Punkte
4. Projektabwicklung: Kosten		
Kostenschätzung nach DIN 276		
Kostenberechnung		
Kostenanschlag		
Kostenkontrolle		
Kostenfeststellung		
Kostendokumentation (Einheitspreisdatei)		

Selbsttest

Die Arbeitsgrundlage zu Ihrem Selbsttest finden Sie in den nebenstehenden Spalten. Hier können Sie Ihre Notizen eintragen. Bewerten Sie die Problempunkte mit ein bis fünf Punkten:

1= optimal gelöst
2= gut gelöst
3= Verbesserungspotential
4= unbefriedigend gelöst
5= Problem/Engpaß
0= trifft nicht zu

Selbsttest

Bereich	Anmerkungen	Zahl der Punkte
5. Textverarbeitung		
Schreibaufwand		
Schreibkapazität		
Schreibkosten		
Textstandardisierung		
Formulareinsatz		
Adreßverwaltung		

Die Arbeitsgrundlage zu Ihrem Selbsttest finden Sie in den nebenstehenden Spalten. Hier können Sie Ihre Notizen eintragen. Bewerten Sie die Problempunkte mit ein bis fünf Punkten:

1= optimal gelöst
2= gut gelöst
3= Verbesserungspotential
4= unbefriedigend gelöst
5= Problem/Engpaß
0= trifft nicht zu

Selbsttest

Bereich	Anmerkungen	Zahl der Punkte
6. Buchhaltung		
Offene Posten des Büros		
Kontenrahmen für aktuelle Betriebsvergleiche		
Statistiken des Büroerfolgs		
Monats-/Quartalskontrolle des Geschäftsverlaufs		
FiBu		
Lohn- und Gehaltsabrechnung		

Die Arbeitsgrundlage zu Ihrem Selbsttest finden Sie in den nebenstehenden Spalten. Hier können Sie Ihre Notizen eintragen. Bewerten Sie die Problempunkte mit ein bis fünf Punkten:

1= optimal gelöst
2= gut gelöst
3= Verbesserungs-potential
4= unbefriedigend gelöst
5= Problem/Engpaß
0= trifft nicht zu

Selbsttest

Bereich	Anmerkungen	Zahl der Punkte
7. Termine / Sonstige Büroorganisation		
Terminverantwortung		
Fristenkontrolle		
Projektsteuerung		
Aufgabendelegation		
Kosten-/Leistungskontrolle des Büros		
Aktenverwaltung		

Die Arbeitsgrundlage zu Ihrem Selbsttest finden Sie in den nebenstehenden Spalten. Hier können Sie Ihre Notizen eintragen. Bewerten Sie die Problempunkte mit ein bis fünf Punkten:

1= optimal gelöst
2= gut gelöst
3= Verbesserungspotential
4= unbefriedigend gelöst
5= Problem/Engpaß
0= trifft nicht zu

Selbsttest

Bereich	Anmerkungen	Zahl der Punkte
8. Allgemeines		
Räumlichkeiten (Quantität, Qualität)		
Geräuschpegel		
Arbeitsmotivation		
Lern- und Leistungsverhalten		
Zeitverluste durch Such- oder Wegzeiten		
Sonstiges		

Die Arbeitsgrundlage zu Ihrem Selbsttest finden Sie in den nebenstehenden Spalten. Hier können Sie Ihre Notizen eintragen. Bewerten Sie die Problempunkte mit ein bis fünf Punkten:

1= optimal gelöst
2= gut gelöst
3= Verbesserungspotential
4= unbefriedigend gelöst
5= Problem/Engpaß
0= trifft nicht zu

EDV-CheckBuch für Architekten

Eckdaten des Architektur-Büros

Kurzbeschreibung des Architekturbüros	
Anschrift	
Telefon	
Ansprechpartner für die EDV-Planung ist (sind)	
Unser Büro ist eher ein Allround-Büro	
Unser Büro ist ein spezialisiertes Büro mit folgenden Schwerpunkten	
Der Jahresumsatz beträgt circa:	
Umsatzanteil Industrie und Gewerbe (in %)	
Umsatzanteil öffentliche Hand (in %)	

Eckdaten des Architektur-Büros

Umsatzanteil private Bauherren (in %)	
Umsatzanteil sonstige Auftraggeber (in %)	
durchschnittliche Summe pro Projekt und Jahr	
Zahl der angestellten Architekten	
Zahl der technischen Zeichner	
Schreibkräfte	
Azubis	
Hilfskräfte	
Die technischen Zeichner und/oder Schreibkräfte sind zugeordnet:	
jeweils einem Architekten	
jeweils mehreren Architekten	
teils/teils	
Wir verfügen über eine oder mehrere zentrale Schreibgruppen	ja/nein

Eckdaten des Architektur-Büros

Wir haben Schreibautomaten:	
mit externem Speicher (Diskettenstation)	
mit Bildschirm	
mit Teletex/Telex-Anschluß	
Anzahl	
Wir betreiben programmierte Textverarbeitung	ja/nein
Schwerpunkt des geplanten Computer-Einsatzes	
Konstruktion	
Ausschreibung	
Abrechnung (Bauabwicklung)	
Textverarbeitung (Ganzbriefe, Textbausteine)	
Interne Organisation	
Sonstiges	

Eckdaten des Architektur-Büros

Schwerpunkte nach HOAI in Prozent des durchschnittlichen eigenen Aufwands	
Projektvorbereitung und Akqusition %, davon speziell Wettbewerbe	%
Grundlagenermittlung	%
Vorplanung	%
Entwurfsplanung	%
Genehmigungsplanung	%
Ausführungsplanung	%
Vorbereitung der Vergabe	%
Mitwirkung bei der Vergabe	%
Objektüberwachung	%
Objektbetreuung/Dokumentation	%
Sonstiges	%
Summe	100 %

Eckdaten des Architektur-Büros

Anteile des Büros am		
Industrie- und Gewerbebau		%
davon öffentliche Hand	%	
Wohnungsbau		%
davon öffentliche Hand	%	
BiB (Bauen im Bestand)		%
Sonstiges		%
	Summe	100 %

Eckdaten für die Aufgabenabwicklung	Heute	In 2 Jahren
Zahl der Projekte pro Jahr		
Zahl der Ausführungsplanungen		
davon Änderungen		

Eckdaten des Architektur-Büros

	Heute	In 2 Jahren
Zahl der LV-Erstellungen pro Jahr		
LV-Änderungen pro Jahr		
Zahl der Massenermittlungen pro Jahr		
davon Änderungen		
Zahl der Kostenplanungen		
Zahl der Kostenrechnungen		
Zahl der Kostenkontrollen		
Eckdaten für die Textverarbeitung		
Zahl der Adressen		
Zahl der Briefe pro Monat		
Zahl der Telexe/Teletexe pro Monat		
Zahl der Diktate pro Tag		

Eckdaten des Architektur-Büros

Eckdaten für die Buchhaltung	Heute	In 2 Jahren
Zahl der Zahlungsträger pro Tag		
Zahl der Buchungen pro Tag		
Zahl der Buchungen in der Fibu insgesamt pro Tag		
Zahl der Zahlungseingänge pro Monat		
Zahl der Mahnungen pro Monat		
Zahl der Debitorenkonten		
Zahl der Kreditorenkonten		
Zahl der Sachkonten		
Zahl der Offenen Posten		
Zahl der Geldinstitute		

Arbeitsplatz-analyse

WAS	WO	WIE LANGE Anzahl Stunden pro Monat	WIE OFT
Konstruktion Entwurfsplanung, Ausführungsplanung, Sonstiges			
Raumbuch Flächenrauminhalte, Raumprogramme (Soll/Ist) Raumblätter, Raumbuch			
AVA: LV-Erstellung nach Projekt und Katalog Massenermittlung, Angebotskontrolle und Preisspiegel Baubuchhaltung			
Kosten Kostenplanung, Kostenkontrolle, Kostendokumentation			
Textverarbeitung Standardtexte, Individualtexte, Sonstiges			
Buchhaltung aktuelle Tagesbuchhaltung, FiBu Lohn- und Gehaltskontrolle inkl. Statistiken			
Büroorganisation Termine, Aufgabensteuerung und Sonstiges			
Allgemeines			

(pro Mitarbeiter ausfüllen; Ansatz: 140 Std. pro Mitarbeiter, pro Monat)

1 = sehr wichtig
2 = wichtig
3 = mäßig wichtig
4 = weniger wichtig
5 = unwichtig
0 = trifft nicht zu

EDV-CheckBuch für Architekten

Arbeitsplatz-analyse

WAS	ggf. WOMIT (von Hand, Geräte, Formulare)	WAS IST HIER ÄNDERBAR?
Konstruktion Entwurfsplanung, Ausführungsplanung, Sonstiges		
Raumbuch Flächenrauminhalte, Raumprogramme (Soll/Ist) Raumblätter, Raumbuch		
AVA: LV-Erstellung nach Projekt und Katalog Massenermittlung, Angebotskontrolle und Preisspiegel Baubuchhaltung		
Kosten Kostenplanung, Kostenkontrolle, Kostendokumentation		
Textverarbeitung Standardtexte, Individualtexte, Sonstiges		
Buchhaltung aktuelle Tagesbuchhaltung, FiBu Lohn- und Gehaltskontrolle inkl. Statistiken		
Büroorganisation Termine, Aufgabensteuerung und Sonstiges		
Allgemeines		

(pro Mitarbeiter ausfüllen; Ansatz: 140 Std. pro Mitarbeiter, pro Monat)

1 = sehr wichtig
2 = wichtig
3 = mäßig wichtig
4 = weniger wichtig
5 = unwichtig
0 = trifft nicht zu

Checkliste Nr. 4

Grundforderungen

☐ Ist das Computer-System mehrplatzfähig?	
☐ Hat die Einstiegskonfiguration für die Praxis ein Festplattenlaufwerk?	
☐ Ist die angebotene Software zu 100% auf der vorgeschlagenen Hardware lauffähig?	
☐ Ist ein Ausbau der Hardware mit problemloser Übernahme von Daten und Programmen innerhalb der eigenen Produktfamilie möglich?	
☐ Ist die Arbeitsspeicher-Kapazität der Hardware erweiterbar?	
☐ Wird ein modernes und verbreitetes Betriebssystem eingesetzt? Welches?	
☐ Ist eine schnelle Bedienung, auch bei mehreren parallelen Projekten gewährleistet?	
☐ Entspricht das Programm den gesetzlichen Normen, vor allem DIN 276, DIN 277, VOB, HOAI ?	
☐ Ist die Nutzung des Standardleistungsbuchs und anderer Kataloge alternativ möglich?	

Auf der linken Seite kann der Architekt seine Grundforderungen ankreuzen.

Der Anbieter wird gebeten, die angekreuzten Forderungen in der rechten Spalte zu beantworten.

Senden Sie bitte eine Kopie an jeden Anbieter.

EDV-CheckBuch für Architekten

Grund-forderungen

☐ Besteht ein dezentrales Konzept (z.B. über Vernetzung) für den Zugriff auf allgemeine Projektdaten durch mehrere Mitarbeiter?	
⇩ Können mit Hilfe des Computersystems folgende Aufgaben erledigt werden?	
AVA	
☐ LV mit Deckblatt, Terminen, BVB etc.	
☐ Leistungsbeschreibung mit Losen, Lohn/Material, Summen	
☐ Standardleistungsbuch und/oder andere Kataloge möglich	
☐ Massenermittlung mit Erhalt des Rechengangs	
☐ Angebotsnachrechnung automatisch nach Eingabe	
☐ Preisspiegel mit mindestens 12 Bietern	
☐ Auftrags-LV mit LV-Fixierung	

Auf der linken Seite kann der Architekt seine Grundforderungen ankreuzen.

Der Anbieter wird gebeten, die angekreuzten Forderungen in der rechten Spalte zu beantworten.

Senden Sie bitte eine Kopie an jeden Anbieter.

☐ Baubuchhaltung mit Vertragsliste und Einzelabrechnung	
☐ Katalogpflege und Projektdokumentation	
Flächen/Rauminhalte nach DIN 277	
☐ Raumprogramm mit Soll-/Istvergleich	
☐ Raumblatt mit Graphik	
☐ Raumbuchanalyse (Flächenauswertung)	
Kosten nach DIN 276	
☐ Kostenschätzung	
☐ Kostenberechnung	
☐ Kostenanschlag	
☐ Kostenkontrolle, Kostenfeststellung	
☐ Kostendokumentation	

Grund-forderungen

Auf der linken Seite kann der Architekt seine Grundforderungen ankreuzen.

Der Anbieter wird gebeten, die angekreuzten Forderungen in der rechten Spalte zu beantworten.

Senden Sie bitte eine Kopie an jeden Anbieter.

CAD	
☐ Raumblatt	
☐ Grundrißdarstellungen, Schnitte	
☐ Ansichten	
☐ Details	
☐ Makros	
☐ 2 1/2 D-CAD, mit perspektivischen Variationen	
☐ 3 D-CAD, mit perspektivischen Variationen	
☐ Projektpläne	
☐ automatische Massenermittlung	

Grund-forderungen

Auf der linken Seite kann der Architekt seine Grund-forderungen ankreuzen.

Der Anbieter wird gebeten, die angekreuzten Forderungen in der rechten Spalte zu beantworten.

Senden Sie bitte eine Kopie an jeden Anbieter.

Grund-forderungen

Auf der linken Seite kann der Architekt seine Grundforderungen ankreuzen.

Der Anbieter wird gebeten, die angekreuzten Forderungen in der rechten Spalte zu beantworten.

Senden Sie bitte eine Kopie an jeden Anbieter.

☐ Verfügt der Anbieter über ein gutes Schulungskonzept?	
☐ Ist der Umgang mit dem Programm leicht erlernbar? (Aufwand in Tagen?)	
☐ Kann der Anbieter auf individuelle Wünsche eingehen?	
☐ Ist der Service zuverlässig und qualitativ hochstehend? (Reaktionszeit, Reparaturzeit, Reparaturkosten)	
☐ Wie weit ist die nächste Servicestelle für die Hard- und Software entfernt?	
☐ In wievielen Architektur-Büros ist die angebotene Software im Einsatz?	
☐ Werden Wartungsverträge angeboten? (Kosten pro Jahr)	
☐ Müssen für das Computersystem höchstens zwei Verträge abgeschlossen werden (System-Verantwortung)?	
☐ Wie hoch ist der Preis für ein Einstiegspaket (Hard- und Software zusammen)?	
☐ Preis für minimale/maximale Ausbaustufen (1-Platzsystem)	

Grundforderungen

☐ Software (AVA-Kosten)	
☐ Software (Kataloge)	
☐ Software (CAD)	
☐ Hardware (ohne Drucker, Plotter, CAD)	
☐ Laserdrucker	
☐ Plotter DIN A0	
☐ CAD-System (inkl. Betriebssystem)	
☐ Softwarezusatzkosten für 2. Arbeitsplatz im selben Büro	
☐ Preis für Zweiplatzsystem (Hardware und Software)	

Auf der linken Seite kann der Architekt seine Grundforderungen ankreuzen.

Der Anbieter wird gebeten, die angekreuzten Forderungen in der rechten Spalte zu beantworten.

Senden Sie bitte eine Kopie an jeden Anbieter.

Preisspiegel

		Preise (ohne MwSt.)
Software-Pakete	**Projektabwicklung AVA**	
	LV-Erstellung mit StLB/Projekt	
	Preisspiegel	
	Massenermittlung mit Erhalt Rechengang	
	Auftrags-LV mit Fixierung	
	Baubuchhaltung	
	Flächen / Rauminhalte (DIN 277)	
	Raumprogramm	
	Raumflächen	
	Soll-/Ist-Vergleich	
	Raumblatt	
	Raumbuch	
	Kosten	
	Kostenschätzung	
	Kostenberechnung	

Vergleichsbasis
= 5 Jahre = 60 Monate
= kalkulierte Lebensdauer des Systems

Checkliste Nr. 5

Preisspiegel

Vergleichsbasis
= 5 Jahre = 60 Monate
= kalkulierte Lebensdauer des Systems

		Preise (ohne MwSt.)
Software-Pakete	Kostenanschlag	
	Kostenkontrolle	
	Kostenfeststellung	
	Kostendokumentation	
	CAD	
	Raumblatt	
	2D-Darstellung	
	3D-Darstellung	
	Büroorganisation	
	Standardtexte	
	individuelle Textverarbeitung	
	Adreßverwaltung	
	Terminplanung	
	Honorarermittlung	
	Projektkostenkontrolle	
	Fibu	
	Zwischensumme	

EDV-CheckBuch für Architekten

Preisspiegel

Vergleichsbasis
= 5 Jahre = 60 Monate
= kalkulierte Lebensdauer des Systems

		Preise (ohne MwSt.)
Software allgemein = Kosten für Schulung und Wartung	Einführungstage umrechnen: Anzahl der gewünschten Programme geteilt durch 2. Multipliziert mit dem Schulungspreis pro Tag.	
	Softwarepflege umrechnen: Preis pro Monat mal 60	
	Gesamtsumme der Software-Preise	
Hardware	Preis für eine Zentraleinheit	
	für weitere Zentraleinheiten	
	für den 1. Arbeitsplatz	
	für weitere Arbeitsplätze	
	pro Diskettenlaufwerk	
	pro Plattenlaufwerk	
	für das Streamertape	
	für das Teletex-Modul	
	für das Btx-Modul	
	für einen DIN A4-Bildschirm	

Preisspiegel

		Preise (ohne MwSt.)
	des Matrixdruckers	
	des Typenraddruckers	
	des Tintenstrahldruckers	
	des Laser-/LED-Druckers	
	des Plotters (Welches Format?)	
	Aufpreis für Einzelformulareinzug	
	für Mehrschachtsystem	
	für Endlosformulareinzug	
	Preis für das Netzwerk	
	Umrechnung der Hardware-Wartung auf 5 Jahre: Preis pro Monat mal 60	
	Gesamtsumme der Hardware-Preise	
Systempreis	Softwarepreise + Hardwarepreise	

Vergleichsbasis
= 5 Jahre = 60 Monate
= kalkulierte Lebensdauer
des Systems

Vorauswahl

Grundforderungen	Anbieter				
	A 1	A 2	A 3	A 4	A 5
Mehrplatzfähigkeit					
Festplattenlaufwerk					
Die Software muß auf der angebotenen Hardware lauffähig sein.					
Ausbau innerhalb eigener Produktfamilie ist möglich.					
Die Arbeitsspeicherkapazität der Hardware ist erweiterbar.					
Einsatz eines modernen und verbreiteten Betriebssystems.					
Eine schnelle Bedienung ist auch bei voll beschäftigtem Büro gewährleistet.					
Projekt- und Adreßdaten sind von verschiedenen Programmbausteinen aus abrufbar.					
Die Software ist für eine Bürogemeinschaft geeignet.					

1 = ja
0 = nein

EDV-CheckBuch für Architekten

Vorauswahl

Grundforderungen	Anbieter				
	A 1	A 2	A 3	A 4	A 5
Mit Hilfe des Computersystems können folgende Aufgaben erledigt werden:					
AVA					
LV mit Deckblatt, Terminen, BVB etc.					
Leistungsbeschreibung mit Losen, Lohn-/Material, Summen					
Standardleistungsbuch und/oder andere Kataloge möglich					
Massenermittlung mit Erhalt des Rechengangs					
Angebotsnachrechnung automatisch nach Eingabe					
Preisspiegel mit mindestens 12 Bietern					
Auftrags-LV mit LV-Fixierung					
Baubuchhaltung mit Vertragsliste und Einzelabrechnung					
Katalogpflege und Projektdokumentation					

1 = ja
0 = nein

Vorauswahl

Grundforderungen	Anbieter				
	A 1	A 2	A 3	A 4	A 5
Flächen/Rauminhalte nach DIN 277					
Raumprogramm mit Soll-/Istvergleich					
Raumblatt mit Graphik					
Raumbuchanalyse (Flächenauswertung)					
Kosten nach DIN 276					
Kostenschätzung					
Kostenberechnung					
Kostenanschlag					
Kostenkontrolle					
Kostendokumentation					

1 = ja
0 = nein

Vorauswahl

Grundforderungen	Anbieter				
	A 1	A 2	A 3	A 4	A 5
CAD					
Raumblatt					
Grundrißzuschnitte					
Ansichten					
Details					
Makros					
2 1/2D-CAD					
3D-CAD mit perspektivischen Variationen					
Projektpläne					
automatische Massenermittlung					

1 = ja
0 = nein

Vorauswahl

Grundforderungen	Anbieter				
	A 1	A 2	A 3	A 4	A 5
Der Anbieter verfügt über ein gutes Schulungskonzept.					
Der Umgang mit dem Programm ist in 1 Woche erlernbar.					
Der Anbieter kann auf individuelle Wünsche eingehen.					
Der Service ist zuverlässig (garantierte Antwortzeiten).					
Die nächste Servicestelle für Hard- und Software ist nicht weiter als ________ km entfernt.					
Die Software ist in mindestens ________ Architektur-Büros im Einsatz.					
Ein Wartungsvertrag wird angeboten. (Wartungspreis p.a.: ____________ DM)					
Für das Computersystem müssen höchstens zwei Verträge abgeschlossen werden.					
Der Preis übersteigt nicht ____________ DM.					
Summe					

1 = ja
0 = nein

Checkliste Nr. 7 Seite 1

SoftwareCheck

Kopie an jeden Anbieter

Auf der linken Seite kann der Architekt seine Wertung vornehmen.

Der Anbieter wird gebeten, in der rechten Spalte zu antworten.

	Kurzbeschreibung des Anbieters	Anbieterspalte
	Anschrift	
	Zahl der Mitarbeiter	
	Gründungsjahr	
	Ansprechpartner	

Sie tragen ein: [1] 3 = sehr gut erfüllt; 2 = gut erfüllt; 1 = weniger gut erfüllt; 0 = nicht erfüllt
[2] 3 = sehr wichtig; 2 = wichtig; 1 = weniger wichtig; 0 = unwichtig

EDV-CheckBuch für Architekten

SoftwareCheck

Unternehmerspalte: Gewicht x Rangpunkte	Rang-punkte [1]	Gewicht [2]	Referenzen	Anbieterspalte
			Wie oft wurde die Software bereits installiert?	
			Wie oft wurden Computer-Systeme (Soft- und Hardware) bereits installiert?	
			Seit wann ist das System im Einsatz?	
			Eine Referenzliste liegt bei	ja / nein
			Wurde das Programmpaket unter Mitarbeit eines Architekten entwickelt? (wenn ja, bitte die Adresse angeben)	ja / nein

Sie tragen ein: [1] 3 = sehr gut erfüllt; 2 = gut erfüllt; 1 = weniger gut erfüllt; 0 = nicht erfüllt
[2] 3 = sehr wichtig; 2 = wichtig; 1 = weniger wichtig; 0 = unwichtig

Kopie an jeden Anbieter

Auf der linken Seite kann der Architekt seine Wertung vornehmen.

Der Anbieter wird gebeten, in der rechten Spalte zu antworten.

EDV-CheckBuch für Architekten

SoftwareCheck

Unternehmerspalte: Gewicht x Rangpunkte	Rang-punkte[1]	Gewicht[2]	**Betriebssystem**	Anbieterspalte
			Welches Betriebssystem ist für die Software notwendig?	
			Ist das Betriebssystem mehrplatzfähig?	ja / nein
			Die Software ist auf folgenden Computern vollständig ablauffähig:	
			Ausschreibung, Vergabe, Abrechnung	
			LV-Erstellung mit Deckblatt, Terminen, BVB, ZVB, ZTV und Leistungsbeschreibung, optional nach Lohn/Material und Aufteilung nach Losen bzw. Bauteilen, Eventual- und Alternativpositionen, Änderungen, Kostengruppenschlüssel (DIN 276)	
			Nutzung des Standardleistungsbuchs, anderer Normpositionskataloge, Vergleichsprojekt, freie Eingabe gleicher Editor wie sonst	

Sie tragen ein: [1] 3 = sehr gut erfüllt; 2 = gut erfüllt; 1 = weniger gut erfüllt; 0 = nicht erfüllt
[2] 3 = sehr wichtig; 2 = wichtig; 1 = weniger wichtig; 0 = unwichtig

Kopie an jeden Anbieter

Auf der linken Seite kann der Architekt seine Wertung vornehmen.

Der Anbieter wird gebeten, in der rechten Spalte zu antworten.

SoftwareCheck

Unternehmerspalte				Anbieterspalte
Gewicht x Rangpunkte	Rang-punkte [1]	Gewicht [2]		
			Angebotsnachrechnung	
			Preisspiegel mit Bieterzahl	
			Bieterauswahl	
			Auftrags-LV mit LV-Fixierung	
			Bauaufmaß (IST)	
			Baubuchhaltung mit Vertragsliste, Einzelabrechnung, Übersichtsliste, Kostenkontrolle	
			Katalogpflege und -ausgabe	
			Dokumentation (Produkte, Firmen, Projekt)	

Sie tragen ein: [1] 3 = sehr gut erfüllt; 2 = gut erfüllt; 1 = weniger gut erfüllt; 0 = nicht erfüllt
[2] 3 = sehr wichtig; 2 = wichtig; 1 = weniger wichtig; 0 = unwichtig

Kopie an jeden Anbieter

Auf der linken Seite kann der Architekt seine Wertung vornehmen.

Der Anbieter wird gebeten, in der rechten Spalte zu antworten.

EDV-CheckBuch für Architekten

SoftwareCheck

Unternehmerspalte: Gewicht x Rangpunkte	Rang-punkte [1]	Gewicht [2]	**Flächen- und Rauminhalte**	Anbieterspalte
			Flächen-und Rauminhalte nach DIN 277 (BGF/BRI)	
			Raumprogramm nach DIN 277 (Soll) Schlüssel für Bauteil (Geschoß, ABC-Flächen, Nutzungen, Wohnflächen)	
			Raumflächen nach DIN 277 (Ist)	
			Soll/Ist-Vergleich	
			Raumblatt mit Grafik	
			Raumbuch: Ist die Zuordnung zu "Flächen- und Rauminhalte" sinnvoll?	
			Analyse (Auswertung der Flächen)	
			Kosten	
			Kostenschätzung nach DIN 276 (einstellig)	
			Kostenschätzung nach DIN 276 (Grobelemente)	

Sie tragen ein: [1] 3 = sehr gut erfüllt; 2 = gut erfüllt; 1 = weniger gut erfüllt; 0 = nicht erfüllt
[2] 3 = sehr wichtig; 2 = wichtig; 1 = weniger wichtig; 0 = unwichtig

Kopie an jeden Anbieter

Auf der linken Seite kann der Architekt seine Wertung vornehmen.

Der Anbieter wird gebeten, in der rechten Spalte zu antworten.

EDV-CheckBuch für Architekten

Unternehmerspalte				
Gewicht x Rangpunkte	Rang-punkte [1]	Gewicht [2]		Anbieterspalte
			Kostenberechnung nach Vergabeeinheiten	
			Kostenberechnung dreistellig nach DIN 276	
			Kostenberechnung nach Positionen	
			Kostenberechnung nach "HU-Bau"	
			Kostenanschlag nach DIN 276	
			Kostenanschlag nach Gewerken	
			Kostenkontrolle mit Soll/Ist-Vergleich	
			Kostenfeststellung nach DIN 276	
			Wirtschaftlichkeitsberechnung	

Sie tragen ein: [1] 3 = sehr gut erfüllt; 2 = gut erfüllt; 1 = weniger gut erfüllt; 0 = nicht erfüllt
[2] 3 = sehr wichtig; 2 = wichtig; 1 = weniger wichtig; 0 = unwichtig

SoftwareCheck

Kopie an jeden Anbieter

Auf der linken Seite kann der Architekt seine Wertung vornehmen.

Der Anbieter wird gebeten, in der rechten Spalte zu antworten.

SoftwareCheck

Unternehmerspalte			CAD	Anbieterspalte
Gewicht x Rangpunkte	Rang-punkte [1]	Gewicht [2]		
			Raumblatt	
			Grundrisse, Schnitte	
			Ansichten, Details	
			3D-Darstellungen (Makros?)	
			perspektivische Variationen	
			Overlay Technik	
			Zoomen	
			Projektpläne (Haustechnik, Statik)	
			automatische Massenermittlung	

Sie tragen ein: [1] 3 = sehr gut erfüllt; 2 = gut erfüllt; 1 = weniger gut erfüllt; 0 = nicht erfüllt
[2] 3 = sehr wichtig; 2 = wichtig; 1 = weniger wichtig; 0 = unwichtig

Kopie an jeden Anbieter

Auf der linken Seite kann der Architekt seine Wertung vornehmen.

Der Anbieter wird gebeten, in der rechten Spalte zu antworten.

EDV-CheckBuch für Architekten

SoftwareCheck

Unternehmerspalte: Gewicht x Rangpunkte	Rangpunkte [1]	Gewicht [2]	Allgemeine Büroorganisation	Anbieterspalte
			Projektsteuerung mit Bericht, Checkliste und Änderungsprotokoll	
			Formulare, Verträge in Anlehnung an die Rechtsnormen (VOB, BGB)	
			Textverarbeitung (Projekt- und allgemeiner Schriftverkehr)	
			Adreßverwaltung (in die Textverarbeitung integriert)	
			Serienbriefe	
			Terminplanung	
			Honorarermittlung	
			Projektkostenkontrolle Büro	
			Finanzbuchhaltung	
			Lohn- und Gehaltsbuchhaltung für die Mitarbeiter	
			Fakturieren (Nebenkosten)	

Sie tragen ein: [1] 3 = sehr gut erfüllt; 2 = gut erfüllt; 1 = weniger gut erfüllt; 0 = nicht erfüllt
[2] 3 = sehr wichtig; 2 = wichtig; 1 = weniger wichtig; 0 = unwichtig

Kopie an jeden Anbieter

Auf der linken Seite kann der Architekt seine Wertung vornehmen.

Der Anbieter wird gebeten, in der rechten Spalte zu antworten.

EDV-CheckBuch für Architekten

SoftwareCheck

Unternehmerspalte: Gewicht x Rangpunkte	Rang-punkte [1]	Gewicht [2]	**Schulung**	Anbieterspalte
			Schulung beim Kunden?	
			Dauer der Einführungsschulung	
			Umfang der anfallenden Schulung	
			Weitere Schulungsangebote:	
			Kosten der einführenden Schulung	
			Software-Pflege	
			Zahl der Service-Stellen für Software	
			Wird die Software laufend gepflegt? Anpassung an CAD StLB-Anpassungen Verbesserungen neue Versionen (neue Bausteine)	

Sie tragen ein: [1] 3 = sehr gut erfüllt; 2 = gut erfüllt; 1 = weniger gut erfüllt; 0 = nicht erfüllt
[2] 3 = sehr wichtig; 2 = wichtig; 1 = weniger wichtig; 0 = unwichtig

Kopie an jeden Anbieter

Auf der linken Seite kann der Architekt seine Wertung vornehmen.

Der Anbieter wird gebeten, in der rechten Spalte zu antworten.

EDV-CheckBuch für Architekten

SoftwareCheck

Unternehmerspalte				Anbieterspalte
Gewicht x Rangpunkte	Rang-punkte [1]	Gewicht [2]		
			Minimale Laufzeit, auf unbestimmte Zeit gepflegt?	ja / nein
			Kann ein Unternehmen von der Software-Pflege ausgeschlossen werden? (wenn ja, warum?)	ja / nein
			Ein Muster des Software-Pflege-Vertrags liegt bei.	ja / nein
			Gibt es eine Telefonbetreuung ("hot line", von/bis . . . . . Uhr?)?	ja / nein
			Kosten der Telefonbetreuung	
			Individuelle Anpassung der Software: Kosten pro Tag Kosten pro Stunde	
			Kosten der Softwarepflege	

Sie tragen ein: [1] 3 = sehr gut erfüllt; 2 = gut erfüllt; 1 = weniger gut erfüllt; 0 = nicht erfüllt
[2] 3 = sehr wichtig; 2 = wichtig; 1 = weniger wichtig; 0 = unwichtig

Kopie an jeden Anbieter

Auf der linken Seite kann der Architekt seine Wertung vornehmen.

Der Anbieter wird gebeten, in der rechten Spalte zu antworten.

EDV-CheckBuch für Architekten

SoftwareCheck

Unternehmerspalte: Gewicht x Rangpunkte	Unternehmerspalte: Rang-punkte [1]	Unternehmerspalte: Gewicht [2]	**Bedienungsfreundlichkeit**	Anbieterspalte
			Bedienerführung über Menüs	ja / nein
			Bedienerführung über Eingabemasken	ja / nein
			Bedienerführung über deutschen Dialog	ja / nein
			Hilfsinformationen jederzeit abrufbar	ja / nein
			Handbücher in deutscher Sprache	ja / nein
			Hat das Bedienerhandbuch ein Stichwortverzeichnis?	ja / nein
			Dokumentation der Fehlermeldungen	ja / nein

Sie tragen ein: [1] 3 = sehr gut erfüllt; 2 = gut erfüllt; 1 = weniger gut erfüllt; 0 = nicht erfüllt
[2] 3 = sehr wichtig; 2 = wichtig; 1 = weniger wichtig; 0 = unwichtig

Kopie an jeden Anbieter

Auf der linken Seite kann der Architekt seine Wertung vornehmen.

Der Anbieter wird gebeten, in der rechten Spalte zu antworten.

EDV-CheckBuch für Architekten

SoftwareCheck

Unternehmerspalte			Preis	Anbieterspalte
Gewicht x Rangpunkte	Rang-punkte [1]	Gewicht [2]		
			Preise der Teilprogrammme (ohne MwSt.)	

Sie tragen ein: [1] 3 = sehr gut erfüllt; 2 = gut erfüllt; 1 = weniger gut erfüllt; 0 = nicht erfüllt
[2] 3 = sehr wichtig; 2 = wichtig; 1 = weniger wichtig; 0 = unwichtig

Kopie an jeden Anbieter

Auf der linken Seite kann der Architekt seine Wertung vornehmen.

Der Anbieter wird gebeten, in der rechten Spalte zu antworten.

EDV-CheckBuch für Architekten

Unternehmerspalte				Anbieterspalte
Gewicht x Rangpunkte	Rang-punkte [1]	Gewicht [2]		
			Gesamtpreis für die Software	
			Geltungsdauer des Angebots	
			Stempel, Datum und Unterschrift des Anbieters	

Sie tragen ein: [1] 3 = sehr gut erfüllt; 2 = gut erfüllt; 1 = weniger gut erfüllt; 0 = nicht erfüllt
[2] 3 = sehr wichtig; 2 = wichtig; 1 = weniger wichtig; 0 = unwichtig

SoftwareCheck

Kopie an jeden Anbieter

Auf der linken Seite kann der Architekt seine Wertung vornehmen.

Der Anbieter wird gebeten, in der rechten Spalte zu antworten.

EDV-CheckBuch für Architekten

Checkliste Nr. 8

Hardware Check

Kopie an jeden Anbieter

Auf der linken Seite kann der Architekt seine Wertung vornehmen.

Der Anbieter wird gebeten, in der rechten Spalte zu antworten.

			Hersteller	Anbieterspalte
			Name	
			Rechtsform	
			Anschrift	
Unternehmerspalte			Ansprechpartner	
Gewicht x Rangpunkte	Rang-punkte 1)	Gewicht 2)	Telefonnummer	
			Zahl der Niederlassungen in der Bundesrepublik	
			Zahl der Vertragshändler	
			Nächste Niederlassung	
			Nächster Vertragshändler	

Sie tragen ein: 1) 3 = sehr gut erfüllt; 2 = gut erfüllt; 1 = weniger gut erfüllt; 0 = nicht erfüllt
2) 3 = sehr wichtig; 2 = wichtig; 1 = weniger wichtig; 0 = unwichtig

EDV-CheckBuch für Architekten

Checkliste Nr. 8 Seite 2

Hardware Check

Unternehmerspalte: Gewicht x Rangpunkte	Rang-punkte [1]	Gewicht [2]	**Hardware-Typ**	Anbieterspalte
			Typenbezeichnung	
			Betriebssystem	
			Ausbaufähigkeit des Rechners	
			mehrplatzfähig	ja / nein
			Arbeitsspeicher (lt. Angebot max. in KB)	
			Zahl der Bildschirme (max.)	
			Zahl der Drucker (max.)	
			Zahl der Diskettenlaufwerke	
			Preis pro Laufwerk	DM
			Speichervolumen der Disketten (in KB oder MB)	
			Zahl der Plattenlaufwerke	

Sie tragen ein: [1] 3 = sehr gut erfüllt; 2 = gut erfüllt; 1 = weniger gut erfüllt; 0 = nicht erfüllt
[2] 3 = sehr wichtig; 2 = wichtig; 1 = weniger wichtig; 0 = unwichtig

Kopie an jeden Anbieter

Auf der linken Seite kann der Architekt seine Wertung vornehmen.

Der Anbieter wird gebeten, in der rechten Spalte zu antworten.

EDV-CheckBuch für Architekten

Hardware Check

Unternehmerspalte: Gewicht x Rangpunkte	Rangpunkte [1]	Gewicht [2]		Anbieterspalte
			Art der Platten	Winchester/Fest/Wechsel
			Speichervolumen der Platten (MB)	
			Preis pro Laufwerk (ohne MwSt.)	DM
			Anschluß einer Magnetband-Kassette zur Datensicherung	ja / nein
			Anschlußmöglichkeit für weitere Geräte	ja / nein
			Fernkommunikation	
			Netzwerkfähigkeit (LAN)	ja / nein
			Preis	DM
			Fähigkeit zur Datenübertragung	ja / nein
			Fähigkeit zum Teletex	ja / nein
			Fähigkeit zum Bildschirmtext	ja / nein
			FTZ-Nummer	

Sie tragen ein: [1] 3 = sehr gut erfüllt; 2 = gut erfüllt; 1 = weniger gut erfüllt; 0 = nicht erfüllt
[2] 3 = sehr wichtig; 2 = wichtig; 1 = weniger wichtig; 0 = unwichtig

Kopie an jeden Anbieter

Auf der linken Seite kann der Architekt seine Wertung vornehmen.

Der Anbieter wird gebeten, in der rechten Spalte zu antworten.

Hardware Check

Unternehmerspalte: Gewicht x Rangpunkte	Rang-punkte [1]	Gewicht [2]	**Bildschirm(e)**	Anbieterspalte
			Darstellungsfarbe	
			Bildschirmdurchmesser (in Zoll)	
			schwenkbar	ja / nein
			Bildfrequenz (Halbbilder/Sek.)	
			Sicherung der gespeicherten Daten	
			Kopierzeit pro Diskette	
			Kopierzeit pro Platte	
			Kopierzeit mit Magnetband	

Sie tragen ein: [1] 3 = sehr gut erfüllt; 2 = gut erfüllt; 1 = weniger gut erfüllt; 0 = nicht erfüllt
[2] 3 = sehr wichtig; 2 = wichtig; 1 = weniger wichtig; 0 = unwichtig

Kopie an jeden Anbieter

Auf der linken Seite kann der Architekt seine Wertung vornehmen.

Der Anbieter wird gebeten, in der rechten Spalte zu antworten.

EDV-CheckBuch für Architekten

Hardware Check

Unternehmerspalte: Gewicht x Rangpunkte	Rang-punkte [1]	Gewicht [2]	**Hardware-Wartung**	Anbieterspalte
			Zahl der Kundendienststellen für Hardware	
			Reaktionszeit	
			Werden für die Zeit der Reparatur Ersatzgeräte gestellt?	ja / nein
			Wird ein Wartungsvertrag angeboten?	ja / nein
			Ein Muster des Wartungsvertrages liegt bei	ja / nein
			Kosten einer Wartung:	
			Stundenlohn	
			Nacht-/Feiertagszuschläge	
			Anfahrtpauschale	
			Kosten des Wartungsvertrags	

Sie tragen ein: [1] 3 = sehr gut erfüllt; 2 = gut erfüllt; 1 = weniger gut erfüllt; 0 = nicht erfüllt
[2] 3 = sehr wichtig; 2 = wichtig; 1 = weniger wichtig; 0 = unwichtig

Kopie an jeden Anbieter

Auf der linken Seite kann der Architekt seine Wertung vornehmen.

Der Anbieter wird gebeten, in der rechten Spalte zu antworten.

EDV-CheckBuch für Architekten

Unternehmerspalte: Gewicht x Rangpunkte	Rang-punkte [1]	Gewicht [2]	**Drucker**	Anbieterspalte
			Typ	
			Art des Druckers	Matrix/Typenrad/Tintenstrahl
			Druckgeschwindigkeit (max.)	Zeichen/Sek.
			Geschwindigkeit bei Briefqualität	Zeichen/Sek.
			Computer während des Druckens für andere Aufgaben frei?	ja / nein
			Preis	DM
			Plotter	
			DIN-Format	
			Ansteuerbar durch Software?	
			Technisches Prinzip	
			Preis	DM

Sie tragen ein: [1] 3 = sehr gut erfüllt; 2 = gut erfüllt; 1 = weniger gut erfüllt; 0 = nicht erfüllt
[2] 3 = sehr wichtig; 2 = wichtig; 1 = weniger wichtig; 0 = unwichtig

Hardware Check

Kopie an jeden Anbieter

Auf der linken Seite kann der Architekt seine Wertung vornehmen.

Der Anbieter wird gebeten, in der rechten Spalte zu antworten.

Hardware Check

Unternehmerspalte: Gewicht x Rangpunkte	Rang-punkte [1]	Gewicht [2]	Sonstiges	Anbieterspalte
			Handbücher und Bedienungsanleitungen in deutscher Sprache	ja / nein
			Garantiedauer	
			Lieferzeit	
			Zahlungsbedingungen	
			Hardware-Preis	
			Gesamtpreis (incl. Drucker und ohne MwSt.):	DM

Sie tragen ein: [1] 3 = sehr gut erfüllt; 2 = gut erfüllt; 1 = weniger gut erfüllt; 0 = nicht erfüllt
[2] 3 = sehr wichtig; 2 = wichtig; 1 = weniger wichtig; 0 = unwichtig

Kopie an jeden Anbieter

Auf der linken Seite kann der Architekt seine Wertung vornehmen.

Der Anbieter wird gebeten, in der rechten Spalte zu antworten.

EDV-CheckBuch für Architekten

Anbieter (Kurzanschrift des Anbieters mit Telefonnummer)	SoftwareCheck	HardwareCheck	Gesamtpunktzahl	Systempreis	Kosten-Nutzen-Verhältnis (Systempreis durch Gesamtpunktzahl)	Platzvergabe
A 1						
A 2						
A 3						

Auswertung der Angebote

So werten Sie die Angebote aus:

1. Übertragen Sie aus den zwei Checklisten: **SoftwareCheck** und **HardwareCheck** die ermittelten Punktesummen in die entsprechende Spalte. Addieren Sie die zwei Werte zur **Gesamtpunktzahl**.

2. Übertragen Sie den **Systempreis** aus dem Preisspiegel der gewerteten Anbieter.

(lesen Sie weiter auf Seite 2)

EDV-CheckBuch für Architekten

Auswertung der Angebote

Anbieter (Kurzanschrift des Anbieters mit Telefonnummer)	SoftwareCheck	HardwareCheck	Gesamtpunktzahl	Systempreis	Kosten-Nutzen-Verhältnis (Systempreis durch Gesamtpunktzahl)	Platzvergabe
A 4						
A 5						
A 6						

3. Sie ermitteln das **Kosten-Nutzen-Verhältnis**, wenn Sie den Systempreis durch die Gesamtpunktzahl teilen. **Das niedrigste Ergebnis ist der beste Wert.**

4. Sie können durch die **Vergabe von Plätzen** das Abschneiden der Anbieter übersichtlicher festhalten.

Checkliste Nr. 10 Seite 1

Vergleich von Kosten und Nutzen

Einmalige Kosten	Tage	DM / Tag	DM
Software (nur bei Kauf)			
Organisationsunterstützung des Anbieters			
Softwareänderung/-Anpassung			
Software-Installationskosten			
Hardware (nur bei Kauf)			
Hardware-Installationskosten			
Transportkosten			
Elektrische Versorgung			
Erst-Ausstattung mit Verbrauchsmaterialien und Zubehör			
Schulungskosten			
Seminarkosten			
Handbücher			
Einweisung in des System durch den Anbieter			
Interne Einweisung der Mitarbeiter			
	Zwischensumme:		

EDV-CheckBuch für Architekten

Vergleich von Kosten und Nutzen

Übertrag von Seite 1:			
Einmalige Kosten	Tage	DM / Tag	DM
Einführungsplanung			
Arbeitszeit eigener Mitarbeiter			
Kosten für Berater			
Reisekosten			
Messebesuch			
Händlerbesuch			
Besuch in Referenzpraxis			
Stammdatenerfassung			
Kosten der Arbeitszeit für die Eingabe aller Daten für ein laufendes Projekt in die EDV			
Probeläufe			
Sonstiges			
① **Summe der einmaligen Kosten:**			

EDV-CheckBuch für Architekten

Vergleich von Kosten und Nutzen

Laufende Kosten	DM / Jahr	DM / Monat
Summe der einmaligen Kosten auf 5 Jahre abschreiben (pro Monat): $\frac{①}{60} = \frac{\quad}{60} =$		
Leasinggebühren Hardware		
Leasinggebühren Software (oder Lizenzgebühren)		
Wartungskosten Hardware		
Software-Pflegevertrag		
Versicherungen		
Datenerfassungskosten		
Datenübertragungskosten		
Maschinenkosten (Strom)		
Zusätzliche Personalkosten		
Materialkosten (Papier, Disketten)		
Sonstiges		
	Gesamtkosten pro Monat:	

EDV-CheckBuch für Architekten

Vergleich von Kosten und Nutzen

Errechenbare Einsparungen	DM / Monat
Maschinenfreisetzung (nicht abgeschriebene Geräte oder Leasing) (Schreib- oder Rechenmaschinen, eventuell Adressiersysteme)	
Personalfreisetzung	
Verzicht auf den Steuerberater (Nur wenn Finanzbuchhaltung sowie Lohn- und Gehaltsbuchhaltung nun im eigenen Haus bearbeitet werden)	
Zwischensumme:	

Vergleich von Kosten und Nutzen

Übertrag von Seite 4:	
<u>Pauschal abschätzbare Vorteile</u>	<u>DM / Monat</u>
Höhere Tranzparenz	
Höhere Effizienz	
Mehr Qualität	
Mehr Zeit	
Mehr Umsatz	
Sonstiges	
Gesamteinsparungen pro Monat:	

Endergebnis = Gesamteinsparungen pro Monat
– Gesamtkosten pro Monat

Einsparungen	DM
Kosten (Seite 3)	DM
Ergebnis	DM

Fragen zur Finanzierung/ Abschreibung

Frage	Die Antwort
Angebotsprüfung	
1. Liegen die finanziellen Forderungen der EDV-Anbieter schriftlich vor? - für Kauf bzw. Software-Nutzung - für Leasing (von Hardware oder auch Software?) - für Miete	
2. Liegt ein Gegenvorschlag Ihrer Sparkasse/Bank zum Leasing-Angebot des EDV-Anbieters vor?	
3. Werden zusätzliche Wartungs- und Versicherungsverträge von Leasing-Anbietern verlangt?	

Fragen zur Finanzierung/ Abschreibung

Frage	Die Antwort
Entscheidung	
4. Hat der Steuerberater unter Berücksichtigung von 1 - 3 seine Empfehlung abgegeben?	
5. Sind die Auswirkungen der geplanten Finanzierung auf Abschreibungen, Sicherheiten, Kreditlinie klar?	
6. Sind die finanziellen Bedingungen in der abschließenden Kaufverhandlung wirklich ausgereizt?	

Fragen zur Finanzierung/ Abschreibung

Frage	Die Antwort
Abwicklung	
7. Sind für selbstständig nutzbare Wirtschaftsgüter unter DM 800,- seperate Rechnungen für sofortige Abschreibung gestellt?	
8. Liegt bei einem Leasingvertrag vor: - Kopie des Vertrages zwischen Leasingfirma und EDV-Anbieter? - Abtretung der Gewährleistungsansprüche der Leasingfirma an Sie?	
9. Ist ein wesentlicher Teil des Kaufpreises (mindestens 1/3) bis zur Funktionsabnahme des Gesamtsystems zurückbehalten?	

Checkliste Nr. 12 Seite 1

Fragen zum Vertrag

Frage	Die Antwort
Allgemeine Geschäftsbedingungen (AGB)	
Liegt Ihnen die AGB vor? (Wenn nicht: Vor Vertragsunterschrift beschaffen!)	
Wie lange sind Sie an Ihre Bestellung gebunden? (Lange Fristen sind äußerst hinderlich!)	
Hat der Lieferant nach seinen AGB das Recht, sich wieder ohne weiteres vom Vertrag zu lösen? (Wenn Ihnen die AGB zu einseitig erscheinen, dann sollten Sie einen Rechtsanwalt hinzuziehen. Bitte verändern Sie nicht eigenmächtig die AGB und lassen Sie sich nicht auf Diskussionen über die AGB mit dem Lieferanten ein; sie könnten sonst den Schutz durch das AGB-Gesetz verlieren.)	

Fragen zum Vertrag

Frage	Die Antwort
Leistungsumfang	
Ist Ihr Forderungskatalog (Pflichtenheft) ausdrücklich zu einem Bestandteil des Vertrags erklärt?	
Haben Sie eine Liste mit "Ergänzungen zur Systembeschreibung" zusammengestellt, die die für Sie besonders wichtigen Eigenschaften und mündlichen Zusagen des Verkäufers fixiert?	
Sind die Hardware-Bestandteile richtig und vollständig aufgeführt und exakt bezeichnet? (Bitte lassen Sie sich nicht auf Bestellnummern ein, die Sie nicht präzise aus einem Katalog überprüft haben. Alle Kataloge und Angebotsunterlagen gehören in Ihre Akte.)	
Ist die Anwender-Software vollständig aufgeführt und exakt bezeichnet?	

Fragen zum Vertrag

Frage	Die Antwort
Wird das errechnete Mengengerüst ausdrücklich einbezogen und die angebotene Hardware für ausreichend erklärt?	
Gehen Transportrisiko und -kosten zu Lasten des Anbieters?	
Sind Aufbau der Hardware, Installation und Anschluß der Peripherie kostenlos?	
Sind Ort, Dauer und Kosten der Schulung festgelegt?	

Fragen zum Vertrag

Frage	Die Antwort
Lieferung und Abnahme	
Ist der Liefertermin verbindlich oder unverbindlich? Welche Überschreitung der Lieferfrist müssen Sie nach den AGB hinnehmen? (Eine Überschreitung um längstens einen Monat wird zulässig sein.)	
Welche Rechte haben Sie bei Lieferverzug? Müssen für Mahnungen und Fristensetzung Formen und Fristen eingehalten werden?	
Ist im Vertrag ausdrücklich eine Funktionsprüfung und Abnahme vorgesehen? (In jedem Fall sollten Sie eine Abnahme mit dem Lieferanten durchführen und schriftlich protokollieren.)	
Für größere Installationen: Ist eine Testperiode vorgesehen, in der die Funktionsfähigkeit der Anlage überprüft wird?	

Fragen zum Vertrag

Frage	Die Antwort
Sind die Testanforderungen im Vertrag eindeutig fixiert?	
Beginnt die Gewährleistungsdauer erst bei Ende dieser Testperiode? (In jedem Fall soll die Gewährleistung erst beginnen, wenn Lieferung, Installation, Schulung und Test komplett abgeschlossen sind. Halten Sie stets an der Einheitlichkeit der Lieferung fest!)	
Zahlungsbedingungen	
In welchem Maß sollen Sie vorauszahlungspflichtig sein?	
Haben Sie sich bei Vorauszahlung erkundigt, ob der Lieferant wirtschaftlich gesund ist? (Im Zweifel verlangen Sie eine Sicherheit.)	

Fragen zum Vertrag

Frage	Die Antwort
Gewährleistung	
Welche Fristen und Formen sind für Mängelrügen und Fehlermeldungen zu beachten?	
Wie weitgehend sind Schadensersatzansprüche ausgeschlossen? (Je vollständiger und umfassender diese Ausschlußklauseln sind, desto besser sind Ihre Chancen, daß die Klausel vom Richter verworfen und Ihr Schadenersatzanspruch damit wieder möglich wird.)	
Wieviel Nachbesserungsversuche müssen Sie hinnehmen? Welche Frist müssen Sie auf die Nachbesserung warten?	
Sind Wandlung und Minderung grundsätzlich ausgeschlossen? (Dies wäre unzulässig.)	

Fragen zum Vertrag

Frage	Die Antwort
Wird die gesetzliche Gewährleistungsfrist von sechs Monaten verkürzt? (Auch dies wäre unzulässig.)	
Sollen Sie rückständigen Kaufpreis komplett bezahlen, bevor Mängel beseitigt werden?	
Wartungsverträge	
Treten die Wartungs- und Pflegeverträge gleichzeitig mit den Lieferverträgen in Kraft? (Günstiger ist es für Sie, wenn sie erst mit Ende der Gewährleistungsfrist beginnen.)	
Ist die Leistungsbeschreibung im Wartungs- oder Pflegevertrag umfassend und ausreichend präzis? Gibt es Klauseln über die Erhöhung der Wartungspauschale?	

Fragen zum Vertrag

Frage	Die Antwort
Wann können Sie den Wartungsvertrag kündigen?	
Kann das Wartungsunternehmen den Vertrag auch vor Ablauf der normalen Nutzungsdauer, womöglich jederzeit kündigen? (Wenn ja, dann sind Sie stets neuen Preisverhandlungen ausgesetzt.)	
Leasing- und Mietverträge	
Beginnt der Leasingvertrag wirklich erst im Moment der erfolgreichen Systemabnahme?	
Sind alle Rechte des Leasing-Gebers auf Gewährleistung an Sie abgetreten?	
Ist die Wartung oder die Pflege durch den Vermieter ausdrücklich in den Mietvertrag einbezogen?	

Fragen zum Vertrag

Frage	Die Antwort
Können Sie den Mietvertrag auch nach wenigen Monaten kündigen?	
Welche Gewährleistungsrechte haben Sie beim Mietvertrag?	
Haben Sie das Recht, während der Laufzeit des Mietvertrags die Anlage zu verändern, aufzurüsten oder durch eigene Geräte zu erweitern?	